Investments

Investments

Investments

투자론

INVESTMENTS

황선웅
신우용

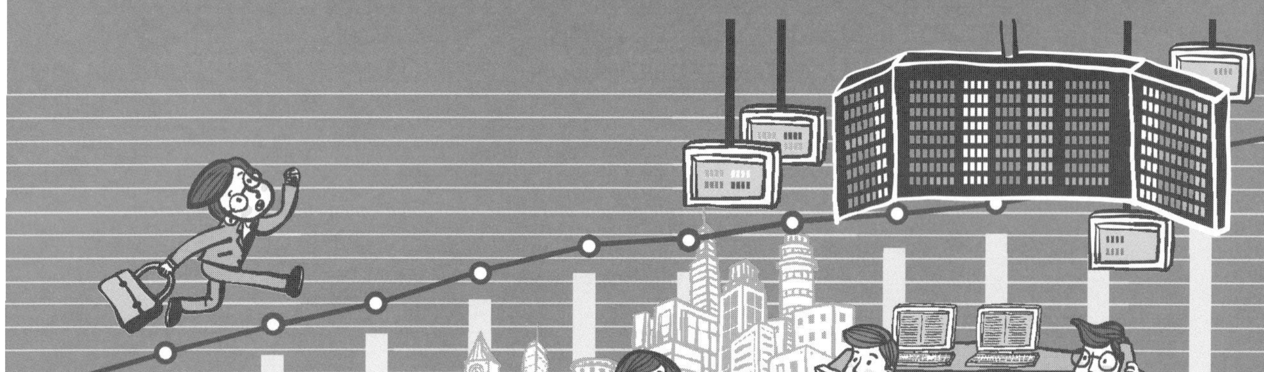

도서출판
청람

PREFACE

2008년 9월 Lehman Brothers Holdings, Inc.의 파산을 신호탄으로 시작된 글로벌 금융위기가 작년에는 유럽 대부분 국가들의 재정위기로 그 모습이 바뀌면서 전 세계가 신음하고 있다. 어느 누구도 이 위기의 끝이 어디이고, 언제 다소나마 상황이 호전될 것인가를 확실하게 가늠하지 못하는 암울한 상태가 지속되면서 대부분의 금융시장도 그야말로 혼돈의 수렁을 헤매고 있다.

우리나라는 1997년 IMF 외환위기와 이번의 글로벌 금융위기를 겪으면서 증권투자환경도 많이 바뀌었고, 국내의 증권기관들도 엄청난 변혁을 겪을 수밖에 없었다. 변혁이 생존을 보장하지는 않지만 첨예해지는 생존경쟁의 환경에서 최소한의 필수요건임은 주지의 사실이다. 부실증권회사들은 위험의 저감, 부실채권의 정리, 점포의 축소 또는 폐쇄, 조직축소 및 인원정리, 인수합병 등과 같은 경영효율성 제고를 통해 변신을 추구해 왔다. 다른 한편으로 종합자산관리서비스를 지향하는 우량증권회사들은 세계적 환경변화에 발맞춰 겸업화, 체계적 위험관리, 증권투자국제화를 적극적으로 추진함으로써 수익성 향상과 국제경쟁력 확보에 골몰하고 있다.

그러나 아직도 우리나라의 증권시장은 일반투자자들이 마음 놓고 투자하기에는 많은 거래규정과 거래관행이 불공정하고 불평등한 면이 있다. '주식투자는 투자자 자신의 책임'이라고 하지만 공정한 장이 마련되지 않은 경우에도 그대로 적용되어야 한다는 말은 아닐 것이다. 자본주의의 꽃이라는 증권시장의 기능은 무엇보다 증권발행을 통한 자금조달로 해당기업이 성장하고, 그러한 성장의 과실은 증권투자자들에게 다시 환원되도록 하는 것이다. 그래도 그동안 「자본시장통합법」의 제정과 개정으로 인하여 공정한 장이 이루어질 수 있는 토대가 어느 정도는 확보되었다고 할 수 있겠다.

그러나 이러한 국내외적인 격변으로 인하여 우리나라 주가의 변동성이 더욱 커졌고, 그에 따라 투자자들의 세심한 주의가 더욱 요망되고 있다. 그러나 투자위험은 전에 없었던 것이 갑자기 새로 생겨난 것이 아니고 항상 우리 주변에서 서리서리 똬리를 틀고 있어왔으며, 투자자들은 이러한 투자위험을 이제는 그들의 투자목표를 달성하는 데 반드시 거쳐야 하는 과정의 한 부분으로서 파악하는 것이 무엇보다 중요하다. 투자목표의 달성에 필요한 계획을 실행에 옮기기 전에 투자위험이 무엇이고 나날이 늘어가고 있는 수많은 종류의 투자자산들에 어떻게 적용되는가를 잘 이해하여야만 포트폴리오를 구성할 때 그러한 투자위험을 효과적으로 통제할 수 있는 방안을 마련할 수 있을 것이다.

이 책에서는 유가증권과 관련된 투자위험의 개념을 일반투자자들이 이해할 수 있도록 쉽게 설명하였다. 사람들은 각자 서로 다른 재무적 상황에 처해 있으며, 그들 나름대로의 독특한 필요성과 욕구를 가지고 있다. 이와 같이 개인투자자들의 다양한 상황 때문에 각자 위험을 수용하는 능력 또한 매우 다르게 나타난다. 예컨대, 어떤 사람들은 이자율의 변동이나 시장의 등락보다도 오히려 인플레이션을 두려워한다. 위험을 감내할 수 있는 능력이 사람에 따라 다르기 때문에, 투자자들은 어떤 위험이 가장 중요하며 그러한 위험으로부터 자신들을 보호해줄 수 있는 투자자산은 어떠한 것들이 있는가를 알아야 한다.

여기서는 먼저 위험의 일반적 개념을 설명하고, 그러한 위험들이 자산들에 어떠한 식으로 영향을 미치고 있는가를 다룬다. 투자자산들 가운데 불확실한 수익률을 발생시키는 여러 가지의 위험, 즉 예기치 못한 인플레이션, 불확실한 이자율, 불확실한 경영환경, 과도한 차입, 예측할 수 없는 경기변동, 그리고 자산처분에 따르는 어려움 등을 상세하게 설명하고 있다. 그 다음으로, 각 투자자산의 구분과 그러한 자산의 보유에 따르는 불확실성을 일으키는 위험에 대하여 논의하고, 개인투자자들이 직면하고 있는 투자위험을 최소화할 수 있도록 포트폴리오를 구성하는 방법에 대하여 설명하게 된다.

대부분의 경우 투자위험을 통제하는 데 있어서는 상식이 아주 큰 역할을 하고 있다. 어떤 사람이 비현실적으로 높은 투자수익률을 약속할 때는 그러한 투자수익률이 비현실적이라고 의심할만한 충분한 이유가 있게 마련이다. 최소한 그와 같이 높은 수익률은 반드시 엄청난 위험을 수반하고 있다. 지나치게 탐욕을 부리면 투자자들은 큰 돈을 잃게 된다. 사실 투자자들이 그 결과를 이해하고 있는 한 위험한 투자를 수행하는 것이 하등 이상할 것이 없다. 재무이론에 따르면 위험한 투자는 상대적으로 높은 기대수익률을 가져다준다고 한다. 그러나 기대수익률이 높을수록 그와 같은 수익률을 벌어들이는 것과 관련된 불확실성은 더욱 커진다. 물론 이것이 바로 위험이라는 것이다.

투자론에 관한 한 그동안 많은 수의 책들이 출간되었다. 그러나 대부분이 투자에 관한 이론은 깊이 있게 다루었지만, 실제로 투자에 관한 의사결정을 하는 데는 큰 도움을 주지 못하고 있는 것 같다. 이 책은 바로 그러한 간극을 메워주기 위하여 시작하였다. 즉 투자의 수익성과 위험에 관련한 중요정보 및 분석기법을 광범위하게 취급하고 있다. 특히 기본적 분석 및 기술적 분석기법을 사용하여 최적의 포트폴리오를 구성하는 방법은 실제의 투자에서도 매우 유용할 것으로 판단된다. 이 책에서 다루고 있는 여러 가지의 공식들은 최대한 쉽게 설명하려고 애썼으며, 일반독자들도 약간의 노력을 기울이면 큰 어려움 없이 이해할 수 있을 것으로 믿는다.

경제분석과 산업분석, 그리고 기업분석에 이르는 일련의 기본적 분석에서는 투자시점의 선택은 물론 투자종목의 선별에 관한 여러 기법들을 자세하게 설명하고 있다. 특히 기업에 관련된 여러 가지의 정보를 활용하여 한 종목을 시장과 산업과 연계시켜 내재가치를 판별해 봄으로써 투자전망을 해보려고 하였다. 기술적 분석에서는 현재 기술적분석가들이 장래의 가격동향 및 거래패턴을 추정하는데 사용하고 있는 여러 가지 기법들을 골고루 다루고 있다. 특히 차트기법과 추세분석, 주가반전패턴 및 시장이론 등을 이해하기 쉽게 설명하였다.

기존의 투자이론을 설명하는 데 있어서도 이 책은 다음과 같은 측면에서 다른 투자론 책들과 차별화를 기하려 하였다. 첫째, 포트폴리오이론을 쉽게 설명하였고, 특히 최소분산세트의 특성을 충분히 다룸으로써 자본자산가격결정모형(CAPM)이나 차익거래가격결정모형(APT)와 같은 이론을 이해하는 데 큰 도움이 되도록 하였다. 또한 실무에서도 점차 활용이 많아지고 있는 단일요인모형과 다요인모형을 다루어 APT의 바탕에 깔려 있는 가정을 보다 쉽게 이해할 수 있도록 하였다.

둘째, CAPM과 APT 등 자본자산가격결정과 관련한 여러 가지 문제점들을 꼭 필요한 만큼 다루었다. 이 책에서 다루고 있는 이론과 모형들은 실제에서도 많이 사용되고 있다. 그러한 모형들의 장점만을 부각시키는 대신에, 독자들에게 그들의 단점들도 동시에 충분히 이해하도록 함으로써 투자에 관한 의사결정을 할 때 어떠한 모형들에 얼마만큼 의존해야 하는가를 스스로 알 수 있도록 하였다.

셋째, 이 책에서는 이자율과 채권관리를 상세하게 다루고 있다. 최근 들어 이자율의 변동성이 크게 증가하여 채권포트폴리오의 관리가 더욱 어려워지고 있다. 독자들은 이 책을 통하여 미래이자율을 추정하는 방법을 습득하고, 나아가 이자율변동위험에 대비하여 포트폴리오를 면역시키는 방법을 배우게 된다. 사실 연금기금이나 기타 금융기관들에서는 면역화에 대한 관심이 크게 고조되고 있는 실정이다.

넷째, 최근 들어 파생상품들에 대한 관심이 크게 늘어나고 있는 것을 반영하여 옵션과 선물계약을 다루었다. 비록 분량을 그다지 많지 않지만 기본적이고 핵심적인 내용들을 이해하기 쉽게 설명함으로써 독자들이 큰 어려움 없이 접할 수 있도록 하였다.

다섯째, 이 책에서는 시장효율성과 투자성과평가를 깊이 있게 다루고 있다. 먼저 시장효율성에 관한 논의에서는 증권시장에서 발생하고 있는 여러 가지의 흥미로운 이상현상(anomalies)을 상세하게 설명하고 있다. 최근까지만 해도 증권가격을 결정함에 있어서 시장은 비교적 효율적이라는 실증결과가 비중이 더 컸지만, 최근 들어 수행된 몇몇 실증연구는 효율적 시장가설(Efficient Market Hypothesis : EMH)의 유효성에 의문을 던지고 있는 실정이다. 그 다음으로, 투자성과평가에 관한 논의에서는 여러 가지의 투자성과측정치들을 설명하고 있는데, 오로지 정확한 측정치를 사용해야만 유능한 투자자, 단순히 운이 좋은 투자자, 그리고 단지 위험을 부담하기 때문에 높은 수익률을 얻는 투자자들을 각각 가려낼 수 있을 것이다.

이 책에서 저자들은 그동안의 증권산업 환경변화를 최대한 수용하려고 노력하였다. 물론 여러 제약조건으로 인하여 독자들의 욕구를 완벽하게 충족시키지 못할 수도 있을 것이다. 부족한 부분의 보완을 위해서라도 독자 여러분들의 아낌없는 질책을 기대한다. 아울러 이 책의 출판을 기꺼이 수락해주신 도서출판 청람의 이수영 사장님과 김우겸 전무님께 깊은 고마움을 전한다. 물론 어렵고 고달픈 순간들에는 언제나 따뜻한 가족들의 사랑이 있었다. 저자들은 우리들의 모든 가족구성원들에게 끝없는 감사와 사랑을 전한다.

2012년 초여름

황선웅 · 신우용 드림

■ CONTENTS ■

Chapter 1 유가증권과 투자

Chapter 4 채권과 우선주의 가치산정

Chapter 5 주식가치의 산정

Chapter 7 기술적 분석

Chapter 8 포트폴리오이론, CAPM, APT 그리고 투자위험의 통제

Chapter 9 선물과 옵션

Chapter 10 시장효율성

Chapter 11 투자성과 평가

INVESTMENT

CHAPTER 01

유가증권과 투자

I N V E S T M E N T

기업이 투자를 위하여 필요로 하는 장기자금을 조달하는 두 가지 원천에는 부채자본과 자기자본이 있다. 장기부채자본은 은행의 장기대출금과 회사채의 형태로 구성된다. 자기자본은 회사에 대한 소유지분인 주식의 형태를 취한다. 주식과 채권은 보통 증권(securities)이라고 불리는데, 여기서 발행자는 매입자들에게 각각 투자한 자금 또는 빌려준 자금에 대한 기대수익률 혹은 약정수익률을 제공해야 할 의무를 부담하고 있다.
본 장에서는 다음의 문제를 중점적으로 다루고자 한다.

- 투자환경에서 일어나고 있는 새로운 변화
- 유가증권의 의의 및 종류
- 증권투자자들의 특성 및 투자원칙
- 주가변동과 뉴스보도의 특성

증권투자에서의 성공비결

주식으로 돈을 벌기 위해서는 우선 시세라는 것, 그 자체의 본질을 잘 알아야 한다. 그러나 실제로 시세의 본질을 잘 알고 있는 투자자는 거의 없다. 이것은 일반투자자뿐만 아니라 역사상의 큰손이라고 일컬어지는 사람들도 마찬가지였다. 역사상의 큰손들도 대부분 처음 크게 버는가 싶더니 나중에는 큰 손해를 보아 결국 시세예측에서 실패했다는 사실은 시세의 본질을 충분히 몰랐기 때문인 것으로 판단된다. 시세의 본질을 알기 위해서는 시세에 관한 격언과 명언 등을 읽는 것이 가장 빠른 길이다.

주식투자의 실전에는 정신력 또한 매우 중요하다. 주식투자로 성공하려는 것은 간단히 말하자면 약자에서 강자로 변신하는 것과 같다. 시세와 관련된 격언, 명언 등을 잘 이해하고 거기에다 정신력까지 강화하면 약자에서 강자로 다시 태어나는 데 큰 도움이 될 것으로 믿는다.

제1절 ■ 투자환경의 새로운 변화

금융자산을 중심으로 한 우리의 투자환경이 급변하고 있다. 특히 국내적으로는 개인소득 증대에 따른 금융자산 선호경향, 사회보장제도의 확충에 따른 연기금의 자산운용규모 증대, 외국인에 대한 직접 증권투자 확대 등이 주요한 환경변화로 꼽힐 수 있을 것이다. 또한 금융의 증권화와 국제화는 이제 시대적 조류이며, 이에 따라 증권시장의 역할이 한층 증대될 것으로 예측되고 있다. 따라서 본 절에서는 국내외 금융시장에서 일어나고 있는 중요한 투자환경의 변화를 살펴보기로 한다.

1.1 직접금융의 확대

초창기의 기업자본은 기업경영자의 자기자본만으로도 충분하지만 소요자본이 커짐에 따라 자금조달의 범위가 친척이나 주변의 사람들로까지 확대된다. 더욱이 자본집약적 생산방식이 일반화되면서 경쟁에서 우위를 유지하기 위하여 기업자본은 점차 거대화될 필요가 있다. 이로 인하여 기업자본의 조달은 대중으로부터 영세한 자본까지도 조달되지 않으면 안 된다. 이를 위하여 자본의 분할이 필요하고, 그 결과 증권이 생겨났다.

직접금융(direct financing)은 기업을 중심으로 한 자금수요자들이 대출형태로 자금을 조달하는 대신 기업의 신용을 바탕으로 직접금융시장에서 증권을 발행하여 자금을 조달하는 것을 말한다. 1980년대 후반 국제수지의 흑자전환과 고도성장 등 경제여건의 변화에 부응하여 지속적인 성장을 이룩하기 위해서 그동안 간접금융(indirect financing), 즉 금융기관으로부터의 차입에 의존하여 기업을 경영하던 국내기업들이 재무구조를 개선하여 국제경쟁력을 제고할 필요가 있었다. 더욱이 정부에서는 통화관리를 위한 간접금융의 억제정책이 추진되어 기업들은 직접금융을 통하여 기업자금을 조달할 수밖에 없었다. 여기에다 우리나라의 증권시장도 활황을 보여 직접금융을 통한 기업자금조달의 여건과 필요성이 적절히 조화를 이룰 수 있었던 것이다.

정부는 이러한 상황을 감안하여 1986년부터 1989년까지 증권시장이 활황을 보이던 시기에 직접금융의 확충을 위한 여러 가지 시책을 추진하여 소기의 성과를 거두었을 뿐만 아니라 증권시장의 확대와 발전에도 크게 기여하였다. 특히 시가발행제도의 확대, 우선주 발행한도의 확대, 공개예정법인에 대한 자산재평가 특례인정 등 직접금융의 확충과 우량주식의 공급확대를 위한 정부의 적극적인 시책은 개방경제시대로의 진입과 함께 대외경쟁력 강화가 절실히 요구되는 우리나라 기업들이 만성적인 부채경영에서 탈피하여 내부자금의 축적을 진전시킬 수 있었고 자기자본의 충실화를 도모할 수 있는 계기가 되었다고 할 수 있다. 그러나 아직까지 우리나라 기업의 재무구조는 내부자금의 축적에 있어서나 자기자본의 비율에 있어서 선진 외국에 비하여 매우 취약한 점을 감안할 때 은행차입 의존으로부터 과감히 탈피하여 직접금융의 확대라는 구조적 전환은 계속되어야 할 것이다.

기업의 자금조달에 있어 직접금융은 간접금융에 비해 일반적으로 다음과 같은 특징을 지니고 있다. 첫째, 자금배분의 효율성을 증대시킬 수 있다. 즉, 보다 많은 이해관계자가 참여함으로써 직접금융시장에서 정보의 효율성을 높일 수 있고, 그 결과 결정된 가격이 내재가치에 근접할 가능성이 더욱 커지기 때문이다. 둘째, 기업경영의 건전화를 유도한다. 금리자유화가 시행되고 주식발행시장에서 시가발행제도가 정착된다면 기업의 경영성과는 바로 기업의 자본조달비용에 영향을 미치기 때문이다. 셋째, 직접금융시장에서 보다 다양한 저축수단이 제공된다. 일반국민들의 소득수준이 향상됨에 따라 투자자들의 위험회피도는 낮아져 비록 위험은 높더라도 수익성과 성장성이 높은 금융상품을 선호하게 된다. 이러한 투자자들의 욕구를 간접금융시장에서만 충족시키기에는 한계가 있다. 끝으로, 직접금융시장은 합리적인 금융조정기능을 수행한다. 통화당국은 지금까지 여신을 조정하는 방법 등으로 통화관리를 해왔으나 이제는 공개시장조작, 콜금리 조정, 지급준비율 변경 등을 통한 간접규제방법으로 통화관리방식을 변경시키고 있다. 간접규제 통화관리가 성공하기 위해서는 채권시장의 성장발전이 무엇보다도 선결요건이 될 것이다.

1.2 증권화

최근의 금융시장에서 가장 두드러진 특징 중의 하나가 증권화현상이다. 증권화(securitization)란 자금의 조달과 운용에 있어 증권이 확대되어 가는 현상을 말하는데, 기업금융상의 시대적 조류와 금융상의 새로운 기법이라는 두 가지 측면을 내포하고 있다. 즉, 시대적 조류로서의 증권화는 자금조달면에서 금융형태가 간접금융에서 직접금융으로 전환되고, 금융기관의 자금운용이 대출에서 유가증권으로 전환되는 것인데, 주로 유로시장(Euromarket)에서 전개되고 있는 현상이다. 한편 금융기법으로서의 증권화는 비유동적인 자산을 매매가능한 증권형태로 유동화시키는 것으로서 자금을 만기 이전에 회수하기 위해 보유하고 있는 대출채권 등의 자산을 담보로 채권을 발행하거나 이를 직접 매각하는 것을 가리키는데, 주로 미국에서 발전하고 있는 현상이다.

유로시장에서는 1982년 멕시코의 채무상환 중지선언(moratorium)을 계기로 신용위험에 대한 인식이 확산되었다. 그 결과 그때까지 국제금융시장에서 대표적인 대출방식으로 지속적인 성장을 보이던 신디케이트론(syndicated loan)이 감소하였다. 반면에 보통채권, 대출과 증권의 혼합형태로서 금리변동위험을 완화할 수 있는 변동금리부 채권(Floating Rate Note : FRN), 채권발행에 의한 자금조달방식에 신디케이트론 방식을 결합한 형태로서 차입자는 단기증권발행을 통하여 자금을 조달하되 중장기의 신용기간 내에서는 동 자금조달이 인수단에 의해 항상 보장되는 증권발행보증(Note Issuance Facility : NIF) 등의 비중이 높아졌다. 그러나 국제금리와 미 달러화의 하락으로 주식시장이 호황을 보임에 따라 FRN의 발행규모가 급격히 줄어들고, 또한 NIF의 신용공여한도에 대한 규제가 실시되면서 NIF의 발행규모도 축소되면서 유로기업어음(euro commercial paper)의 증가로 이어지고 있다.

미국에서의 증권화는 주택저당대출(mortgage loan)을 중심으로 생성되고 발전되어 왔다. 1960년대에 규제금리와 시장금리 간에 큰 차이가 생김에 따라 저축대부조합(Savings and Loan Association : S&L)이 자금조달에 어려움을 겪게 되자 저당대출의 유동화가 시도되어 1970년에 처음으로 정부기관인 정부저당금고(Government National Mortgage Association : GNMA)가 원리금을 보증하는 저당담보증권(Mortgage-Backed Securities : MBS)이 발행된 것을 시초로 각 기관들이 앞다퉈 저당담보증권을 발행하였다. 이처럼 저당대출의 증권화가 활발하게 이루어지고 있는 것은 저당대출시장의 규모가 방대하고 다른 자산에 비해 표준화가 용이할 뿐 아니라 현금흐름이 비교적 안정적이기 때문이다.

최근에는 저당대출 이외에도 자동차대출, 신용카드대출, 리스채권 등을 대상으로 한 자산담보증권(Asset-Backed Securities : ABS)까지 발행되며, 금융기관이 보유하고 있는 장기대출자산의 매각도 자산의 유동화라는 점에서 증권화의 한 현상으로 간주된다. 이러한 대출자산의 매각은 금리스프레드를 통한 수입을 얻고 또한 유동성을 제고하기 위해 주로 금융기관 간에 이루어지고 있다.

한편 일본에서도 기업의 자금조달방식의 변화와 금융자율화의 확대에 따라 증권화가 현실적인 문제로 등장하여 주로 대출채권의 유동화가 시도되고 있다.

우리나라의 경우에도 이제 고도화된 증권화현상이 서서히 나타나고 있고, 기업의 자금조달에 있어 직접금융의 비중이 늘어나고 금융기관의 자산운용에서도 유가증권투자가 확대되고 있어 상당히 진전되고 있는 추세라고 할 수 있다. 이러한 추세는 대출과 증권을 혼합한 금융수단이나 기업의 자기신용에 의한 새로운 형태의 금융수단의 출현이 예상되고, 금융기관의 자산운용기법도 더욱 고도화될 것이므로 빠른 진전이 전망되고 있다.

1.3 금융의 국제화

1980년대에는 각국에서 국제채 발행요건이 완화됨에 따라 민간기업의 국제자본시장에서의 자본조달에 대한 관심도 높아졌다. 이에 따라 미국에서는 민간기업이 발행하는 전환사채(Convertible Bonds : CB)와 신주인수권부사채(Bonds with Warrant : BW) 등 주식관련채권의 발행도 1985년의 113억 달러에서 1989년에는 801억 달러로 급증하였다. 일본기업의 경우 1980년에 7,906억 엔에 불과했던 해외자금 조달액이 1989년에는 11조 9,631억 엔으로 늘어나 1984년 이후 국내자본시장에서의 자금조달액을 상회하고 있다. 특히 1989년에는 국제자본시장에서 발행된 주식관련채권의 95%가 일본기업에 의해 발행되었을 정도로 주식관련채권의 발행을 통한 해외자금조달이 급증하고 있다.

한편 최근 국가 간 증권시장의 경쟁이 심화되고 시장 간 연계에 의한 24시간 매매구상이 구체화되면서 각국의 증권거래소가 외국기업주식의 상장을 적극적으로 추진함에 따라 외국상장회사의 증가가 두드러지고 있다. 그러나 외국증권의 상장은 내국인의 외국증권에 대한 투자가 활발하게 이루어질 수 있는 여건조성을 전제로 하고 있다는데, 우리나라의 경우 외국증권의 상장은 아직 이루어지지 않고 있다.

1.4 증권투자의 국제화

우리나라에서는 외국증권에 대한 투자가 1988년에 처음으로 증권회사, 투자신탁회사, 보험회사 등의 기관투자자에게 허용되었다. 또한 1990년에는 국내주식과 외국주식에 혼합투자하는 펀드가 설정되어 국내에서도 발매됨으로써 개인투자자도 투자신탁을 통해 간접적으로나마 외국주식에 투자할 수 있게 되었다. 현재로서는 외국증권에 대한 투자가 초보적인 단계에 머무르고 있지만 앞으로 외국주식에 투자할 수 있는 기관투자자의 범위와 투자한도가 확대되고, 일반투자자의 외국주식에 대한 직접투자도 허용되고 있으므로 국제분산투자를 통해 위험을 최소화하는 투자전략이 뿌리내리게 될 것이다.

조금은 모자란듯

마지막 한 푼까지 승부를 걸어서는 안 된다. 최저가에 사서 최고가에 팔려는 욕심은 아무래도 무리다. 실전투자에서 바닥에 사고 천장에서 팔 수 있는 투자자는 드물다. 그것은 전문가에게도 쉽지 않다. 주식투자는 결국 시소게임이다. 이익을 얻기 위해서는 어느 한쪽이 손해를 보아야만 하는 필연적인 인과관계 게임이다. 주가가 더 올라가도 좋다는 마음가짐으로 팔면 그때가 천장이고, 바닥에서 조금 높은 가격에 사면 바닥을 사는 지름길이다. 욕심을 부리지 않는 지혜가 주식투자에서는 필수요건이다. 1백%보다는 80%의 수익을 얻겠다는 마음의 여유가 필요하다.

제2절 ■ 유가증권의 정의

2.1 법적 재산권

주식회사는 자본의 증권화에 의해 자본수급의 불균형을 극복할 수 있다. 즉, 자금수요자인 기업은 주식자본에 대해서는 영구적으로, 사채자본에 대해서는 만기까지 자유로이 이용할 수 있다. 한편 자본의 공급자인 투자자는 보유증권을 제3자에게 양도함으로써 언제든지 투자자금을 회수할 수 있다. 흔히 오늘날의 경제를 증권자본주의(security capitalism)라고도 부른다. 이는 자본의 조달과 기업성과의 배분이 증권을 매개로 하여 이루어진다는 것을 나타낸다. 자본의 조달과 성과의 배분이 적절하게 이루어지기 위해서는 증권을 거래하는 증권시장의 발달이 선행되어야 한다.

유가증권은 채권자 또는 소유자의 재산권(property right)을 나타내는 채권이나 소유권을 법적으로 명시한 증서를 말하며 이를 보통 증권이라고 부른다. 다시 말하면, 증권은 그 자체가 바로 재산권을 표현하고 있으므로 투자자가 증권을 양도할 때에는 재산권을 양도하는 것이 된다.

증권을 경제적인 측면에서 보면 다음과 같이 분류된다.

① 선하증권, 화물상환증, 창고증권 등과 같이 일정의 상품 및 서비스에 대한 청구권을 나타내는 상품증권
② 어음, 수표, 지폐 등과 같이 일정액의 화폐에 대한 청구권을 나타내는 화폐증권
③ 차용증, 보험증서 등의 증거증권
④ 주식, 사채와 같이 자본의 일정부분의 소유와 자본의 과실인 배당 혹은 이자에 대한 청구권을 나타내는 자본증권

그런데 증권시장에서 증권이라고 말할 때는 보통 가격이 수시로 변동할 수 있고 또한 자유로이 거래될 수 있는 자본증권인 주식과 채권 등을 의미한다.

2.2 증권의 특성

투자의 대상이 되고 있는 증권은 일반적으로 다음과 같은 특성을 지니고 있다.

첫째, 자본의 세분화(divisibility)이다.[01] 거액의 자본을 필요로 하는 증권의 발행자는 조달자본을 증권으로 소액화함으로써 대중으로부터 자본을 조달하는

것이 용이해진다. 또 영세한 투자자의 입장에서도 증권의 가격은 소액이므로 자기의 능력에 맞추어 투자규모를 결정할 수 있다.

둘째, 증권의 시장성(marketability)이다. 개별증권에 따라 차이가 있기는 하지만 대개의 경우 증권은 증권시장에서 유통이 가능하므로 증권투자자는 필요시에 보유하고 있는 증권을 매각하여 현금화할 수 있다. 이러한 증권의 시장성이 투자자에게는 부동산을 포함한 실물자산에 대하여 투자하는 것보다 유리한 점이 된다.

셋째, 증권의 위험과 수익률의 관계이다. 증권은 종류에 따라 위험과 수익률에 차이가 있다. 일반적으로 투자위험이 높은 증권은 이 위험을 보상할 만큼 수익률도 높으며, 반대로 투자위험이 낮은 증권은 수익률도 낮다. 예컨대, 보통주와 국채를 비교하여 보면 보통주는 발행기업의 경영성과가 일정하지 않고 쉽게 변동하므로 그 투자위험이 국채의 위험보다 높고, 또 보통주의 수익률은 높은 위험을 보상할 수 있는 수준에서 결정되어야 하므로 국채의 수익률보다 높다.

이처럼 투자대상의 위험과 수익률이 같은 방향으로 증가 또는 감소하는 현상을 위험과 수익의 상반관계(trade-off)라고 한다. 그리고 이러한 위험과 수익의 상반관계는 투자결정에 있어서 매우 중요한 원리로 작용하고 있다.

고장난 시계도 하루에 두 번은 맞는다

주식투자자가 몇 번 자기예상이 적중해서 성공하면 우쭐해지기 쉽다. 자신이 마치 굉장한 전문가가 된 것처럼 착각하게 된다. 그러나 이런 자만심은 곧 파멸의 지름길이다. 경험도 부족하고 시세에 대한 철학도 없으면서 자신감만으로 함부로 투자에 뛰어 들다가는 큰 실패를 보기 마련이다. 기업의 내재가치와 성장성, 국내외 정치경제여건이 모두 반영되는 주식시장에서 감각을 앞세우다 보면 손실을 내기가 쉽기 때문이다. 시세가 상승국면에 접어들었을 때는 어린아이가 투자해도 크게 성공할 수 있고 고장난 시계도 하루에 두 번은 들어맞는 법이다.

---

01 주식시세표를 보면 각종 알파벳이 눈에 띄는데, 이는 각기 다른 액면가를 표시하는 기호로서 자본의 세분화 내용을 가리킨다. 그 의미는 다음과 같다. 즉, A : 100원, B : 200원, C : 500원, D : 1,000원, E : 2,500원, F(표시없음) : 5,000원

제3절 ■ 주식

주식(stock)은 주식회사에 있어서 소유지분(shares of ownership)을 표시하는 단위이다. 주식은 주주의 권리형태, 의결권의 유무, 주주명부에의 기재 여부, 액면기재 여부, 보증 및 상환의 형태, 발행방법 등에 따라 다양하게 분류된다.

3.1 보통주, 우선주, 후배주, 혼합주

1) 보통주

주식회사의 소유지분을 나타내는 기본적인 형태는 보통주(common stock)이다. 보통주주들은 주식회사의 진정한 소유자이다. 그들은 투자에 대한 반대급부로 배당금(dividend) 또는 주식가치의 상승으로 인한 자본소득(capital gains)을 기대한다.

보통주주들은 다른 회사의 매수나 이사회의 구성과 같이 기업의 중요한 의사결정에 대해서 투표권(voting right)을 가진다. 그들은 기업이 성공하면 이익을 보게 되며, 반대로 파산할 경우에는 자신들의 투자원금을 잃을 위험을 가진다.

보통주는 일반적으로 다음과 같은 특성을 가지고 있다.

첫째, 우선주가 배당을 받은 다음 그 잔여이익에 대하여 배당에 참가한다.

둘째, 회사가 해산되는 때에는 우선주에 대하여 잔여재산의 분배가 이루어진 다음에 분배에 참여한다. 즉 회사손실에 대한 부담순위는 제1순위이다.

셋째, 다른 주식에 의결권이 없는 경우 회사경영에 대한 최대지배권을 갖는다.

때때로 주식의 시장가치와 장부가치를 혼동하는 경우가 있다. 시장가치(market value)란 주식이 현재 팔리고 있는 가격을 나타내며, 일간지의 주식시세표를 통해서 쉽게 확인될 수 있다. 시장가치는 대개 회사의 수익성 및 장래 전망에 대한 투자자들의 기대에 따라 수시로 변한다. 한편 장부가치(book value)는 회사의 총자산에서 부채와 우선주 가치를 뺀 금액에 의해 결정된다. 주당 장부가치는 이렇게 뺀 금액을 보통주의 발행주식수로 나누면 구해진다.

2) 우선주

요즈음 많은 기업들은 보통주 외에도 주식소유자가 배당금을 보통주주보다 우선해서 받게 되는 우선주(preferred stock)를 발행한다. 회사가 해산될 경우 우선주주는 보통주주보다도 우선적으로 회사의 자산에 대한 청구권을 갖는다. 우선주는 보통주에 우선해서 배당을 받는 비율, 즉 우선배당률이 미리 정해져 있다는 점에서 사채와 흡사하지만 사채와 같이 항상 그 지급이 보장되어 있는 것은 아니다. 이러한 우선권이 주어지는 대신 우선주주들은 일반적으로 의결권을 갖지 않는다.

우선주에는 누적 우선주와 비누적 우선주가 있다. 누적 우선주(cumulative preferred stock)의 경우 발행기업이 약속한 배당을 하지 못했을 때는 부족한 배당금에 대하여 장래 지급을 약속하여야 한다. 예를 들어, 어느 기업에서 수익성의 악화로 우선주주들에게 줄 700원의 우선배당금을 생략하기로 결정했다고 가정해보자. 다음 해 이 기업에서는 우선주주들에게 지난 해 지급하지 못했던 배당금을 합쳐 주당 1,400원씩의 우선배당금을 모두 지급할 때까지는 보통주주들에게 어떠한 배당금도 지불할 수 없다. 생략된 배당금은 자동적으로 누적되며 보통주주들이 어떠한 배당금을 받기 전에 모든 누적우선배당금은 지급되어야 한다. 한편, 비누적 우선주(noncumulative preferred stock)의 경우에는 생략된 배당금이 누적되지 않으며, 이러한 우선주의 소유자들은 보통주주들이 배당금을 받기 이전에 단지 당해년도의 배당금에 한해서만 우선적으로 지급받는다.

우선주를 참가적 우선주와 비참가적 우선주로 구분하기도 한다. 참가적 우선주(participating preferred stock)는 보통주보다 먼저 배당금을 지급받기는 하지만, 만일 보통주의 배당금을 지급한 이후에도 잔여배당가능이익이 남아 있을 경우 이에 대하여 보통주와 동일하게 잔여이익의 배당에 참가하는 우선주이다.

반면에 비참가적 우선주(non-participating preferred stock)는 보통배당금이 지급된 후 배당가능이익이 있는 경우라도 보통주와 함께 잔여이익 배당에 참가할 수 없는 우선주이다.

우선주는 때때로 전환권(conversion provision)이 첨부되어 발행되는 경우가 있다. 전환우선주(convertible preferred stock)의 보유자들은 자신들의 우선주를 특정한 가격에 보통주로 전환시킬 수 있는 선택권을 갖는다.

3) 후배주

후배주(deferred stock)는 보통주에 비해 이익배당과 잔여재산의 분배 참가순위가 보통주의 후위에 있는 주식이다. 이 후배주는 보통 발기인이 가지기 때문에 미국이나 영국에서는 발기인주 또는 경영자주라고도 한다. 발기인이 창업자 이익을 획득하는 수단으로 흔히 후배주를 이용한다.

4) 혼합주

어떤 권리, 예컨대 이익배당청구권에 대해서는 선순위가 부여되고 다른 권리, 즉 잔여재산분배청구권에는 후순위가 부여된 주식을 말한다.

3.2 의결권주와 무의결권주

주식은 주주총회에서 의결권을 가지느냐 못 가지느냐에 따라 의결권주와 무의결권주로 구분된다. 의결권주(voting stock)는 의결권이 부여된 주식을 말한다. 의결권(voting right)은 회사의 경영에 참가하고 그 지배권을 획득 · 유지하는 권리이다. 주식은 한 주에 대해서 하나의 의결권이 부여되는 것이 보통이지만, 여러 개의 의결권이 부여되거나 한 개 미만의 의결권이 부여되는 경우도 있다.

무의결권주(non-voting stock)는 의결권주를 많이 소유하고 있는 지배주주가 기업에 대한 자기들의 경영권을 유지하기 위하여 발행하는 것으로 의결권이 없는 주식을 말한다. 무의결권주는 회사의 발기인이나 경영자가 배당만을 목적으로 하는 투자자에게 우선주를 발행하여 자금을 조달하는 경우에 활용된다. 우리나라 상법 제370조 2항에서는 의결권을 가지고 있는 소수주주에 의한 기업의 지배를 방지하기 위하여 무의결권주의 발행을 총발행주식의 25%를 초과하지 못하도록 제한하고 있다.

3.3 기명주와 무기명주

주주의 성명이 주권 및 주주명부에 기재되는지의 여부에 따라 기명주(registered stock)와 무기명주(bearer stock)로 구분된다. 우리나라 상법에서는 기명주식을 원칙으로 하고 무기명주식은 정관에 정한 경우에 한하여 발행할 수 있다. 그러나 무기명주식을 가진 주주는 언제든지 무기명식 주권을 기명식으로 변경해 줄 것을 회사에 청구할 수 있다.

3.4 액면주와 무액면주

보통주에는 액면가가 적혀 있는 액면주(par value stock)가 일반적이지만, 외국의 경우 액면가가 전혀 없는 비액면주(no-par value stock)도 발행되고 있다. 액면가는 주식증서에 인쇄되어 있는 금액을 말하며, 우리나라에서는 통상 5천 원이지만 100원까지도 가능하다.

어떤 경우이든 총발행주식수가 곧 회사의 총소유지분을 표시하며, 개별주주들의 투자가치는 소유주식수와 허구적인 액면가가 아닌 시장가격에 기초하고 있다. 따라서 증권시장에서 주식을 취득한 주주에게 있어서 주식의 액면가격은 무의미하다. 이처럼 주식의 가치는 본원적으로 회사의 자산내용과 수익상황에 의하여 결정되어 액면금액이란 원주주의 최초투자액을 표시하고 있을 뿐이라는 점을 배경으로 무액면주의 발행이 시작되었다.

3.5 보증주, 상환주, 전환주

1) 보증주

보증주(guaranteed stock)는 이익배당의 지급을 모회사(지주회사)나 정부 또는 금융기관이 보증하는 주식으로서 기업이윤에 관계없이 배당이 확약되어 있다. 보증주는 신용도가 낮은 회사의 자본조달수단으로 이용될 수 있다.

2) 상환주

주식은 회사와 운명을 같이 하는 것이 보통이다. 그런데, 발행당시부터 이익에 의한 소각을 예정하고 있는 특수한 주식이 있는데, 이를 상환주(redeemable stock)라고 한다. 상환주는 배당우선의 내용이 있는 우선주에 대해서만 인정하고 상환가격, 상환기간, 상환방법 등은 정관에 기재되어 있다.

3) 전환주

전환주(convertible stock)는 일정한 요건하에 정해진 비율에 따라 다른 종류의 주식으로 전환할 것을 청구할 수 있는 권리가 인정되는 주식을 말한다. 전환권(convertibility)은 우선주 또는 회사채에 주어지는 경우가 많으며, 보통주로 전환되는 것이 일반적이다.

3.6 금고주와 우대주

금고주(treasury stock)는 회사가 취득하여 보유하고 있는 자사주를 말하는데, 사내주라고도 한다. 한편 우대주는 발행회사가 업종과 관련하여 주주를 우대하는 주식을 말한다. 예컨대, 철도회사나 영화회사 등이 투자자들에게 환심을 사기 위하여 일정수의 주식을 소유한 주주에게 무임승차권이나 무료관람권을 제공하는 것과 같은 서비스를 제공하는 경우가 있다.

3.7 신주인수권증서

기업이 자금을 조달하기 위하여 유상증자를 하는 경우 새로이 발행되는 주식을 다른 사람들보다 먼저 매수할 수 있는 권리를 신주인수권(warrant)이라고 한다. 신주인수권은 주주에 대하여 그 주식을 가지고 있는 수에 비례하여 부여하는 것이 보통인데, 그것은 다음과 같은 이유에 근거하고 있다.

첫째, 신주를 구주주 이외의 사람이 매입하면 구주주의 총발행주식수에 대한 상대적 주주비율이 낮아지고 주주총회에서의 발언권이 작아지며, 때로는 소수주주권을 상실하게 된다.

둘째, 만약 신주가 구주주 이외의 사람에게 시가를 밑도는 가격으로 매각된다면 회사의 순자산 및 이익의 희석화(dilution)가 일어나고, 그 결과 주가도 하락하게 된다. 이에 대하여 신주인수권을 구주주에 대해 보유주식수에 비례하여 부여하는 경우 발행가격 여하에도 불구하고 구주주의 이해에는 아무런 변화가 초래되지 않는다.

신주인수권증서를 그 경제적 가치에 따라 거래하는 것은 발행신주의 예상프리미엄을 매매하고 있는 것으로서 일종의 신주선물거래를 하고 있는 것으로 볼 수 있다.

연중무휴로 투자하지 마라

주식투자에 있어서 1년에 한두 번은 반드시 기회가 온다. 확실하다고 판단될 때만 투자해야 한다. 주가의 오르내리는 길목이 쉽게 포착될 때만을 기다리면 성공확률이 그만큼 높아진다. 주가예측은 사실 무척 어렵다. 그러나 일반투자자에게도 시세전망이 뚜렷하게 보일 때가 있다. 문제는 그런 기회가 올 때까지 진득하게 기다리지 못하는 데 있다. 너무 연중무휴로 투자하는 탓이다. 시세는 항상 있게 마련이다. 확실하지 않으면 쉬는 것이 현명한 투자방법이다.

제4절 ■ 채권

채권자들은 기업의 소유주가 아니라 단지 차용증서를 받고 기업에 자금을 빌려준 대부자들이다. 채권(bond)은 기업이 장기부채자본을 획득하는 수단으로서, 또한 지방자치단체 공공기관 및 정부에서 필요자금을 조달하는 원천이 된다. 채권에는 통상 채권자에게 지급될 확정이자(coupon) 및 만기일(maturity date)이 표시되어 있다. 채권자들은 기업에 대한 자금대부자이므로 기업의 해체시에는 보통주주나 우선주주에 앞서 기업자산에 대한 청구권을 갖는다.

4.1 채권의 분류기준

채권은 발행주체, 담보 또는 보증의 유무, 이자의 형태, 이자지급방법, 상환방법 등에 따라서 다양하게 분류할 수 있다.

1) 발행주체

(1) 국채(government bond)

정부가 국민으로부터 자금을 차입하려고 할 때 발행하는 유가증권이다. 국채는 정부의 신용을 뒷받침으로 하기 때문에 모든 부채의무 중에서 가장 위험도가 낮다.

(2) 지방채(municipal bond)

특별시, 광역시, 도, 시, 군 등과 같은 지방자치단체나 정부의 하부기관에서 발행하는 채권을 말한다.

(3) 회사채(corporate bond)

기업이 장기자금을 조달하기 위하여 발행하는 채권을 말한다.

2) 담보 또는 보증 유무

담보채(secured bond)는 기업자산을 담보로 하여 발행된다. 보통 특정 자산을 담보로 한 채권은 담보가 확보되지 않은 채권보다 위험도가 낮다. 또한 이자와 원금에 대한 제3자의 지급보증이 있는 사채를 보증채(guaranteed bond)라고 한다. 기업이 이러한 종류의 회사채를 발행하는 경우 담보나 보증이 없는 경우에 비하여 이자율을 낮게 정할 수 있다. 담보가 제공되지 않은 회사채를 무담보채(debenture, 후순위채)라고 한다.

3) 이자의 형태

(1) 고정이자부채권(fixed rate bond)

채권의 액면가에 대해서 일정한 확정이자가 지급되는 채권을 말한다.

(2) 변동금리부채권(Floating Rate Note : FRN)

발행초기 일정한 기간동안은 확정이자율로 지급하다가 거치기간 이후에는 이자율의 변동에 따라서 지급이자율을 변동시켜서 지급하는 형태의 채권이다.

(3) 순수할인채권(pure discount bond)

채권발행 시 표면에 이자표시가 없이 액면에서 이자부분을 할인하여 발행하며 사실상 그 차액이 이자로 대체되는 채권을 말한다. 우리나라에서는 통화안정증권, 산업금융채권, 외국환금융채권, 주택채권 등 주로 특수채와 금융채가 순수할인채권의 형태로 발행되고 있다.

4) 이자지급방법

(1) 이표채(coupon bond)

채권에 붙어 있는 이표(coupon)를 떼어 제시함으로써 이자를 지급받는 채권이다.

(2) 등록채(registered bond)

국채법 및 공사채등록법에서 정하는 등록기관에 등록되어 있는 채권을 말한다. 이 경우 채권의 소유자가 등록기관에 등록을 한 후 등록기관에서 채권자명단을 작성하고 지급처에 이자지급통지서를 보내면 이에 의해서 이자를 수령한다.

5) 상환방법

(1) 만기상환채권(redemption to maturity)

채권의 만기일에 액면전액이 상환되는 채권이다. 이 경우 채권의 원금은 만기일에 일시 상환되지만 이자는 정기적으로 분할되어 지급되는 것이 보통이다.

(2) 분할상환채권(redemption by amortization)

채권원금을 일정기간마다 나누어서 상환하는 채권이다.

(3) 감채기금채권(sinking fund bond)

채권의 발행주체가 채권상환을 확실하게 하기 위하여 일정금액을 채권상환기금에 연차적으로 적립하는 것을 조건으로 발행되는 채권이다. 이것은 영국이 1791년 국채의 신용유지를 위해 기금을 설정하고 발행한 것이 효시이다. 일반적으로 감채기금을 발행회사가 매년 채권의 일정량을 매입하는 데 사용함으로써 만기일에 가서 한꺼번에 원리금전액을 상환하는 데서 오는 기업재무상태의 악화를 방지하는 데도 그 목적이 있다.

(4) 수의상환채권(callable bond)

발행주체가 채권의 만기이전이라도 임의로 상환할 수 있는 채권을 말한다. 이 채권은 보통 금리수준의 인하가능성이 있을 때 저리차환(lower rate refinancing)을 위해 이용될 수 있다.

6) 기타

(1) 전환사채(Convertible Bond : CB)

투기성향이 강한 투자자들의 수요에 부응하기 위하여 기업은 때때로 전환사채를 발행한다. 전환사채는 일정한 수의 보통주로 전환할 수 있는 선택권이 첨부되어 있는 채권이다. 발행되는 채권마다 교환될 수 있는 보통주의 주식수가 채권약관에 명시되어 있다. 전환사채는 전환권이 없는 채권에 비하여 이자율이 낮은 경우가 보통이며, 결과적으로 발행기업의 이자지급비용을 감소시킨다. 어떤 투자자들은 비록 이자율이 낮을지라도 그 기업의 주가가 오르면 추가수익을 얻을 수 있다는 점 때문에 그런 종류의 채권을 선호한다.

(2) 수익사채(income bond)

이 채권에는 이자지급의무에 정지조건이 붙어 있어서 이익이 있는 경우에 한하여 이자가 지급되거나 또는 이익의 과다에 따라 이자지급이 변동된다.

(3) 이익참가채권(participating bond)

확정이자 이외에도 추가로 일정한 조건하에서 잔여이익의 분배에 주주와 나란히 참가할 권리가 주어진 채권을 말한다. 이익참가채권은 투자수익률이 높아져 자본조달을 용이하게 하지만, 주식발행에 의한 자본조달은 어려워진다.

(4) 영구채권(perpetual bond)

발행주체가 없어지거나 그 밖의 특수한 경우를 제외하고는 원금이 상환되지 않는 채권이다. 원금상환이라는 채권의 특성이 없어져 주식의 성격을 갖는다.

(5) 신주인수권부사채(Bond with Warrant : BW)

이것은 발행회사의 신주인수권이 부여된 회사채를 말한다. 신주인수권을 채권으로부터 분리하여 양도하는 것이 가능한가의 여부에 따라 이 채권은 분리형과 비분리형의 두 가지 종류가 있다.

(6) 교환사채(Exchangeable Bond : EB)

이것은 채권자에게 일정기간 내에 사전에 합의된 조건으로 채권발행주체가 보유하고 있는 상장유가증권으로 교환청구를 할 수 있는 권리(교환권)를 부여하고 있는 회사채를 말한다. 이 채권은 발행회사로 추가적인 자금유입이 없다는 점에서 신주인수권부사채와 다르고, 자본금증가가 수반되지 않는다는 점에서 전환사채와도 다르다. 투자자의 입장에서 볼 때 교환사채는 전환사채와 마찬가지로 주식으로 전환되므로 전환되는 주식의 향후 주가상승에 따른 매매차익을 기대할 수 있을 뿐만 아니라 설사 만기까지 그냥 채권으로 가지고 있다고 하더라도 최소한의 만기수익률을 얻을 수 있다. 국내에서는 1989년 5월 선경이 석유공사주식으로 바꾸어 주는 조건으로 교환사채를 처음 발행하였다.

(7) 오페라본드(OPERA bond)

여러 회사의 보유지분을 담보로 채권을 발행하고 이를 인수하는 투자가가 일정기간이 지난 후 특정 주식을 선택적으로 매입할 수 있는 권리를 주는 것으로, 채권을 인수하고 나서 일정기간이 지나면 회사의 주식으로 교환할 수 있다는 점에서 전환사채(CB), 교환사채(EB)와 비슷하지만, 오페라본드는 전환시점이 되면 투자자는 2개 이상의 회사 주식 가운데 주가가 높아 조건이 유리한 주식을 선택할 수 있다. 또한 발행자도 처분을 원하는 주식지분이 있다면 투자자에게 유리한 주식과의 차액만큼 현금 프리미엄을 주고 넘길 수 있다. 여기서 OPERA는 "Out Performance Equity Redeemable in Any Asset"의 앞머리글자를 딴 것이다. 2001년 5월, 우리나라 정부가 보유하고 있는 공기업 주식과 은행 주식을 한데 묶어 이를 담보로 채권을 발행하고, 채권인수자에게는 일정기간이 지난 후 주식으로 전환할 수 있는 권리를 주는 방식으로 민영화하는 방안을 검토하면서 주목을 받았다.

(8) 옵션부사채

채권발행 시 금리 등 일정한 조건이 갖추어지면 만기 전이라도 발행회사는 채권자에게 매도청구를, 채권자는 발행회사에 대해 상환청구를 할 수 있는 권리가 부여되는 새로운 채권형태이다. 투자자들은 이자율변동이나 영업실적악화 등의 위험에 대처할 수 있고, 발행회사는 장기저리의 자금을 조달할 수 있다는 이점이 있다. 옵션부사채는 1989년 7월말 (주)럭키가 300억 원의 옵션부사채를 발행한 것이 효시이다.

4.2 채권의 소멸

채권은 만기가 있기 때문에 발행회사는 만기일이 되면 원금을 상환하는데 필요한 자금을 확보하여야 한다. 채권은 원금상환의 방법에 따라 연속상환채권(serial bonds)과 감채기금채권(sinking-fund bonds) 등 두 가지로 나뉜다.

연속상환채권의 경우 기업은 만기일이 각기 다른 여러 종류의 채권을 발행하게 된다. 예를 들어 어떤 기업이 100억 원의 자금을 연속상환채권의 발행을 통하여 20년 동안 차입하기로 결정했다면, 첫 10년 동안에는 어떤 채권도 만기가 도래하지 않게 만기일을 정한다. 그리고 11년째부터 매년 10억 원씩 상환하도록 하여 20년째가 되면 모두 상환하도록 한다.

연속상환채권의 개념을 원용하여 이에 약간 변형을 가한 것이 감채기금채권이다. 이것에 따르면 발행주체인 기업은 매년 일정금액을 적립하여 만기가 도래하였을 때 이 적립금으로 상환하도록 한다. 적립금은 채권신탁인(bond trustee)에 의하여 예치되며, 채권신탁인은 채권단을 대표하여 유수의 은행이 되는 것이 보통이다. 적립금의 규모는 최소한 만기에 원금 및 이자를 상환할 수 있을 정도의 규모가 되어야 한다.

[표 1-1]에서는 여러 종류의 채권들 중에서 중요한 몇 가지에 대해 요약을 하

고 있다.

표 1-1 ▌ 채권의 종류와 특성

채권의 종류	각 채권의 특성
담보부사채(secured bond)	• 기업자산(실물자산 혹은 개인자산)을 담보로 제공하여 발행된 채권
무담보사채(unsecured bond, debenture)	• 특별한 담보는 제공된 바 없고 발행기업의 재무적 평판에만 의존하여 발행되는 채권
전환사채(convertible bond)	• 채권자의 선택에 의하여 일정한 수의 주식으로 전환이 가능한 채권
연속상환사채(serial bond)	• 발행규모가 매우 큰 경우 그 중 일부는 만기를 서로 다르게 정한 채권
감채기금사채(sinking-fund bond)	• 만기 시에 상환할 자금을 기업이 매년 일정금액을 적립함으로써 마련해야 하는 채권
수의상환사채(callable bond, redeemable bond)	• 발행기업이 만기이전이라도 해당채권을 상환할 수 있는 권리를 갖는 채권

머피의 법칙

이것은 미국 공군기지 엔지니어였던 머피가 비행도중 위기상황에서 조종사들은 항상 최악의 선택을 해왔다는 사실을 발견함으로써 법칙으로 굳어졌다. 곧 잘못될 가능성이 있는 일은 잘못된다는 일종의 징크스를 의미한다. 주식시장에서 자신이 선택한 종목이나 매매타이밍이 최악의 결과를 낳는 경우가 흔히 있다. 이런 징크스에 투자자들이 깊숙이 매몰되어서는 안 된다. 과거의 경험이나 논리에서 벗어나 보다 진취적이고 유연한 투자자세를 가지면 얼마든지 머피의 법칙(Murphy's Law)을 벗어날 수 있다.

제5절 ■ 선물계약과 선도계약

선물계약(futures contract)은 양당사자 사이에 미래의 특정 시점에서 일정한 가격으로 기초자산(underlying asset)을 사거나 팔기로 하는 약정이다. 선물계약은 일반적으로 조직화된 거래소에서 거래된다. 거래소는 거래가 원활히 이루어질 수 있도록 선물계약의 표준화된 내용을 정해 놓고 있다.

선도계약(forward contract) 역시 거래당사자들이 미래의 수도결제를 약속한다는 면에서는 본질적으로 선물계약과 동일하다. 그러나 선도계약은 거래당사자들이 서로의 편의에 맞추어 특정한 거래조건을 만들고 서로 간에 의무이행을 약속한 것으로서 중도에 이를 취소하는 등 계약 자체를 바꾸기는 거의 불가능하다. 선물거래는 거래조건을 보다 정형화시켜 계약의 변동과 취소 등을 좀 더 쉽게 하고 있다는 점에서 다르다.

금융선물(financial futures)은 금융자산의 가격변동위험을 회피하기 위한 수단으로 1970년대 초에 등장하였는데, 그 대상상품이 통화와 금리에서 주가지수로 확대되면서 기존의 상품선물(commodity futures)을 능가하는 시장으로 성장하였고 여러 나라에서 도입하였다.

특히 미국에서 개발된 주가지수 선물거래(stock index futures trading)는 다른 나라로 급속하게 파급되어 1983년에는 호주의 시드니 선물거래소, 1984년에는 캐나다의 토론토 선물거래소와 영국의 런던 국제금융선물거래소(London International Financial Futures Exchange : LIFFE)가 각각 도입하였고, 아시아지역에서는 1986년 5월 홍콩 선물거래소가 항생지수를 대상으로 한 주가지수 선물거래를 처음으로 도입한 데 뒤이어, 싱가포르의 SIMEX(Singapore International Monetary Exchange)가 같은 해 9월에 일본의 日經(Nikkei) 225 지수로 주기지수 선물거래를 시작하였다. 일본에서는 1988년 9월 동경 증권거래소와 오사카 증권거래소가 각각 TOPIX와 Nikkei 225지수를 대상으로 주가지수 선물거래를 동시에 시작하였다. 우리나라에서도 1996년 5월 3일에 KOSPI 200지수를 대상으로 하는 주가지수선물을 도입하였다.

소문에 사서 뉴스에 팔아라(Buy on rumor, sell on the news)

> 터무니없는 소문일지라도 증시에 바람을 불러 일으켜 투자심리를 자극하게 되고, 결국 주가에 큰 영향을 미칠 수 있다는 것을 의미한다.

제6절 ■ 옵션

6.1 옵션의 기초개념

옵션이란 어떤 기초자산을 사거나 팔 수 있는 권리는 가지지만 의무는 부담하지 않는 계약이다. 옵션은 일정가격에 기초자산을 살 수 있는 권리인 콜옵션(call option)과 일정가격에 기초자산을 팔 수 있는 권리인 풋옵션(put option)으로 구분될 수 있다. 물론 이러한 권리는 옵션의 매입자(또는 보유자)가 갖는 것이며, 옵션의 매도자(또는 발행자)는 보유자의 권리행사에 대하여 응할 의무를 진다.

옵션은 의무 없이 권리를 행사할 수 있는 금융상품이므로 경제적 가치를 지니며, 옵션의 매입자는 옵션발행자에게 이러한 경제적 가치에 대한 대가를 지불하여야 한다. 거래 초기에 발행자에게 지불되는 이러한 대가를 옵션프리미엄(option premium)이라고 한다. 옵션계약에 있어서 기초자산(underlying asset)이란 옵션거래의 대상이 되는 자산으로서 가격변화가 있는 자산이면 어느 것이든지 기초자산이 될 수 있다.

옵션소유자의 권리는 만기일(expiration date)까지만 유효하며, 권리가 행사될 때 적용되는 가격을 행사가격(exercise price)이라고 한다. 옵션에는 유럽형과 미국형이 있는데, 유럽형은 옵션의 만기일에만 옵션의 권리를 행사할 수 있다. 미국형은 발행되는 순간부터 만기가 되는 순간까지 어느 시점에서든지 권리를 행사할 수 있다. 옵션의 권리는 행사되지 않으면 소멸되어 버리고 만다.

6.2 옵션의 기능

옵션은 투자자에게 주식이나 채권과는 다른 형태의 투자기회를 제공하며, 위험의 헤지나 투기수단으로 이용될 수 있다.

1) 위험의 헤지

옵션은 기초자산의 매수포지션(long position)이나 매도포지션(short position)에서 발생할 수 있는 위험을 헤지(hedge)하기 위한 수단으로 이용될 수 있다. 또한 옵션은 불리한 가격변동에 대한 헤지수단으로 사용될 수 있다. 예컨대, 주식에 투자할 경우 주가가 오르면 높은 수익을 얻을 수 있지만, 주가가 하락하면 큰 손실을 볼 수도 있다. 이 경우 해당주식에 대해 발행된 풋옵션을 매입하면 주가하락에 따른 손실위험에 대해 보호받을 수 있게 된다.

2) 투기수단 제공

옵션은 투자의 레버리지를 증가시키는 수단으로 사용되어 훨씬 적은 비용으로 현물투자와 동일한 포지션을 취할 수 있다. 따라서 투기를 목적으로 옵션거래에 참가하는 투자자의 위험은 크지만 그들의 예상대로 기초자산의 가격이 변동하면 높은 레버리지효과로 큰 이익을 얻을 수 있다.

또한 옵션은 기초자산의 가격에 대한 예상과는 관계없이 옵션 그 자체로서 투기의 대상이 될 수 있다. 이는 옵션의 가격이 기초자산이나 동일한 기초자산의 다른 옵션과 관련하여 잘못 책정되었을 경우로서 비록 기초자산이 투자에 부적합한 것으로 판단되는 경우에도 그 옵션은 매력적인 투자대상이 될 수 있는 것이다.

우리나라에서도 선물 및 옵션거래에 대한 관심이 높아지고 있는 가운데 주가지수 선물거래가 이미 1996년도에 도입되었고, 1997년에는 주가지수옵션이 도입되었다. 1999년 4월 23일 개장된 한국선물거래소(Korea Futures Exchange : KOFEX)가 지금은 한국증권선물거래소 선물거래본부로 체제가 개편되어 한국주가지수200선물, 스타지수선물, 3년 국채선물과 옵션, 5년 국채선물, CD금리선물, 통안증권금리선물, 원-달러선물과 옵션, 그리고 금선물 등이 거래되고 있다.

눈앞의 시세를 보지마라

주가가 오르고 있으면 투자자들의 눈에는 주가가 계속 오를 것처럼 보이고, 주가가 내려가고 있으면 계속 내릴 것처럼 느껴진다. 미숙한 투자자들은 현재의 시세를 그대로 연장해서 장래 주가를 예측하는 경향이 있기 때문에 틀리는 경우가 많다. 주가예측은 좀 더 근본적인 요인들을 종합적으로 분석한 결과가 아니면 안 된다.

제7절 ■ 간접투자 금융상품

7.1 수익증권과 뮤추얼펀드

많은 투자자들은 사실 주식시장의 장세변화를 계속적으로 분석할 시간이나 능력을 갖고 있지 않다. 이러한 사람들은 종종 투자자들의 자금을 한데 모아서 그 자금으로 잘 분산된 증권포트폴리오를 구성하는 것을 전문으로 하는 증권투자신탁에 의존하게 된다. 증권투자신탁은 불특정 다수의 일반투자자들로부터 모은 자금을 전문기관이 유가증권에 분산투자하고 그 수익을 자금제공자인 투자자들에게 분배하여 주는 제도이다. 이를 통하여 증권투자를 하는 투자자들은 따라서 수많은 종목으로 구성된 증권포트폴리오의 부분 소유자가 되며, 스스로 증권시장에 투자하면 부담해야 하는 투자위험을 줄일 수 있게 된다.

증권투자신탁은 조직과 운영방법에 따라 여러 가지의 유형으로 분류될 수 있으나, 일반적으로 조직형태에 따라 계약형과 회사형이 있으며, 환매가능 여부에 따라 개방형과 폐쇄형, 추가설정 여부에 따라 단위형과 추가형, 그리고 편입대상 유가증권에 따라 주식형과 회사채형이 있다.

계약형(contractual type)은 신탁계약을 근거로 조직되고 운영되는 투자신탁으로 위탁자, 수탁자, 수익자의 3당사자로 구성되며, 신탁재산의 추가설정 가능

여부에 따라 단위형과 기금형으로 구분된다. 단위형(unit type)은 신탁기간이 만료할 때까지 신탁재산의 추가설정이 허용되지 않고, 수익자는 소속단위의 신탁재산에 대해서만 비례적 청구권을 갖는다. 기금형(fund type)은 일반적으로 신탁기간이 없고 수시로 환매하여 자금을 인출할 수 있으므로 처음 설정한 신탁재산에 자금을 모집하여 추가할 수 있는 형태이다. 신탁재산은 재산이 추가되거나 해지되었을 경우에 증감하게 되고 수익자는 기금전체에 대하여 비례적 청구권을 갖는다.

회사형(corporate type)은 계약형과는 달리 위탁자에 해당하는 경영자와 수익자에 해당하는 주주로서 구성되며, 환매가능 여부에 따라 폐쇄형과 개방형의 두 가지가 있다. 폐쇄형(closed-end)은 회사자본의 증감에 따라 신탁재산이 변동되며 주주의 환매청구권은 인정되지 않는다. 투자자가 자신의 투하자본을 회수하는 방법은 증권시장을 통해서 투자신탁회사의 주식을 매각하는 것이다. 개방형(open-end)은 주주의 요구에 따라 발행주식의 환매가 가능하며, 회사는 기본재산을 근거로 신주를 발행하므로 회사의 자본금이 수시로 증감하게 된다.

우리나라에서는 1998년 말 뮤추얼펀드(mutual fund)가 첫 선을 보이면서 큰 반향을 일으켰다. 이러한 뮤추얼펀드는 투자신탁회사가 취급해오던 기존의 수익증권과는 고객으로부터 자금을 모아서 유가증권에 투자한 뒤 그 투자수익을 실적배당하는 투자신탁상품이라는 점에서는 비슷하지만 여러 면에서 차이가 있다. 먼저 수익증권은 투자신탁회사가 고객돈을 운용한 뒤 그 결과를 되돌려 주겠다고 고객과 계약을 맺는 계약형 투자신탁이다. 한편 독립된 하나의 회사로 존재하는 뮤추얼펀드는 고객들이 계약자가 아니라 주주로 참여한다. 그래서 회사형 투자신탁이라고 부른다. 이에 따라 고객이 받는 이익금도 수익증권의 경우 수익금, 뮤추얼펀드는 배당금이라고 한다.

또한 현재 국내에서 시판되고 있는 뮤추얼펀드는 만기(1년)가 있어 그 기간 동안에는 중도인출이 되지 않고 유동성이 필요한 투자자들은 보유지분을 거래소시장이나 코스닥시장에서 처분할 수 있다. 그러나 수익증권은 만기전이라도 일정금액의 수수료를 지급하면 중도환매가 가능하다. 환금성에서는 사실 두 상품에 큰 차이가 없다. [그림 1-1]에서는 뮤추얼펀드의 운용체계를 보여주고 있다.

그림 1-1 ▌ 뮤추얼펀드의 운용체계도

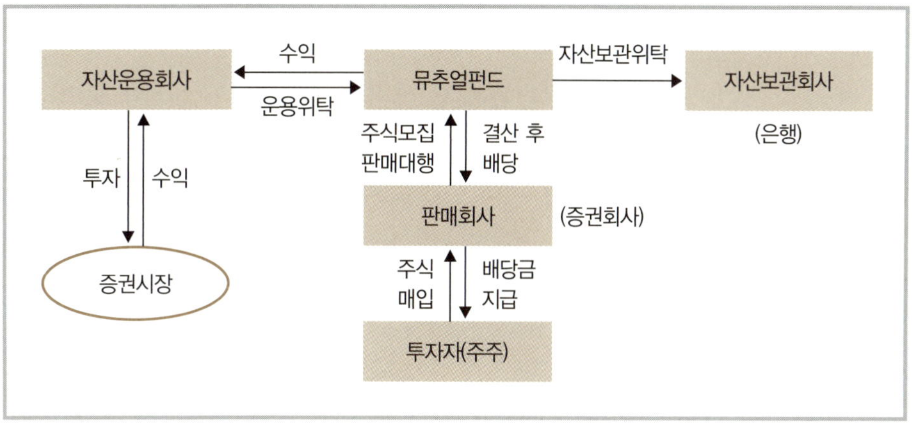

7.2 단기금융투자신탁(Money Market Fund : MMF)

1971년 미국의 Merrill Lynch증권사에 의해 개발되어 금리자유화가 본격화되었던 1980년대에 크게 인기를 끌었던 실적배당부 단기자유금리상품을 말한다. 주로 단기금융상품에 자금을 운용하는 개방형 투자신탁의 일종으로 잔존기간 1년 이내의 재무성증권, CD, BA, CP 등이 주요 투자대상이다.

신종 MMF는 기존 MMF(머니마켓펀드)의 성격을 다소 바꾼 것으로 지난 1999년 3월부터 증권사 투신사에서 판매되고 있다. 환매수수료가 없어 주로 금융기관들이 여유자금의 단기운용처로 활용하고 있다. 기존 MMF가 만기 1년 이하 채권만 편입할 수 있는 것과 달리 신종 MMF 는 5년 만기 국채까지 편입할 수 있도록 설계되어 있다.

7.3 랩 어카운트(Wrap Account)

랩 어카운트란 여러 가지 종류의 자산운용 관련 서비스를 하나로 구성하여 고객 기호에 맞게 구성해 제공하는 자산종합관리계좌를 말한다. 즉, 투자자가 증권회사에 돈을 맡기고 일정한 수수료를 지불하면 증권회사에서 알아서 주식, 채권, 뮤추얼펀드 등으로 포트폴리오를 구성해 운용해주고, 위탁수수료 운용보수 투자자문 등 계좌운용에 관한 모든 비용과 서비스도 총괄하여 운영해 준다. 랩어카운트는 현재의 증권사 브로커업무와 자산운용 투자자문사가 하고 있는 위탁운용업무의 중간쯤에 해당한다.

랩 어카운드 제도는 미국에서 1975년에 처음 시작하였고, 뮤추얼펀드와 주식형 수익증권 등 간접투자상품이 발달되어 있어야만 제대로 효과를 볼 수 있는 제도이다. 따라서 개인투자자가 증권회사에 돈을 예탁하면 증권사 담당직원이 투자자의 성향을 파악해 가장 적합한 자산운용 방법을 제시해주고 여기에 부수되는 업무를 일괄적으로 처리해준다. 이때 수수료는 개별 업무별로 따로 받지 않고 종합수수료로 처리한다. 따라서 번거롭게 직접 투자를 하는 대신 전문투자자에게 자산관리를 맡기고 싶은 사람들에게 유용한 제도라고 할 수 있다.

랩 어카운트는 크게 고객을 투자자문사에 연결시켜주는 '컨설턴트(consultant) 랩 어카운트'와 펀드 형태로 자산을 관리해주는 '뮤추얼펀드(mutual fund) 랩 어카운트'가 있다. 컨설턴트 랩 어카운트는 증권사가 투자전략을 세워 고객에게 투자자문회사를 추천하면 투자자자문회사가 고객재산을 운용하는 형태이다. 뮤추얼펀드 랩 어카운트는 증권사가 고객의 투자목적에 가장 적합한 형태로 뮤추얼펀드의 포트폴리오를 구성해 주는 형태이다.

7.4 상장지수펀드(Exchange Traded Fund : ETF)

상장지수펀드(ETF)는 특정 주가지수와 연동되는 수익률을 얻을 수 있도록 설계된 '지수연동형 펀드(index fund)'로서, 증권선물거래소에서 상장주식처럼 거래된다. 한마디로 주가지수를 사고 파는 증권상품이라고 보면 된다. 여기서 지수연동형펀드란 특정한 주가지수 등락률과 똑같거나 비슷하게 수익률이 결정되도록 주식을 적절히 편입해 만든 펀드를 가리킨다. 이 펀드를 기초로 발행하는 수익증권이나 뮤추얼펀드 주식을 바로 ETF증권이라 부르는데 투자자들은 거래소나 코스닥시장에 상장되는 이 증권을 사고판다.

이와 같이 ETF는 주가지수의 움직임을 반영하도록 설계 및 운용되는 상품이므로 지수가 상승 혹은 하락하면 그 비율만큼 가격이 상승 또는 하락한다. 그러므로 ETF는 주식시장 전체 또는 특정 산업의 업황에 따라 수익률이 결정되고 개별기업 투자에 수반되는 투자위험과 가격변동성이 상대적으로 적기 때문에 비교적 안정적인 투자상품이라 할 수 있다. ETF는 개별종목에 대한 정보와 분석이 필요하지 않은 시장의 방향성에 대한 투자로서 투자판단이 쉽다는 특징을 갖고 있다. 따라서 주가지수의 움직임과 거의 동일한 움직임을 보이기 때문에 해당 ETF 가격을 확인하지 않아도 가격 움직임을 쉽게 알 수 있다.

예를 들어, 앞으로 주가지수가 오를 것이라고 판단하면 수익증권을 구입하고 거꾸로 내릴 것으로 본다면 팔면 되는 것이다. 인덱스펀드의 경우 투신사가 투자자들의 환매요구에 응하기 위해서는 펀드에 편입된 주식을 시장에 매각해야 한다. 이들 주식이 시장에 쏟아져 나오면 해당 주식들의 주가는 떨어질 수밖에 없고, 그 결과 주가지수도 하락하게 된다. 이는 다시 인덱스펀드의 수익률 하락으로 이어져 해당 펀드가입자들은 손실을 입게 된다.

그러나 위와 같은 부담을 투자자와 시장에게 주지 않으면서도 주가지수와 비슷한 수익률을 낼 수 있도록 고안된 것이 바로 상장지수펀드의 장점으로 꼽힌다. 인덱스펀드를 기초로 증권(ETF증권)을 만들고, 이 증권을 사고팔도록 하면 주식의 실물거래가 일어나지 않기 때문에 시장에 주는 충격을 최소화할 수 있다. 또한 투자자들은 투신사 등에 환매를 요청하지 않고 주식과 같이 주가지수 변동에 따른 ETF증권의 가격변동에 따라 원하면 언제나 자금을 쉽게 회수할 수 있다.

상장지수펀드는 프로그램 매매에 의한 연쇄 주가폭락이 지난 1987년 10월 '검은 월요일(Black Monday)' 의 한 원인으로 지적됨에 따라 1993년 1월 미국에서 첫선을 보였고, 현재 독일, 영국, 스위스, 스웨덴, 호주, 뉴질랜드, 홍콩, 싱가포르 등 선진 증시에도 도입돼 있다.

우리나라에서는 2002년 10월 ETF가 최초로 거래소에 상장되었다. 국내에 도입된 ETF의 경우 기초자산은 종합주가지수인 KOSPI가 아니라 시가총액 상위

종목으로 업종대표성을 지니는 'KOSPI 200지수'와 'KOSPI 50' 지수이다.

2003년 4월엔 '코스닥50지수'를 기준으로 한 ETF가 코스닥시장에 상장되었으며, 10월엔 '배당지수(KODI)'를 기준으로 하는 ETF가 상장되었다. ETF는 주식과 동일하게 매매되기 때문에 시간외 시장에서도 매매가 가능하며, 2002년 12월부터는 ETF거래에 신용거래가 허용되었다. [표 1-2]에서는 ETF와 뮤추얼펀드의 차이점을 요약하고 있다.

표 1-2 ▌ 상장지수펀드(ETF)와 뮤추얼펀드의 비교

구 분	상장지수펀드(ETF)	뮤추얼펀드
장기매매 가능성	투자자들은 장중시장가격을 보면서 시장 가격으로 매매가능하기 때문에 투자자들 이 의사결정을 하고 즉시 실행 가능	투자자들은 종가에 의해서 결정된 펀드에 따라서 설정방법으로 투자하기 때문에 자신의 투자가격을 모르는 상태에서 투자의 사를 결정하게 됨.
환매	시장에서 매도하게 되므로 자신의 환매가 격을 즉시 결정 가능	환매신청일 다음 날 종가로 환매금액이 결정되므로 투자자는 정확한 금액을 모르고 환매
공매도	공매도 또는 대주에 의한 매도 가능	공매도 또는 대주에 의한 매도 불가능
보수	ETF의 보수는 일반펀드에 비해 낮음. 매매 시에는 매매수수수료 부담	일반적인 뮤추얼펀드의 보수는 높음
거래비용	설정 · 해지에 따른 매매수수료 부담이 없음	설정 · 해지에 따른 거래비용을 다른 투자 자가 분담

7.5 주가지수연계증권(Equity Linked Securities : ELS)

주가지수연계증권(ELS)은 개별 주식의 가격이나 주가지수에 연계되어 투자수익이 결정되는 유가증권이다. 이것은 자산을 우량채권에 투자하여 원금을 보존하고 일부를 주가지수옵션 등 금융파생상품에 투자해 고수익을 노리는 금융상품으로, 2003년 증권거래법 시행령에 따라 상품화되었다.

주가지수연계증권의 발행은 장외파생금융상품업 겸영인가를 받은 증권회사만 발행할 수 있는데, 만기는 3개월~2년으로 1년 이하의 단기가 주종을 이룬다. 유가증권에 대하여 적용되는 일반적인 규제가 동일하게 적용되나 주식이나 채권에 비해 손익구조가 복잡하다. 또한 원금과 수익을 지급받지 못할 위험성도 있고 투자자가 만기 전에 현금화하기가 어렵다는 특징도 지닌다.

주가지수가 상승할 때 일정한 수익을 얻을 수 있도록 하는 상품, 주가지수 등락구간별 수익률에 차이가 나게 하는 상품 등 다양한 유형이 있는데, 일반적으로 원금보장형 · 원금부분보장형 · 원금조건부보장형의 3가지로 나뉜다. 원금보장형은 보수적이거나 안정적인 투자자가 선호하며, 원금부분보장형은 적극적인 투자자가, 원금조건부보장형은 공격적인 투자자가 선호한다.

투자자에게는 투자선택의 폭을 넓히고, 증권회사에는 수익구조를 변화시켜 증권업 활성화에 기여하는 것으로 평가되고 있는 이 상품은 주식이나 주가지수 이외에도 원자재나 금 등과 같은 실물에 연계되거나, 물가지수나 채권지수 등에 연계되는 등 그 범위가 다양해질 것으로 전망된다.

7.6 주식워런트증권(Equity Linked Warrant : ELW)

주식워런트증권(ELW)은 특정 주가 또는 주가지수의 변동과 연계해 미리 정해진 방법에 따라 만기 시 주권의 매매 또는 현금을 수수하는 권리가 부여된 신종증권이다.

이러한 주식워런트증권의 발행조건은 발행인인 증권회사가 투자자의 수요 등 시장수요를 반영하여 자유롭게 결정하는 것이 원칙이며, 주식워런트증권의 가격이나 투자자의 투자의사결정에 중요한 영향을 미치는 발행조건으로는 기초자산(주식/주가지수), 권리유형(콜/풋), 행사가격, 만기, 권리행사기간(유럽형/미국형), 만기결제방식(현금결제/실물인수도결제), 전환비율 등이 있다.

7.7 파생결합증권(Derivatives Linked Securities : DLS)

파생결합증권(DLS)은 유가증권과 파생상품이 결합된 새로운 증권이다. 기초자산이 주가, 이자율, 환율, 신용, 실물 등을 이용해 개별적 및 복합적으로 구성될 수 있는 파생증권을 의미한다. 영문으로는 SD(Securitized Derivatives) 또는 DLS(Derivatives Linked Securities)라고 쓰인다. 우리나라의 파생증권은 기초자산이 주가 및 주가지수에 한정된 주가연계증권(ELS)으로 시작됐으며, 2005년 3월 증권거래법시행령의 개정으로 이자율, 환율, 신용, 실물로 기초자산의 범위가 확대됐다.

파생결합증권은 주가연계증권(ELS)을 포함하는 포괄적인 개념이지만 좁은 의미로는 주가만을 기초자산으로 하는 증권(ELS)을 제외한 다른 형태의 자산을 기초자산으로 하는 파생증권의 의미로도 쓰이고 있다. 따라서 주가가 포함되어 있더라도 부동산, 실물 등 다른 여러 자산과 함께 기초자산이 되는 하이브리드증권의 경우도 파생결합증권이라고 할 수 있다. 2005년의 경우 좁은 의미의 파생결합증권은 주로 환율이나 실물에 연계된 증권이 발행되었으나, 향후에는 다양한 자산을 기초로 하는 파생결합증권의 발행이 늘어날 것으로 전망된다. 파생결합증권은 주가연계증권과 거의 유사하며, 단지 기초자산이 주가와 주가지수에 한정되어 있는지 아닌지에 따라 구별할 수 있다.

물러서는 때가 중요하다(아리스토텔레스)

주식투자는 특히 차익이 나고 있을 때 이식하는 시점이 중요하다. 불안해서 너무 일찍 이식해도 안 되고 욕심 때문에 너무 끝까지 이익을 추구해도 안 된다. 또한 손해보고 있을 때 적은 손해로 투자를 마무리할 줄 알아야 한다. 대부분의 투자자들은 마무리를 잘 하지 못해서 실패한다.

제8절 ■ 증권투자자들의 특성 및 투자원칙

본 절에서는 이상과 같은 유가증권을 도대체 누가 매입하는지에 대해서 알아보자.

8.1 투자자의 유형

투자자는 대개 두 가지의 유형으로 구분된다. 즉 하나는 기관투자자(institutional investors)이고, 다른 하나는 개인투자자(individual investors)이다. 기관투자자는 자체의 기금이나 신탁된 자산을 운용하는 기관들을 일컫는다. 예를 들면, 보험회사, 대학이나 재단과 같은 비영리기관, 연금기금, 상호기금, 그리고 금융기관들이 이에 속한다. 기관투자자들은 매 거래마다 최소한 10,000주 이상의 규모로 매수 혹은 매도를 한다. 그러한 대량거래(block trading)는 각 증권거래소 당일 총거래 규모의 25% 이상을 차지할 만큼 중요한 비중을 차지한다. 또한 기관투자자들은 총거래량의 60% 이상을 차지하고 있다.

오늘날 증권시장에서는 기관투자자들의 역할이 그 어느 때보다도 중요하지만 그렇다고 해서 개인투자자들의 영향을 전혀 간과해서는 안 된다. 먼저, 개인투자자들의 거래규모는 기관투자자들에 비하여 소액에 불과하지만 증권시장에서 총거래액의 40% 정도를 점하고 있다. 둘째, 기관투자자들의 거래는 기본적으로 개인투자자들의 수요를 반영한다고 볼 수 있다. 즉, 개인투자자들은 수익증권이나 기타 증권투자 금융상품의 투자지분을 매입함으로써 간접적으로 증권투자를 행한다고 볼 수 있기 때문에 기관투자자들로서는 개인투자자들의 수요에 부응해야 한다. 결과적으로, 그러한 기관들은 개인투자자들의 투자욕구를 무시할 수 없게 된다.

8.2 투자와 투기

어떤 투자자들의 경우 주식에 투자해서 단기간에 큰 돈을 벌고자 하는 기대에서 투기(speculation)를 한다. 투기의 경우는 대개 가격이 여타 종목에 비해 아주 싼(상대적으로 싸다는 의미보다는 절대적인 견지에서도 저렴하다는 의미, 즉 관리종목 등과 같이 대부분 액면가 이하인 종목의 경우가 이에 해당됨) 위험이 큰 종목을 선택하게 된다. 그들은 얼마 안 되는 돈을 주고 매입한 주식의 가격이 몇 배(때로는 몇십 배)로 올라 그들에게 수백%(혹은 수천%)의 수익률을 가져다 주기를 고대한다. 이러한 종목들은 대부분 영업이익이 저조한 상태이며, 앞으로의 전망도 그렇게 밝지는 않은 경우가 대부분이다.

투자(investment)는 투기와는 달리 투자의 안정성이 어느 정도 확보되며, 투자위험에 대한 보상으로서 만족할만한 배당이나 이자를 지급하는 주식이나 채권을 매입하는 경우라고 할 수 있다. 투자자들은 일반적으로 성장성에도 관심이 있어 해당기업이 성공함에 따라 주식의 가치가 오르기를 희망한다. 투자자들의 목표는 따라서 투자가치의 상승, 소득 혹은 안정성이 된다고 볼 수 있다.

8.3 투자의 기본원칙

개인투자자나 기관투자자나 투자에 있어서 지켜야 할 기본적인 원칙은 과연 무엇일까? 어떤 투자자들(특히 개인투자자의 경우)은 투기가 그들의 투자동기가 되는 경우도 있다. 그러나 투자자들이 일반적으로 투자대상을 선택할 때 다음과 같은 원칙을 고려하여야 한다.

첫째, 수익성(profitability)의 원칙이다. 투자는 본질적으로 현재의 소비를 포기함으로써 보다 큰 미래의 소득을 얻기 위한 행위이다. 따라서 투자대상이 얼마만큼의 이익을 가져다 줄 수 있는가를 고려하지 않으면 안 된다. 수익성을 최우선 목표로 하는 투자자들은 보통 기업의 수익성장률이나 예상성장률이 다른 기업에 비하여 매우 큰 기업의 주식을 선택하게 된다. 어떤 투자자들은 안정적인 소득원을 선택하기도 한다. 높은 소득이 최우선 투자목표일 경우 투자자들은 현재 이미 번창한 기업을 선택하여 고액배당을 받으려고 한다.

둘째, 안전성(safety)의 원칙이다. 투자로 인하여 미래에 얻게 될 소득이 불확실하다면 이는 결코 좋은 투자대상이 되지 못한다. 특히 투자원금은 손상됨이 없이 확보되어야 할 필요가 있다. 투자자들은 대부분 앞으로 주가가 반전되는 위험을 피하려 한다. 최근 주가가 등락을 거듭하면서 그에 따라 많은 투자자들의 혈압이 오르고 경제적으로도 파탄이 난 사례가 많다. 안정성을 최우선 과제로 생각하는 투자자는 보통 초우량기업들이 발행한 회사채나 주식을 사는 경향이 있다. 이러한 유가증권은 매우 안전하며 적정한 투자수익률이 어느 정도 보장되어 있다고 할 수 있다.

셋째, 유동성(liquidity)의 원칙이다. 이는 곧 환금성을 말하는 것으로 필요시에는 언제든지 쉽게 현금화할 수 있는 투자대상을 선택해야 한다는 것이다. 거래가 빈번하게 일어나지 않는 유가증권의 경우 보유자가 처분하여 현금으로 바꾸고자 할 때 상당한 애로를 겪을 수 있기 때문이다.

전문가는 틀리고 아마추어가 크게 적중한다

> 투자경험이 많은 전문투자자는 시세의 두려움을 알기 때문에 과감하게 투자하지 못해 크게 벌지 못한다. 그러나 경험이 적은 아마추어 투자자들은 멋모르고 대담하게 투자하여 큰 시세가 나올 때 많은 이익을 내는 경우가 있다.

제9절 ■ 주가의 변동과 뉴스보도

주식시장의 장세는 때때로 보도된 뉴스(정보 또는 재료)에 대한 투자자들의 심리적 반작용을 나타낸다. 사람들은 매일 아침 개장할 때의 장세는 간밤에 일어난 사건의 종류에 따라 새로이 시작하는 것으로 믿고 있다. 이러한 믿음은 연일 우리가 접하는 경제 및 금융뉴스의 기본적인 원칙으로 인식되어 가고 있으며, 대부분의 증권전문가들은 그날의 뉴스로 장세를 설명하고 있다. 이것이 주가의 움직임을 설명하는 가장 손쉬운 방법이며 독자(시청자)들은 그러한 해설을 그대로 받아들이고 있다.

9.1 뉴스보도의 오류

1992년 3월 24일의 총선 결과 여소야대의 정국이 재현되었다. 다음날의 주가는 큰 폭으로 하락했다. 이를 두고 언론은 여소야대 현상에 따른 정국의 불안정 예측에 기인한다고 설명하였다. 같은 해 3월 30일에는 프랑스에서 집권사회당이 2차 지방선거에서 참패하였고, 그 결과로 크레송 총리가 경질될 것이라는 보도가 있었다. 선거결과가 발표된 그날 파리의 증권가에서는 크레송 총리의 사임설이 파다하게 퍼짐과 동시에 주가가 큰 폭으로 상승하였다. 이러한 한국과 프랑스의 두 상황에는 공통점이 매우 많다. 즉, 경제가 극도로 침체되어 있었다는 점, 그리고 국민들의 집권여당에 거는 기대가 별로 크지 못함에 기인하여 현재의 집권당이 선거에서 참패하였다는 점 등이 그 예이다. 그러나 선거결과가 발표된 양국에서는 주가의 움직임이 전혀 반대로 나타났다. 한국의 경우는 정국안정이 불투명하므로 주가가 하락했다고 보도되었고, 프랑스의 경우는 정국의 변화(불안정)가 예측되므로 주가가 상승했다고 보도되었다. 이 무슨 궤변인가?

또 하나의 예를 들어보자. 그동안 등락을 거듭하던 주식시장의 장세가 1992년 3월 30일에는 종합주가지수가 600포인트 이하를 기록했다. 다음날 언론은 이를 두고 집권민자당의 대권후보를 놓고 민정계가 후보를 단일화하는 데 상당한 진통을 겪고 있으므로 투자심리가 위축되어 그러한 결과로 나타났다고 보도했다. 그러나 실제로 일어난 일은 그것이 아니다. 물론 종합주가지수는 전날 대비 큰 폭으로 하락하였으나 주식시장의 장세가 결코 우려할 만큼 침체된 날은 아니었다. 그날은 증권사들을 포함한 3월말 결산법인의 배당락이었으며, 한국종합주가지수는 그 산출에 있어 배당을 반영하지 않고 또한 대형주에 큰 가중치를 둠으로써 생겨난 장세의 왜곡현상에 불과한 것일 따름이다.

9.2 뉴스란?

뉴스란 '일어난 사건(event)에 대한 언론의 보도'로 정의내릴 수 있다. 그러나 확실히 해두어야 할 사실은, 뉴스란 '현실의 반영'이 아니고 단지 일어난 수많은 사건들 중에서 몇 개가 선택되어 일반인들이 인지할 수 있는 용어를 구사하여 일정한 형식으로 표현된 것에 지나지 않는다. 일어난 사건들 모두가 뉴스가 되지는 않는다. 어떤 사건이 뉴스가 되려면 먼저 사람들의 주목을 끌어야 한다. 또한 종종 일어난 사건의 총체가 뉴스로 되는 것도 아니고 그 중에서 단지 한 국면만 뉴스로 취급된다. 일반인들에 알려져 있고 또한 관심을 끄는 많은 사실들이 그 원인 및 배경을 모르고서는 복잡성이나 이해의 곤란성 때문에 뉴스로 취급되기에 어려운 경우가 많다.

9.3 경제 · 경영뉴스

경제 · 경영뉴스는 어떤 의미에서 '대규모의 합리화'라고 할 수 있다. 우리 주변에는 언제나 좋은 뉴스도 있고 궂은 뉴스도 있다. 그날의 주식시장 장세를 설명하는 보도를 보면 흔히 강세인 경우 좋은 뉴스가 강조되기 마련이고 약세인 경우에는 궂은 뉴스가 더욱 강조되곤 한다. 권위주의가 풍미하는 문화에서의 언론보도는 기록과 의사소통(정보전달)이라는 혜택과 동시에 매우 심각한 위험을 초래할 수도 있다. 사람들은 언론에 보도되었다는 사실만으로 상당한 중요성을 부여하곤 한다. 그러나 사실 대부분의 뉴스에서 그 뉴스의 본질을 모르는 경우는 허다하다.

이러한 사실들 외에도 경제 · 경영뉴스의 보도는 그 자체가 통상 언급된 것 이상의 것을 의미한 것으로 과장되어 이해되곤 한다. 어느 기업을 분석함에 있어 그 기업이 처하고 있는 전체적 상황을 보아야 함에도 불구하고 단지 그 기업의 손익계산서만을 본다면 그 결과는 중대한 오류로 나타날 가능성이 있다. 왜냐하면, 손익계산서상의 수치는 이미 수개월 전에 벌어들인 이익의 비중이 과장되게 포장되어 전달될 수도 있기 때문이다.

예컨대, 어느 기업의 2005년 주당이익(Earnings Per Share : EPS)이 3천 원이었다고 하자. 실제로 그 수치가 보도되는 시점에서는 그 수치가 의미하는 바가 별로 없다. 주문량이 쇄도한다는 뉴스도 전체적 구도에서 단지 한 부분만 강조되고 있을 따름이다. 합병소문이 돌게 되면 그러한 합병결과가 경제적 측면에서 어떠한 결과로 나타날지를 불문하고 주식시장에서는 그 종목의 주가가 강세로 돌아서게 된다. 제품가격이 얼마 오르게 되면 비록 그 결과로 그 기업의 순이익이 1% 미만 증가하리라 예측됨에도 불구하고 그날 그 기업의 주가는 5% 이상 오르는 경우 역시 흔히 있는 일이다.

9.4 원인과 결과

그렇다면 뉴스보도와 주식시장의 움직임 간에는 어떠한 인과관계가 있을까? 일련의 경제적인 움직임과 관련된 뉴스를 취급하는 문제는 많은 방법론상의 어려움을 가지고 있다. 뉴스를 수리적 기법을 사용하여 과학적으로 취급하는 데는 어려움이 많다. 또한 그러한 뉴스에 대한 수사적 자료나 상상적 반응은 측정하기가 곤란하다. 한 뉴스를 어떤 현상을 일으키는 요인으로 지목하려면 다른 여러 요인으로부터 분리시켜야 하는데 그것이 그리 용이하지 않다.

또한 어떤 뉴스가 좋은 것이고 어떤 뉴스가 궂은 뉴스인지는 종종 판단과 배경의 문제일지도 모른다. 어느 기업의 순이익이 10% 상승했다는 사실은 좋은 뉴스일지도 모르나 30%의 상승을 기대했던 사람들에게는 궂은 뉴스일 수도 있다. 더구나 이러한 것들은 다루기 쉬운 것들이 아니며, 뉴스의 좋고 나쁨은 항시 상대적인 것이다.

9.5 뉴스의 종류

뉴스에도 여러 가지의 종류가 있다. 이러한 뉴스의 종류를 이해하게 되면 어떤 뉴스를 통하여 정보를 추출하는 데 많은 도움이 된다. 편의상, 뉴스는 다음의 세 가지 형태로 구분될 수 있다.

첫째, 가장 흔한 형태로서 장세에 뒤이어 나오며 주가의 움직임을 강조하려는 경향이 있다. 이러한 형태의 뉴스와 주식시장의 움직임을 연계시키는 데는 합리화가 매우 큰 몫을 하게 된다.

둘째, 에누리해서 들어야 하는 뉴스가 있다. 주식시장의 뉴스는 통상 고위소식통에 의해 예상될 수 있는 어떤 중요한 사건들이 일어나 그들이 먼저 알고, 그 다음 시장에 퍼지게 되어 뉴스화되게 되는데 그 이전에 이미 주가에 반영되는 경우가 있다. 이러한 종류의 뉴스는 보도되더라도 언제부터 또한 실제로 그러한 사실이 주가에 반영되었는지를 알 수 없는 문제가 있을 수 있으며, 바로 이것이 투자전략을 수립하는 데 가장 중요한 걸림돌로 부각되고 있다.

셋째, 에누리해서는 안 되는 뉴스가 있다. 홍수, 화재, 지진, 죽음 등이 이에 속한다. 그러한 뉴스는 에누리해야만 되는 뉴스에 비하여 시장에 미치는 영향이 매우 크다. 에누리해서는 안되는 뉴스의 실제 문제점은 어떤 사건이 발생하였을 때 그 뉴스를 이 범주에 넣어야 하느냐 마느냐 이다.

주식시장의 장세를 최고에 이르게 하는 뉴스라든지 혹은 추세에 역행하도록 장세를 반전시키는 뉴스가 가장 혼동을 일으키기 쉽다. 이러한 뉴스는 위의 세 가지 유형 중 그 어느 것에서도 나타난다.

9.6 뉴스인식에 있어서의 유의점

결론적으로 주가의 움직임을 결정하는 요인들이 너무 많은데 근본적인 문제점이 있다. 우리는 하나의 변수(뉴스)와 그 결과의 복잡성을 완전히 분리시켜 낼 수 없으며, 다른 여러 가지의 변수들도 역시 주가에 영향을 미치기 때문에 바로 어떤 뉴스를 특정 상황을 야기시킨 요인이라고 지목하는 데에는 문제가 많다. 주가에 영향을 주는 많은 요인들을 살펴보고 그 결과에 대하여 확인을 하며 원인과 결과에 대한 전체적 인과관계를 보다 면밀히 살펴보아야 한다. 이러한 요인들은 종종 뉴스거리로 등장하게 되지만, 뉴스내용은 단편적이거나 시간적으로 우연일 수도 있으며 간혹 모순되는 경우도 있다. 주식시장이 뉴스에 대하여 어떻게 반응하는가를 오랫동안 주의깊게 관찰하면 일반투자자보다 훨씬 더 현명하게 뉴스에 따른 주가의 움직임을 알 수 있을 것이다.

뉴스로 등장하게 되는 경제 및 금융정보는 끊임없이 굴러가는 경제현상의 노출과정에서 마지막 무대라고 할 수 있다. 이러한 경제현상이 뉴스로 노출되기 전에 많은 사람들은 매출액, 순이익, 배당, 신제품 등에 관한 변화를 예측하기도 한다. 따라서 뉴스에 접하고 비로소 행동을 취하는 사람들은 결국 막차를 타는 격이 되고 만다. 따라서 새로운 뉴스가 무엇이냐보다도 주식시장이 그 뉴스에 어떻게 반응하느냐가 더욱 중요하다. 주식시장의 추세와 보조를 함께하는 뉴스는 아무런 문제점을 일으키지 않는다. 그러나 장세가 전환점에 다다르거나 추세를 반전시키는 경우에는 상당한 문제점을 일으킨다. 따라서 뉴스에 관하여 다음의 경고를 깊이 새겨둘 필요가 있다. 즉

① 뉴스를 확대해석하지 말아야 한다. 뉴스를 전체적 구도에서 이해해야 한다.
② 어떤 장세를 일으키는 요인으로서 특정 뉴스를 지나치게 고집하지 말아야 한다.
③ 단지 보도되었다는 사실만으로 고위층의 견해를 지나치게 믿지 말아야 한다.

또한 어떤 뉴스를 접할 때 다음과 같이 자문해 보면 뜻밖의 큰 효과를 거둘 수도 있다.

① 과거에 보도된 동종의 뉴스가 장세에 동일한 효과를 나타냈는가?
② 좋은 뉴스이든 나쁜 뉴스이든 현재의 장세에 반영된 지 얼마나 오래 되었나?
③ 주식시장이 그 뉴스를 얼마나 효과적으로 반영하는가?

④ 그 뉴스는 예측될 수 있었으며 이미 주가에 반영되었는가? 혹은 전혀 예측할 수 없었으며 에누리해서는 안 되는 뉴스인가?

행복의 파랑새

주식투자에서 최대의 관심사는 매수해야 할 종목을 고르는 일이다. 이 때문에 수많은 투자기법이 개발되어 왔다. 그런데 성공한 투자자들 가운데는 이런 어려운 기법들을 모르면서 사소한 것에서 힌트를 발견해 성장주를 찾는 경우가 많다. 예를 들어 백화점에서 쇼핑을 하다가도 좋은 상품이 눈에 띄면 그 상품을 만드는 회사를 눈여겨 지켜보든가 하는 것이다. 특히 패션 외식업체나 소비재를 생산하는 업체들은 생활하는 가운데서도 어렵지 않게 찾아볼 수 있다. 행복의 파랑새는 먼 곳에 있지 않고 바로 가까운 곳에 있는 법이다.

주식투자는 타이밍의 예술

한겨레신문, 1995년 7월 10일 12면

주식은 사는 시점부터 미래로 연결된다. 그래서 주식투자를 타이밍의 예술이라고까지 한다. 주식투자는 시간과 무한한 함수관계를 가지고 있다. 과감히 투자해야 할 시점이 있는가 하면 오히려 서둘러 팔아야 할 시점이 있고, 또 각고의 인내심으로 기다려야 하는 때도 있다. 그밖에 자신의 투자판단이나 의사결정, 투자조건 등을 다시 한번 시황여건이나 투자지표 등과 결부해 점검해야 하는 등 각종 타이밍의 조화가 주식투자의 결과로 집약되는 것이다.

"같은 물을 먹고도 젖소는 우유를 만드는데 독사는 독을 만든다"는 영국의 속담처럼 똑같은 주식을 매입하였어도 이익을 보는 사람이 있는가 하면 커다란 손해를 보는 사람도 있다. 왜 이처럼 같은 종목에서도 투자성과가 이렇게 다를 수가 있을까? 그 이유는 바로 주식투자의 타이밍이 주는 효과라고 해도 과언이 아니다. 어느 투자수단도 때와 시기가 있기 마련이지만 특히 주식투자는 타이밍을 맞추지 못하면 우유를 마신다고 하고서는 오히려 독을 마시는 결과가 되는 것이다.

증권시장에는 뜨거운 열기, 지루한 암흑, 가슴 조이는 초조함 등 변화의 시점마다 다양한 심리변화를 요구하고 있다. 지금의 시황은 이미 충분한 조정으로 불안했던 심리에서 벗어나 새로운 국면변화를 요구하고 있는 시점이다. 외국인들이 한도확대를 겨냥해 매수폭을 넓히고 있고, 정부가 부양의지를 가지고 시장의 흐름을 북돋워주고 있으며, 시장개방을 위한 체제정비 등 금융권개편이 서둘러 진행되는 등 시장은 매우 밝은 내일을 기다리고 있다. 증권시장은 각종의 변화요소가 때와 관련한 투자와 어울려 진행되기 때문에 한층 묘미가 더해지는 시장이다.

일급투자자는 증시가 최악의 심리상태가 될 때, 또 이처럼 변화의 국면을 맞이할 때를 중요한 포인트로 포착한다. 바로 이 시점, 이 순간을 위해 서정주 선생의 소쩍새도 울고, 천둥과 번개도 겪어야 하는 등 가변적 시황요소의 맥을 짚게 되는 것이다.

한편 투자자에게 성공을 가져다주는 주식은 어떤 특성을 가지고 있을까? 토쿄증시에서 10년간 연평균 20% 이상의 높은 수익률을 기록한 45개 종목을 분석한 결과를 보면 높은 수익실현이 가능한 기업, 즉 기업의 내재가치가 충실한 기업만이 지속적 투자수익을 가능하게 했다는 결론이다. 1980년 트레인은 그의 저서 「돈의 주인」에서 투자는 인기보다도 가치기준으로 선택하라고 했다. 최근 외국인투자자들에게 각광을 받는 블루칩, 즉 고성장주도 시장에서 투자자들에게 인기리에 발굴되기 이전까지는 잊혀진 여인처럼 불행했던 시절이 많았음을 상기할 필요가 있다. 상대적으로 저평가된 주식이 없는지, 또 주가가 올라갈 수 있는 가능성이 있는 종목은 무엇인지, 기회는 두드리는 자, 파헤치는 자, 연구하는 자에게 항상 오는 법이다.

주식투자는 성장성을 고려한 미래에 대한 투자라는 사실을 잊지 말아야 할 것이다.

연습문제

01 기업의 자금조달에 있어서 직접금융과 간접금융이 어떻게 다른가를 설명하라.

02 최근 들어 금융시장에서 일어나고 있는 가장 두드러진 특징 중의 하나인 증권화현상을 설명하라.

03 금융자산을 중심으로 한 우리의 투자환경이 급변하고 있다. 그 중에서 가장 대표적인 현상들을 열거하고 각각을 자세하게 설명하라.

04 주식은 주식회사에 있어서 소유지분을 표시하는 단위이다. 그러나 주식은 여러 가지 기준에 의하여 매우 다양하게 분류할 수 있다. 주식의 종류를 각각의 구분에 따라 설명하라.

05 신주인수권증서는 일반적으로 구주주에 대하여 그 주식을 가지고 있는 수에 비례하여 부여하는 것이 보통인데, 그 이유는 무엇인가?

06 무액면주식발행제도가 생기게 된 배경을 설명하라.

07 채권이 주식과 다른 점은 무엇인가?

08 전환사채(CB), 교환사채(EB), 그리고 신주인수권부사채(BW)의 차이점을 각각 설명하라.

09 선물계약(futures contract)과 선도계약(forward contract)의 차이는 무엇인가?

10 옵션의 의의와 기능을 설명하라.

11 증권의 다양화 현상이 일어나게 된 배경을 설명하고, 다양화된 증권의 종류를 열거하라.

12 증권시장의 변동성이 더욱 커지고 정보의 수집과 분석이 용이하지 않음에 따라 직접투자의 위험이 날로 증가하고 있다. 그 결과 최근 들어 우리나라에서도 간접투자가 일반투자자들 사이에서 큰 호응을 얻고 있다. 간접투자의 방법에 대하여 설명하라.

13 계약형 투자신탁과 회사형 투자신탁의 차이점을 설명하라.

14 투자(investment)와 투기(speculation)가 다른 점은 무엇인가?

15 투자자들이 투자대상을 선택할 때 일반적으로 고려해야 하는 기본원칙을 설명하라.

16 정보원으로서 뉴스를 인식할 때 투자자들인 우리가 유의해야 할 사항에 대하여 논하라.

17 다음의 용어를 설명하라.

(1) 누적우선주	(2) 비누적우선주	(3) 전환우선주
(4) 후배주	(5) 혼합주	(6) 의결권
(7) 무기명주	(8) 무액면주	(9) 보증주
(10) 상환주	(11) 전환주	(12) 금고주와 우대주
(13) 담보채와 무담보채	(14) 변동금리부채권	(15) 등록채
(16) 분할상환채권	(17)감채기금채권	(18) 수의상환채권
(19) 수익사채	(20) 이익참가채권	(21) 영구채권
(22) 옵션부사채	(23) 연속상환채권	(24) 기초자산

CHAPTER 02

증권시장과 제도

자금은 유가증권이라는 수단을 통하여 흑자경제단위로부터 적자경제단위로 흘러 들어간다. 유가증권은 공개시장에서 차입자들에 의하여 직접 발행되거나 금융기관들에 의하여 위탁되어 발행된다. 다양한 유가증권들은 금융시장에서 거래된다. 이와 같이 자금의 수요자와 공급자를 연결하여 주는 금융시장은 단기금융시장과 자본시장이 있다. 자본시장은 장기자금의 수요와 공급이 이루어지는 시장으로 장기대부시장과 증권시장으로 분리해 볼 수 있다.
본 장에서는 다음의 문제를 중점적으로 다룬다.

- 증권시장의 의의 및 기능
- 증권시장의 발전과정 및 구성
- 증권시장의 지표와 각종 제도
- 기업의 재무정책과 증권시장
- 증권관계기관, 증권거래법, 그리고 세제
- 자본시장법

승부사는 고독을 사랑한다

이것은 월가의 투자격언에 나오는 말이다. 주가가 오르내리는 것은 필연적인 현상이다. 주가를 움직이는 요인은 수요와 공급 이외에도 수십 종류나 된다. 자기가 보유한 주식에 대한 애착과 기대심리에 따라 주가가 오르내리는 것은 결코 아니다.

주가의 예측은 참으로 힘들다. 주가가 조금 오를 것 같아서 사고 나면 떨어진다. 반대로 주가가 더 떨어질 것 같아서 팔고 나면 기다렸다는 듯이 주가는 오르기 시작한다. 주식투자에 경험이 있는 사람이라면 누구나 이와 같은 경험을 했을 것이다. 일반투자자는 왜 이렇게 시세에 역행하는 매매로 인하여 손해를 보고 있는가? 그 이유는 시장분위기에 뇌동하는 경향이 많기 때문이다.

주가가 장기간 상승하고 있으면 일반투자자들에게는 주가가 계속 상승할 것 같은 생각이 든다. 특히 주식시세가 과열국면에 접어들면 더욱 그러한 생각이 굳어진다. 그러나 주가가 장기간에 큰 폭으로 올랐거나, 과열장세가 오면 주가가 하락세로 바뀔 가능성이 많다. 주가가 하락하고 있을 때도 마찬가지 현상이 발생한다. 주가는 그 속성상 오를 만큼 올라야 내리고 내릴 만큼 내려야 오르는 것이다. 그런데 대부분의 일반투자자들은 그 시점까지 기다리지 못하고 매수하거나 매도한다. 즉 천장권에서 뛰어들어 주가하락의 고통을 견디다 못하여 바닥권에서 탈출하고 마는 것이다.

일부 전문투자자들은 일반투자자들과는 반대로 행동한다. 일반투자자들이 염증을 느끼고 싼값에 팔 때 매수하고, 시장이 과열되었을 때 웃으면서 매도하는 것이다. 주식투자는 시세의 흐름에 편승하는 것이 기본이지만 주식투자에서 큰 성공을 거둔 사람들은 대부분 일반투자대중과는 반대로 행동하는 사람들이다. 주가가 극단적으로 침체되었을 때 사고, 주가가 열광적인 과열국면으로 갈 때 주식을 파는 사람들이 대개 큰 이익을 얻는다. 그러므로 주식으로 성공하기 위해서는 군중심리에 뇌동하는 것을 항상 경계해야 한다.

제1절 ■ 증권시장의 의의 및 기능

1.1 증권시장이란?

금융시장(financial markets)은 넓은 의미에서는 금융제도(financial system)

와 같은 뜻으로서 금융수단, 금융시장 및 금융기관을 포괄하는 전반적 조직을 말한다. 그러나 좁은 의미에서의 금융시장은 금융수단이 거래되는 영역 또는 메커니즘을 일컫는다. 금융시장은 기준에 따라 여러 가지로 구분될 수 있다. 자금상환기간의 장단에 따라 자본시장(capital market)과 단기금융시장(money market)으로, 기업이 자금을 조달함에 있어서 일반투자자로부터 직접 조달하느냐 혹은 금융중개인을 통하여 간접적으로 조달하느냐에 따라 직접금융시장(direct financial market)과 간접금융시장(indirect financial market)으로, 거래되는 증권이 새로이 발행된 것인가 혹은 이미 발행된 것인가에 따라 발행시장(primary market)과 유통시장(secondary market)으로 분류되고 있다.

단기자금시장은 만기가 1년 미만인 자금이 거래되는 금융시장을 말하며, 넓은 의미의 자본시장은 1년 이상 만기의 자금이 거래되는 금융시장을 지칭한다. 또한 좁은 의미의 자본시장이란 주식시장(stock market)과 채권시장(bond market)을 포괄한 증권시장(securities market)을 의미하고 있다.

증권시장은 자유자본주의 경제체제를 상징하는 대표적인 시장조직이다. 기업은 증권시장에서 증권발행을 통하여 장기자금을 조달할 수 있고, 가계와 기관투자자들은 그곳에서 금융자산을 자유로이 운용할 수 있다. 더욱이 증권을 통한 자금의 조달 및 운용이 시장원리에 따라 이루어져 국민경제 속에서 자원이 적절하게 배분되고, 그 결과 국민경제가 효율적으로 운영된다. 증권시장은 국부와 경제력을 국민대중에 널리 분산시킴으로써 기업과 국민 간에 일체감을 조성하여 경제적 민주주의를 창달하는 중요한 기능을 담당하고 있다.

1.2 국민경제 내 증권시장의 비중 제고

증권시장을 통한 기업자금조달은 이제 기업의 외부자금조달원 중에서 최대의 자금원이 되어 직접금융이 간접금융을 상회하는 획기적인 금융변화가 있었다. 특히 개인의 금융자산 중에서 증권투자는 평균적으로 가장 수익성이 높은 투자수단이 되고 있어 많은 투자자들의 관심사가 되고 있다. 그리고 기관투자자들의 금융자산운용에서도 유가증권 투자비중이 점차 높아지고 있으며, 증권시장에서 기관투자자들의 역할과 비중이 크게 높아지고 있다.

표 2-1 ❙ 상장주식통계표

연말	상장 회사수	상장 종목수	주주수 (천 명)	상장주식수 (백만 주)	상장자본금 (10억 원)	시가총액 (10억 원)	거래량 (백만 주)	거래대금 (10억 원)
1992	688	1,014	1,741	5,412.9	27,064.6	84,711.9	7,064.2	90,624.4
1993	693	1,045	1,486	5,760.1	28,800.7	112,665.2	10,398.4	169,918.1
1994	699	1,089	1,706	6,880.5	34,402.5	151,217.2	10,911.2	229,772.0
1995	721	1,122	1,548	7,609.4	38,047.0	141,151.3	7,656.0	142,914.1
1996	760	1,143	1,465	8,598.3	42,991.8	117,369.9	7,785.4	142,642.2
1997	776	958	1,329	9,030.7	45,153.7	70,988.8	12,125.3	162,281.5
1998	748	925	1,915	11,443.7	54,865.6	137,798.5	28,533.1	192,845.2
1999	725	916	2,951	17,325.8	78,090.4	349,504.0	69,359.1	866,923.5
2000	704	902	2,701	19,638.7	84,929.9	188,041.5	73,785.3	627,132.9
2001	689	884	3,888	19,578.3	82,755.4	255,850.1	116,417.3	491,365.4
2002	683	861	3,974	26,463.4	109,786.9	258,680.8	209,167.8	742,150.0
2003	684	856	3,937	23,662.1	87,941.7	355,362.6	133,876.4	547,509.1
2004	683	844	3,736	23,426.9	85,518.5	412.588.1	92,850.8	555,795.1
2005	702	858	3,537	23,235.7	80,586.9	655,074.6	116,439.7	786,257.9
2006	731	885	3,613	24,960.5	82,945.8	704,587.5	68,936.8	848,489.6
2007	746	907	4,441	28,244.1	85,589.0	951,917.9	89,506.1	1,362,877.1
2008	765	928	4,627	29,097.3	89,662.1	576,927.7	88,149.1	1,287,164.8
2009	770	925	4,665	31,377.1	92,467.7	887,935.2	122,871.3	1,466,274.8
2010	777	927	4,787	33,706.3	98,411.5	1,141,885.5	95,595.7	1,410,561.8
2011	791	938	5,284	35,402.9	102,935.4	1,041,999.2	87,732.4	1,702,060.3

주) 1999년부터 주주수는 유가증권시장과 코스닥시장 주주수의 합계임.
자료 : 한국증권거래소, 「주식」, 각호.

[표 2-1]에서 나타난 바와 같이, 우리나라의 상장기업수는 1969년에 42개에 불과하였으나, 2011년말 현재 791개로 확대되었다. 상장기업의 자본금총액도 1969년에 1,119억 원에 불과하였으나, 2011년말 현재 102조 원을 상회하고 있다. 한편 상장기업의 시가총액도 1969년에 865억 원에 불과하였지만, 2011년말

에는 1,041655조 원을 상회하고 있다. 주식대중화와 주식수요의 척도인 주식인구는 1968년에 4만 명에 불과하였으나, 2011년말에는 528만 명에 달하고 있다.

비운의 명장은 없다

사업이나 스포츠에서와 마찬가지로 주식투자에서도 운이 크게 작용한다. 운이 따를 때에는 모든 것이 매번 적중되지만 운이 없으면 크게 꼬인다. 그러므로 운이 따르지 않을 때에는 쉬어야 하며, 또한 운이 좋아 주식이 잘되는 것을 자기능력으로 착각해서도 안 된다.

우리나라 증권시장의 발전과정은 초기단계(1956~67년), 제도정비단계(1968~72년), 성장단계(1973~80년), 국제화단계(1981년 이후)로 나누어 볼 수 있다.

제2절 ■ 증권시장의 발전과정

2.1 초기단계(1956~67년)

우리나라의 증권시장은 1956년 3월 증권거래소의 개장과 함께 시작되었으나, 당시에는 소득수준이 낮아 일반인들은 증권투자여력이 거의 없었고, 더구나 일반투자자들을 대상으로 공모를 실시할 만큼 신용도가 높은 회사도 별로 없었기 때문에 발행시장은 발달할 수 없었다. 증권시장이 개장된 당시에는 시중은행과 한국전력 등 불과 12개회사의 주식만이 상장되었고, 이들 주식의 대부분이 정부에 귀속된 채 일반투자자들에게 분산이 되지 않아 거래는 미미하였다. 증권시장이 본래의 기능을 효율적으로 수행하기 위해서는 발행시장과 유통시장이 균형있게 발전해야 한다.

그러나 초기단계에서는 발행시장이 제대로 발달하지 못하고 유통시장만 존립하면서 여러 가지 부작용을 일으켜 국민들에게 증권시장에 대한 불신감을 안겨주었다. 특히 1958년 1월에는 국채파동이 일어났으며, 1962년 5월에는 청산거래제도를 악용한 이른바 증권파동을 겪으면서 증권시장은 침체상태로 빠지게 되었다. 한편 1962년 1월 「증권거래법」이 제정되어 증권시장의 발전을 위한 법적 토대가 마련되기도 하였다.

2.2 제도정비단계(1968~72년)

1960년대를 통하여 우리나라 경제는 고도성장의 궤도로 진입하였고 경제발전을 위하여 내국자본동원체제를 확립하는 것이 급선무였다. 이에 따라 정부는 적극적인 증권시장육성지원책을 마련하였고, 「자본시장육성에 관한 법률」을 제정(1968년 11월)하였다. 이 법률은 우리나라 자본시장에 획기적인 전환점을 마련하였는데, 공개법인에 대한 법인세율 우대 및 특별상각 인정 등을 통하여 기업공개를 적극적으로 유도하였다. 또한 주식분산의 촉진 및 투자여건의 조성을 위하여 상장법인의 민간주주에 대한 일정비율 이상의 배당과 소득세 과세특례를 인정하였다.

더욱이 이 법률에 의하여 한국투자공사가 설립됨에 따라 발행시장이 조성되기 시작하였다. 이 기간 동안 내쇼날플라스틱, 제일슬레이트, 대한전선 등이 보통주 공모발행에 성공하고, 동아제약과 대한전선 등이 회사채 공모발행에 성공함으로써 증권발행시장이 본격적으로 가동되기 시작하였던 것이다. 1969년에는 종래의 투기위주의 청산거래제도를 폐지하고 보통거래제도를 도입하여 자본시장은 일반대중의 건전한 투자시장으로 그 면모를 새롭게 하였다.

또한 1969년에 「증권투자신탁업법」을 제정 · 공포하여 1970년 5월에 한국투자공사가 1억 원 규모로 투자신탁제도를 운용함으로써 우리나라 최초의 투자신탁제도가 출범하였다. 한편 이 기간 중 8 · 3 긴급경제조치가 단행되어 기업들은 재무구조 악화요인이었던 사채원리금부담을 벗어났고, 사금융시장이 봉쇄됨으로써 자본시장이 유리한 위치를 확보하게 되어 활황을 맞이하였다.

2.3 성장단계(1973~80년)

이 기간은 기업공개가 붐을 이루어 증권시장의 저변이 크게 확대된 것을 그 특징으로 꼽을 수 있다. 정부는 1973년 초 「기업공개촉진법」을 제정하여 기업공개를 통한 재무구조개선 및 기업자금조달체제를 직접금융으로 유도하였다. 나아가 1974년 5월 29일 대통령은 기업공개와 건전한 기업풍토 조성을 위해 공개법인에 대한 우선지원 및 비공개법인에 대한 여신관리강화를 특별지시하였다.

한편 1976년 2월 증권거래법을 개정하여 증권시장의 안정성장을 촉진하였으며, 1977년 2월에는 증권관리위원회와 증권감독원이 자본시장발전을 도모할 포괄적인 증권관리기관으로 발족하였다. 이 기간은 또한 주식과 회사채의 두 부문에서 급속한 성장을 보였다.

2.4 국제화단계(1981년 이후)

1981년 1월 정부는 우리나라 자본시장 자유화를 위한 4단계조치를 발표하였다. 이에 따라 1981년 11월 한국투자신탁과 대한투자신탁은 각각 1,500만 달러 규모의 외국인전용수익증권을 발매하여 우리나라 자본시장개방의 첫발을 내딛었다. 1984년 6월에는 자본금 6천만 달러의 코리아펀드가 뉴욕시장에 상장되었다. 1985년 12월에는 삼성전자가 2천만 달러규모의 해외전환사채(CB)를 룩셈부르크시장에 상장한 이래 여러 기업들이 그 뒤를 이었다.

이 기간 중에는 우리나라 증권시장의 국제화가 추진되었을 뿐만 아니라 국내시장도 1980년대 초의 침체기를 극복하고 1985년 하반기부터 급속하게 성장하였다. 이와 함께 국민들의 증권투자에 대한 관심이 높아지고, 근로자증권저축 등 소액투자자의 투자수요개발과 우리사주조합의 활성화 등으로 증권투자의 저변이 크게 확대되었다. 특히 1988년부터 실행된 정부의 국민주보급계획은 주식투자인구확대에 크게 기여하였다.

2.5 앞으로의 전망

1997년말에 불거져 나온 외환위기로 인하여 증권시장이 침체기를 겪고 있지만 증권시장을 둘러 싼 경제여건의 변화, 산업 및 금융구조의 고도화, 금융의 증권화 및 산업시장의 국제화진전은 증권시장에 큰 영향을 미쳐 증권시장은 질적 · 양적인 발전을 거듭할 것이다. 즉 증권의 수요 · 공급 양면의 균형적 규모확대와 더불어 증권시장의 공정한 가격형성, 증권시장제도의 발전, 증권시장 참여자의 자세변화가 이루어지면서 증권시장은 금융의 중추적인 역할을 수행해 나갈 것이다.

아울러 우리나라 증권시장은 외국인의 국내증권투자의 허용, 국내증권의 해외발행 또는 해외증권시장의 상장 등 자본유입의 자유화와 더불어 내국인의 해외투자, 외국증권의 국내증권시장의 상장 등 자본유출의 자유화를 통해 증권시장의 국제화와 개방화가 계속 추진되면서 궁극적으로는 완전한 자본자유화가 이루어질 것이다. 더 나아가 우리나라 증권시장이 국제금융시장에서 차지하는 비중도 계속 증대되어 국제자본시장으로 발전될 것으로 전망된다.

주식투자는 야구와 같다

주식투자는 프로야구와 같다. 아무리 강한 팀이라도 모든 경기를 이길 수 없다. 오늘 게임에 져도 내일 이기면 된다. 중요한 것은 승률이다. 주식투자에서도 누적수익률이 중요하다. 야구에서 승리하려면 찬스를 제대로 잡아야 한다. 기회가 왔을 때 과감한 공격으로 큰 점수를 내면 승률이 그만큼 높아진다. 기회를 잘 포착하고 유리한 상황에서 종목선정을 잘 하면 높은 수익률을 보장받을 수 있다.

제3절 ■ 증권시장의 구성

증권시장은 기업이나 공공단체가 발행한 증권이 처음으로 투자자들에게 매각되는 발행시장과 이미 발행된 증권이 투자자들 사이에서 매매되는 유통시장으로 이루어져 있다. 증권의 발행시장과 유통시장은 서로 불가분의 관계를 맺고 있다. 즉 발행시장은 발행된 증권이 유통시장에서 활발하게 재매매될 수 있다는 유동성을 전제로 하여 성립하고, 유통시장은 증권의 공급이 이루어지는 발행시장의 존재를 전제로 하여 성립한다.

3.1 발행시장

발행시장(primary markets 또는 issuing markets)은 증권을 발행하여 장기적인 자본을 조달하는 시장을 의미한다. 발행주체가 되는 기업, 공공단체 혹은 국가기관은 회사채, 주식, 국 · 공채 등을 발행하고 이를 투자자에게 매각함으로써 자금을 조달한다. 주식발행(stock offering)은 주식회사가 투자자들에게 자사에 대한 소유지분을 매입할 기회를 부여하는 것이며, 이것은 자본을 투자하는 대가로 미래 성장에 참여할 기회를 주는 것이라고 할 수 있다. 또한 기업이나 정부기관은 채권발행을 통하여 필요한 자금을 조성할 수도 있다.

발행시장의 구조를 살펴보면 발행주체가 투자자를 상대로 직접 증권을 발행하여 매출하는 직접발행(direct issue)과 발행주체와 투자자 사이에 발행기관인 투자은행이 개입하는 간접발행(indirect issue)이 있다. 주식회사가 직접 나서서 새로 발행되는 주식이나 채권을 일반투자자들에게 매각할 수 있지만, 이 경우 발행주체인 기업이 증권발행에 관한 모든 지식을 갖추어야 하고, 또한 발행된 유가증권을 모두 매각할 수 있다는 확신이 있어야 한다. 따라서 대부분의 대규모 발행은 발행기관인 투자은행(investment bank) 또는 간사인(underwriters)

이라 불리는 금융전문가에 의해 대행된다.

발행기관이 유가증권을 인수할 때에는 먼저 발행된 증권을 발행기관이 모두 매입하고 이를 발행기관의 책임하에 일반투자자에게 매출하는 총액인수방법(firm commitment 또는 bought deal)과 발행기관은 일반투자자들에게 유가증권의 매출을 중개하고 매출이 안된 유가증권만을 매입하는 잔액인수방법(stand-by underwriting)이 있는데, 우리나라에서는 거의 후자를 택하고 있다. 이러한 인수기능을 맡는 발행기관으로는 증권회사, 은행, 단기금융회사 등이 주류를 이루며, 이외에도 종합금융회사와 투자신탁회사도 발행기관이 된다.

유가증권 발행에 있어서 발행기관의 역할은 매우 중요하며 유가증권 발행에 따르는 책임과 위험을 부담하게 된다. 이러한 책임과 위험을 분산시키고 발행된 유가증권의 매출을 원활하게 하기 위하여 여러 발행기관이 공동으로 하나의 유가증권 발행에 참여하는 것이 보통이다. 이와 같이 하나의 유가증권 발행에 공동으로 참여하는 발행기관의 집단을 인수단(syndicate)이라 하는데, 인수단은 주간사(primary underwriter)와 공동간사회사(secondary underwriters)로 구성되어 있다. 간접발행방법에 의한 발행시장의 구조를 도시하면 [그림 2-1]과 같다.

그림 2-1 ▌ 발행시장의 구조

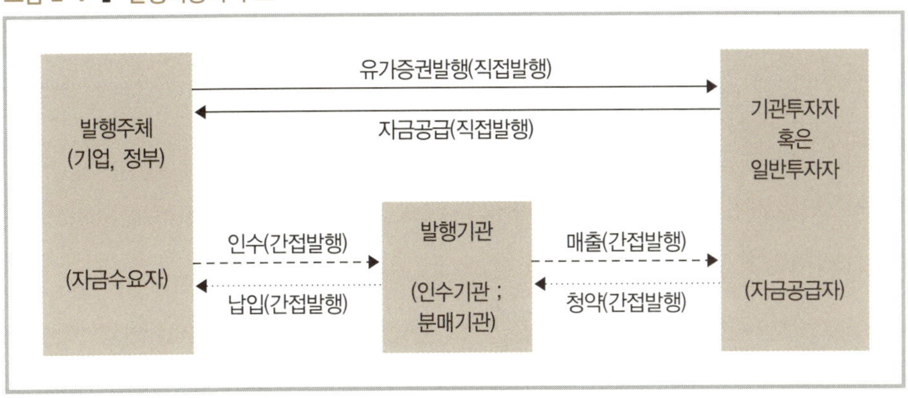

발행시장의 기능

① 기업의 장기자금의 조달을 촉진시켜 기업자본의 대규모화를 실현한다.
② 증권의 취득과정을 통하여 기업의 소유지배구조를 개선시켜 경제의 질적 · 양적 성장에 기여한다.
③ 정부의 금융정책 및 경제정책의 기능을 수행하는 장이 된다.
④ 우량증권을 투자대상으로 제공함으로써 소득분배를 촉진시킨다.

1) 증권의 발행형태

(1) 공모발행과 사모발행

가) 공모발행 : 증권을 일반투자자에게 분산 · 취득시키기 위한 행위

① 모집 : 50인 이상의 투자자에게 새로 발행되는 증권의 취득을 위한 청약을 권유하는 행위

② 매출 : 50인 이상의 투자자에게 이미 발행된 증권의 매도나 매수의 청약을 권유하는 행위

나) 사모발행

① 특정 투자자만을 상대로 새로 발행되는 증권의 취득을 권유하는 행위로서 공모가 아닌 행위이다.

② 대부분의 발행시장은 공모로 이루어지는데, 그 이유는 발행방법과 절차가 투명하기 때문이다.

(2) 직접발행과 간접발행(투자위험의 부담 여부)

가) 직접발행

① 발행주체가 발행위험과 발행업무를 직접 담당하여 발행하는 것으로 직접모집 또는 자기모집이라고 한다.

② 금융기관과 같이 모집능력이 충분하거나 발행규모가 상대적으로 적어 발행위험과 발행사무가 비교적 간단한 경우에 이용이 가능하다.

③ 응모총액이 발행총액에 미달될 때 이사회결의에 의해 잔량을 처리하

며, 인수능력이 없으면 발행자체가 성립되지 아니한다.

나) 간접발행

발행주체가 전문기관을 통해 증권을 발행하는 방법으로 발행위험의 부담 정도에 따라 구분한다.

① 위탁모집 : 발행인이 발행위험은 부담하지만 발행사무는 발행기관에 위탁하는 방법으로 모집주선이라고도 한다.

② 잔액인수 : 발행인이 발행사무를 발행기관에 위탁하고 일정기간 동안 모집한 후에 모집부족액이 발생하였을 경우 그 잔여증권은 인수기관이 인수하도록 하는 방법으로 청부모집이라고도 한다.

③ 총액인수 : 대표주관회사가 구성한 인수단이 발행증권의 총액을 자기의 책임하에 인수하고 이에 따른 발행사무와 발행위험을 모두 부담하는 발행방법으로 인수매출이라고도 한다.

표 2-2 ❙ 발행시장의 형태

<table>
<tr><td rowspan="5">공모</td><td rowspan="4">모집</td><td>직접발행</td><td colspan="2">공모는 통상적으로 '간접발행'</td></tr>
<tr><td rowspan="3">간접발행</td><td>모집주선</td><td rowspan="3">대부분 '총액인수' 방식을 사용</td></tr>
<tr><td>잔액인수</td></tr>
<tr><td>총액인수</td></tr>
<tr><td>매출</td><td colspan="3">이미 발행된 증권을 50인 이상의 투자자에게 청약을 권유하는 행위</td></tr>
<tr><td>사모</td><td colspan="4">특정 수요자를 대상으로 증권을 발행하고 조달하는 방법으로, 통상 '직접발행'</td></tr>
</table>

3.2 유통시장

주식이나 채권의 거래상황에 대한 매일 매일의 보도는 이미 전에 발행된 주식 또는 채권이 거래되는 유통시장에 관한 것이다. 즉 유통시장(secondary markets 또는 circulating markets)은 이미 발행된 기존 증권이 거래되는 시장이다. 유통시장은 매매거래가 이루어지는 장소에 따라 유가증권시장(Stock Market), 코스닥시장(Korea Securities Dealers Automated Quotations :

KOSDAQ), 프리보드(Free Board)시장, 그리고 장외시장(Over-The-Counter Market : OTC)으로 구성된다.

유통시장에서는 유가증권의 현 소유주와 미래 소유주 사이에 유가증권의 매매가 이루어지며 해당증권을 발행한 기업과는 직접적인 관계가 없다. 다시 말하면, 유통시장에서의 증권거래로부터 발생되는 현금흐름은 발행회사에게 돌아가는 것이 아니며, 거래에 따른 이익과 손실은 현재 및 미래의 증권소유자들에게만 영향을 미친다.

유통시장에서 거래가 활발해지면 발행시장의 수요도 촉진되고, 또한 발행시장에서 많은 유가증권이 발행되면 유통시장에서 투자자의 투자기회가 확대된다는 견지에서 발행시장과 유통시장은 상호 보완적인 관계를 갖고 있다고 할 수 있다. 이러한 유통시장의 중요성은 다음과 같이 몇 가지로 요약해 볼 수 있다.

첫째, 발행시장에서 발행된 주식의 시장성과 유동성을 제고시킨다.

둘째, 유통시장의 존재로 인하여 유가증권의 시장성과 유동성이 제고되어 보유자는 언제나 적정가격에 처분이 가능할 수 있으므로 유가증권의 담보력이 커지게 된다.

셋째, 유통시장에는 수많은 수요자와 공급자가 자유경쟁을 하며, 가능한 한 모든 정보가 분석되어 가격이 결정되므로, 이것은 적정가격(fair price)이라고 볼 수 있다.

끝으로, 유통시장에서 결정되는 가격은 장래에 발행될 새로운 증권의 가격을 결정하는 지표가 된다.

1) 유가증권시장

우리나라의 대표적인 유통시장은 한국증권선물거래소(Korea Exchange : KRX)이다. 2004년 1월 29일 「한국증권선물거래소법」이 제정되어 기존의 한국증권거래소(KSE)와 한국선물거래소 및 협회중개시장을 운영하던 코스닥증권회사가 한국증권선물거래소로 통합되었다. 한국증권선물거래소가 개설하는 유가증권시장은 매매대상에 따라 주식시장, 채권시장, 및 수익증권시장으로 구분된다. 한국증권선물거래소에서 매매거래에 직접 참가할 수 있는 사람은 재정경제부 장관으로부터 증권업의 허가를 받고 한국증권선물거래소에 회원으로 가입한 증권회사에 한정되어 있다. 따라서 일반투자자들은 유가증권의 매매를 원할 때는 증권회사에 위탁하여야 하며, 위탁받은 증권회사는 한국증권선물거래소에서 그 매매를 집행하게 된다. 우리나라 거래소시장의 체계가 [그림 2-2]에 요약되어 있다.

그림 2-2 ▌ 증권거래소시장의 체계도

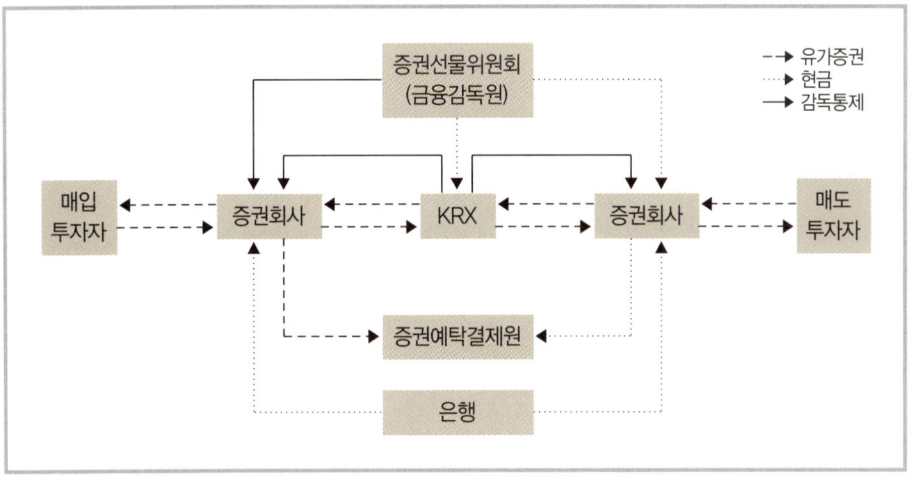

2) 코스닥시장

거래소시장과는 별도로 중소기업과 벤처기업을 대상으로 1987년 4월 증권업협회 내에 주식장외시장이 개설되었다. 이 시장은 1997년 1월 증권거래법의 개정에 따라 협회중개시장, 즉 코스닥시장으로 법적 지위를 갖게 되었다. 아울러 1996년 7월 (주)코스닥증권시장의 설립으로 경쟁매매방식이 도입되었으며, 1998년 10월에는 코스닥시장의 등록, 퇴출, 제도운영 등을 결정하는 코스닥위원회가 설립되었다.

코스닥시장이 활성화됨에 따라 투자자들은 유망 중소기업 및 벤처기업 주식에 쉽게 투자할 수 있게 되었으며, 등록된 중소기업과 벤처기업 역시 공모주청약 및 유·무상증자 등을 통해 자금을 원활하게 조달할 수 있게 되었다. 이 시장은 2005년 1월 한국증권선물거래소로 통합되어 운영되고 있다.

3) 프리보드(Free Board)시장

2000년 3월에 개설된 장외주식 호가중개시장(제3시장)은 증권거래소 상장 또는 코스닥 등록이 어려운 기업이 발행한 주식이나 상장 또는 등록이 어려운 기업이 발행한 주식이나 상장 또는 등록이 폐지된 주식을 대상으로 하는데, 2005년 1월 통합증권선물거래소의 출범을 맞이하여 장외주식의 호가중개시스템을 증권업협회가 전담하여 운영하기로 하고 종전규칙을 「장외주식의 호가중개에 관한 규정」으로 전면 개정하면서 2005년 7월 그 명칭을 '프리보드시장'으로 바꾸었다.

한편 거래를 위한 지정요건은 매매거래질서 유지에 필요한 기본적인 사항으로 국한시키고 있다. 즉, 프리보드시장에서 거래할 수 있는 주식은 비상장 기업들 중에서 다음의 요건을 충족한 기업들로서, ① 외부감사인인 회계법인의 감사의견이 적정의견 또는 한정의견 이상인 기업, ② 증권예탁결제원에 주식예탁이 가능한 기업, ③ 명의개서대행 계약을 체결한 기업, 그리고 ④ 사모의 경우 1년이 지난 기업 등이 발행한 주식에 한한다.

매매제도는 코스닥시장과 비슷하지만, 오전 9시부터 지정가에 의해 주문을 접수하여 상대매매방식[01]에 의해 거래가 체결된다. 이 시장에서는 시간외시장이 개설되지 않으며, 가격제한폭이 없다는 점에서 다르다. 또한 매매주문 시 100%의 위탁증거금이 필요하고 당일매매(day trading)를 할 수 없다. 이 밖에도 제3시장에서 거래하여 얻은 양도차익에 대해서는 거래소시장 및 코스닥시장과 달리 소득세[02]가 부과되며, 시장 전체의 주가움직임을 나타내는 종합지수가 작성되지 않는다. [표 2-2]에서는 주식시장별 매매제도를 서로 비교하고 있다.

01 시간우선원칙이 적용되며, 전량거래호가의 경우에는 전량체결이 가능한 동일가격의 상대호가가 제출되는 때에 한하여 매매가 체결된다.

02 양도차익에 대해 대기업 발행주식은 20%, 중소기업 발행주식은 10%를 양도소득세로 납부하며, 양도차손이 발생할 경우에는 이미 납부한 금액의 범위 내에서 환급을 받는다.

(1) 프리보드시장의 기능

① 벤처기업 등 대다수 비상장 혁신형 기업의 자본시장을 이용한 장기·안정적 자금조달을 지원한다.

② 비상장기업의 발행주식에 대한 환금성을 부여하고, 프리보드 중심의 거래 집중을 통한 거래의 편의성과 가격의 공정성을 제고하며, 기존 장외주식거래를 통해 발생할 수 있었던 불공정거래나 사기행위로부터 투자자 보호를 도모한다.

③ 고위험·고수익을 원하는 투자자에게는 아이디어와 기술력이 있는 유망기업이 발행한 주식을 상장 이전의 단계에서 투자할 수 있는 새로운 투자기회를 제공한다.

④ 성장단계에 있는 벤처기업에 투자한 초기투자자금 회수 및 재투자 촉진을 통한 벤처자금의 선순환을 유도한다.

표 2-3 ▎증권시장의 종류

구분	정규시장		비정규시장(장외시장)	
종류	유가증권시장	코스닥시장	비상장주식시장 (Free Board)	OTC
내용	KRX가 개설한 시장	KRX가 개설한 시장	장외시장 중 협회가 조직화한 시장	그 이외의 시장
매매대상물	거래소 상장유가증권	코스닥상장법인의 주식 및 ETF	협회지정법인의 주식	제한 없음
매매방법	경쟁매매	경쟁매매	상대매매	상대매매
규정	유가증권시장상장규정, 업무규정, 공시규정	코스닥시장상장규정, 업무규정, 공시규정	유가증권의 장외거래에 관한 규정, 장외주식호가 중개에 관한 규정	
결제	예탁원(T+2)	예탁원(T+2)	예탁원(T+2)	채권(예탁원)당일결제, 실물과 현금의 1:1 수수

표 2-4 ▌ 우리나라의 주식시장별 매매제도의 차이점 비교

구분	유가증권시장	코스닥시장	프리보드시장
매매거래시간[03] (호가접수기준)	09:00~15:00 (08:00~15:30)	09:00~15:00 (08:00~15:30)	09:00~15:00
거래제한폭	전일종가±15%	전일종가±15%	제한없음
매매방식	경쟁매매	경쟁매매	상대매매
위탁증거금	증권회사가 결정	증권회사가 결정	매수 : 현금 100% 매도 : 주식 100%
당일매매	가능	가능	불가능
양도소득세	면제	면제	대기업 주식 : 20% 중소기업주식 : 10%
호가	지정가, 시장가	지정가	지정가
기준가	전일종가	전일종가	전일가중평균가
매매단위	10주 또는 1주[04]	1주	1주
신용공여	가능	가능	불가능

4) 중소기업 전용 주식시장(KONEX)

현재 중소기업의 자금조달은 은행대출에 편중되어 있으며 직접금융을 통한 자금조달은 매우 낮은 수준이다. 이로 인해 중소기업 등 비상장기업의 부채비율이 높고, 이자비용 부담도 상장기업에 비해 과중한 실정이다. 대출 등 간접금융에의 의존도 심화는 중소기업의 재무구조를 약화시켜 견조한 성장의 장애요인으로 작용할 가능성이 크다. 기존 코스닥시장, 프리보드 등 중소기업에 특화된 자본시장이 중소기업의 자금조달 경로로서 역할이 미흡한 실정이다.

이와 같이 중소기업의 중요성에도 불구하고 자금조달의 어려움은 해소되지 못함에 따라 금융당국은 중소 · 벤처기업의 직접금융조달을 위한 '코넥스(Konex)시장' 을 2012년 중 신설하기로 하였다.

03 유가증권시장 및 코스닥시장에서 시간외시장의 경우 장 개시 전 시간외매매 : 07:30~ 08:30, 장 종료 후 시간외매매 : 15:10~18:00가 이루어짐.
04 전일 종가가 5만 원 이상이 되면 1주씩 주문이 허용되고 있다.

(1) 설립방안

① 성장가능성이 높은 기업의 상장을 통한 투자기회 제공

② 성장 · 상장유지비용 감소를 통한 상장유인 확대

③ 공정가격이 형성되고 신뢰성 있는 거래시장 구축

(2) 활성화 방안

① 정책금융기관, 금융투자회사 역할 및 협업체계를 구축하여 신속한 시장조성 추진해야만 한다.

② 시장활성화를 위한 인센티브 부여를 추진해야 한다.

이와 같은 KONEX 신설에 따른 기대효과는 성장잠재력이 높은 초기 중소 · 벤처기업에 직접금융을 통한 자금조달 및 성장의 기회를 제공할 수 있으며, 벤처캐피탈 등의 투자에 대한 중간회수시장 형성으로 기업의 성장단계에 따른 자금의 선순환체계 구축에 기여할 것으로 예상된다. 이를 통해 우리 자본시장의 한 단계 도약을 위한 계기로 활용될 수 있을 것이다.

이면을 파악하라

모든 사물은 표면과 이면이 다른 경우가 많다. 사람을 움직이려면 그 사람이 겉으로 하는 말보다 진정 원하는 것이 무엇인지를 읽어내야 한다.

주식시세도 마찬가지다. 시세가 오르거나 내린 표면상의 이유 외에 실제 숨겨진 원인이 다를 때가 많다. 시세예측을 제대로 하려면 흔히 신문이나 평범한 전문가들이 말하는 이유보다 주식시세의 이면사정을 잘 파악해야 한다. 시세가 변동하는 원인이 무엇인지를 알아야 주가예측을 할 수 있는 것이다. 의사가 환자의 병을 정확히 진단한다면 반은 치료한 것이나 마찬가지다.

제4절 ■ 증권시장지표

4.1 증권시장지표의 의의

증권시장에는 많은 유가증권이 거래되고 있으며, 거래의 결과 성립되는 가격은 증권마다 다르다. 따라서 주가수준이 전체로서 얼마정도인가 또는 기간 중에 얼마나 등락하였는가를 알기 위해서는 전체의 움직임을 나타내 줄 수 있는 증권시장지표(stock market indicators)가 필요하다.

증권시장의 전반적인 동향을 나타내는 증권시장지표는 그 종류가 매우 다양하다. 이러한 지표는 투자자들에게 합리적인 투자판단의 중요한 자료로 이용될 뿐만 아니라, 증권관계기관에게는 효율적인 시장관리와 정책결정을 위한 자료로 활용되고 있다. 현재 주로 이용되고 있는 증권시장지표로는 주가평균, 주가지수, 시가총액, 시가총액회전율 그리고 거래실적에 관한 지표 등이 있다. 채권시장의 지표로는 채권수익률, 채권지수 및 채권거래실적 등이 있다.

여기에서는 주식시장지표 중에서 가장 대표적으로 사용되고 있는 주가평균과 주가지수에 대해 설명한다.

4.2 주가평균

주가평균(stock price average)은 주식시장통계의 가장 기본적이고 보편적인 평균개념으로서 상장종목의 주가합계를 평균한 것이다. 주가평균은 산출방법에 따라 단순주가평균, 수정주가평균, 가중주가평균으로 구분된다.

1) 단순주가평균

단순주가평균(simple arithmetic stock price average)은 채용종목의 주가합

계를 채용종목수로 나누어 산출하는 평균주가이다.

$$\text{단순주가평균} = \frac{\text{채용종목의 종가합계}}{\text{채용종목수}}$$

단순주가평균은 계산방법이 간단하며 주가의 일반적인 수준을 단기적으로 비교하는 데 편리하다. 그러나 단순주가평균은 현실주가의 단순한 평균이므로, 가령 증자에 따른 권리락이 있거나 주식분할 채용종목의 추가나 삭제 등 변경이 있는 경우에는 전날의 주가평균과 당일의 주가평균 사이에 단층이 발생하여 양자를 비교할 수 없으며, 따라서 주가의 장기적 추세를 나타낼 수 없는 단점을 지니고 있다.

2) 수정주가평균

수정주가평균(adjusted stock price average)은 매일의 주가를 단순주가평균과 같이 산술평균하되, 채용종목 중 어떤 종목이 권리락, 무상증자, 주식분할 등이 있거나 채용종목의 추가, 삭제, 교체가 있는 경우 조정을 해줌으로써 주가평균에 단층을 제거하여 주가평균의 연속성을 유지하고 있다. 수정주가평균은 다음과 같이 산출된다.

$$\text{단순주가평균} = \frac{\text{채용종목의 종가합계}}{\text{항상제수}}$$

여기서 항상제수라 함은 주가의 단층이 생기기 전의 주가평균과 주가의 단층이 생긴 후의 주가평균을 같게 하기 위한 것으로서 최초의 기준시점에서는 채용종목수와 같다.

3) 가중주가평균

단순주가평균이나 수정주가평균은 채용종목의 주가만을 산술평균한 데 비하여, 가중주가평균(weighted stock price average)은 각 종목의 거래량이나 상장주식수를 가중치로 사용하여 산출한 평균주가이다. 매매거래량을 가중치로 하는 주가평균은 기간 중의 총거래대금을 총거래량으로 나누어 산출하고, 상장주식수를 가중치로 하는 주가평균은 시가총액을 상장주식수로 나누어 산출한다.

우리나라에서는 증권거래소가 1983년 주가지수 산출방식을 시가총액방식으로 전환시키면서 각 지수별로 채용종목의 상장주식수를 가중치로 한 가중주가평균을 단순주가평균과 함께 산출하고 있다.

4.3 주가지수

주가지수(stock price index)는 주식의 유통시장에서 형성되고 있는 주식가격의 변동을 종합적으로 표시하는 지표이다. 이것은 주가의 변동을 단순히 금액으로 표시하는 주가평균과는 달리 기준시점의 주가수준을 100으로 하여 비교시점의 주가수준과 비교함으로써 경제동향 및 주식시장의 중요한 지표로서 활용된다. 즉 주가지수는 주식시장에 있어서는 주가예측의 기본적인 정보를 제공할 뿐만 아니라 주식투자의 평가기준이 될 수도 있고 개별주식이나 포트폴리오의 위험을 측정하는 기준치가 된다.

1) Dow Jones식 주가지수

Dow Jones식 주가지수는 Dow Jones식 수정주가평균을 지수화한 것으로서, 기준시점의 수정주가평균에 대한 비율로서 표시된다. 수정주가평균은 채용종목의 종가합계를 항상제수로 나누어 구한다. 일반적인 주가변동 이외의 요인이 발생하면 주가의 연속성을 유지하기 위하여 항상제수를 수정하며, 한경지수가 이에 속한다.

$$\text{주가지수} = \frac{\text{비교시점의 수정주가평균}}{\text{기준시점의 수정주가평균}} \times 100$$

2. 시가총액식 주가지수

시가총액식 주가지수는 다우존스식 주가지수의 결점을 보완하고 시장 전체의 정확한 주가수준을 반영하기 위하여 각 대상종목의 상장주식수를 가중치로 하여 산출한 지수이다. 우리나라에서는 1983년 1월 4일부터 종래의 다우존스식에서 시가총액식으로 전환하였다. 시가총액식 주가지수의 기준시점은 1980년 1월 4일이며, 전 종목을 대상으로 하여 종합주가지수(KOSPI)를 산출하고 있다. 그 외에도 보조지수로서 부별지수, 산업별지수, 자본금규모별지수 등으로 구분하여 발표하고 있다.

시가총액식 주가지수는 일정시점의 전채용종목의 시가총액(즉, 개별종목의 주가에 해당 상장주식수를 곱한 금액을 전채용종목에 대해 모두 합한 금액)을 100으로 하여 그 후의 비교시점의 시가총액을 지수화한 것으로 산출공식은 다음과 같다.

$$\text{주가지수} = \frac{\text{비교시점의 시가총액}}{\text{기준시점의 시가총액}} \times 100$$

$$\text{시가총액} = \text{주가} \times \text{상장주식수}$$

신규상장, 유상증자, 전환사채의 주식전환, 상장폐지, 합병, 채용종목의 교체 등 일반적인 주가변동 이외의 요인에 의하여 시가총액에 증감이 생기는 경우 주가지수의 연속성을 유지하기 위하여 다음과 같이 기준시가총액을 수정한다.

$$\text{신기준시가총액} = \text{구기준시가총액} \times \frac{\text{수정일전일의 시가총액} \pm \text{수정액}}{\text{수정일전일의 시가총액}}$$

신규상장이나 유상증자로 인하여 시가총액이 증가하는 경우 기준시가총액도 증가하며, 반면에 상장폐지와 같이 시가총액이 감소할 때는 기준시가총액도 비례해서 줄어든다. 즉 기준시가총액은 고정되어 있는 것이 아니기 때문에 변동요인이 있을 때마다 계속해서 수정해야 한다.

그러나 무상증자나 주식배당 및 감자 등의 경우 주가는 하락 또는 상승하지만 가중치인 상장주식수가 증가 또는 감소하므로 시가총액은 변동하지 않는다. 따라서 기준시가총액을 수정할 필요가 없다. 다만 상장주식수가 변하므로 기준시가총액을 수정하여 준다. 이러한 시가총액식 주가지수는 시장 전체의 주가수준을 비교적 정확하게 반영한다고 볼 수 있지만, 상장주식수를 가중치로 함으로써 자본금규모가 큰 종목의 영향을 많이 받게 된다.

제5절 ■ 기업재무정책과 증권시장

5.1 유상증자

이미 설립된 회사가 실질적인 자본금을 증가시키기 위하여 증자하는 경우를 유상증자라고 하며 가장 일반적인 자기자본 조달형태이다. 유상증자는 주식발행에 의한 자기자본 확충방식이기 때문에 기업의 재무구조를 개선하고 부채금융에서 벗어나는 가장 기본적인 방법이라 할 수 있다.

유상증자에 따른 주식발행은 주주할당발행, 연고자할당발행 및 일반공모발행 등 세 가지가 있다.

1) 주주할당발행(구주주배정)

주주는 정관에 다르게 정한 경우를 제외하고는 그가 가진 주식의 수에 따라 신주의 배정을 받을 권리가 있다. 대부분의 유상증자는 이러한 주주할당에 의한 신주발행방법을 택하고 있다.

기존주주에게 신주인수권을 인정하는 이유는, 첫째 증자신주가 주주 이외의 사람에게 할당됨에 따라 주주의 지위, 특히 의결권의 비례적 지위에 변동을 가져오는 것을 방지할 수 있다는 점이다. 둘째, 증자신주가 구주의 시장가격보다 낮은 가격으로 발행되는 경우 구주주에게 응모의 우선권을 주어 기득권을 인정해 주기 위해서이다.

2) 연고자할당발행(제3자배정)

이것은 발행회사가 특정의 연고자, 즉 회사의 임원, 종업원, 거래처, 거래은행, 대리점 등 주주 이외의 제3자 중에서 특정한 자에게 신주인수권을 주어 증자신주를 인수하게 하는 방법이다. 이와 같은 발행방법은 회사정관에 신주인수권의 제한에 관한 사항과 특정한 제3자에게 신주인수권을 부여할 것을 규정하고 있는 경우에만 가능하다. 상장법인의 경우 우리사주조합을 통해 종업원에 대하여 발행주식의 20%를 초과하지 않는 범위 내에서 우선배정하도록 규정하고 있다.

3) 일반공모(공모증자)

공모는 불특정다수의 일반투자자로부터 신청을 받아 공정한 가격으로 신주를 발행하는 방법이다. 일반공모발행은 정관에 구주주의 신주인수권에 대한 제한 규정이 있어야 가능하며, 그러한 규정이 없으면 주주총회의 특별결의에 의하여 정관변경을 하여야 한다. 현재 우리나라에서는 기업공개 시에 이 방법에 의해서 신주가 발행된다.

5.2 무상증자

무상증자는 주식대금의 납입이 없이 이사회의 결의로 준비금 또는 자산재평가적립금을 자본에 전입하고 증가된 자본금에 해당되는 만큼의 신주를 발행하여 구주주에게 소유주식수에 비례하여 무상으로 배정 · 교부하는 방법을 말한다. 무상증자는 자본조달을 목적으로 하지 않고 자본구성과 발행주식수만을 변경하는 것이기 때문에 형식적인 증자라고 할 수 있다. 무상증자 시 주주권의 발생시기는 이사회 결의에 의한 배정기준일부터이며, 신주발행은 현재의 회사재산에 의거하여 주주에게 주식을 발행교부하는 것이므로 실질적인 회사재산의 증가는 없다.

5.3 배당정책

1) 배당정책의 의의

배당은 기업이 경영활동의 결과로부터 얻은 이익을 주주들에게 각자의 지분에 따라 분배해 주는 것을 말한다. 배당은 경우에 따라서 자사의 주식으로 지급(주식배당)되기도 하지만 대부분의 경우 현금으로 지급(현금배당)된다. 따라서 배당은 주주들이 주식투자로부터 기대하는 미래수익의 주된 부분을 차지하기 때문에 배당지급의 결정은 주주들에게 매우 중요한 관심사이다.

기업의 배당정책은 이익금을 현금배당과 재투자를 위한 사내유보금으로 나누는 재무적 의사결정을 말한다. 일반적으로 기업의 가치, 즉 주가는 현금배당과 미래성장률의 함수로 표시되고 다른 조건이 일정하다고 가정할 때 배당금이 클수록 기업의 가치는 커지며 성장률이 높을수록 주가가 높아진다. 그러나 배당이 증가하면 그만큼 재투자를 위한 사내유보금이 줄어들어 미래성장률이 둔화된다는 뜻이기 때문에 배당의 지급은 기업가치에 서로 상반되는 영향을 미치게 된다. 따라서 기업은 항상 현금배당과 사내유보의 비율을 적절히 조절함으로써 기업가치를 극대화하려고 한다.

2) 주식배당제도

주식배당(stock dividend)은 이익배당의 전부 또는 일부를 주식으로 배당하는 것을 말한다. 즉 주주에게 배당금 명목으로 주식을 분배하여 이익잉여금이 자본전입에 의해 자본화되는 것을 뜻하는 것이다. 이 경우 주주의 지분비율에 따라 비례적으로 주식을 분배받으므로 주식배당금이 지급된 이후에도 주주의 비례적 소유지분은 변동이 없다.

기업측에서 보면 배당가능이익을 자본전입함으로써 생기는 효과는 회사자금의 확실한 사내유보이며, 특히 신주를 공개시장에서 매출하기 곤란한 경우에는 더욱 효과적이다. 이익을 낸 회사라도 실제로 배당할 현금을 마련하기 위하여 많은 고충을 겪는다. 이에 대하여 주식배당은 직접적으로 신주가 분배되므로 확실하고 간편한 현금의 사내유보책이 된다.

주식배당의 단점으로는 현재의 자금유출은 없지만 주식수의 증가로 인해 장래 더 큰 배당압력을 받게 될 뿐만 아니라 기업이 이 제도를 악용하여 순이익이 적은 데도 주주의 배당압력을 충족시키기 위하여 주식배당을 함으로써 과도한 자본잠식으로 이끌 여지가 있다는 점이다. 또한 주식배당비율과 영업성장에 따라 주가가 상승할 수도 혹은 하락할 수도 있으므로 회사의 지배자가 주식배당제도를 교묘하게 이용하여 투기의 목적으로 악용할 소지가 있다.

비온 뒤 땅이 굳어진다

주가가 크게 오른 주식은 그만한 재료를 보유했다고 하더라도 상대적으로 주가가 떨어질 가능성이 커진다. 반대로 주가가 크게 하락할수록 주가가 오를 가능성은 높아진다. 주가가 크게 떨어지고 나서 조금 반등했다가 다시 하락하고 또다시 반등했다가 밀리는 과정에서 주가가 굳어진다. 그것이 바닥일 가능성이 많아진다는 것이다. 비온 뒤 땅이 굳어지듯 주가도 크게 떨어지고 나면 더 이상 하락할 가능성이 줄어들고 상승할 가능성이 높다.

제6절 ■ 증권시장의 각종 제도

6.1 기업공개제도

1) 기업공개의 의의

기업공개(going public)는 증권거래법 등의 규정에 의하여 주식회사가 발행한 주식을 일반투자자에게 균일한 조건으로 공모하거나, 이미 발행되어 대주주가 소유하고 있는 주식의 일부를 매출하여 다수의 주주에게 주식이 분산되는 것을 의미한다. 즉 소수의 대주주가 소유한 주식을 다수의 일반대중에게 분산시켜 당해 기업의 주식이 증권시장을 통하여 자유롭게 거래되도록 함으로써 자금조달의 원활을 기하고, 자본과 경영을 분리하여 경영합리화를 꾀하는 것이다.

기업공개의 필요성은 다음에서 찾을 수 있다.

첫째, 기업공개는 경제력의 집중이라는 분배구조를 개선함으로써 대중자본주의를 창달할 수 있다는 점에서 국민경제적 의의를 가진다. 또한 현대사회에 있어 기업은 단순히 소수인의 전유물에 그치는 것이 아니라 사회적 공기로서 책임을 지는 존재이기 때문에 주식분산에 의한 대중의 기업경영에의 참여와 정보의 공시는 기업의 사회적 책임에 대한 첫걸음으로서의 의미를 가진다.

둘째, 기업공개는 직접금융을 통한 자금조달의 첫걸음으로서 기업의 자금조달능력을 증대시킨다.

셋째, 기업은 공개를 통하여 소유와 경영이 분리될 수 있으므로 경영의 합리화를 기할 수 있고, 기업의 보도매체를 통한 홍보기회가 증대되어 기업의 공신력을 증대시킨다.

넷째, 기업공개는 투자자들에게 재산운용수단을 제공하게 된다. 기업공개로 주식이 증권거래소에 상장되어 자유롭게 거래되기 때문에 투자자에게 환금성과 수익성이 높은 재산운용수단을 제공하는 셈이 된다.

2) 기업공개의 방법

기업공개의 방법은 신주모집, 구주매출, 전환사채발행에 의한 방법 등 세 가지가 있다. 모든 기업이 꼭 한 가지 방법만이 아니라 때때로 이것들을 적절하게 혼합해서 공개하는 경우도 있다.

(1) 신주모집

이것은 기존의 법인이 자본시장으로부터 소요자금을 조달함과 동시에 기업을 공개하는 방법이다.

(2) 구주매출

이것은 기존의 법인이 신규자금의 필요성이 적거나 공개 전 자본금이 과다하여 더 이상 자본금을 증가시킬 필요가 없는 경우 공개 전 자본금의 30% 이상을 일반대중에게 공개매출하는 방법이다.

(3) 전환사채발행

이것은 전환사채를 보유하고 있는 채권자가 전환권을 행사하여 주식으로 전환함으로써 그 전환사채를 발행한 법인이 공개되는 방법이지만 우리나라에서는 그 예가 없다.

3) 주식상장의 요건

기업공개는 주식의 상장을 전제로 하고 있으므로 유가증권상장규정상의 신규상장심사요건을 갖추어야 하며 또한 유가증권 신고 등에 의한 규정, 유가증권분석에 관한 기준 및 유가증권 인수업무에 관한 규정상의 여러 가지 제한요건을 충족하여야 한다. 먼저 유가증권상장규정상의 주요 요건을 보면 다음과 같다.

① 설립 후 경과연수 : 상장예비심사청구일 현재 설립 후 3년 이상 경과하고 계속적으로 영업을 하고 있을 것

② 자본금 등 : 자기자본이 100억 원 이상이거나 기준시가총액[05]이 200억 원 이상일 것. 상장예정수가 100만주 이상일 것

③ 매출액 및 이익요건 : 최근 3사업연도 평균 200억 원 이상이고, 최근 사업연도에 300억 원 이상일 것

④ 주식의 분산요건 : 소액주주가 소유하고 있는 주식의 총수 및 의결권이 있는 주식의 총수가 각각 발행주식총수 및 의결권 있는 주식총수의 25% 이상일 것

⑤ 감사인의 감사의견 : 최근 3년간 적정의견일 것

⑥ 합병 등 : 합병, 분할 또는 분할합병, 영업의 전부 또는 중요한 일부의 양도 또는 양수를 한 경우에는 당해 합병 등의 기일이 속한 사업연도의 결산재무제표가 확정되었거나 또는 합병 등의 기일부터 당해 사업연도 말까지의 기간이 3월 미만인 경우에는 다음 사업연도의 반기재무제표에 대한 감사인의 감사보고서를 제출할 것

⑦ 최대주주의 변경제한 : 상장예비심사청구일부터 1년 전의 날 현재 최대주주가 상장예비 심사청구일 전 1년 이내에 변경이 없을 것

⑧ 주식양도의 제한 : 주식양도의 제한이 없을 것

한편 유가증권 인수업무에 관한 규정상의 요건에는 공모전 주당자산가치가 액면가의 1.5배를 초과할 것이며, 최근 1년 이내에 부도발생사실이나 회사경영에 중대한 영향을 미치는 소송 등 계류 중인 분쟁사건이 없을 것 등이 포함되어 있다.

4) 상장효과

① 상장기업은 유상증자, 전환사채의 발행 등으로 직접금융을 통한 자금조달이 용이하다.

② 경영내용이 신문이나 방송 등을 통해 대중에게 전달되므로 기업의 홍보효

05 기준시가총액 : 공모를 앞둔 기업의 추정시가총액, 공모금액×상장예정주식수

과와 공신력 이 제고된다.

③ 우리사주를 종업원에게 분배하므로 종업원 사기진작과 경영권의 안정효과가 있다.

④ 시장에서 계속 거래가 되므로 비상장단계에서 투자된 투자자본의 회수기회가 제공된 다.

⑤ 주식분산요건을 충족하므로 소유와 경영의 분리가 가속화되는 효과가 있다.

6.2 시가발행제도

시가발행(issue at market)은 상장회사가 신주의 발행가격을 액면가와는 무관하게 구주의 시장가격을 기준으로 책정하는 방식을 말한다. 이것은 구주의 시가와 관계없이 신주를 액면으로 발행하는 액면발행(issue at par)과 대칭되는 개념인데, 우리나라에서는 1986년 4월 11일 상장법인 재무관리규정에 의한 시가발행운영기준이 마련됨으로써 제도화되었다.

최초의 운영기준에서는 기준시가를 정함에 있어서 시가조작을 방지한다는 차원에서 이사회결의일을 기준으로 과거 3개월 평균주가, 1개월 평균주가, 1주 평균주가, 직전일 주가의 산술평균을 기준주가로 하고, 이 기준주가를 권리부주가로 하여 이론권리락주가를 산정한 후 이것을 20% 이내에서 할인한 가격을 발행가격으로 정하도록 하였다.

그러나 투자자들이 시가발행가격을 알지못한 상태에서 증자에 참여하게 되는 것이 문제점으로 지적됨에 따라 1988년 9월 기준주가가 신주배정기준일 5일 전으로부터 소급한 1개월 평균주가, 1주일 평균주가, 최근일 종가의 산술평균으로 개정되어 권리락 이전에 발행가격이 공시되도록 하였다.

6.3 기업내용공시제도

기업내용공시제도는 주주, 채권자, 소비자 등 기업의 이해관계자들에게 기업에 관련된 정보를 전달함으로써 이들이 기업가치를 평가하고 판단하는 자료를 제공하게 하는 제도이다. 즉 유가증권의 발행 및 유통에 있어서 기업의 재무사항, 영업실적 등의 내용을 공개함으로써 일반투자자가 충분히 투자판단을 할 수 있도록 하는 일종의 투자자보호제도이다.

이 제도는 투자자가 의사결정을 내리는 데 있어서 미래의 사태에 대한 불확실성을 감소시켜 투자결정에 도움을 줄 수 있어야 한다. 따라서 투자자에 대한 투자판단자료의 제공이라는 측면에서 기업내용공시제도의 기능이 제고되려면 우선 공시되는 자료가 정확해야 하며, 제때에 자료가 제공되어야 하고, 나아가 일반투자자가 용이하게 이용할 수 있는 상태에 있도록 하여야 한다.

우리나라의 상장법인이 수시공시를 위하여 금융감독원과 증권거래소에 신고하거나 혹은 직접 공시해야 할 사항은 증권거래법과 증권거래소의 상장규정 등에 명시되어 있다.

6.4 매매거래 및 결제제도

1) 매매시장

증권거래소에 회원(증권회사)들이 모여 매매거래를 할 수 있도록 거래소가 개설하는 장소를 매매시장이라고 한다.

2) 매매거래의 종류

유가증권의 매매거래는 다수의 매매쌍방 간에 이루어지는데, 그들 각자가 원하는 매매거래조건은 서로 다르다. 거래소시장은 이를 몇 가지 유형으로 분류하고 있다.

(1) 당일결제거래와 보통거래

매매계약체결일과 결제일의 시간적 간격에 따른 구분으로서 당일결제거래는 매매계약을 체결한 당일에 수도결제하는 것이다. 반면에 보통거래는 매매계약을 체결한 날로부터 3일째 되는 날(공휴일 제외)에 수도결제하는 것으로서 주권 및 채권의 일반적인 거래에 적용되고 있다.

(2) 실물결제거래와 차금결제거래

전자는 결제기한에 현실적으로 증권의 수도를 이행하고 대금을 수수하는 방법이고, 후자는 수도결제기일 전에 반대매매를 하여 차액을 수수함으로써 결제하는 방법이다.

(3) 즉시거래, 선물거래, 절충형거래

즉시거래란 매매계약 체결 후 즉시 현금과 증권을 동시에 교환하는 일반적인 매매방법이다. 선물거래란 매매계약을 체결한 때와 그 계약을 이행하는 시기와의 사이에 시간적인 간격이 있는 일종의 외상거래의 형태이다. 이 기간 동안 다시 매입하거나 매도할 수 있으며 청산거래라고도 한다. 절충형거래는 실물결제거래와 선물거래를 절충한 것으로서 보통거래라고도 한다.

(4) 현금거래와 신용거래

전자는 증권시장에서 매매거래의 결제를 함에 있어서 신용공여를 받지 않고 결제하는 방법을 말하며, 신용거래는 매매거래의 결제에 필요한 금전이나 유가증권을 증권회사로부터 융자 또는 대주의 방법으로 신용을 제공받아 결제하는 방법을 말한다.

3) 매매거래의 절차

증권거래소가 개설하는 매매시장에서 매매거래를 할 수 있는 자는 증권업의 허가를 받고 거래소의 회원으로 등록된 증권회사에 한정되어 있다. 따라서 일반투자자는 증권의 매매를 증권회사에 위탁하여야 하며, 위탁을 받은 증권회사는 고객의 주문을 당해 회사의 시장대리인(floor agent)을 통하여 그 매매거래를 행하게 된다.

(1) 계좌의 설정

일반인(위탁자)이 주식을 사고자 할 때는 먼저 증권회사에 가서 본인명의의 계좌를 설정하여야 한다. 위탁자의 매매거래는 본인의 의사결정에 의하여 행하는 것이지만, 약정에 의하여 일임매매를 할 수도 있다.

(2) 수탁의 방법

주식을 사기 위해 주문을 낼 때는 먼저 투자자금을 앞서 개설한 자신의 계좌에 넣어야 한다. 그리고 나서 주문표에 사고자 하는 종목과 수량, 그리고 가격을 정확히 적어야 한다. 전화나 전신 또는 인터넷을 통한 주문도 가능하다. 한번 낸 주문내용을 정정하거나 취소할 때는 매매주문표를 별도로 작성하여야 한다. 제출된 매매주문은 주문이 접수된 시각부터 당일 장이 끝날 때까지 유효하다.

(3) 매매시간과 시간외 매매

주식매매시간은 오전 9시부터 오후 3시까지다. 매매주문은 장이 열리기 60분 전부터 낼 수 있다. 따라서 오전 8시부터 주문이 가능하다. 장이 시작되기 전 60분 동안 접수되는 주문은 모두 한데 모아 체결시키게 되는데 이를 동시호가라고 한다. 동시호가는 보통 하루에 2번, 즉 장이 시작될 때 그리고 장이 끝나기 전 10분 동안 이루어진다.

시간외 매매란 오후 3시부터 40분 동안 그날의 종가로 주식을 사거나 팔 수 있는 기회를 주는 것이다. 이 경우에는 가격이 정해진 상태에서 주문이 접수되는 순으로 매매가 체결된다. 반드시 매매하고 싶다면 후장이 끝난 후 재빨리 주문을 내야만 체결될 가능성이 높다. 한편 코스닥시장에 등록된 종목의 경우도 거래시간은 마찬가지이지만 시간외 매매제도는 없다.

(4) 위탁증거금

주식을 살 때는 매수증거금이 있어야 한다. 증거금률은 회사별로 조금씩 다르나. 대략 매수대금의 40~50% 정도이다. 즉 자신의 계좌에 50만 원이 있다면 100만 원어치의 주식을 살 수 있다는 의미이다.

4) 매매거래의 단위

(1) 호가단위

호가는 매매시장에서 매매하고자 하는 유가증권의 종목, 가격, 수량 등을 경쟁자에게 제시하여 상대자를 구하는 수단이다. 따라서 호가단위는 시장에서의 가격표시의 최소단위를 말하는 동시에 시세변동의 측정에 관한 기준역할을 한다. 현행 매매호가의 가격단위는 주식의 경우 5,000원 미만은 5원, 1만원 미만은 10원, 5만 원까지는 50원, 10만 원까지는 100원, 50만 원까지는 500원, 그리고 50만 원 이상은 1,000원으로 되어 있다.

(2) 매매수량단위

증권거래소에서는 대량의 수요와 공급을 신속 원활하게 처리하기 위하여 거래소시장에서 매매할 수 있는 최저단위의 수량을 정하고 있는데 주식의 경우 10주가 된다. 따라서 주식투자에 필요한 최저자금은 자신이 사려고 하는 주식의 가격에 10을 곱한 금액이 된다. 단, 주가가 10만 원 이상이면 1주가 매매수량단위가 된다. 코스닥의 경우는 1주가 최소거래단위이다.

(3) 매매수수료

주식을 매매할 때에는 증권회사에 일정한 수수료를 내야 한다. 수수료는 증권회사별로 자율화되어 있다. 그러나 대부분 증권사들은 주식을 매매할 때 거래대금의 0.025%~0.5%를 수수료로 뗀다. 다만 주식을 팔 때는 수수료 이외에 0.3%(거래세 0.15%, 농특세 0.15%)의 세금이 더 부과된다. 그동안 액면가와 공모가 미만 종목은 증권거래세가 면제되었으나 2001년 7월부터는 액면가와 공모가 미만 종목의 경우도 증권거래세가 부과된다. 한편 최근 증권회사 간의 경쟁이 격화되어가고, 인터넷거래가 증가함에 따라 거래수수료는 점차로 낮아져 가는 수수료파괴현상이 뚜렷해지고 있다.

5) 경쟁매매의 원칙

일반적으로 매매계약체결방법은 복수의 매도자와 매수자 사이에서 매매거래가 이루어지는 경쟁매매와, 단일의 매도자와 매수자 사이에서 매매거래가 이루어지는 상대매매, 그리고 단일의 매도자 또는 매수자와 복수의 매수자 또는 매도자 사이에서 매매거래가 이루어지는 경매(auction) 또는 입찰매매(bidding)의 세 가지 형태가 있는데, 우리나라에서는 경쟁매매를 택하고 있다. 우리나라에서 택하고 있는 경쟁매매원칙의 내용을 살펴보면 다음과 같다.

(1) 가격우선의 원칙

저가의 매도호가는 고가의 매도호가에 우선하고, 고가의 매수호가는 저가의 매수호가에 우선한다.

(2) 시간우선의 원칙

동일한 가격호가에 대해서는 먼저 접수된 호가가 뒤에 접수된 호가에 우선한다. 다만 시간의 전후를 구별할 수 없는 경우에는 시간우선의 원칙을 적용할 수 없다.

(3) 수량우선의 원칙

동일가격의 호가 간에 그 시간의 선후가 분명치 않은 경우에는 수량이 많은 호가가 적은 호가에 우선한다. 이 원칙은 동시호가에만 적용한다.

(4) 위탁매매우선의 원칙

고객의 위탁매매호가가 증권회사의 자기매매호가보다 우선한다. 즉 종일가격의 동시호가 매매체결에 있어서 고객분이 전량 처리된 후에야 증권회사의 자기 매매분이 처리된다.

6) 가격변동폭 제한

증권선물거래소는 유가증권의 공정한 가격형성과 급격한 시세변동에 따른 투자자의 피해방지 등 거래질서를 확립하기 위하여 하루에 변동할 수 있는 증권가격의 상하폭을 전일종가(기세 포함)를 기준으로 하여 15%로 제한하고 있다. 그러나 권리락, 배당락, 분배락 또는 30일 이상 매매거래 정지 후 거래재개의 경우 기준가격은 시가가 되는데, 만일 시가가 결정되지 않은 경우에는 기세, 즉 가장 높은 매수호가가 된다. 한편 가격변동폭제도의 유효성에 대해서는 논란의 여지가 많으므로 점차 확대되어가는 추세에 있으며, 조만간 이 제도는 폐지될 것으로 보인다.

6.5 신용거래제도

신용거래란 주식을 매매하고자 하는 고객이 자금이나 주식을 보유하고 있지 아니한 경우 증권회사에서 자금을 차입(신용거래융자)하여 주식을 매입하거나, 주식을 차입(대주)하여 매각하는 매매거래를 말한다. 신용거래융자 및 대주의 상환기간은 융자나 대주를 받은 날로부터 150일 이내이며 이 기간은 연장할 수 없다.

6.6 매매거래 정지제도

상장유가증권의 매매거래 정지제도는 상장법인의 주권에 막대한 영향을 미치는 상황이 발생할 경우 이 사실을 투자자에게 충분히 알림으로써 투자자를 보호하기 위한 제도이다.

표 2-5 ▌ 매매거래 정지사유 및 정지기간

구분	매매거래 정지사유	매매거래 정지기간
상장 규정	• 주권상장폐지기준에 해당 • 관리종목지정기준에 해당	• 당해 매매거래 정지사유 해소일까지 • 매매거래일 기준 1일간(단, 필요시 연장)
	• 위조 · 변조 증권이 발생	• 매매거래일 기준 1일간(단, 필요시 연장)
	• 주식의 병합 · 분할 등을 위한 제출요구 • 상당기간 유통성이 없다고 인정될 때 • 바상장법인과의 합병, 영업 또는 자산양수 등에 의한 신주발행 결의 · 결정시	• 당해 매매거래 정지사유 해소시까지
	• 비상장법인과의 영업 또는 자산양수 등에 의한 신주 · 주식관련채권 발행신고시	• 당해 사실을 신고한 날부터 최대주주 변경 등 요건충족 여부 확인일까지
	• 회생절차개시신청이 있는 경우 • 그밖에 공익과 투자자보호 및 시장관리를 위해 거래소가 필요하다고 인정시	• 당해 사실 확인일로부터 법원의 회생절차개시 결정일까지 • 당해 매매거래 정지사유 해소일까지
공시 규정	• 조회공시 불이행 • 공시번복, 중요한 내용의 공시변경	• 지정일 당일 1일간
	• 주가 또는 거래량에 중대한 영향을 주는 공시사항 발생시	• 공시시점부터 30분 경과시점

6.7 종업원지주제도

종업원지주제도(Employee Stock Ownership Plan : ESOP)는 보통 회사가 경영방침으로 특별한 편의를 제공하여 종업원으로 하여금 자사주를 취득 보유하게 하는 제도로 정의된다. 즉 기업이 종업원에게 자기회사 주식을 취득 보유하게 하여 기업이익배분에 참여하게 하는 제도이다. 그리하여 종업원이 기업에 대한 참여의식을 함양하고 노사협조의 원활화와 종업원의 이동억제를 통하여 기업의 생산성을 제고하고 나아가서 종업원의 재산형성을 촉진시키는 제도라고 할 수 있다.

우리나라에서는 종업원의 자율적인 기구인 우리사주조합을 통해서 이 제도가 실시되고 있다. 우리사주조합원의 자사주 취득방법은 유상증자 시 우선배정, 상여금 대체지급, 기업공개 시 우선배정 등이 있다. 우리사주조합원이 조합을 통하여 취득한 자사주는 한국증권금융(주)에 예탁하여야 하며, 예탁한 주식에 한하여 세제상 각종혜택을 부여하고 있다.

목표를 높게 잡아라

투자수익률 목표는 높게 잡는 것이 좋다. 특히 주식투자는 끊임없는 손실의 위험에 부딪히기 때문에 안이한 투자목표를 세우면 투자자세도 해이해지기 마련이다. 또 투자과정에서 불가피한 판단착오나 돌발사태 등에 의해 손실이 발생할 확률도 높다. 따라서 이 정도의 손실을 충당할 수 있을 만큼의 충분한 투자목표를 세우는 것이 바람직하다. 처음부터 낮게 목표를 세우면 적극적이고 치밀한 투자자세를 갖기 어렵다. 태양을 향해서 활을 쏘는 사람은 초원을 향해서 쏘는 사람보다 훨씬 더 높게 화살을 쏘아 올릴 수 있는 법이다.

제7절 ■ 자본시장법(자본시장과 금융투자업에 관한 법률)

정부가 14개로 나뉘어 있는 금융시장 관련 법률을 하나로 통합하고 금융상품에 대한 사전적 제약을 철폐하여 모든 금융투자회사가 대부분의 금융상품을 취급할 수 있도록 하는 법률로써 이를 통해 대형화 · 겸업화된 투자은행(IB)의 출현기반을 마련한다. 자본시장통합법은 2003년 3월에 발표된 통합금융법 구상계획에 따라 은행 및 보험을 제외한 자본시장의 금융업 간의 겸영을 허용하여 한국판 골드만삭스 등과 같은 대형 투자은행 설립을 유도하겠다는 정부의 정책의도에서 나온 법률이다.

7.1 자본시장법의 개요

1) 자본시장법의 의의와 목적

(1) 의의

2009년 2월 4일 시행된 「자본시장과 금융투자업에 관한 법률」은 자본시장을 규율하는 기존의 증권거래법, 간접투자자산운용업법, 선물거래법, 신탁업법, 한국증권선물거래소접, 종합금융회사법을 하나의 법으로 통합한 것으로 약칭하여 통상 「자본시장법」이라고 한다.

(2) 목적

① 자본시장의 자금중개기능강화 : 다양한 금융상품 개발 및 자금조달 수단 제공

② 일반투자자 보호 강화 : 정보의 비대칭 해소 및 효율적인 구제조치 제공

③ 자본시장의 경쟁력 제고 : 제도적 규제의 철폐를 통한 업무영역 광역화 및 자본시장의 경쟁력 제고

2) 자본시장법의 규제체제

(1) 포괄주의 규제체제의 도입

① '금융투자상품' 의 개념을 추상적 · 포괄적으로 정의

- 과거 열거주의에서 현재는 출현가능한 모든 상품을 규제대상으로 하는 포괄주의 규제체제를 도입하여 금융투자상품의 범위가 확대되었다.
- 포괄주의로의 전환에 따라 증권의 범위에 파생결합증권과 투자계약증권의 개념을 도입하였다.

② 파생결합증권과 투자계약증권

- 파생결합증권 : 증권의 수익이 외생적 지표에 따라 결정되는 모든 증권을 포괄하는 개념

• 투자계약증권 : 증권의 수익이 투자자와 공동사업자의 노력에 따라 결정되는 모든 증권

(2) 기능별 규제체제

① 금융투자상품의 정의 : 규제대상상품의 기능과 위험을 기준으로 추상적으로 정의하고, 이 추상성을 명시적인 포함규정 및 배제규정을 통하여 구체화함으로써 실제 운용과정에 발생가능한 법적 불확실성을 사전에 제거하였다.

② 금융투자업의 분류(6개 업종) : 경제적 기능과 위험을 기준으로 구분하였다.

• 투자매매업 : 자기계산으로 금융투자상품의 매수 · 매도 · 발행 · 인수 · 청약 등을 하는 업무

• 투자중개업 : 타인계산으로 금융투자상품의 매수 · 매도 · 발행 · 인수 · 청약 등을 하는 업무

• 집합투자업 : 2인 이상의 투자자로부터 금전 등을 모아 투자자로부터 운용지시를 받지 않으면서 운용한 후 그 성과를 투자자에게 귀속시키는 업무

• 신탁업 : 고객이 금융기관에 자신의 자산관리를 위탁하는 업무로, 원본보전이 한시적으로 허용되는 개인연금신탁, 연금신탁업은 금융투자업 대상에서 제외한다.

• 투자자문업 : 금융투자상품의 가치나 투자판단에 관하여 자문을 하는 업무. 여기서 투자판단이란 상품의 종류, 종목, 취득, 수량, 가격 및 시기 등에 대한 판단을 하는 업무임.

• 투자일임업 : 투자자로부터 금융투자상품에 대한 투자판단의 전부 또는 일부를 일임받아 투자자별로 구분하여 취득 · 처분 그밖의 방법으로 운용하는 업무

③ 투자자의 분류 : 위험감수능력 기준

• 전문투자자와 일반투자자로 분류하고 전문투자자는 규제대상에서 제외

한다.

- 전문투자자란 금융투자상품에 관한 전문성, 보유자산 등에 비추어 위험 감수 능력이 있는 정부, 한국은행, 금융기관, 상장법인 및 대통령령이 정하는 연기금을 의미한다.

④ 기타

- 동일기능에 대한 동일규제의 원칙에 입각하여 기능수행업자보다 금융기능 자체에 대하여 적용한다.
- 무인가 · 무등록업자는 처벌받고, 인가 및 등록업자는 건전성 및 영업행위 규제를 받는다.
- 금융기능은 금융투자업자, 금융투자상품, 투자자의 조합에 의해 규제 정도가 차이가 있다.

(3) 업무범위 확대

① 과거 금융회사별 규제에서 금융투자업의 6개 업종의 겸영을 법률에서 인정한다.

② 영위가능한 부수업무는 원칙적으로 허용하고 예외적 제한하는 Negative System을 도입하였다.

③ 투자권유대행인이 투자자를 방문하여 투자권유업무를 수행할 수 있다.

④ 투자권유대행인에 대해서도 투자권유규제를 적용하고 회사에 대하여 사용자 책임을 부담한다.

⑤ 집합투자업의 규제완화 : 펀드의 법률적 형태는 민법과 상법상 모든 기구를 통한 설립이 가능하다.

(4) 투자자보호 강화

① 설명의무 : 일반투자자에게 금융투자상품 권유시 설명의무가 부여된다.

② 이해상충 관리 : 금융투자업자의 내부통제기준 설치 및 업자 간 정보교류 제한장치를 추가하였다.

③ 발행공시의 확대 : 은행채, 집한투자증권, 수익증권도 증권신고서를 통한

발생공시를 확대하였다.

그림 2-3 ▌ 법 제정에 따른 금융업의 체제 변화

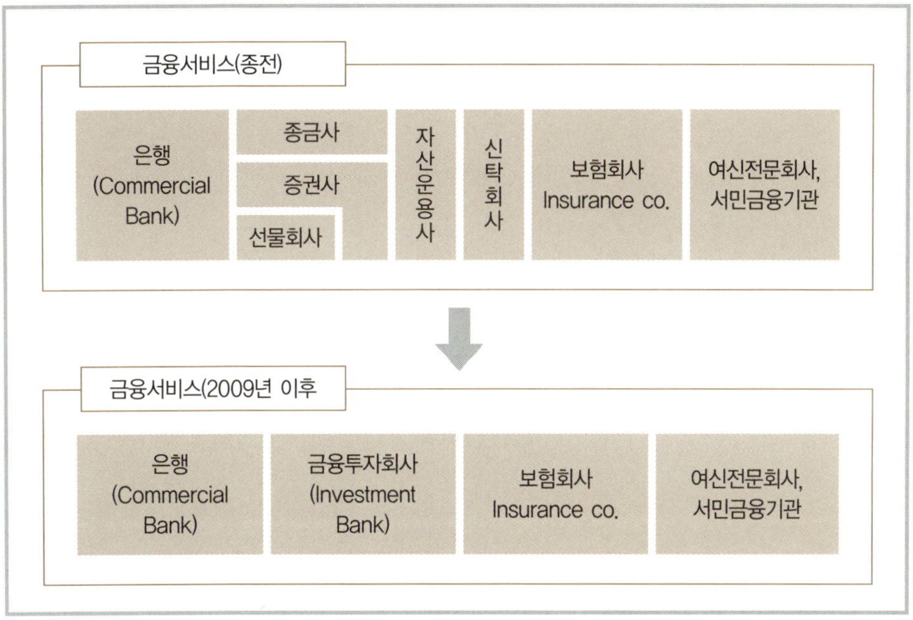

세계최고의 펀드매니저 Marty Schwartz

(1) 성장배경과 투자경력

Marty Schwartz는 미국 최고의 펀드매니저로서 매년 기록적인 수익률을 올리고 있고 월간 계산에서 −3% 이상의 손실을 기록한 적이 없는 주식투자의 명인이다. 그는 미국 스탠포드대학이 주관하는 주식투자챔피온십에 10번 참가하여 이 중 9번은 평균수익률이 210%나 되었고 10번 참가하는 동안 단 한번의 투자손실의 기록도 없었다. 특히 그 중 한 번은 무려 781%라는 경이적인 수익률을 올리기도 하였다.

그의 성장배경을 보면 7살 때부터 제설작업 등의 아르바이트를 했으며, 고등학교 때에는 장학생이었으나 수학이 뒤떨어져 개인교습으로 이를 극복하면서 공부에 깊이 매료되었다. 대학 졸업 후에는 베트남전쟁에서 해병대근무를 통해 육체와 정신의 무장을 하기도 하였다. 그는 크게 명성을 날리기 전 약 10년간은 항상 손해만 보는 무능력자로 낙인이 찍히기도 하였다. 그러다가 투자방법을 바꾸고 절치부심 노력을 하여 드디어 미국 최고의 수익률을 자랑하는 독립형 펀드매니저가 되었다.

Schwartz는 1973년 약세시장하에서 자기가 다니던 투자회사에서 실직당한 후 전 재산을 털어 투자를 했으나 전산매매에 익숙하지 못한데다 약세시장이어서 재산을 탕진하고 말았다. 실의에 빠진 그는 그 후 몇 군데 증권관련기관을 전전하다가 1978년 중반 경 깊이 깨달은 바 있어 기본적 분석가에서 완벽한 기술적분석가로 전향하여 독자적인 투자기법을 개발하기 시작하였다. 그는 이어 1979년부터 독립형펀드를 2~3개씩 운영하면서 미국최고의 경이적인 수익률을 올리게 되었는데 현재 미국 내 최고의 기술적분석가로 이름을 날리고 있다.

(2) 투자철학과 투자원칙

그의 투자철학과 원칙을 보면, 그는 증권시장을 일종의 전쟁터로 보고 거래자들을 적으로 간주하였다. 그는 기본적분석가에서 완벽한 기술적분석가로 철저히 전향하였는데, 사람들이 유능한 기술적분석가가 없다고 하면 그는 언제나 웃는다. 그는 자신이 실패를 딛고 성공하게 된 원인을 이렇게 말하고 있다. "탐욕으로 돈을 벌겠다는 이기심을 극복하고 내 자신이 잘못 판단했다는 것을 인정하고 빨리 손절매하고 빠져나와 다음 번 게임에 대비할 수 있게 되었을 때였다. 또한 기술적분석의 오묘한 세계를 깨닫고 나서였다."

그는 또 주식투자를 함에 있어 자살행위 중의 하나는 손해를 보고 있는 상태에서 물타기를 계속하는 것이라고 한다. 이 말은, 즉 주식시장에서 가장 중요한 것은 돈을 버는 것이 아니고 돈을 지키는 방어라는 것이다. 대부분의 사람들은 손실을 만회하려고 노력하는데, 이러한 태도는 투자에서 백전백패하게 된다. 라스베가스 도박판에는 다음과 같은 격언이 있다고 한다. "도박판에 갈 때에는 절대 신용카드를 넣고 가서는 안 되며 도박을 해서 잃어도 되는 만큼의 현금만 넣고 가야 한다." 즉 신용이나 남의 돈을 빌려서 무리한 투자를 하게 되면 언젠가는 치명적 손실을 입게 된다. 또한 보통 큰 성공 뒤에는 항상 큰 손실이 뒤따르는데 그 이유는 자만심으로 인해 부주의했기 때문이다.

또 한 가지 Schwartz가 중요하게 생각한 원칙은, 주식을 매입하기 전에 반드시 손실폭을 미리 결정해두고 손실목표가격에 이르면 손절매도를 엄수한다는 것이다. 그는 최대손실률을 -3%로 하는 원칙을 가지고 있었다. 그의 수익목표는 매월단위로 수익률을 올리는 것을 원칙으로 하되 매일 매일 수익을 올릴 수 있도록 노력하는 것이었다. 그리하여 매년 말에는 연간투자분을 결산하고 전혀 새로운 펀드를 결성하여 다시 시작하였다.

대다수 일반투자자가 손해를 보는 이유는 잘못을 인정하기보다 돈 잃은 데 낙담만 하고 수익률을 내기 위한 노력, 즉 투자를 않기 때문이다.

(3) 투자기법

이동평균선의 배열도, 크로스, 방향성, 결집도, 이격도 등의 분석을 주요 투자기법으로 하고 있다. Schwartz는 이동평균선을 거역하는 것을 자살행위로 간주하였고, 추세선분석과 M-Top이라 부르는 상투권 분산활동분석에 치중하였다. 시장기조판별로는 뉴스에 대한 주가반영도를 통해 강세, 약세를 판별하였다.

연습문제

01 증권시장이란 무엇이며, 어떠한 기능을 수행하고 있는지 설명하라.

02 우리나라 증권시장의 발전과정을 시대별로 구분하고, 각각을 간단히 설명하라.

03 증권시장의 구조를 설명하라.

04 발행시장의 기능을 설명하라.

05 유통시장의 기능과 종류를 설명하라.

06 증권시장지표란 무엇이며, 어떠한 것들이 있는가를 설명하라.

07 기업이 유상증자를 할 때 취할 수 있는 신주배정의 형태를 설명하라.

08 무상증자란 무엇이며, 어느 때 실시하게 되는가?

09 배당정책의 의의를 설명하라.

10 주식배당제도의 개념을 설명하고, 이 제도의 단점에 대하여 논하라.

11 기업들은 왜 공개(going public)를 하는가?

12 기업공개의 방법과 요건에 대하여 설명하라.

13 유가증권 매매거래의 절차를 단계별로 설명하라.

14 일반적으로 유가증권 매매계약 체결방법에는 경쟁매매, 상대매매, 그리고 경매 등 세 가지가 있다. 이들을 간략하게 설명하고, 우리나라에서 채택하고 있는 경쟁매매원칙의 내용을 열거하라.

15 우리나라에서 채택하고 있는 가격변동폭제한제도의 취지를 설명하고, 그 유효성에 대하여 논하라.

16 신용거래제도를 설명하라.

17 종업원지주제도의 도입취지와 그 내용을 설명하라.

INVESTMENT

CHAPTER 03

투자위험의 개념

사실 모든 인간들은 위험으로 가득찬 환경 속에서 하루하루를 곡예를 하듯 살아가고 있다. 심각성의 측면에서는 정도차이가 있을 수 있지만, 바로 우리들의 주변에도 여러 종류의 위험들이 도사리고 있으면서 느슨한 틈바구니를 엿보고 있는 것이다. 예컨대, 도로를 꽉 메운 차량들의 홍수를 보라. 그 틈을 비집고 요리조리 곡예를 하는 간 큰 운전자를 보면 정말로 아슬아슬하며, 방어운전이 100% 안전을 보장해주지 못하고 항상 누구에게나 교통사고가 일어날 위험이 있다. 에이즈와 같은 치명적인 병이 단순히 무절제한 생활스타일에서만 돌고 도는 전염병이 결코 아니며, 수혈로 인하여 감염될 우려는 무시하지 못할 정도로 높다. 또한 대기오염 및 오존층의 파괴로 인하여 기상에 이변이 자주 생김에 따라 폭풍, 폭우 및 한발로 인하여 주택이나 농작물 그리고 심지어는 신체상 해를 입을 가능성도 점차 커지고 있다. 그리고 곧 파산하게 될 가게에서 컴퓨터를 구입했는데 나중에 불량품으로 판명이 날 가능성도 전혀 배제할 수 없다. 이렇듯이 우리들의 생활주변에 있는 위험들만 열거한다고 해도 그 끝이 없을 것이다.

본 장에서는 다음의 문제를 중점적으로 다루고자 한다.

- 투자와 관련된 위험의 개념
- 위험과 기대수익률의 관계
- 투자위험의 종류

백설이 나부낄 때 봄의 희망을 갖자

증권시장에 나가면 시시각각으로 증권거래중계방송을 하고 있는데, 전날의 가격보다 상승하고 있는 종목은 시세판에 붉은색 표기, 하락이면 푸른색 표기로 나타낸다. 대부분의 사람들은 '여름바다'를 즐기는데 극소수의 사람들은 푸른색으로 나타난 시세표기, 즉 붐비지 않아 조용하고 자기들만의 여유있는 세계인 '겨울바다'를 즐긴다.

이것은 "겨울에 밀짚모자를 사라"는 격언과 매우 흡사한데, 여기서 백설은 예전에 시세판이 없을 때 백묵으로 하락시세를 기록했던 경우를 비유하고 있다. 열심히 일했던 농부들도 대자연이 휴식을 취하는 것처럼 백설이 내리는 계절이면 쉬지만, 극소수의 현명한 자는 머지않아 봄이 온다는 희망 속에서 끊임없이 정성을 들여 노력한다는 뜻이다.

제1절 ■ 투자위험의 정의

투자에 따르는 여러 가지의 위험은 위에서 언급한 위험들에 비해서 종류도 적을 뿐만 아니라 위험에 수반되는 육체적 고통이 훨씬 덜하다. 그러나 경험이 있는 투자자들은 거의 모든 투자에 위험이 따른다는 사실을 잘 알고 있다. 그들은 불황이 계속되어 매출이 격감함에 따라 사업이 실패하고 그 결과 그 기업에 투자한 자신들의 투자지분이 갑자기 사라질지도 모른다며 걱정한다. 그들은 또한 그들이 투자한 기업이 충분한 자금력을 확보하지 못하여 배당금이나 이자를 삭감당하는 경우도 경험할 수 있다. 그리고 인플레이션이 심할 때에는 그들의 투자에 대한 실질수익이 결국 보잘 것이 없어지거나 심지어는 (−)값이 되는 경우도 체험할 수 있을 것이다.

투자의 결과가 예상과는 달리 엉뚱하게 나타나는 데는 여러 가지 이유가 있을 것이다. 사실 사람들에게 가장 인기가 높은 투자대상도 때로는 심각할 정도의 위험을 내포하고 있으면서도 다만 드러내놓지 않는 경우가 흔히 있다. 위험이 그와 같이 어디에나 존재한다면, 왜 항상 확연히 그 모습이 드러나지 않는 것일까? 전망이 좋다고 예상되어 투자를 한 후 그 결과가 엄청난 실망으로 끝나는 사례가 왜 그렇게나 많은 것일까? 이와 같은 의문이 제대로 풀리려면 먼저 위험이 정확하게 무엇인지 규명되어야 할 것이다. 왜냐하면 위험이 정확하게 확인되지 않으면 그것을 제대로 통제할 수 없을 것이기 때문이다.

일반적으로 투자위험(investment risk)이란 불확실한 수익률을 가리킨다. 어떠한 투자이든지 간에 수익률이 불확실할수록 투자위험은 더 커지게 된다. 반대로 투자수익률이 확실할수록 투자위험은 낮다. 만일 어떠한 투자의 수익률에 대하여 의문의 여지가 없다면 그러한 경우 투자위험이 전혀 없다고 말한다. 그러나 불행히도 그와 같은 무위험투자는 그리 많지 않으며 만일 있다고 해도 그 수익률은 보잘 것이 없다.

투자수익률이 불확실한 데는 여러 가지 이유가 있을 수 있다. 예컨대, 회사에서 보통주에 대한 배당금을 삭감하거나 어느 지방정부가 자신이 발행한 채권에 대한 이자를 지급하지 못할 가능성은 항상 존재하게 마련이다. 마찬가지로, 물가상승률이 매우 큰 기간에는 채권원금의 실질가치(real value)는 현저하게 낮아진다. 인플레이션이 흔히 동반하는 높은 이자율은 결국 이미 발행된 채권의 가격을 낮게 하는 것이다.

배당금이나 이자와 같이 불확실한 소득 이외에도 투자의 불확실성은 투자자산이 처분될 때 받게 되는 가격의 불확실성으로부터도 발생한다. 예를 들면, 신용등급이 매우 높은 어느 장기채권의 경우 연 2회의 이자가 거의 확실하게 제날짜에 지급된다고 하자. 그 채권의 신용등급이 아무리 높다고 하더라도 만기이전에 처분될 경우 그 채권이 확실하게 얼마에 팔릴 수 있을지는 알 도리가 없다. 또한 그 채권을 보유하고 있는 동안이라고 하더라도 인플레이션이 그 채권에 대한 이자와 원금을 얼마나 갉아먹을지 아무도 모른다.

투자대상 자산의 종류는 매우 다양하고 그에 따라 위험도 각기 다르다. 부동산이나 신주의 경우 위험수준은 비교적 높다고 말한다. 그러나 국채 혹은 단기 CD와 같은 투자는 그 수익률에 불확실성이 거의 없다. 바로 그와 같은 수익률의 확실성 때문에 일반투자자들이나 기관투자자들이 이러한 종류의 자산에 투자하게 된다. 대부분의 사람들은 그들이 되돌려받는 금액과 날짜를 확실하게 알기 때문에 CD에 투자한다.

투자위험의 개념은 다음의 예를 보면 더욱 확실히 이해할 수 있을 것이다. 가령 어느 투자자는 다음과 같은 두 가지의 투자대안을 놓고 부심하고 있다고 하자. 각 투자안의 투자금액은 동일하고 향후 1년간의 기대수익률이 15%로 역시 동일하다. 두 투자안 간의 유일한 차이점을 들자면, 투자안 A는 15%의 수익률이 보장되는 경우인 반면, 투자안 B의 경우는 5% 아니면 25% 수익률이 얻어질 것이라고 한다. 상황변화에 따른 투자안 B의 이러한 두 가지 수익률은 발생확률이 동일하다고 한다. 즉, 투자안 B의 경우 수익률이 5%가 될 확률이 50%, 수익률이 25%가 될 확률이 역시 50%라는 것이다. 물론 사전에 투자안 B의 수익률이 5%가 될지 아니면 25%가 될지는 알 도리가 없지만, 기대수익률만큼은 투자안 A와 같은 15%가 된다. 두 투자안 간의 발생가능한 수익률과 각각의 발생가능확률이 요약되어 [그림 3-1]에 나타나 있다.

그림 3-1 ▌ 두 투자안 A와 B의 수익률 비교

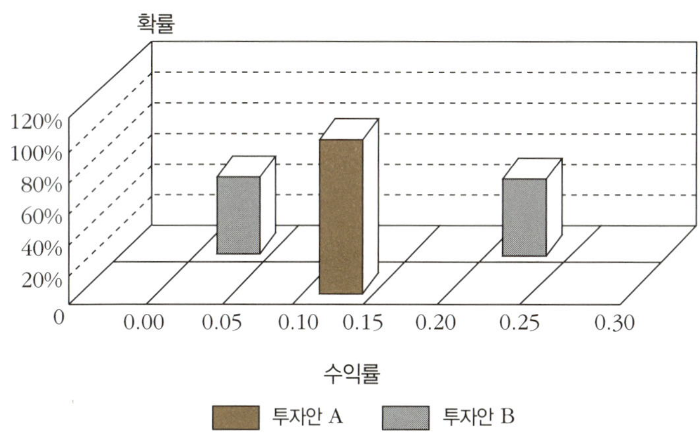

투자의 기대수익률을 구하는 일반 공식은 다음과 같이 나타낼 수 있다. 즉,

$$E(R) = p_1 r_1 + p_2 r_2 + p_3 r_3 + \cdots\cdots + p_n r_n \tag{1}$$

여기서 $E(R)$: 투자안의 기대수익률
r : 상황변화에 따라 실제로 발생가능한 수익률
p : 특정 수익률이 발생할 확률을 말하며, 모든 확률의 합은 1.0이 된다.
n : 발생가능한 상황의 수를 나타내며, 첫 번째 가능한 상황을 "1", 두 번째 가능한 상황을 "2" 등과 같은 방식으로 표기한다.

따라서 이 공식을 투자안 B의 경우에 적용하여 기대수익률을 구하면 다음과 같다.

$$E(R_B) = p_1 r_1 + p_2 r_2$$
$$E(R_B) = (0.50)(5\%) + (0.50)(25\%)$$
$$= (2.5\%) + (12.5\%) = 15\%$$

그리고 단 한 가지의 상황만 발생가능한 투자안 A의 기대수익률은 다음과 같이 구한다.

$$E(R_A) = (1.00)(15\%) = 15\%$$

위의 예는 투자위험을 이해하기 위한 가장 핵심적인 개념을 보여주고 있다. 즉, 기대수익률과 실제수익률은 흔히 다르다는 사실이다. 여러 가지의 투자안들이 모두 동일한 기대수익률을 가질 수 있지만 실제수익률은 상당히 다르게 나타날 수 있다. 단 한 가지의 상황만 발생가능한 경우, 즉 위험이 전혀 없는 경우에만 투자안의 기대수익률과 실제수익률이 언제나 같아진다. 기대수익률이 그대로 실현되어 실제수익률로 나타나는 경우는 단지 예외라는 점을 깊이 인식해야 한다.

발생가능한 수익률분포가 널리 퍼져 있을수록 투자안의 위험은 더 커진다. 왜냐하면 어떠한 수익률이 실제로 달성될는지 더 불확실해지기 때문이다. 예를 들어 수익률이 −15% 혹은 45% 등 두 가지 중에서 하나가 동등한 확률로 실현될 투자안 C가 있다고 가정하자. 이 투자안 C의 기대수익률은 전과 같이 15%(=

−15%×0.5+45%×0.5)가 된다. 그러나 비록 기대수익률은 같다고 하지만 투자안 C의 경우 실현가능한 수익률의 분포가 투자안 B에 비하여 훨씬 넓게 퍼져 있기 때문에 투자위험이 투자안 B에 비하여 훨씬 크다고 할 수 있다.

지금까지의 논의는 비록 단일 투자안의 투자위험과 수익률에 국한되었지만, 특정한 투자안을 추가하거나 혹은 삭제하는 것이 투자자의 포트폴리오에 어떠한 영향을 미치는가도 검토되어야 한다. 포트폴리오와 관련해서 고려해야 되는 것은 총위험인데, 이러한 총위험(overall risk) 혹은 포트폴리오 위험(portfolio risk)에 관해서는 나중에 논의된다.

투기에서 재산을 남긴 사람은 적다

투기를 요령있게 다루지 못하는 사람에게 투기란 곧 패가망신의 지름길이다. 주식투자는 투기적인 요소 때문에 많은 투자자들에게 매력을 주지만, 바로 그 때문에 그들은 재산을 날린다.

제2절 ■ 위험에 대한 투자자들의 태도

투자론에서는 투자자들이 그들의 투자결정에 따른 결과를 미리 알고 싶어한다고 가정한다. 즉 이것은 투자자들이 벌 수 있는 이익의 정확한 액수를 미리 알고 싶어한다는 뜻이다. 앞서 살펴본 예의 세 가지 투자안(A, B 그리고 C) 중에서 통상적인 투자자들은 투자안 B(수익률이 동일한 확률로 5% 또는 25% 되는 투자안)에 비하여 투자안 A(수익률이 어떠한 경우라도 15%)를 선호하게 된다는 것이다. 또한 투자안 A와 B, 어느 것이라도 −15% 혹은 45%의 수익률을 가져다주는 투자안 C보다는 선호될 것이다.

투자자들의 대부분이 위험부담을 싫어해서 기피한다고 해도 물론 예외는 있다. 만일 그러한 예외가 존재하지 않는다면 카지노, 경마, 그리고 여러 가지의 복권발매도 결국 없어지게 될 것이다. 어떤 사람들은 높은 위험을 수반하는 투자안을 일부러 찾아다닌다. 이런 사람들은 큰 돈을 벌기 위해 투자안 A보다는 투자안 B 혹은 C를 선택한다. 이러한 사람들에게는 위험을 부담하지 않으면서 별로 보잘 것 없는 금액을 버는 것보다도 아주 크게 벌거나 아니면 모두 잃는 가능성을 가진 투자안들이 훨씬 더 큰 쾌감을 가져다주는 것이다.

대부분의 투자자들은 정당한 보상이 뒤따르지 않는 한 위험을 회피하려고 한다. 여러 가지의 투자안들이 모두 동일한 기대수익률을 가지고 있다면 통상적인 투자자들은 그 중에서 가장 위험이 낮은 투자안을 선택할 것이다. 그러나 기대수익률이 다르다면 투자안 결정과정은 상당히 복잡하게 되고 최종결정을 내리기 위해서는 또 다른 변수 하나가 필요하게 된다.

만일 투자자들이 단체행동으로서 일제히 위험을 기피할 경우 위험한 투자안은 투자자들을 끌어들이기 위해서 보다 높은 기대수익률을 제공하여야 한다. 앞의 예에서 보듯이, 대부분의 투자자들은 투자안 A가 투자안 B와 같은 기대수익률을 제공하는 한 투자안 A를 선택할 것이다. 이 경우 투자자들을 끌어들이기 위해서 투자안 B의 기대수익률은 상승하여 15%를 초과하여야 한다.

투자안의 기대수익률이 상승함에 따라 비록 그것이 위험한 투자안일지라도 투자자들이 선호하는 수익률의 수준이 드러나게 된다. 물론 그와 같은 수익률의 크기가 모든 투자자들에 대해서 동일한 수준으로 나타나지는 않는다. 어떤 투자자들은 기대수익률이 그다지 크게 오르지 않았어도 위험한 투자안을 선뜻 선택한다.

그러나 다른 보수적 투자자들은 투자안의 위험이 조금만 커져도 기대수익률이 현저하게 상승하지 않는 한 그 투자안을 선택하지 않는다. 투자안들의 위험이 제각각 다른 만큼 투자자들도 매우 다양해서 각각 위험에 대한 태도가 다르다. 사실 투자안들이 매우 다양하게 존재하는 이유도 바로 개별 투자자들이 위험을 인식하는 데에 각기 차이를 보이기 때문이라고 할 수 있다.

위험과 수익률 간의 관계는 곧 투자론의 핵심이다. 위험이 작은 투자안은 낮은 기대수익률이 수반되지만, 위험이 큰 투자안에는 높은 기대수익률이 주어진다. 그렇다고 해서 위험이 큰 투자안을 선택한 투자자가 반드시 높은 수익률을 얻는다는 것을 의미하지는 않는다. 실제로 달성한 수익률은 기대치보다 높을 수도 있고 반대로 상당히 낮을 수도 있는 것이다. 높은 수익률을 얻으려면 반드시 추가적인 위험을 부담해야 한다는 이러한 명제를 많은 투자자들은 흔히 간과하고 있다.

내부자의 조언도 100% 믿어서는 안 된다

투자정보 가운데 가장 위험한 것이 소위 내부정보이다. 이것은 기업 내의 기밀취급자나 주가에 영향을 미칠 정책을 입안하는 정부부처 종사자가 직접 전해주는 정보이다. 내부정보는 도중에 와전되거나 최종 결정과정에서 취소되거나 변경될 수도 있기 때문에 이것을 100% 믿고 투자하면 실패하기 쉽다. 또한 내부정보는 너무 일찍 알아서 다른 사람들에게 알려질 때까지 주가에 반영되지 않아 못 견디고 팔아버리면 그때부터 주가가 오르는 일이 많다.

제3절 ■ 위험 준거치

위험-수익률 관계(risk-return relationship)는 보통 위험이 전혀 없는 투자안에 투자하였을 때 얻을 수 있는 수익률에 기초하고 있다. 이와 같은 무위험이자율은 다른 모든 투자안들을 판단하는 데 그 기준이 되는 최저수익률을 나타낸다. 무위험이자율이 높으면 높을수록 다른 모든 투자안들도 덩달아 높은 기대수익률을 제공하여야 한다.

정부의 지급보증과 높은 시장성 때문에 단기국채는 흔히 무위험자산으로 간주된다. 투자자들은 대부분 만기가 되면 그들이 투자한 돈을 확실히 되돌려 받을 수 있다는 믿음 때문에 국채를 산다. 더욱이 투자자들은 비록 만기 이전이라도 필요에 따라 가지고 있던 국채를 팔고 싶을 때 약간의 거래수수료만 지불하면 언제나 처분이 가능하다는 믿음을 가지고 있다. 또한 만기가 단기일 경우에는 비록 시장이자율이 변한다고 하더라도 가격에 미치는 영향은 매우 작을 것이다.

위험이 매우 높은 투자안으로는 귀금속, 미개발토지, 선물계약 그리고 보통주 등을 들 수 있다. 이들의 공통점은 수익률이 매우 불확실하다는 데 있다. 이 투자안들은 비록 전체적인 의미에서 총위험이 매우 크지만, 어떤 종류의 위험을 살펴보면 오히려 낮을 수도 있다. 예컨대, 인플레이션이 매우 심할 때는 일반적으로 투자의 실질가치를 잃을 위험이 있기 마련인데 국채를 보유하는 것보다 금이나 은을 보유하고 있는 경우 그러한 위험은 낮아진다. 이러한 장점이 있는데도 불구하고 귀금속은 단기국채보다도 수익률 예측이 훨씬 어렵고 그 결과 훨씬 더 큰 위험을 수반하고 있다.

여러 가지의 투자안들에 대한 위험과 수익률의 관계가 [그림 3-2]에 나타나 있다. 그림의 수직축에는 기대수익률, 수평축에는 수익률의 상대적 불확실성(즉 위험의 크기)이 표시되어 있다. 기울기가 (+)로서 우상향하고 있는 곡선은 결국 기대수익률이 높을수록 더 큰 위험을 수반한다는 사실을 나타내고 있다. 예를 들면, 보통주는 회사채보다도 더 큰 위험을 가지고 있으며 기대수익률도 더 높은 한편, 회사채는 국채보다도 더 높은 기대수익률과 위험을 내포하고 있다.

그림 3-2 ▌ 위험과 기대수익률

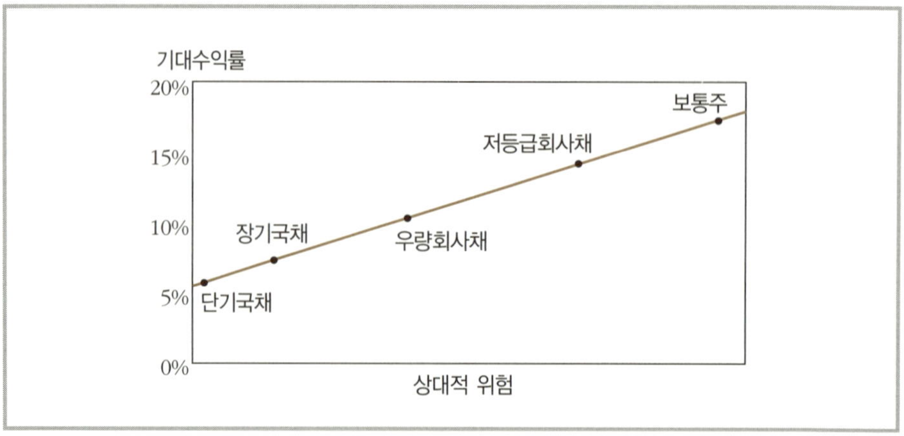

[그림 3-2]와 관련하여 다음의 몇 가지 중요한 사실을 깊이 알아야 한다. 첫째, 추가위험을 부담하기 위해서 투자자들이 요구하는 추가수익률을 측정하는 곡선의 기울기가 반드시 정태적(static)이라고 할 수 없다. 만일 투자자들이 투자위험에 대하여 전보다 더 우려한다면 그들이 위험한 투자안에 대하여 훨씬 더 높은 프리미엄(할증수익률)을 요구할 것이다. 한 예로, 최근의 심각한 경기침체로 말미암아 결국 경제성장의 둔화가 장기간 지속될지도 모른다는 우려가 점점 커진다면 이와 같은 상황이 발생할 수 있다. 투자자들은 또한 정부의 예산적자, 무역적자, 실업, 그리고 기타 수많은 우울한 뉴스를 접할 때 모든 투자안들에 대해서 심각한 우려를 나타낸다.

그림 3-3 ▌ 위험-기대수익률 관계의 변화

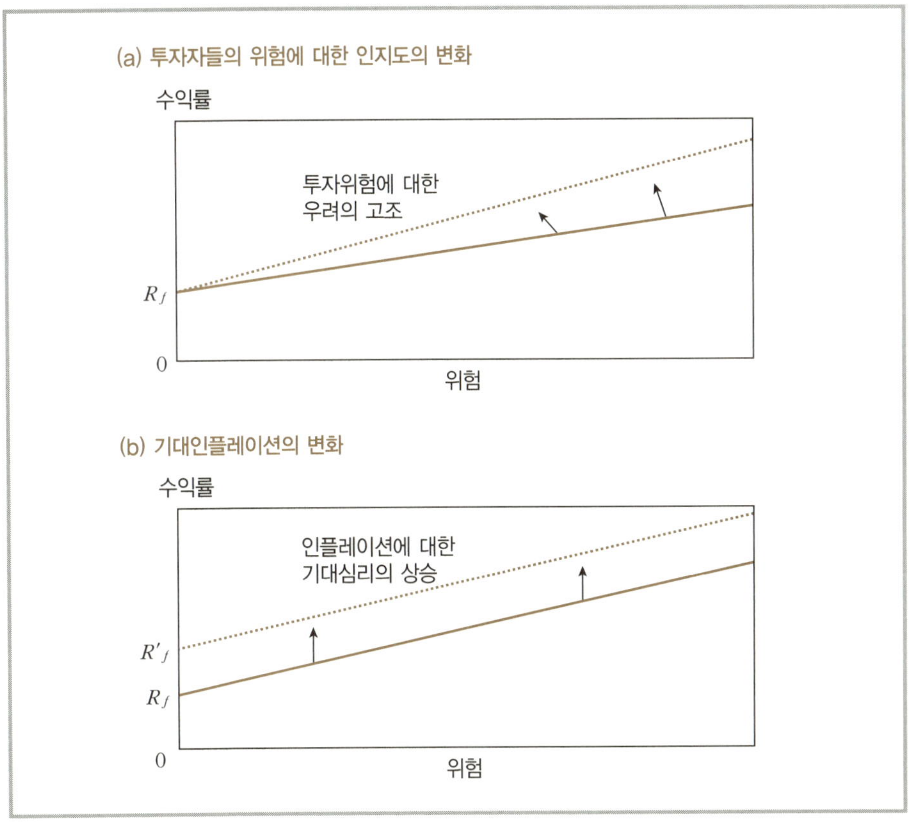

특히 불확실성이 큰 시기에 투자자들은 양도성예금증서(CD)나 국채 등과 같은 안전한 투자에 관심을 쏟는 경향이 있다. 이와 같이 위험이 전혀 없거나 매우 낮은 안전한 투자대상들에 대한 수요가 늘면, 위험도가 매우 높은 보통주 및 기타 고위험의 투자안들은 가격이 하락한다. 이 경우 위험이 큰 자산들을 처분하려고 하면 그 시장가격이 하락하는데, 그 이유는 투자자들에게 위험한 자산을 보유하게 하기 위해서는 보다 높은 수익률이 제공되어야 하기 때문이다. 시장에서의 이러한 변화는 위험-수익률곡선(risk-return curve)을 시계의 반대방향으로 회전시키는데, 그 결과 곡선의 기울기가 커진다. [그림 3-3](a)에서는 투자자들의 관심과 우려가 고조되면서 나타나는 현상에 따라 곡선이 어떻게 바뀌는가를 보여주고 있다.

위험-수익률곡선은 때때로 위쪽 또는 아래쪽으로 평행이동한다. 이러한 평행이동은 무위험자산수익률의 변동에 의하여 일어난다. 만일 무위험자산수익률이 하락하면 곡선은 아래쪽으로 평행이동할 것이고, 무위험자산수익률이 상승하게 되면 곡선은 위쪽으로 평행이동하게 된다. 곡선의 상방 평행이동은 곧 이자율이 상승하여 모든 투자에 부정적인 영향을 미치게 되었음을 의미한다. 위험-수익률곡선이 상방으로 이동함에 따라 시장에 있는 모든 자산들의 가치는 각기 그들의 위험수준에 상응한 새로운 고수익률을 반영하도록 조정된다.

무위험자산수익률이 상승함에 따라 투자위험에 대한 우려가 고조되면 곡선은 상방 평행이동과 함께 시계반대방향으로의 회전이동까지도 동시에 하게 되고, 이것은 곧 투자자들이 모든 투자가 비정상적으로 위험하다고 판단하고 있다는 것을 의미하며 투자는 그야말로 심각한 국면에 처하게 될 것이다. 위험-수익률곡선의 상방 평행이동은 [그림 3-3](b)에 나타나 있다. 그림에서 무위험수익률은 상황의 변동이전에는 R_f로, 그리고 상방 평행이동 후의 경우는 R'_f로 각각 나타나 있다.

때를 기다려라

월나라 구천왕과 오나라 부차왕은 철치부심, 와신상담하며 때를 기다렸다. 강태공도 수많은 유혹을 뿌리치며 낚시를 소일삼아 뜻을 펼칠 기회를 기다렸다. 유방의 오른손이던 장자방은 항우와의 최후 일전에서 승리한 후 초야로 물러나 은인자중했다. 반면 유방을 도와 천하를 통일했던 한신과 소하는 권력에서 밀려나 토사구팽당했다. 주식투자자도 이런 역사가 주는 교훈을 배워야 한다. 물이 아래로 흘러 고여서 더 이상 흘러내리지 않을 때까지 기다려야 하고 물이 가득차서 흘러넘치기 전에 미리 물러나는 지혜를 가져야 한다.

제4절 ■ 투자위험의 종류

투자수익률을 불확실하게 만드는 요인들은 그 수가 너무나 많아서 투자전문가들도 그들을 일일이 확인하기란 무척 어려운 일이다. 그러나 투자위험은 투자자산에 대한 그들의 영향에 따라 몇 개의 그룹으로 투자위험을 구분될 수 있다. 예컨대, 가격인플레이션이 투자의 실질수익률을 잠식할 위험은 실제로 원유금수조치, 가뭄, 노동력부족, 통화공급량의 급격한 상승, 외국통화에 대한 달러가치의 상대적 하락 등과 같은 수많은 사건들의 집약체로 볼 수 있을 것이다. 이러한 사건들의 결과를 일반화시킬 수만 있다면 투자자들이 투자위험을 통제할 수 있는 효과적인 방안들을 강구할 수 있는 여러 가지의 대안을 개발해낼 수 있게 된다.

특정한 자산들에 적용할 수 있는 투자위험의 유형을 이해하면 투자자들은 각자가 가장 심각하다고 판단하는 사건들에 대한 노출위험을 최소로 하는 자산이나 자산포트폴리오를 선택할 수 있다. 예를 들어, 만일 어느 투자자의 가장 큰 걱정이 예기치 않은 인플레이션의 급상승이라면, 이러한 위험에 대처할 수 있는 투자전략을 수립하는 것이 현명한 일이다. 다른 한편으로, 현금화가 최대의 관심사라면 유동성을 극대화할 수 있는 투자를 선택하는 것이 중요하다.

투자수익률을 불확실하게 만드는 사건이나 요인들은 크게 두 개의 그룹으로 나눌 수 있다. 하나는 기본적으로 모든 투자자산에 영향을 주는 사건들이고, 다른 하나는 특정 투자자산이나 특정 투자자산그룹에 더욱 영향을 주는 사건들이다. 예를 들면, 인플레이션은 근본적으로 모든 투자자산의 수익률에 영향을 주는 경향이 있다. 흔히 인플레이션의 헤지수단으로 언급되고 있는 보통주의 수익률마저도 재화나 용역의 가격변화에 의하여 영향을 받는다. 한편 차입자금에 의존하는 것은 기업조직의 경영정책의 일환이라고 볼 수 있다. 따라서 채무를 변제할 수 없는 가능성은 특정 자산에 수반되는 위험이라고 할 수 있다.

어떤 종류의 사건들은 모든 산업에 영향을 미치게 되어 기본적으로 투자자들은 그 영향을 피할 수 없다. 모든 투자자산에 공통적인 불확실성은 흔히 체계적위험(systematic risk)으로 불린다. 이러한 위험은 포트폴리오 구성을 통한 분산투자에 의해서도 완전히 제거되지 않는다. 두 가지 중요한 체계적위험으로 하나는 불확실한 구매력 때문에 발생하는 불확실한 수익률이고, 다른 하나는 불확실한 이자율 때문에 야기되는 불확실한 수익률이다. 이러한 위험 때문에 생겨나는 불확실성의 정도는 각각 다르지만 모든 투자자산에 대하여 영향을 미친다.

비체계적위험(unsystematic risk)은 개별조직이나 개별 투자자산에만 독특한 불확실성을 가리킨다. 이러한 특성을 가진 위험은 투자자산을 잘 선택하기만 하면 최소화되거나 아예 제거될 수 있다. 즉, 비체계적위험은 투자자가 위험을 파악하고 각 투자자산에 고유한 위험이 무엇인가를 이해한다면 그러한 위험을 피하거나 크게 감소시킬 수 있는 것이다. 고유한 위험으로 분류되는 위험 중에는 특정한 기업이나 산업에 관련된 불확실한 경영요인, 거액의 리스와 이지지급과 같은 채무부담, 그리고 투자자산을 현금으로 전환하는 데 따르는 어려움 등이 포함된다.

주가의 기본박자는 4분의 3박자

주가의 파동주기는 3에 가깝다. 3이라는 숫자를 중심으로 주가가 오르내리는 경우가 많기 때문이다. 하나의 호재가 뜨면 처음 그 정보를 얻은 소수의 투자자들이 먼저 주식을 산다. 다음날에는 정보가 퍼지면서 대다수 사람들이 산다. 3일째엔 한발 늦게 정보를 입수하거나 그동안의 주가움직임을 보다 주저주저하던 투자자들이 마지막으로 사게 된다. 살 사람은 다 샀기에 4일째는 주가가 하강곡선을 그리는 것이 보통이다. 하락 시에도 4일째 반등하는 경우가 많다. 그래서 주가의 박자는 원 투 쓰리 원이라고 한다.

제5절 ■ 구매력위험

구매력위험(purchasing-power risk)은 인플레이션 때문에 발생하는 투자자산 실질수익률의 불확실성을 말한다. 투자자가 부담하는 위험은 배당금, 이자 및 임대료와 같은 정기적 수입은 물론 투자자산이 매각되었을 때 들어오는 자금이 결국 재화나 용역의 가격이 상승됨에 따라 그 실질가치가 폭락할 가능성을 가리킨다.

구매력위험은 많은 투자자들에게 가장 중요한 불확실성이다. 특히 투자수익으로 생활비를 충당하는 사람들은 인플레이션으로 인하여 그들이 구입할 수 있는 재화나 용역의 양과 질이 현저하게 잠식당하는 경우를 경험할 수 있다. 어떤 특정한 목적을 달성하기 위하여 투자를 하는 사람들은 구매력의 감소로 인하여 그러한 목적을 달성하기 위하여 필요한 자금규모가 끊임없이 달라진다는 사실을 경험하게 된다. 중요한 재무적 목표를 성공적으로 달성하는 것이 얼마나 어려운 일인지를 실감하기 위해서는 단순히 4년간의 대학교육에 필요한 비용이 그동안 어떻게 변해왔는지를 살펴보면 쉽게 알아차릴 수 있을 것이다.

5.1 구매력을 감소시키는 투자자산의 특성

구매력위험의 크기는 투자자산의 종류에 따라 다르다. 어떤 자산은 인플레이션에 따른 불확실성이 아주 미미한 정도인 반면, 어떤 자산들은 실현되는 실질수익률에 관한 한 엄청난 불확실성을 내포하고 있다. 투자자산의 종류에 따라 위험의 크기가 다양하게 나타난다는 사실은 곧 투자자들이 자산선택에 관한 결정을 할 때 구매력위험의 크기를 어느 정도 통제할 수 있다는 것을 의미한다.

가장 가까운 시일 내에 투자자에게 현금을 상환해주는 투자자산은 구매력의 변화에 별로 영향을 받지 않는다. 한 예로 투자 후 며칠 이내에 원금을 상환하기로 되어 있는 투자자산을 생각해 보자. 엄청난 규모의 초고율 인플레이션이 발생한다고 하더라도 투자기간이 단지 며칠이라면 투자자산이 발생시키는 현금흐름의 구매력에 미치는 영향은 미미하다고 할 수 있다.

구매력위험은 또한 투자자산이 발생시키는 현금흐름이 소비자물가의 변화에 의해 영향을 받는 정도의 함수라고 할 수 있다. 투자자산으로부터 발생되는 현금흐름과 시장가치가 소비자물가수준과 직접적인 관련이 깊을수록 그 자산의 구매력위험은 작아진다. 투자자산이 발생시키는 현금흐름이 재화나 용역의 가격이 변함에 따라 그 변화 정도를 보상해주는 수준으로 변하게 된다면 그 자산을 보유하여 얻는 실질수익률은 인플레이션의 영향을 전혀 받지 않는다고 말할 수 있다.

5.2 투자자산에 따라 달라지는 구매력위험

발생되는 현금흐름이 인플레이션과 직접적으로 연계되어 그 액수가 달라지는 투자자산을 찾아내기란 결코 쉽지 않다. 단기금리는 인플레이션의 직접적인 영향을 받는 경향이 있기 때문에 화폐시장계정이나 단기국채와 같은 단기투자자산들은 이러한 부류에 속한다고 할 수 있다. 따라서 인플레이션이 발생하면 이자율을 상승시킬 것이기 때문에 투자자본금을 재투자할 시점이 도래하면 투자자들은 보다 높은 명목수익률을 얻을 수 있다.

어떤 기업에서는 제품가격의 인상을 통하여 인플레이션의 영향을 소비자들에게 전가시킴으로써 인플레이션을 오히려 이용하기도 한다. 그 결과 매출액과 이익이 증가하여 주주들에게 추가적인 이익 및 배당금을 지급할 수도 있게 되는 것이다. 그러나 이와 같이 인플레이션이 발생하는 기간 동안 오히려 이익을 증가시킬 수 있는 능력을 가진 기업들이 일반적인 것이 아니기 때문에 보통주가 항상 인플레이션으로부터 보호되어 있는 자산은 아니다.

귀금속이나 부동산과 같은 유형실물자산이 발생시키는 현금흐름은 인플레이션 발생 시 이득을 볼 수 있는 것으로 되어 있다. 이러한 투자자산은 인플레이션 기간 동안에는 그 가치가 상승하기 때문에 그러한 자산이 처분되는 시점에서는 자산보유기간 동안에 발생한 인플레이션을 그들의 시장가치가 최소한 일부라도 반영시킴으로써 투자자를 보상해 주는 것이다.

일반적으로 고정적인 현금흐름을 발생시키는 장기투자자산은 매우 큰 구매력 위험을 가지고 있다. 이러한 투자자산은 원래의 가격에 기대인플레이션이 반영되어 있으나, 일단 투자가 이루어지고 나면 설령 예기치 못한 인플레이션이 발생한다고 할지라도 더 이상의 조정이 이루어지지 않기 때문에 투자자들은 전혀 보상을 받지 못하게 된다. 모든 종류의 장기채권, 현금흐름이 고정된 연금계약, 고정액을 지급하는 퇴직금, 그리고 장기CD, 이 모두가 실질수익률에는 엄청난 불확실성이 존재하는데, 왜냐하면 소비자물가가 장래 어떻게 변화할 것인지 예측하기가 어렵기 때문이다.

천재지변이나 돌발사태로 인한 폭락은 사라

시장이 예기치 못한 쇼크로 인하여 큰 폭으로 하락하면 그 회복 또한 빠르다. 2001년 9월 11일 미국의 무역센터빌딩(World Trade Center)에 대한 테러공격과 같이 일시적 쇼크에 의한 폭락은 오래지 않아 회복되었다.

제6절 ■ 이자율위험

이자율위험(interest-rate risk)이란 불확실한 시장이자율에 의해서 투자수익률이 불확실하게 되는 상태를 말한다. 투자자의 입장에서 본 위험이란 투자기간 동안 이자율이 변함에 따라 투자수익률이 자신에게 불리하게 영향을 받는 것을 일컫는다. 이자율의 변화가 투자수익률에 미치는 영향이 클수록 투자수익률의 불확실성은 그만큼 커지게 되고 그 자산을 소유함에 따르는 이자율위험은 그만큼 더 커진다.

자산을 보유함에 따라 발생하는 현금흐름의 구매력을 감소시키는 인플레이션과는 달리 이자율변화는 흔히 현금흐름의 크기를 변경시키거나 또는 투자자산의 시장가치를 변화시킨다. 현금흐름의 변화는 투자자산이 발생시키는 현금흐름의 액수가 현재의 이자율에 관련되어 있거나 현재이자율의 함수인 다른 어떤 변수와 관련되어 있는 경우에 나타나는 위험이다. 시장가치의 변화는 투자자산이 발생시키는 현금흐름이 고정되어 있는 경우 그러한 자산에는 당연히 내포되어 있는 고유위험이라고 할 수 있다. 어떤 자산의 경우에는 이자율이 변함으로써 자산의 시장가치는 물론 현금흐름의 크기도 동시에 영향을 받는다. 이러한 자산의 공통된 특성은 곧 투자자들이 그들을 보유하게 되면 이자율이 변화할 가능성 때문에 수익률이 매우 불확실하다는 점이다.

6.1 이자율의 결정요인

이자율은 여러 가지 요인의 영향을 받는데, 그러한 요인들은 모두 예측하기가 아주 어려운 것이 특징이다. 단기 및 장기이자율에 영향을 미치는 수많은 변수들 중에는 정부의 재정적자, 경제활동수준, 무역수지, 외국의 이자율수준, 그리고 인플레이션에 대한 투자자들의 기대치형성에 영향을 주는 모든 변수들이 기본적으로 포함된다. 이자율수준을 결정하는 여러 요인들 중에서 가장 중요한 것의 하나는 중앙은행의 통화금융정책이다. 중앙은행에서는 이자율을 결정하는데 결정적인 역할을 하는 통화공급량을 조절한다.

중앙은행의 정책은 인플레이션, 이자율, 그리고 투자자산의 가치에 상당한 영향을 미칠 만큼 아주 중요하므로 투자업계에서는 항상 중앙은행의 의사결정을 주의깊게 살펴본다. 은행들이 서로 초과준비금(excess reserves)을 차입하거나 대출해 줄 때 적용하는 콜금리(call rate)의 변경은 중앙은행의 현재 통화금융정책과 향후의 의도를 나타내는 중요한 지표로 간주되고 있다. 콜금리는 중앙은행이 경제에 영향을 미치는 노력의 일환으로 목표를 두는 여러 변수들 중의 하나로서 상업은행의 지불준비금의 과부족현상을 나타내는 지표이다. 중앙은행이 향후 취하게 될 입장을 보다 정확하게 예측하기 위한 시도로서 투자자들은 또한 중앙은행의 임원들이 공식석상에서 표명하는 그들의 견해에 주의를 기울이기도 한다.

통화공급을 증가시키고 신용을 보다 풍족하게 유지하려는 중앙은행의 의사결정은 대출자들이나 차입자들이 보다 풍부한 자금을 확보할 수 있게 하므로 단기적으로 이자율을 하락시킨다. 신용이 보다 풍부해지면서 단기이자율이 하락함과 동시에 투자자들은 통화공급의 증가가 과도하다고 판단하게 되면 장기적으로 인플레이션의 상승압박으로 이어질지도 모른다고 우려하게 된다. 고정현금흐름을 발생시키는 장기유가증권은 인플레이션에 대한 기대심리에 매우 민감하기 때문에 장기이자율은 단기이자율이 하락하는 것과 동시에 오히려 상승할 가능성이 있는 것이다.

중앙은행의 의사결정이 단기적 및 장기적으로 미치는 이러한 영향 때문에 중앙은행이 통화정책을 수립할 때는 매우 세심한 주의와 배려가 필요하게 되는 것이다. 중앙은행은 경제가 성장할 수 있도록 충분한 신용확장을 위한 통화공급을 증가시켜야 하지만 다른 한편으로는 그러한 통화공급의 증가가 재화나 용역의 소비자 가격을 인상시키지 않는 범위 내에서 시행되도록 하여야 한다. 반대로 중앙은행은 통화공급에 있어서 지나친 긴축기조를 유지함으로써 신용공급이 위축되고 이자율이 고율로 지속되어 결국 경제를 불황으로 몰아넣지 않도록 하여야 한다.

6.2 자산에 따라 달라지는 이자율위험

이자율이 변화하더라도 그에 따라 소득흐름이 적절히 조정된다면 이자율변화에 따른 자산의 시장가치는 변하지 않는다. 화폐시장기금(MMF)과 같이 은행이나 투자신탁에서 취급하는 화폐시장계정, 단기CD, 그리고 단기국채와 같은 단기투자자산은 모두 이러한 요건을 충족시키고 있다. 이러한 자산들의 만기는 짧고, 따라서 투자자금을 회수하여 이를 재투자할 때 변화된 새로운 시장이자율로 재투자할 수가 있게 된다. 이와 같은 종류의 자산에 투자하면 수익률이 이자율과 직접적으로 연계되어 변하므로 투자원금은 위험으로부터 보호되어 있다고 할 수 있다.

변동금리부채권과 변동배당우선주들은 현금지급이 실제로 이루어지는 그 시점의 이자율에 따라 현금지급액수가 적절히 조정된다. 이와 같이 변동금리부 유가증권들은 현금지급액이 그때그때의 실세시장이자율에 연계되어 있기 때문에 시장가치의 변동으로부터 투자자들을 보호해주고 있다.

어떤 자산들은 시장이자율이 변함에 따라 매기간 발생하는 소득흐름과 자산의 시장가치가 모두 함께 변한다. 즉, 이자율이 상승할 경우 자산이 발생시키는 현재소득은 그 자산의 시장가치와 함께 감소할 수 있다. 이자율의 변화에 따라 소득흐름과 자산가치가 같은 방향으로 변할 때에는 투자자의 수익률이 매우 불확실해진다. 예컨대, 건물신축사업에 관계하는 회사는 이자율이 상승하게 되면 매우 불리해진다. 이자율이 높아지면 매출액이 감소하게 되고 그 결과로 건물의 신축계획이 감소하게 되어 이윤과 배당의 형태로 발생하는 현재의 소득과 소유지분의 시장가치가 모두 감소하게 될 것이다.

시세는 시세에게 물어라

주식투자에서 가장 기본으로 삼아야 하는 투자원칙이 바로 이 격언이라고 할 수 있다. 이유야 어떻든 간에 시세가 가는 대로 따라가는 것이 주식투자의 성공비결이며 시세의 흐름을 거역하면 자기파멸을 초래한다.

제7절 ■ 경영위험

경영위험(business risk)이란 경영조직이 활동하는 무대인 경영환경의 불확실성으로 인하여 야기되는 투자자산 수익률의 불확실성을 가리킨다. 투자자산 수익률이 저조한 것은 현명치 못한 경영의사결정의 결과이거나 제품이나 용역의 공급에 있어서 비효율이 발생한 결과일 수도 있다. 저조한 투자수익률은 또한 기업으로서는 어찌해 볼 수도 없는 기업외적인 사건, 예컨대 외국통화에 대한 자국통화의 가치의 변화 등과 같은 환경변화에 기인할 수도 있다. 그리고 또한 그동안은 보호된 경영환경 속에서 기업이 안정적인 이윤을 창출해 왔으나 새로이 강력한 경쟁자가 진입하여 기존기업의 존립을 위태롭게 할 가능성도 얼마든지 있다.

경영위험은 특정한 투자자산이나 특정한 경영조직에만 발생하는 고유의 위험이기 때문에 비체계적 위험(unsystematic risk)으로 분류된다. 경영위험은 고유위험(unique risk)이기 때문에 투자자가 이러한 위험에 노출되어 있는 정도는 투자자산의 종류마다 각기 다르고 따라서 투자자의 자산선택에 따라 크게 달라진다.

7.1 경영위험의 원인

경영조직이 역경을 딛게 되는 원인은 워낙 다양하므로 경영위험의 종류 역시 매우 다양하고 범위도 꽤 넓다. 심지어 역사가 오랜 대기업들조차도 단 하나의 사건이나 또는 몇몇 불리한 사건들이 연속적으로 발생하여 망해버리는 경우가 종종 있다.

개인기업이나 공공기업의 유가증권에 투자하면 경영위험에 노출되는데, 그 위험의 크기는 기업에 따라 크게 달라진다. 예컨대, 매출액의 대부분을 단일품목에 의존하는 기업은 어느 날 갑자기 그 제품에 대한 수요가 급격히 감소하는 것을 알아차리게 된다. 성능이 더 우수한 신제품이 출시되어 기존제품에 대한 수요를 빼앗아 간다든지 혹은 소비자들이 단지 그 제품에 대하여 실증을 내는 경우가 이에 해당될 것이다. 1970년대에 두 번이나 발생한 석유파동의 결과 자동차회사들은 연비가 낮은 대형승용차들을 판매하는 데 큰 애로를 겪었다. 결국 대형승용차에 대한 수요는 후에 회복되었으나 일시적이기는 하였지만 매출액감소는 자동차회사들에게 심각한 타격을 주었다. 이러한 석유파동 이후 석유의 공급과잉과 가격폭락현상이 발생하여 몇 년 전에는 활황을 누리던 수많은 기업들이 하루아침에 파산되고 말았다.

위에서 언급한 사건들의 다양함과 예측불가능성은 경영위험이 투자자들에게 얼마나 심각한 피해를 줄 수 있는가를 잘 나타내 주고 있다. 장기간에 걸쳐 소득흐름과 자산가치를 잠식하는 구매력위험이나 큰 손실을 입히기는 하지만 그러나 파국으로 몰고 가지는 않는 이자율위험과는 달리 경영위험은 비교적 짧은 기간 동안에 엄청난 손실을 입힐 수도 있다.

7.2 경영위험을 감소시키는 자산

경영위험 때문에 투자수익률이 불확실해지는 것을 방지하기 위해서는 정부에서 지급을 보증하는 유가증권에만 매달리는 방법이 있다. 정부에서 발행하는 대부분의 유가증권은 비록 구매력위험이나 이자율위험과 같은 위험은 내포하고 있지만 경영위험은 전혀 없다. 정부는 채무를 변제하기 위해서 발권력(issuing money)을 사용할 수 있다는 강점을 지니고 있다. 이러한 강점은 광범한 조세권과 함께 정부의 채무는 기본적으로 경영위험을 전혀 수반하지 않고 있음을 의미한다.

정부 이외에도 불확실한 비용이나 수익으로 인한 투자수익률의 불확실성을 전혀 가지고 있지 않은 조직은 많다. 여러 종류의 상호관련성이 없는 사업을 수행하고 있는 기업은 한정된 소득원천에 대한 의존도가 낮을 뿐만 아니라 사업의 특정 부분에서 발생하는 문제점을 보다 쉽게 해결할 수 있다. 한편, 단일품목의 제품이나 서비스에 크게 의존하고 있는 기업은 노동쟁의나 소비자기호의 변화 또는 장기에 걸친 납품업체 분규 등과 같은 큰 문제가 발생하면 심각한 타격을 받는다.

성장산업에 속한 기업들은 예측하지 못한 상황을 경험하게 될 가능성이 다른 어떤 산업보다도 농후하고 그에 따라 종종 그들의 생존 자체를 위협받기도 한다. 동시에, 생활필수품인 재화나 용역을 생산하는 기업들의 경우 큰돈은 벌지 못할지는 모르나 보통 매우 안정적인 이윤을 내고 있다.

머리와 손은 함께 행동하라

주식투자를 하다보면 주가가 내릴 것이라고 생각은 하면서도 이런저런 이유로 실제 매도를 못하고 나중에 후회하는 경우가 있다. 주식을 살 때도 마찬가지로 쉬어야 한다고 생각하면서 자기도 모르게 주식을 사는 수도 있다. 주식투자에 성공하려면 먼저 손을 머리에 일치시키는 훈련을 하여야 할 것이다.

제8절 ■ 재무위험

재무위험(financial risk)이란 조직이 재무적 의무를 다하지 못함으로써 투자자들의 수익률이 불확실해지는 상황을 가리킨다. 이러한 의무는 대개 차입금에 대한 이자지급과 원금상환으로 구성되어 있다. 부채의존도가 높은 기업에 투자하게 되면 재무위험 때문에 투자수익률이 매우 불확실해진다.

8.1 재무위험의 원인

여러 가지 원인에 의해 발생하는 다른 종류의 위험과는 달리 재무위험은 단 한 가지의 요인에 의해서만 야기되는데, 이는 곧 재무적 의무이다. 이러한 재무적 의무는 기업이 더 많은 자산을 획득하고자 할 때나 당장 지출에 충당할 자금을 얻을 필요가 있을 때 생기게 된다. 비록 리스도 기업으로서는 부담스럽고 또한 재무위험을 발생시키기는 하지만 그러한 재무적 의무는 주로 부채를 사용함으로써 나타난다. 기업의 규모에 비해 차입금이 커질수록, 그리고 또한 차입이자율이 높을수록 이자지급 및 원금상환이 더 큰 부담이 될 것이고 그 기업에 대한 투자가치가 변동될 가능성이 훨씬 더 커진다.

재무위험의 발생원인이 단 한 가지라고 해서 차입규모가 같은 동일한 크기의 두 기업의 재무위험이 같다는 것을 의미하지는 않는다. 조직이 보유하고 있는 자산의 종류나 생산하는 제품 혹은 서비스의 형태가 또한 조직의 부채부담능력에 매우 중요한 역할을 하게 된다. 그러나 어떠한 조직이라도 차입규모가 커질수록, 또한 차입이자율이 높아질수록 그 조직의 재무위험은 더 커지게 마련이다.

8.2 재무위험을 감소시키는 자산

투자자가 자신의 재무위험을 감소시킬 수 있는 가장 확실한 방안은 무엇보다도 위험이 전혀 없거나 거의 없는 자산에 투자하는 것이다. 즉 정부 또는 차입금을 전혀 사용하지 않고 있는 조직체가 발행한 유가증권에 투자하면 된다. 조직체가 자신의 매출액이나 자산의 규모에 비해 상대적으로 더 적은 차입금을 사용하고 있으면 그 조직체의 자산에 투자한 투자자들이 부담해야 하는 위험은 훨씬 작아지는 법이다.

차입을 하면 최소한 약간의 위험이라도 항상 생기게 마련이지만 부채부담능력이 다른 조직체에 비해 월등한 조직들도 있다. 예컨대, 매출액이 안정적이고 예측가능한 기업은 그렇지 않은 기업에 비해 부채를 사용하는 데 따른 어려움이 별로 생기지 않는다. 전화회사나 가스회사와 같은 공익기업은 완구제조업이나 자본재제조회사와 같은 계절성이 큰 산업에 속한 기업들보다는 훨씬 부채부담능력이 크다. 따라서 재무위험에 대한 노출을 감소시킬 수 있는 또 하나의 방법으로서 현금흐름이 비교적 안정적이고 예측가능한 기업이나 산업에 투자하는 것을 들 수 있다.

재무위험과 관련해서 추가로 꼭 짚고 넘어가야 할 것은 투자자산을 매입하기 위해서 투자자가 차입을 한 경우 발생하게 되는 불확실성이다. 획득한 자산이 어떤 종류이든 관계없이 투자할 목적으로 차입을 하면 투자자의 위험에 대한 노출을 엄청나게 증가시킨다. 투자자산을 매입하기 위한 자금을 부채로 조달하는 것은 사실 이중으로 골치덩어리인데, 그 이유는 투자자금차입에 변동금리가 적용되는 경우가 흔히 있기 때문이다. 재무위험에 대한 노출 정도가 상당히 높은 자산을 획득하기 위하여 변동금리로 차입을 하는 행위는 마치 화재가 났을 때 거기에다 휘발유를 끼얹는 것에 비유될 수 있을 것이다.

팔고 나서 오르거든 웃어넘겨라

주식을 팔고 난 후 그 종목의 주가가 오르면 일반투자자들은 몹시 애통해 한다. 한편 팔고 나서 오르는 것이 겁이 나서 제때에 팔지 못하는 사람도 많다. 주식은 천장에서 파는 소수의 사람을 제외하고는 팔고 나면 오르는 것이 정상이다.

제9절 ■ 유동성위험

유동성위험(liquidity risk)은 자산을 처분할 때 부딪히게 되는 잠재적 어려움 때문에 투자자가 겪을 수 있는 투자수익률의 불확실성을 말한다. 엄청난 가격할인을 하지 않고서는 처분하는데 어려움이 큰 자산일수록 그 자산을 보유하는 데 따르는 유동성위험은 더욱 커진다.

유동성에는 자산이 현금으로 전환되는 능력뿐만 아니라 자산의 현재 시장가치 밑으로 가격할인을 많이 하지 않고서도 처분될 수 있는 능력이 포함된다. 유동성위험은 보유하고 있는 자산을 갑자기 처분해야 할 상황이 발생할 가능성이 있을 때 특히 문제가 된다. 예를 들면, 어떤 응급상황이 발생하여 급히 자금을 필요로 하는 경우 보유하고 있는 자산을 처분해야 하는 현실적 가능성이 있으면 자산의 유동성은 투자의 결정 시 매우 중요한 고려사항이 된다.

9.1 유동성위험의 원인

유동성위험은 대부분 자산의 유통시장에서 거래가 활발하지 못함으로 인해 생겨난다. 시장에서 거래가 활발하지 않으면 매도자와 매수자 모두 정보를 수집하기가 어렵고, 그 결과 거래하기가 힘들어진다. 자산의 유동성은 소유권이전비용이 증가함에 따라 감소하는 경향을 보이고 있다. 자산을 획득하기 위하여 제시하는 매수호가는 부분적으로는 소유권을 확보하기 위하여 매수자가 지불해야 하는 비용에 의하여 결정된다고 할 수 있다. 예를 들어, 만일 정부기관이나 소유권이전을 처리해 주는 어떤 기관이 매수자에게 엄청난 금액의 소유권이전 수수료를 징수한다면, 그 자산을 획득하고자 하는 원매자는 그 자산에 대해 지불하고자 하는 가격을 많이 깎으려고 할 것이다.

자산의 유동성에 영향을 주는 또 하나의 요인으로는 투자자가 보유하고 있는 자산의 상대적 규모를 꼽을 수 있다. 유동성이 매우 크다고 생각되는 자산이라도 투자자가 단기간 내에 엄청난 양을 처분하고자 할 때에는 어려움을 겪을 수 있다. 어떤 주식의 1,000주를 처분하는 것과 그 주식의 10만주를 처분하는 것은 서로 전혀 다른 이야기가 된다.

9.2 유동성위험을 감소시키는 자산

유통시장이 잘 형성되어 있는 자산은 유동성위험이 매우 작다. 예를 들면, 증권거래소나 전국규모의 장외시장에 등록된 유가증권은 매우 유동성이 크다. 이러한 유가증권들은 적어도 거래를 위한 투자자들의 관심을 끌기에 충분하다. 정부발행 유가증권의 시장은 규모 면에서 엄청나기 때문에 그러한 유가증권에는 원천적으로 유동성위험이 전혀 없다.

보통 단기자산은 장기자산에 비해 훨씬 유동성이 크다. 이것은 언제나 성립하는 것은 아니지만 대부분의 투자자산에 적용된다. 화폐시장기금(MMF)과 화폐시장계정과 같은 초단기 투자자산들은 실제로 유동성위험이 전혀 없어서 현금과 마찬가지로 취급된다. 이러한 자산들보다도 약간 만기가 더 긴 국채와 같은 자산들까지도 유동성위험은 극히 적은 것으로 간주된다. 주식, 채권 및 옵션과 금융자산들은 표준화되어 있기 때문에 부동산이나 귀금속 또는 골동품과 같은 유형실물자산보다도 유동성이 훨씬 크다.

숲을 볼지라도 나무를 잃지 말라

주가는 개별종목의 주식가치 평가보다는 전반적인 시장분위기에 따라 움직이기 쉽다. 매매시기의 선택은 이러한 전반적인 장세분위기를 살피며 결정해야 하는 것이다.

그러나 어느 특정 업종이 상승세를 보인다고 해서 그 업종에 속한 모든 종목이 같은 폭으로 상승하는 것은 아니며 반대로 하락하는 종목도 생긴다. 즉 숲을 보듯이 전반적인 시장분위기를 주시하되, 모든 종목이 동일한 움직임을 보이는 것은 아니므로 나무를 잃지 않으려면 개별종목을 살피는 일을 게을리하면 안 된다는 이야기이다.

제10절 ■ 재투자위험

10.1 재투자위험의 원인

재투자위험은 현재의 투자자산이 발생시키는 자금을 재투자할 때 얻을 수 있는 수익률의 불확실성을 나타낸다. 여기에서의 재투자자금은 투자자산이 정기적으로 발생시키는 현금흐름이거나 또는 투자원금의 회수금액이 된다. 투자자산이 발생시키는 현금흐름은 소비에 충당되지 않는 한 재투자가 이루어지는 시점에서의 수익률에 재투자되어야 한다. 재투자수익률이 어떨지 미리 알 수 있는 방법이 없기 때문에 대부분의 투자자산을 보유할 때 매우 큰 재투자위험을 부담한다.

재투자위험은 특히 투자기간 동안 정기적인 소득흐름을 발생시키는 투자자산에 투자하는 사람들의 큰 관심거리가 된다. 생활비를 투자소득에 의존하고 있는 퇴직자의 경우 엄청나게 하락한 투자수익률에 그의 투자를 갱신하게 되면 그는 큰 곤경에 처하게 될 것이다. 개인의 소비지출의 상당부분을 현재의 투자소득에 주로 의존하고 있는 장애자나 부양가족들도 유사한 어려움을 겪는다.

10.2 재투자위험을 감소시키는 자산

재투자위험은 투자수익의 상당부분을 당장 지급하지 않고 또한 원금을 상당한 기간 동안 상환하지 않는 자산에 투자하면 감소하게 된다. 그 이유는 아주 간단한데, 재투자시켜야 할 현금흐름이 아예 없다면 재투자위험은 발생하지 않는다는 사실에 기인하고 있다. 현금흐름을 아주 없앨 수가 없다면 가능한 한 그 금액을 최소화시켜야 할 것이다.

정기적인 소득흐름보다도 자산가치의 상승이 투자수익률에서 차지하는 비중이 크면 클수록 그 자산을 보유하는 데 따르는 재투자위험은 더 작아진다. 보유기간 동안에 현금흐름이 발생하는 한 만기가 길고 짧음에 관계없이 모든 자산은 재투자위험을 가지고 있다.

대체로 유형실물자산은 정기적인 소득흐름보다는 가치상승의 가능성 때문에 투자대상이 되므로 이러한 자산의 재투자위험은 낮다고 할 수 있다. 그러나 이러한 분류에 속하는 자산 중에서도 부동산은 가장 많은 현금흐름을 발생시키는 경향이 있다. 예컨대, 사무실빌딩이나 임대주택단지에서의 재산권은 재투자되어야 하는 소득흐름을 매월 발생시키고 있다. 그러나 현금흐름을 아주 적게 또는 전혀 발생시키지 않는 개발예정지구에 부동산을 보유하면 재투자위험은 감소시킬 수 있다. 재투자위험은 또한 만기가 긴 투자자산에 투자함으로써 감소된다.

과식하지마라

장수하는 사람들은 건강을 유지하기 위해 과식하지 말 것을 권유한다. 약 80% 정도만 배를 채워야지 너무 많이 먹으면 수명을 단축할 수 있다는 것이다. 이와 같은 장수의 지혜는 주식투자에도 유용하게 활용될 수 있다. 초보자는 물론이고 전문가들도 천장에서 팔지 못해 안타까와 하고 시세의 정점모색을 위해 동분서주한다. 조금만 더 가지고 있었으면 하는 마음이 들 때가 매각의 적정시점이라는 점에 주목할 필요가 있다. 또 자기가 판 주식을 매입한 투자자도 이익을 볼 수 있다는 넉넉한 마음을 가지면 건강에도 좋다.

제11절 ■ 시장위험

시장위험(market risk)은 경기변동, 갑작스러운 시장의 변화, 그리고 투자대상에 대한 투자자들 간의 유행의 변화에 의해서 야기되는 투자수익률의 불확실성을 말한다. 불확실한 투자수익률은 특정한 자산이나 또는 특정한 투자자산범주에만 적용된다는 의미에서 시장위험은 아주 특이하지만 그래도 투자자산의 근본적 특성과는 전혀 관련이 없는 요인에 의하여 발생하고 있다.

11.1 시장위험의 원인

시장위험은 비교적 짧은 시간 내에 보유하고 있는 자산을 처분할 필요가 있는 투자자들에게 특히 중요하다. 이 위험은 투자자산의 순환과정에서 특히 가격하락 기간 동안에 자산처분을 해야 하는 경우에 해당한다. 1987년 4사분기 말에 유상증자를 통하여 자금을 조달할 필요가 있는 기업들은 예기치 못하였던 10월의 엄청난 주가폭락사태(Black Monday)로 인하여 큰 곤경에 처했다. 그 일이 있고 난 후 충격이 어느 정도 가셨을 때에야 일단의 분석가들, 기자들 및 뒷북치는 예언가들은 재빨리 주가는 그동안 과대평가되었다고 주장함으로써 벌어진 상황을 합리화시키려고 하였다. 그러나 사실 어느 누구하나 그러한 주가폭락사태나 그 상황의 심각성을 예측하지 못하였던 것이다.

급작스럽게 처분해야 할 가능성이 거의 없는 상황에서 장기투자자산을 획득한 투자자는 시장위험에 관한 한 별로 걱정할 필요가 없다. 장기투자목표를 달성하기 위하여 자산을 매입하는 투자자들은 그들이 선택한 자산이 무엇이든 간에 시장에서의 가격순환과정을 잘 극복할 수가 있을 것이다.

11.2 시장위험을 감소시키는 자산

시장위험은 특히 비교적 만기가 긴 자산과 관련이 깊다. 따라서 단기재정증권, CD, 화폐시장기금(MMF), 그리고 저축계정 등과 같은 단기투자자산은 원천적으로 시장위험이 전혀 없다. 이러한 자산들은 아주 짧은 기간 내에 투자자의 원금을 상환하기 때문에 시장에서의 가격순환과정이 일어날 만큼 충분한 시간이 없기 때문이다. 이와 같이 매우 안전한 단기투자자산에 대한 투자자의 관심은 비록 유행과 같이 고조되었다가 다시 쇠퇴해버리는 것이지만 투자자의 관심이 변한다고 해서 자산의 시장가치가 영향을 받는 것은 아니다.

장기투자자산 중에서 정기적으로 많은 금액의 현금흐름을 발생시키는 자산들의 시장위험은 감소되는 경향을 보이고 있다. 국채 및 우량회사채, 소득주, 우선주 및 소득창출 부동산과 같은 투자자산들은 투자위험이 크지 않기 때문에 투자자들 간의 유행과 시장상황이 어떻게 벌어지든 관계없이 꾸준히 현금흐름을 발생시킨다. 이러한 투자자산의 투자수익 중 상당부분이 매기간의 현금흐름이기 때문에 가격상승의 형태로 투자수익의 대부분을 올리는 투자자산에 비하여 시장변화에 대한 가치의 변화가 대체적으로 훨씬 적다고 할 수 있을 것이다.

최대의 적은 자기 자신이다

주식투자를 해본 사람은 성공하는 비결을 정확하고 신속한 정보와 시세를 잘 파악하는 기민성에 있다고 생각한다. 그러나 주식투자를 오래 한 사람의 생각은 이와 다르다. 바로 자기를 이길 수 있는 사람이 성공할 수 있다고 믿는다. 결국 실패의 원인은 지나친 욕심이나 미련, 공포심 등 인간적인 약점이라는 것을 알게 되는 것이다. 주식투자에서 시세파악이나 매매상 기교는 중요하다. 그러나 무엇보다도 자기의 인간적 약점을 극복할 수 있어야 성공할 수 있다. 투자자의 최대의 적은 다름 아닌 자기 자신이다.

제12절 ■ 투자위험 간의 상호관련성

사실 수많은 종류의 투자자산들 모두 각기 어떠한 형태의 위험을 내포하고 있는지 확인하여야 한다는 사실은 보통 어려운 일이 아닐 것이다. 또한 투자위험 분석에서 그에 못지않게 중요한 일은 여러 종류의 투자위험들이 서로 어떻게 연계되어 있으며 그러한 상호작용이 투자수익률에 어떻게 영향을 미치는가를 알아내는 일이다.

어떤 유형의 투자위험은 다른 위험들과는 전혀 관계없이 독립적으로 작용하는 경향이 있기 때문에 그러한 위험이 투자수익률의 불확실성에 미치는 영향을 분석하는 일은 비교적 손쉬운 일이 될 것이다. 예를 들면, 유동성위험은 비록 같은 범주에 속한다고 하더라도 여러 가지의 다른 자산들이 각기 고유한 불확실성을 가지고 있다.

다른 투자위험들은 상호연계하여 특정 투자자산의 투자수익률에 영향을 주고 있다. 합동으로 움직이는 이러한 투자위험들에 근거하여 예상하는 결과와는 전혀 다른 결과를 낳기도 한다. 가령 두 가지의 투자위험이 어느 특정 자산의 투자수익률에 동시에 영향을 미치고 있다고 가정하자. 만일 그러한 투자위험들이 자산의 투자수익률에 유사한 방향(즉, (+)의 방향 혹은 (−)의 방향)으로 각각 영향을 준다고 하면, 두 투자위험의 영향력은 서로 합해져 세력이 커짐에 따라 투자수익률의 변동성은 더욱 커지게 된다. 그러나 만일 두 종류의 투자위험들이 서로 반대되는 방향(즉, 한 위험은 (+)의 방향, 그리고 다른 위험은 (−)의 방향)으로 자산의 투자수익률에 영향을 미치는 경우에 그 결과는 서로의 영향력이 상쇄되어 나타나는 경향이 있다. 비록 한 종류의 투자위험이 매우 큰 영향력을 가지고 있는 경우라 할지라도 두 투자위험이 자산의 투자수익률에 미친 결과는 두 종류의 투자위험이 서로 전혀 연계되어 있지 않은 경우나 또는 그들이 특히 정의 상관관계가 있는 경우에 비하여 불확실성이 매우 작아지게 된다.

투자위험들 간의 상호연계성을 보여주는 한 예로서 (+)의 관계에 있는 인플레이션과 이자율변화를 살펴보자. 두 투자위험 모두 기본적으로 모든 자산에 영향을 주기 때문에 그들의 상호연계성은 투자자들에게 중요한 관심사가 된다. 위의 두 투자위험은 서로 연계하여 그 영향력이 훨씬 커지게 되므로 어떤 종류의 투자자산들의 수익률에는 큰 변화를 가져오게 된다. 그러나 다른 자산들에 대해서는 오히려 영향력이 반대로 작용하기도 한다.

장기채권의 경우 고율의 인플레이션은 정기적으로 발생하는 현금흐름의 구매력을 감소시키며 동시에 이자율상승은 채권의 시장가치를 하락시킨다. 따라서 이들 두 투자위험이 동시에 작용하게 되면 장기채권의 투자수익률 변화를 훨씬 더 증가시킨다. 이러한 투자위험들의 상호작용은 불운한 채권자의 인생을 더욱 불확실하게 만들고 만다.

개별 투자위험이 수익률에 미치는 영향의 심각성 여부와 아울러 여러 투자위험들이 수많은 종류의 자산들에 어떻게 적용되는가 하는 문제들에 관한 불명료성이 곧 투자위험 간의 상호작용을 가늠하는 일을 더욱 어렵게 하는 원인이 되고 있다. 그러나 확실한 것은 두 가지의 투자위험이 특정 자산에 대하여 그 영향력이 서로 상쇄될 수 있다면 그 자산을 보유하고 있는 투자자의 위험에 대한 노출정도는 감소된다는 사실이다. 다른 한편으로는, 두 투자위험이 서로의 영향력을 더 증대시키는 방향으로 상호작용한다면 그러한 자산을 보유할 때 부담하는 총위험에 대한 노출은 증가할 것이다.

격언을 모르고 시세에 뛰어들지 마라

투자격언이란 과거 수백년간을 통한 선진국의 시세의 역사 속에서 수많은 투자자들이 경험한 공통적인 시세의 속성이나 투자의 요령 또는 비결 같은 것을 말한다. 인간이 한 평생을 통해서 시세를 경험할 수 있는 기간은 고작해야 50~60년에 불과하다. 이 정도의 짧은 경험으로 시세와 투자요령을 제대로 이해하기란 어려운 것이다. 먼저 살다간 투자자들의 경험담이므로 투자격언은 반드시 참고되지 않으면 안 된다.

주식의 천재 David Ryan

(1) 성장배경과 투자경력

1985년 스탠포드대학이 주최한 주식투자챔피언십에서 161%의 수익률로 주식투자부문 우승을 차지한 David Ryan은 1986년과 1987년에 연이어 2위와 1위를 차지하면서 3년간 종합수익률이 1,379%를 기록하는 발군의 투자실력을 발휘했다. 그는 13세 때 이미 월스트리트저널을 구독했으며, 16살 때는 주간차트지를 정기구독하고 투자세미나에 참가하여 주식연수를 받기도 했다.

Ryan의 주식에 대한 사랑과 열정은 대단하여 주식을 멋진 보물찾기 게임으로 인식했으며, 차트와 컴퓨터만 있다면 어떤 곳에 있어도 행복하다고 말할 정도로 주식에 미쳐 있었다. 그는 1982년도에 미국의 유명한 주식연구소인 윌리엄 오닐사에 입사하여 1982년도에 주식투자를 시작해 1983년에 160%의 이익을 올렸으나 1984년의 약세장에서 강세장과 같이 투자해 70%의 엄청난 손실을 보았다. 그는 1/3토막이 된 투자손실에도 불구하고 뼈아픈 반성을 통한 엄청난 노력으로 충분한 수련을 쌓아 1983년 이후 연 100% 이상의 수익률을 계속 유지시켜 오고 있다.

(2) 투자원칙

Ryan의 중점 연구대상은 차트의 철저한 연구를 통해 우량주의 과거 주가대변동을 조사 분석하여 기업실적을 점검하는 것이었다. 또한 시장 그 자체에서 배워야 하며 종목선정을 특히 잘해야 한다는 신조를 갖고 있었다. 그는 주식 매입 시마다 매입이유를 기록하여 추후 반성 및 평가의 자료로 사용했으며, 차트상에서 주식의 최적매입, 매도시점을 탐구했고, 큰 시세를 내는 우량주의 특징을 머릿속에 깊이 새기고자 노력했으며 실수로부터도 무엇인가 배우고자 노력했다.

(3) 투자기법

Ryan의 투자기법은 부도날 위험을 회피하고자 저가주를 극도로 싫어해 주당순이익이 높은 종목 중에서 상대강도가 높고 거래량이 적당하며 기관투자자가 많이 갖고 있지 않은 주식을 7,000여 개 종목 중에서 먼저 추출한다. 그리고 오랫동안 바닥에 머물러온 주식보다 이미 2배 이상 오른 주식 중에서 기본적분석과 기술적분석이 모두 합치되는 종목을 선정했다.

그는 시장이 강세일 때 2배 이상 오른 종목은 그 이유가 의외의 일이 발생한 때문이라고 생각하여 신고가종목 매수에 치중했다. 신고가 갱신종목은 신고가를 갱신하자마자 매입하였으며, 신고가를 뚫고 올라가다가 무너지는 주식은 바로 매도하였다. 이러한 투자기법을 통해 그는 1년에 3~4배씩 올라가는 주식을 많이 발견했으며, 또 큰 성공을 거두었다.

우리나라도 1970년대 말의 건설주 55배 상승, 1986년 말 현대자동차 4배 상승, 1980년대 중반의 증권주 약 50배 상승, 1992년 초 대한화섬을 비롯한 저PER주의 3~8배 상승 등의 대시세가 많았고 그의 종목선정법이 일면 무모한 것 같지만 좋은 방법이 될 수 있다는 것을 알 수 있다.

(4) 일반투자자들에 대한 충고

성공적인 투자를 위한 정형화된 원칙이 있고 피나는 노력을 기울였기 때문에 성공을 자신했다. 일반투자자보다 주식투자를 더 잘하는 이유는 주식을 좋아하고 주식에 재미를 느끼기 때문이다. 퇴근 후에도 주식연구만 했다. 토요일에는 차트집을 읽고 일요일에도 차트집을 4시간 이상 분석하고 주석집을 작성하였다. 그는 자신이 하는 일을 사랑한다면 위험한 주식시장에서도 큰 성공을 거둘 수 있다고 생각했다.

대다수 일반투자자들도 주식을 연구하지만 대부분 수익이 저조하거나 손해를 보는 이유는 종목선정과 시점선정이 무원칙하기 때문이다. 신문기사를 읽고 좋은 종목으로 보이니까 산다. 증권사 직원이 추천하니까 산다는 식은 실패한다. 초보자들에게 하고 싶은 조언은 "자기 실수로부터 배워라," "남다르게 주식을 사랑하고 깊이 파고들어라"는 것이며, 주식투자는 보물찾기와 같아서 차트상에 숨어 있는 성공투자의 길을 찾아내야 한다는 것이다.

연습문제

01 투자위험을 정의하라.

02 위험에 대한 일반투자자들의 태도를 크게 세 가지로 구분할 수 있다. 그 내용을 설명하라.

03 투자위험과 기대수익률 간의 관계에 대하여 논하라.

04 일반투자자들의 위험에 대한 태도를 어떠한 방법으로 추정할 수 있는가?

05 인플레이션이 투자자들의 기대수익률에 미치는 영향을 설명하라.

06 투자위험을 부담할 수 있는 능력은 투자자에 따라 다르게 나타난다고 한다. 위험부담능력을 결정하는 개인별 특성을 각각 설명하라.

07 투자위험을 효과적으로 관리하려면 투자자들은 반드시 종합적인 구도에서 위험을 인식하여야 한다고 한다. 이러한 주장을 하게 되는 배경을 설명하라.

08 체계적위험과 비체계적위험을 비교하여 설명하라.

09 구매력위험을 정의하고, 어떠한 이유로 발생하는가 설명하라.

10 이자율수준을 결정하는 요인들 중에서 중요한 몇 가지를 들고, 각 요인이 이자율에 어떻게 영향을 미치는가를 설명하라.

11 경영위험은 무엇이며, 이 위험이 발생하는 원인을 설명하라.

12 재무위험이 발생하는 원인을 설명하고, 재무위험을 감소시키는 자산에는 어떠한 것들이 있는가?

13 유동성위험을 정의하고, 이 위험이 발생하는 원인을 설명하라.

14 재투자위험을 정의하고, 이 위험을 감소시키기 위하여 포트폴리오에 포함시킬 수 있는 자산의 예를 들어라.

15 시장위험은 왜 발생하는가?

16 포트폴리오를 구성할 때 자산들이 내포하고 있는 각 투자위험 간의 상호관련성을 고려해야 하는 이유는 무엇이라고 생각하는가?

17 일반적으로 단기이자율의 변동성이 장기이자율의 변동성보다 훨씬 크다고 하는데, 왜 단기유가증권의 가격은 장기유가증권의 그것보다 훨씬 덜 변동적일까?

CHAPTER 04

채권과 우선주의 가치산정

제1절 실질이자율과 명목이자율
제2절 이자율과 수익률의 구조
제3절 듀레이션
제4절 이자율변화와 채권가격의 변화
제5절 채권포트폴리오의 관리
제6절 우선주의 가치산정

I N V E S T M E N T

통화량공급의 변화는 유동성효과, 소득효과 및 가격효과를 통하여 이자율을 변경시킨다. 유동성효과(liquidity effect)는 중앙은행의 유동성수준의 변경에 따른 포트폴리오의 조정에 의해서 발생한다. 소득효과(income effect)는 이자율, 투자, 무역수지, 그리고 국민소득수준 등 여러 변수들 간의 상호연계에 의해서 발생한다. 가격효과(price effect)는 인플레이션 프리미엄의 변화에 의해서 야기된다.
본 장에서는 다음의 문제를 중점적으로 다루고자 한다.

- 명목이자율과 실질이자율
- 이자율의 결정 메커니즘
- 이자율변화와 채권가격의 변동
- 채권포트폴리오의 관리
- 우선주의 가격산정

좋은 주식과 나쁜 주식의 구별은 없다. 다만 가격이 오르는 주식과 내리는 주식의 구별만이 있을 뿐이다 –Nicholas David

니콜라스 데이비드의 본업은 댄서이지만 주가움직임을 연구하여 주식매매로 200만 달러라는 큰 돈을 벌었다. "주식에는 좋은 주식이나 나쁜 주식이 있는 것이 아니라, 오르는 주식과 내리는 주식이 있을 뿐이다"라는 그의 말은 주식시세의 본질을 정말 잘 말해주고 있다. 실제로 주식투자를 할 때 좋은 주식인가 나쁜 주식인가 하는 각도에서 보면 이익을 내기가 어렵다.

기본적분석이 불필요하다는 것은 아니지만 좋은 주식의 가격이 오르고 나쁜 주식의 가격이 내린다고 단정할 수는 없다. 그 점에서 오르는 주식인가 내리는 주식인가 하는 가격움직임만 잘 살펴본다면 큰 실수를 범하지는 않는다. 다만 가격움직임이라고 한 마디로 말해도 괘선차트의 융통성 없는 법칙에 따른다면 기본적분석과 마찬가지로 때때로 큰 실수를 범하게 된다. 즉 주식투자의 실전에서 단순히 기본적분석과 기술적분석을 따르고 있다가는 큰 낭패를 당하기 쉽다.

그렇다면 무엇에 의존하는 것이 좋은가? 가격움직임과 거래량 자체를 법칙 등으로 묶지 말고 정신을 집중하여 관찰하면 된다. 그러기 위해서는 매일 장부를 쓰고 계속적으로 연구하는 방법 외에는 뾰족한 수가 없다. 시세를 정확하게 읽기 위해서 사용하는 여러 가지 복잡한 방법들은 모두 백해무익하다. 가능한 한 단순하게 생각하고 보는 것이 주식투자의 실전에서 성공하는 길이다.

제1절 ■ 실질이자율과 명목이자율

금융시장이 완전하고 미래에 대한 불확실성이 존재하지 않는 경제에서 이자율은 자금의 수급에 의해 단 하나만 존재하게 될 것이다. 그러나 현실적으로는 미래의 인플레이션에 대한 불확실성이 존재할 뿐만 아니라 각 금융자산에 내재하는 위험요소들이 서로 다르기 때문에 해당 금융자산의 만기나 채무불이행위험 등에 따라 다양한 이자율이 존재하게 된다. 특히 이자율이 규제되고 금융시장 간의 분할현상이 심한 경제에서는 각종 이자율 간의 관계나 이자율수준에 영향을 미치는 요인 또한 매우 복잡해진다.

명목이자율(nominal interest rate) 수준은 기본적으로 실질이자율(real interest rate)과 기대인플레이션(expected inflation)에 의하여 좌우된다. 실질이자율은 투자자들이 현재의 소비를 나중으로 지연시킴에 따르는 보상인데, 자본의 한계효율과 가계의 저축성향 등 실물요인에 의해서 크게 영향을 받는다. 기대인플레이션에는 단순한 인플레이션 프리미엄뿐만 아니라 통화가치의 불규칙적인 변화에 따른 불확실성에 대한 보상도 포함된다. 여기서 인플레이션 프리미엄은 유가증권이 발생시키는 현금흐름의 구매력이 감소하는 데 따르는 보상인 셈이다.

이자율변동의 행태분석을 하려면 실물요인뿐만 아니라 화폐요인 및 심리요인 등 여러 가지 요인들을 종합적으로 고려하여야 한다. 주요 이자율 변동요인으로는 유동성, 기대인플레이션, 경제생활수준 등을 들 수 있다.

1.1 유동성

유동성(liquidity)의 절대규모는 특정 시점에서의 이자율수준에 영향을 미치지만 유동성규모의 변동은 이자율변동에 큰 영향을 준다. 그런데 금융시장에서의 유동성 규모는 기본적으로 정책당국의 통화공급량에 의해서 결정되고 있다.

1.2 기대인플레이션

이자율변동을 설명하는 중요한 변수로 기대인플레이션을 들 수 있는데, Irving Fisher에 의하면 명목이자율과 실질이자율, 그리고 기대인플레이션 사이에는 다음과 같은 관계가 성립한다.

$$1 + R = (1 + r)(1 + \pi) \quad (1)$$

R은 명목이자율, r은 실질이자율, 그리고 π는 기대인플레이션을 가리킨다. 위의 식을 정리하면 $R = r + \pi + r\pi$가 되는데, $r\pi$의 값은 보통 무시할 정도로 작으므로 $R \fallingdotseq r + \pi$가 되어 명목이자율은 실질이자율과 기대인플레이션의 합으로 나타난다. 식 (1)과 근사치관계를 우리는 피셔효과(Fisher effect)라고 부른다.

Fisher는 명목이자율이 기대인플레이션과 1 대 1의 대응관계에 있다는 소위 Fisher가설을 주장하는데, 이 가설에 의하면 기대인플레이션 1%p 상승은 곧 1%p의 명목이자율 상승을 가져오게 되므로 실질이자율에는 아무런 변화를 가져오지 못하게 된다는 것이다.

1.3 경제활동수준

경제활동수준은 투자수익률 등 실물요인뿐만 아니라 자금수요에도 영향을 미침으로써 이자율수준의 변동을 초래한다. 이와 같이 이자율변동에 있어서 경제활동의 수준과 방향이 중요한 의미를 갖는 것은, 경기가 침체국면으로 접어들면 자금수요가 줄어들어 이자율이 하락하게 되고 경기가 호황국면으로 접어들면 반대로 자금수요가 왕성하게 되어 이자율이 상승하기 때문이다.

그러나 이자율변동의 방향은 바로 경제활동수준의 방향과 반드시 일치하지 않는다. 경기가 침체기에 접어들면, 기업이 판매부진 등의 영향으로 운전자금의 조달에 어려움을 겪게 된다. 그러나 호황기에 실행된 투자사업으로 인하여 자금수요가 추가적으로 발생하게 된다. 왜냐하면 이자율은 경기순환(business cycle)과 일정한 시차(time lag)를 두고 변동하기 때문이다.

1.4 기타

그 외에도 변동환율제로의 이행, 금융개방화의 진전 등으로 국가 간의 자본이동이 확대됨에 따라 국제이자율 및 환율의 움직임 등 국제경제의 여건변화도 국내 이자율수준에 보다 큰 영향을 미치고 있다. 즉 오늘날과 같은 개방경제하에서는 세계 각국의 경기순환패턴이 대체로 비슷해져 가고 있다. 그리고 이자율추이 또한 각국 간 경제구조 및 재정 · 금융정책이 서로 다르기 때문에 어느 정도 차이는 있을지라도 대체로 연관된 움직임을 나타내고 있는 것이다.

강목팔목

강목팔목이라는 바둑계의 격언이 있다. 관전자가 실제대국자보다 8집정도 뛰어나다는 것이다. 주식투자자들 중에는 지나치게 단기차익에 치중해 개별종목의 시세변화에만 집착하는 사람들이 있다. 이들은 시장상황의 변화에 남들보다 신속히 대처할 수 있다는 장점이 있다. 그러나 나무만 보고 숲을 보지 못해 큰 실패를 볼 수도 있다. 시세판 앞에서 눈을 떼지 못하고 개별종목에 집착하는 투자자들이 큰 수익을 올리기 어려운 것도 대세를 보지 못하는 때문이다. 시세판에서 한발 떨어져 관전자의 입장이 돼 볼 필요가 있다.

제2절 ■ 이자율과 수익률의 구조

우리는 일상생활에서 은행에 일정기간 동안 예금을 하는 경우 소정의 금리를 받는다. 예금 대신에 채권에 투자하면 그 채권의 보유기간 동안에 지급되는 표면이자와 만기 시 원금을 받게 된다. 부채증권의 경우 우리는 비교적 손쉽게 그 이자율을 계산할 수 있지만 주식이나 그 밖의 위험자산에 투자한다면 이자율이 아니라 수익률을 따져보아야 할 것이다. 이자율과 수익률은 시간적으로 수시로 변동하며, 동일시점에 있어서도 증권과 자산의 종류에 따라 어느 정도 차이를 보이고 있다. 본 절에서는 이자율의 수준이 어떻게 결정되며 이자율의 변동을 야기하는 요인들이 무엇이며 수익률의 스프레드가 어떤 요인들에 의해 결정되는가를 살펴본다.

2.1 이자율의 결정요인

대부자금설(loanable funds theory)에 의하면, 이자율은 대부자금의 가격이고 따라서 이자율은 다른 가격과 마찬가지로 대부자금에 대한 공급과 수요에 의해 결정된다고 본다. 대부자금의 공급은 기본적으로 저축에서 나오지만 통화공급의 증가와 통화수요의 감소라는 화폐적 요인이 추가된다. 대부자금에 대한 수요는 기본적으로 투자에 기인하지만 역시 통화공급의 감소와 통화수요의 증가라는 화폐적 요인이 추가된다. 실상 대부자금설은 이자율이 순전히 저축과 투자라는 실물적 요인에 의해 결정된다는 고전학파의 이자율이론에 이자율이 통화에 대한 공급과 수요에 의해 결정된다는 유동성 선호이론(liquidity preference theory)을 가미한 것이라고 볼 수 있다.

그림 4-1 ▌ 채권에 대한 수요곡선과 공급곡선

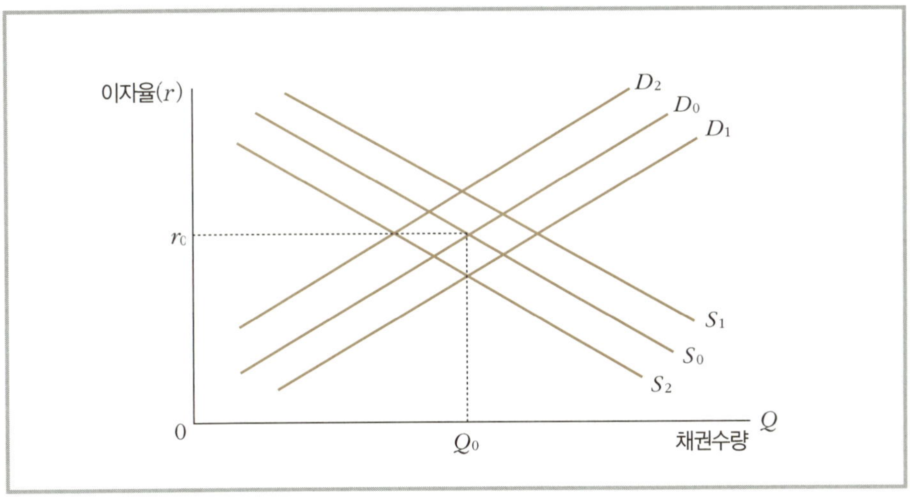

그러나 대부자금설을 신봉하고 있는 실무자들은 대부자금에 대한 공급과 수요를 직접 분석하기보다는 채권에 대한 수요와 채권의 공급이라는 금융적 요인에 분석의 초점을 둔다. 왜냐하면 채권에 대한 수요와 공급에 대한 분석은 대부자금에 대한 공급과 수요에 대한 분석과 동일한 결과를 가져오기 때문이다. 단지 전자가 일정시점에 있어서 자산의 잔량(stocks)을 분석하는 데 반하여, 후자는 일정기간 동안에 이루어지는 자금의 흐름(flows)을 분석한다는 점에서 서로 차이가 있다.

대부자금의 공급은 채권에 대한 수요로 구체화된다. 대부자금에 대한 수요는 채권의 공급으로 나타난다. 다른 모든 조건들이 일정하다면 채권에 대한 수요량(대부자금의 공급량)은 이자율의 증가함수이고 따라서 공급곡선은 우상향한다. 다른 모든 조건들이 일정하다면 채권의 공급량(대부자금에 대한 수요량)은 이자율의 감소함수이고 따라서 수요곡선은 우하향한다. [그림 4-1]에서 보는 것처럼 공급곡선 S_0와 수요곡선 D_0가 서로 만나는 점에서 균형이자율 r_0와 균형수급량 Q_0이 결정된다. 여기서 대부자금에 대한 공급과 수요가 일치한다는 것은 채권에 대한 수요와 공급이 일치한다는 것을 의미한다.

현실적으로 이자율이 결정된다는 것은 채권의 유통시장에서 채권가격이 결정된다는 것을 의미한다. 가장 널리 통용되는 확정금리채권을 보면 채권의 발행당시 그 채권의 액면가, 만기일, 이자지급방법, 기타 발행조건이 주어져 있고 채권투자자들은 일정한 발행조건을 가진 채권을 매매함으로써 그 채권의 시장가격을 결정한다. 어떤 채권의 액면가를 F원, 만기를 n년, 그리고 매년 지급되는 표면이자를 C원으로 표시하면, 채권투자자들은 그 채권에 대한 가격을 얼마나 지불하여야 할 것인가? 이 경우 그 채권의 가격 P_0는 그 채권으로부터 발생하는 현금흐름에 대한 할인율 i에 달려 있다. 이를 수식으로 표시하면 다음과 같다.

$$P_0 = \frac{C}{(1+i)} + \frac{C}{(1+i)^2} + \cdots + \frac{C}{(1+i)^n} + \frac{F}{(1+i)^n} \tag{2}$$

우리는 위의 수식으로부터 양변을 일치시키는 할인율 i를 계산할 수 있는데 이를 만기수익률이라고 부른다. 다시 말하면, 만기수익률(Yield To Maturity: YTM)이란 어떤 채권으로부터 생기는 현금흐름인 표면이자와 액면가가 약속대로 상환된다고 가정할 때 채권투자자들이 그 채권을 중도에 처분하지 않고 만기까지 보유함으로써 얻을 수 있는 수익률이다. 우리가 흔히 신문지상에서 보는 채권에 대한 유통수익률은 이 만기수익률의 개념이며, 채권투자자들이 통상 시장이자율이라고 부르는 것도 그 채권에 대한 만기수익률을 가리킨다. 위의 수식에서 알 수 있는 바와 같이 채권가격과 만기수익률은 서로 역의 관계에 있다. 즉, 만기수익률이 상승하면 채권가격은 떨어지고 만기수익률이 하락하면 채권가격은 올라간다.

이제 이자율이 왜 변동하는가를 분석하기 위하여 우리는 채권에 대한 수요와 공급의 분석틀을 사용해보자. 이자율 및 채권가격이 변동하는 이유는 기본적으로 채권에 대한 수요곡선과 공급곡선이 이전하기 때문이다. [그림 4-1]에서 살펴보았듯이, 다른 조건들이 일정하다면 대부자금에 대한 공급곡선이나 수요곡선을 따라 이자율과 공급량 또는 수요량이 어떻게 변화하는가를 살펴보았다. 여기서 우리는 채권에 대한 수요곡선이나 공급곡선의 이전을 야기하는 다른 조건들을 검토함으로써 이러한 요인들이 채권의 가격 및 이자율에 어떤 영향을 미치는가를 분석할 수 있다.

채권에 대한 수요곡선의 이동을 야기하는 요인으로서는 다음을 들 수 있다.

(1) 富와 저축

부와 저축이 증가하는 경기확장기에는 채권에 대한 수요가 증가하고, 이는 채권가격의 상승 및 이자율의 하락을 가져온다. 반대로 부와 저축이 감소하는 경기침체기에는 채권에 대한 수요가 감소하고, 이는 채권가격의 하락 및 이자율의 상승을 가져온다.

(2) 통화량의 변화

통화량이 증가하면 사람들은 화폐 대신에 채권과 같은 수익성 자산의 보유를 증가시킬 것이고, 이는 채권에 대한 수요를 증가시켜 채권가격의 상승 및 이자율의 하락을 가져온다. 단기적으로는 통화량의 증가는 이자율을 하락시키는데, 이를 유동성효과라고 부른다. 반대로 통화량의 감소는 채권에 대한 수요를 감소시켜 채권가격의 하락 및 이자율의 상승을 가져온다.

(3) 대체자산에 대한 기대수익률

채권에 비하여 대체자산에 대한 기대수익률이 클수록 사람들은 채권 대신에 다른 수익성 자산을 보유하고자 할 것이고, 이는 채권에 대한 수요를 감소시켜 채권가격의 하락 및 이자율의 상승을 가져온다.

(4) 대체자산의 위험

채권에 비하여 주식이나 금과 같은 다른 자산시장에서 가격의 변동성이 커진다면 사람들은 이러한 자산보다 채권을 선호하고, 이는 채권에 대한 수요를 증가시켜 채권가격의 상승 및 이자율의 하락을 가져온다.

(5) 대체자산의 유동성

채권에 비하여 대체자산의 유동성이 높아진다면 사람들은 채권 대신에 대체자산을 보유하고자 할 것이고, 이는 채권에 대한 수요를 감소시켜 채권가격의 하락 및 이자율의 상승을 가져온다.

채권에 대한 공급곡선의 이동을 야기하는 요인으로서는 다음을 들 수 있다.

(1) 투자기회의 기대수익률

경기확장기의 경우처럼 수익성 있는 투자기회가 많을수록 기업들은 투자자금을 조달하기 위한 차입을 증가시킬 것이고, 이는 채권의 공급을 증가시켜 채권가격의 하락 및 이자율의 상승을 가져온다. 반대로 경기침체기에 수익성 있는 투자기회가 적을수록 기업들은 차입을 감소시킬 것이고, 이는 채권의 공급을 감소시켜 채권가격의 상승 및 이자율의 하락을 가져온다.

(2) 정부의 재정정책

정부가 조세수입보다 더 많은 지출을 행할 때 정부는 적자지출에 필요한 자금을 조달하기 위하여 새로운 국채를 발행한다. 적자규모가 클수록 정부는 더 많은 국채를 발행하고, 이는 채권의 공급량을 증가시켜 채권가격의 하락 및 이자율의 상승을 가져온다.

(3) 통화수요의 변화

통화수요의 증가는 일정한 이자율하에서 가계와 기업이 거래적 동기, 예비적 동기 또는 투기적 동기에 의해 종전보다 더 많은 화폐를 보유한다는 것을 의미한다. 이는 자금차입 및 채권공급을 증가시켜 채권가격의 하락 및 이자율의 상승을 가져온다. 반대로 통화수요의 감소는 차입수요 및 채권의 공급을 감소시켜 채권가격의 상승 및 이자율의 하락을 가져온다.

우리는 위에서 통화량의 변화가 이자율에 미치는 영향 가운데 유동성효과(liquidity effect)만을 고려하였으나 통화량의 변화는 소득 및 물가수준의 변동을 통하여 이자율에 추가적인 영향을 미친다. 먼저 통화량의 증가는 경제에 미치는 확장효과 때문에 국민소득과 부를 증가시키고, 이는 통화수요의 증가를 통하여 이자율의 상승을 가져온다. 이를 소득효과(income effect)라고 부르는데, 소득효과는 최초의 유동성효과를 상쇄하여 이자율을 상승시키는 요인으로 작용한다. 둘째로 통화량의 증가는 경제 내의 전반적 물가수준을 상승시키고, 이는 통화수요의 증가를 통하여 이자율의 상승을 가져온다. 이를 가격효과(price effect)라고 부르는데, 이 역시 이자율을 상승시키는 요인으로 작용한다.

2.2 수익률의 구조

우리는 예금과 채권의 경우 이자율을 약정하거나 약정된 이자율에 의거하여 시장이자율 또는 만기수익률을 계산할 수 있다. 우리는 위에서 이자율의 수준이 어떤 요인들에 의해 결정되는가를 검토하였지만 동일시점에서도 여러 가지 이자율이 존재하는 것을 볼 수 있다. 이처럼 채권마다 이자율이 서로 다른 이유는 무엇일까? 더욱이 주식의 경우 배당금이 약정되어 있지 않고 만기도 없기 때문에 우리는 사전에 그 수익률이 얼마나 될 것인지 정확하게 측정할 방법이 없다.

여기서 우리는 위험증권에 대한 기대수익률의 개념을 알아보고, 이어 상이한 증권 사이에 수익률의 차이, 즉 수익률스프레드(yield spread)를 야기하는 요인들을 살펴본다.

1) 기대수익률과 위험

확실성의 세계에서는 모든 자산으로부터의 미래수익이 알려져 있고 또 반드시 실현된다. 그러나 현실과 같은 불확실성의 세계에서는 대부분의 자산으로부터 생기는 미래수익이 알려져 있지 않거나 여러 가지 가능성만을 갖고 나타난다. 만일 어떤 자산이 확실한 미래수익을 갖고 있다면 그 자산은 무위험자산이며, 그 자산에 대한 이자율을 무위험이자율이라고 부른다. 그 밖의 위험자산은 상황에 따라 수익률이 달라지고, 우리는 수익률의 확률분포로부터 그 자산에 대한 기대수익률과 위험을 측정할 수 있다.

표 4-1 ▍위험자산에 대한 수익률의 확률분포의 예

경제상황	상황의 발생확률(P_i)	각 상황하의 수익률(R_i)
호황	0.3	100%
보통	0.4	15%
불황	0.3	−70%

가령 어떤 위험자산에 대한 수익률의 확률분포가 [표 4-1]과 같이 주어져 있다면 우리는 그 자산에 대한 기대수익률 $E(R)$과 분산 σ_R^2 및 표준편차 σ_R을 다음과 같이 계산할 수 있다.

$$E(R) = \sum P_i R_i$$
$$= 0.3(1.00) + 0.4(0.15) + 0.3(-0.7) = 0.15 \text{ 혹은 } 15\%$$

$$\sigma_R^2 = E[R_i - E(R)]^2$$

$$= \sum P_i (R_i - E(R))^2$$
$$= (0.3)(1.0 - 0.15)^2 + (0.4)(0.15 - 0.15)^2 + (0.3)(-0.7 - 0.15)^2$$
$$= 0.4335$$

$\sigma_R = \sqrt{0.4335} = 0.658$ 혹은 65.8%

2) 수익률 스프레드

그러면 부채증권에 대한 만기수익률을 중심으로 동일시점에서 서로 다른 증권 사이에 존재하고 있는 수익률의 차이, 즉 수익률 스프레드가 왜 생기는가를 알아보자. 일반적으로 수익률 스프레드를 야기하는 중요한 요인으로서는 채무불이행 위험, 유동성, 만기, 세금, 수의상환조건 등이 있다.

(1) 채무불이행 위험

채무불이행 위험(default risk) 또는 신용위험(credit risk)이란 채권의 발행자가 이자를 제때에 지불하지 못하거나 만기 시 원금을 갚지 못할 가능성을 말한다. 기업들은 과잉투자나 판매부진 등으로 말미암아 손실이 누적되면 채권의 원리금을 제때에 갚지 못할 뿐만 아니라 도산의 위협에 직면한다. 그러므로 대부분의 민간기업들이 발행하는 채권은 기업의 신용도나 채권의 종류에 따라 정도의 차이는 있지만 다소간 채무불이행 위험을 지니고 있다. 반면에 정부가 발행한 국채는 채무불이행 위험이 없다고 인정된다. 왜냐하면 정부는 언제나 세금을 올리거나 화폐를 발행함으로써 채무를 변제할 수 있기 때문이다. 이와 같은 채무불이행 위험을 반영하여 국채에 대한 이자율과 회사채에 대한 이자율 사이에는 스프레드가 발생한다. 이 스프레드는 채권의 투자자들이 채무불이행 위험을 부담하는 대가로 추가적으로 요구하는 위험프리미엄이다.

민간기업들이 발행한 채권들 사이에서도 채무불이행 위험에 차이가 있다. 어떤 채권의 채무불이행 위험이 클수록 투자자들은 더 높은 위험프리미엄을 요구할 것이고, 따라서 그 만기수익률은 더 높아야 할 것이다. 실제로 투자자들이 개별채권의 채무불이행 위험을 직접 평가하기는 어려우므로 전문적으로 이러한 평가업무를 수행하여 투자자들에게 채권의 등급평정서비스를 제공하는 투자정보기관이 존재한다. 우리나라의 투자정보기관으로는 한국신용평가회사, 한국신용정보회사 및 한국기업평가회사가 있고, 미국에서는 일찍이 Moody's와 Standard and Poor's 같은 투자정보기관이 각종 채권의 등급평정서비스를 제공하여 왔다.

(2) 유동성

채권의 이자율에 영향을 미치는 또 하나의 속성은 유동성이다. 유동성이 높은 자산이란 필요할 경우 언제든지 신속하고 저렴하게 현금으로 전환될 수 있는 자산을 말한다. 다른 조건이 같다면, 어떤 자산의 유동성이 높을수록 그 자산은 투자자들에게 더 매력적이다. 그들은 유동성이 높은 증권에 대해서는 낮은 수익률을 감수하고, 유동성이 낮은 증권에 대하여는 그에 대한 보상으로서 유동성프리미엄(liquidity premium)을 요구한다. 즉 유동성과 수익률 간에는 상반관계가 성립하고 있는 것이다.

(3) 만기

동일시점에서 같은 기업이 발행한 채권이더라도 채권의 만기에 따라 수익률에 차이가 생긴다. 다른 모든 조건이 같을 때 채권에 대한 수익률과 그 만기 사이의 관계를 이자율의 기간구조(term structure of interest rates)라고 부른다. 우리는 만기와 수익률 간의 관계를 나타내는 곡선을 평면상에 그릴 수 있는데, 이 곡선을 수익률곡선(yield curve)이라고 부른다. [그림 4-2]에서 보는 것처럼 수익률곡선은 상향하거나 수평이거나 하향하는 세 가지 모양으로 분류될 수 있다. 상향하는 수익률곡선은 장기이자율이 단기이자율보다 더 높다는 것을 의미하고, 수평인 수익률곡선은 장 · 단기이자율이 같다는 것을 가리키고, 하향하는 수익률곡선은 단기이자율이 장기이자율보다 더 높다는 것을 의미한다.

그림 4-2 ▍ 수익률곡선

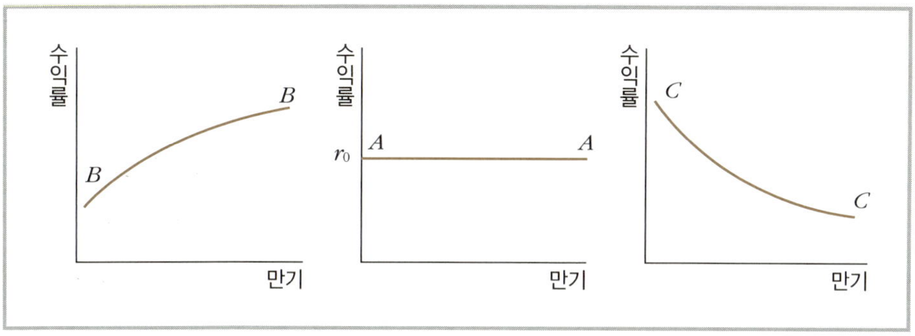

(4) 세금

어느 나라에 있어서나 사람들은 소득이 있는 곳에 세금을 물어야 하며, 채권 투자로부터 생기는 수익에 대해서도 세금을 물어야 할 것이다. 기본적으로 투자자들은 세금을 다른 비용과 마찬가지로 취급하므로 당연히 세금을 공제한 후의 세후수익률에 관심을 가지고 있다. 채권의 종류에 따라서는 그 수익에 대해 세금이 면제되는 경우도 있고 다른 수익에 비해 낮은 세율이 적용되는 경우도 있다. 예를 들어 미국에서는 지방채에 대한 이자소득에 대해 연방소득세가 면제되고, 우리나라에서는 채권의 발행 후 채권가격의 상승으로 인하여 생기는 자본이득에 대하여는 소득세가 부과되지 않는다. 다른 모든 조건이 같다면 면세채권이나 낮은 세율이 적용되는 채권에 대한 세전수익률은 일반세율이 적용되는 다른 채권의 세전수익률에 비해 더 낮아야 할 것이다.

(5) 수의상환규정

수의상환규정(call provision)이란 채권의 발행자가 그 만기 전에 채권을 일정한 가격으로 수의상환할 수 있도록 사채계약서 내에 규정된 경우를 말한다. 미국에서는 장기채권이 15~40년의 만기를 지니고 있는데, 대부분의 회사채와 일부 국채 및 지방채는 이러한 수의상환규정을 두고 있다. 이 규정은 차입자에게 유리한 조건이다. 왜냐하면 차입자는 이 규정에 의거하여 지나치게 높게 책정된 표면이자율이나 기타 불리한 조건을 지닌 채권을 조기에 상환할 수 있기 때문이다. 차입자는 채권의 표면이자율에 비하여 시장이자율이 크게 하락했을 때 수의 상환옵션을 행사하여 이자비용을 절약할 수 있다. 반면에 수의상환규정은 투자자에게 불리하다. 왜냐하면 수의상환 가능성은 채권가격의 추가상승 가능성을 제한할 뿐만 아니라 수의상환이 이루어진 후 전보다 낮은 수익률로 재투자하여야 하기 때문이다. 따라서 다른 조건이 같다면 수의상환규정을 두고 있는 채권은 이 규정이 없는 채권보다 더 높은 수익률을 제공하지 않으면 안 된다.

차라리 꽁생원이 되어라

자잘하게 주판을 튕기지 말고 대담하게 사는 것이 남자답다고 생각하는 투자자들이 많다. 개별종목장에서는 특히 이런 충동을 받는다. 가격이 새롭게 형성된 주식에 과감히 승부하고 싶은 것이다. 그러나 이것은 매우 위험한 생각이다. 다른 투자자들은 꽁생원이어서 머뭇거리는 것이 아니다. 자신의 부족함을 알기 때문이다. 정보가 제한된 일반투자자들이 프로투자꾼이나 기관투자자들을 상대로 싸우는 것은 득보다 실이 훨씬 크다. 새로운 가격이 형성된 뒤 크게 시세를 내는 경우는 비율로 보면 많지 않다. 대담함을 자랑할 곳은 다른 데서 찾아야 한다.

제3절 ■ 듀레이션

듀레이션(duration)은 1938년 F. R. Macaulay가 처음으로 제시한 개념으로 채권투자 시 각 시점에 있어 현가로 환산된 현금흐름의 총현금흐름에 대한 비율을 가중치로 사용해 채권의 현금흐름 시점에 곱해 산출한 '현가로 환산된 가중평균만기'를 말한다. 이는 채권투자액의 현재가치 1원이 상환되는 데 소요되는 평균기간을 의미한다. 듀레이션은 표면금리, 만기(또는 잔존기간) 및 만기수익률에 의해 결정되는데 일반적으로 표면금리가 높을수록, 또 만기수익률이 높을수록 듀레이션은 짧아진다. 듀레이션이 갖는 중요한 의미는 채권의 이자율위험을 나타내는 척도가 된다는 것이다.

이와 같이 듀레이션은 자산과 부채의 만기는 물론 각각으로부터 발생하는 현금흐름의 액수뿐만 아니라, 더 나아가서 각 현금흐름의 발생시점까지도 고려하고 있다는 점에서, 각 자산 및 부채항목의 이자율변화에 대한 민감도를 만기(maturity)보다도 더 정확하게 측정할 수 있는 척도가 된다.

3.1 예를 통해 본 듀레이션

어느 은행에서는 고객에게 1년 만기로 1억 원의 대출을 해주었는데, 대출이자율은 15%이다. 그런데 대출금의 상환은 6개월마다 한 번씩 모두 두 차례에 걸쳐 이루어진다. 즉 6개월 후 5,000만 원, 그리고 나머지는 1년 후에 상환하도록 계약이 체결되어 있다.

CF_t는 t년 후의 시점에서 발생하는 현금흐름을 나타낸다고 하자. 그러면 $CF_{\frac{1}{2}}$은 원금상환분 5,000만 원에다 첫 6개월간에 발생한 이자 750만 원을 합한 금액이 된다. CF_1은 나머지 원금상환분 5,000만 원에 나중 6개월 동안의 이자 375만 원을 합한 금액이 될 것이다. 이러한 두 현금흐름의 상대적 크기의 비교는 반드시 동일한 시점에서 이루어져야 한다. 왜냐하면 1년 후의 100원과 6개월 후의 100원은 그 가치가 같지 않기 때문이다. 연간이자율이 15%이므로, 두 현금흐름의 현재가치는 다음과 같다.

$$CF_{\frac{1}{2}} = 57{,}500{,}000\text{원} \qquad PV_0^{\frac{1}{2}} = \frac{57{,}500{,}000}{1.075} = 53{,}490{,}000\text{원}$$

$$CF_1 = 53{,}750{,}000\text{원} \qquad PV_0^1 = \frac{53{,}750{,}000}{1.075^2} = 46{,}510{,}000\text{원}$$

$$CF_{\frac{1}{2}} + CF_1 = 111{,}250{,}000\text{원} \qquad PV_{\frac{1}{2}} + PV_1 = 100{,}000{,}000\text{원}$$

여기에서 첫 6개월 후의 시점에서 발생하는 현금흐름인 $CF_{\frac{1}{2}}$은 $(1+\frac{1}{2}r)$로 할인되고 있는데, 이것은 1년 후의 시점에서 발생한 현금흐름인 CF_1을 할인하는 데 사용된 할인요소 $(1+\frac{1}{2}r)^2$보다 값이 더 작은 데 주목하여야 한다.

듀레이션(duration)은 기술적으로 보면, 각 시점에서 발생하는 현금흐름의 현재가치가 총현재가치에 대해서 차지하는 비율을 가중치로 사용하여 각 현금흐름 발생시점에 곱하여 산출하는 '현재가치로 환산한 가중평균만기' 이다. 즉 현재가치 1원이 상환되는 데 걸리는 평균기간을 나타낸다.

듀레이션분석에서는 각 현금흐름의 발생시점을 발생되는 현금흐름의 현재가치의 상대적 중요도로 가중하여 계산한다. 각 현금흐름의 발생시점인 $t=\frac{1}{2}$과 $t=1$에서의 현금흐름의 상대적 중요도를 현재가치를 사용하여 나타내면 다음과 같다.

시점(t)	비중(W)
$\frac{1}{2}$년	$W_{\frac{1}{2}}=\frac{PV_{\frac{1}{2}}}{PV_{\frac{1}{2}}+PV_1}=\frac{53,490,000}{100,000,000}=53.49\%$
1년	$W_{\frac{1}{2}}=\frac{PV_1}{PV_{\frac{1}{2}}+PV_1}=\frac{46,510,000}{100,000,000}=46.51\%$

현재가치로 각 현금흐름의 비중을 나타내면 각각 53.49%와 46.51%가 된다. 물론 여기에서 가중치의 합은 정의에 의하여 언제나 1.0이 된다. 이러한 가중치를 사용하여 위 대출채권의 평균상환기간인 듀레이션(D_A)을 구하면 다음과 같다.

$$D_A=W_{\frac{1}{2}}\left(\frac{1}{2}\right)+W_1(1)=0.5349\left(\frac{1}{2}\right)+0.4651(1)=0.7326(\text{년})$$

대출채권의 만기는 1년이지만 현금흐름으로 본 평균상환기간인 듀레이션은 0.7326년이 된다. 이 예에서 듀레이션은 만기보다 짧은데, 그 이유는 총 현금흐름의 53.49%를 바로 6개월 후에 받기로 되어 있기 때문이다.

3.2 듀레이션의 산출공식

고정소득을 발생시키는 유가증권은 어떠한 종류라도 다음의 산출공식을 이용하면 듀레이션을 구할 수 있다.

$$D=\frac{\sum_{t=1}^{N} CF_t \times DF_t \times t}{\sum_{t=1}^{N} CF_t \times DF_t}=\frac{\sum_{t=1}^{N} PV_t \times t}{\sum_{t=1}^{N} PV_t} \qquad (3)$$

여기서 D = 연수로 측정되는 듀레이션
CF_t = 기간 t의 말에 발생하는 현금흐름
N = 마지막으로 현금흐름이 발생하는 기간
DF_t = 할인요소로서 $\frac{1}{(1+r)^t}$의 값을 갖는다.
PV_t = 기간 t에 발생하는 현금흐름의 현재가치로서 $PV_t = CF_t \times DF_t$

이 공식을 다음의 예에 적용해보자. 만기가 6년인 어떤 채권은 1년마다 한 번씩 이자를 지급하는데 연간 표면이자율이 8%이고, 액면가는 100만 원, 그리고 현재의 만기수익률(Yield To Maturity : YTM)은 8%라고 한다. [표 4-2]에서 이 채권의 듀레이션 산출과정을 보여주고 있다.

표 4-2 | 1년에 한 번씩 8%의 이자를 지급하는 6년 만기 채권의 듀레이션(만기수익률이 현재 연간 8%를 가정할 때)

기간(t)	CF_t(단위 : 만원)	DF_t	$CF_t \times DF_t$ (단위 : 만원)	$CF_t \times DF_t \times t$
1	8	0.9529	7.407	7.407
2	8	0.8573	6.859	13.718
3	8	0.7938	6.351	19.053
4	8	0.7350	5.880	23.520
5	8	0.6806	5.445	27.225
6	108	0.6302	68.058	408.348
			100.000	499.271
$D=\frac{499.271}{100}=4.993$(년)				

3.3 영구채권(perpetuities)과 같이 만기가 없는 경우

발행된 예는 그리 많지 않지만 만기와 듀레이션의 차이를 이해하는 데 있어서 흥미를 끌기에 충분하므로 영구채권의 경우를 살펴보자. 영구채권(perpetuity 또는 consol)은 만기가 없는 대신 매년 일정한 현금흐름만 영원토록 발생시키는 채권이다. 즉 $M_C = \infty$. 만기는 이론적으로 무한대이지만, 영구채권의 듀레이션은 아래와 같다.

$$D_C = \frac{1+r}{r} \tag{4}$$

물론 여기에서 r은 투자자들의 요구수익률이다. 가령 어떤 영구채권에 대한 투자자들의 요구수익률이 5%라면, 그 채권의 듀레이션은 다음과 같다.

$$D_C = \frac{1+0.05}{0.05} = 21\,(\text{년})$$

한 가지 흥미로운 사실은 만기는 무한하지만 듀레이션은 유한하다는 것이다. 더욱이 이자율이 상승하면 영구채권의 듀레이션은 짧아진다. 예컨대, 이자율이 10%로 상승하는 경우 이 영구채권의 듀레이션은 11년이다.

$$D_C = \frac{1+0.1}{0.1} = 11\,(\text{년})$$

3.4 간편한 듀레이션 공식

식 (3)을 이용하여 듀레이션을 구할 때 특히 만기가 길고 또한 이자지급횟수가 많으면 그 계산이 매우 번거로워진다. 그러나 아래의 공식을 이용하면 듀레이션의 계산은 언제나 매우 간단해진다.

$$D = \frac{c(1+r)\,PVIFA_{r,\,n} + n(r-c)\,PVIF_{r,\,n}}{c + (r-c)\,PVIF_{r,\,n}} \tag{5}$$

여기서

c = 기간별 표면이자율
r = 만기수익률(YTM)
n = 만기 또는 이자지급횟수
$PVIF_{r,\,n} = \dfrac{1}{(1+r)^n}$: 현가요소
$PVIFA_{r,\,n} = \dfrac{(1+r)^n - 1}{r} \times \dfrac{1}{(1+r)^n}$: 연금현가요소

| 예제 4-1 |

표면이자율이 연 8%이고 만기가 20년인 액면가 1,000원인 채권이 있다. 만일 이 채권의 만기수익률이 10%라면 이 채권의 듀레이션은 얼마인가?

〈풀이 1〉
먼저 식 (3)을 이용하여 듀레이션을 노출해보자.
1. 이 채권의 현재가격 P_0를 구한다. 표면이자율이 연 8%이므로 매년 80원의 이자를 지급받을 것이다. 따라서 이 채권의 현재가치는

$$\begin{aligned} P_0 &= 80 \times PVIFA_{10\%,\,20} + 1{,}000 \times PVIFA_{10\%,\,20} \\ &= 80 \times \frac{1}{(1+0.1)^{20}} \times \frac{(1+0.1)^{20}-1}{0.1} + \frac{1{,}000}{(1+0.1)^{20}} = 829.73\,(\text{원}) \end{aligned}$$

2. 위의 식 (3)을 이용하여 듀레이션을 다음과 같이 구한다.

$$\begin{aligned} D &= \frac{1}{829.73}\left[(1) \times \frac{80}{1.1} + (2) \times \frac{80}{1.1^{20}} + \cdots + (19) \times \frac{80}{1.1^{19}} + (20) \times \frac{1,080}{1.1^{20}}\right] \\ &= 9.745\,(\text{년}) \end{aligned}$$

〈풀이 2〉
듀레이션을 구하는 데 식 (5)를 이용하면 다음과 같이 간단해진다.
1. 먼저 연금현가요소인 $PVIFA_{10\%,\,20}$와 현가요소인 $PVIF_{10\%,\,20}$를 구한다.

$$PVIFA_{10\%,\,20} = \frac{(1+0.1)^{20}-1}{0.1} \times \frac{1}{(1+0.1)^{20}} = 8.5136$$

$$PVIF_{10\%,\,20} = \frac{1}{(1+0.1)^{20}} = 0.1486$$

2. 이렇게 구한 값을 식 (5)에 대입하여 듀레이션을 구한다.

$$D = \frac{(0.08)(1.1)(8.5136) = 20\,(0.1-0.08)(0.1486)}{0.08 + (0.1-0.08)(0.1486)} = 9.745\,(\text{년})$$

3.5 듀레이션의 특성

① 고정현금흐름을 발생시키는 자산이나 부채의 만기가 길어짐에 따라 듀레이션도 길어진다. 그러나 그 길어지는 비율은 점차로 감소한다.

② 만기수익률(YTM)이 상승할수록 듀레이션은 감소한다. 이것은 이미 영구채권의 경우를 통해서 살펴보았다. 이 사실은 직관적으로도 확인해 볼 수 있는데, 만기수익률이 상승하면 초기에 발생하는 현금흐름에 비해서 나중에 발생하는 현금흐름의 현재가치와 상대적 비중은 줄어들게 되므로 그러한 결과가 초래된다.

③ 발행하는 유가증권에 대해 지급하겠다고 약정한 쿠폰이자율이 높으면 높을수록 듀레이션은 더욱 짧아진다. 표면이자율이 높을수록 투자자들은 보다 많은 양의 현금이 더 일찍 회수되므로 듀레이션의 산출에 있어서 그러한 현금흐름에 대해 더 큰 가중치를 부여하게 된다.

매입가격은 잊어버려라

많은 투자자들이 자기의 본전을 기준으로 매매를 결정하기 때문에 적절한 매도시점을 놓친다. 매매시점 결정에 있어서 자기가 매수한 가격 같은 것은 전혀 고려되어서는 안 되고 오로지 앞으로 주식이 더 오를 것인가 또는 내릴 것인가의 전망에 따라서만 결정하여야 한다.

제4절 ■ 이자율변화와 채권가격의 변화

듀레이션은 수시로 발생하는 이자지급 때문에 만기보다 짧으며, 또한 지급이자의 시간적 가치를 고려하기 때문에 가중평균만기보다 짧다. 중간에 이자지급이 없는 순수할인채권의 경우에는 모든 현금흐름이 만기에 한꺼번에 발생하기 때문에 만기, 가중평균만기 및 듀레이션은 모두 동일하다.

듀레이션이 갖는 중요한 의미는 듀레이션이 채권의 금리위험을 나타내는 척도가 된다는 것이다. 금리위험은 시장이자율의 변동에 기인한 채권가격의 변동성(volatility)으로 정의될 수 있으므로, 이자율탄력성(interest rate elasticity)은 어떤 채권의 금리위험을 나타내 줄 수 있는 적절한 지표가 된다. 이자율변화율과 채권가격변화율의 관계는 다음과 같은 관계식으로 표현된다.

$$\frac{dP}{P} = -D\left(\frac{dr}{1+r}\right) \tag{6}$$

식 (6)을 그래프로 나타내면 [그림 4-3]과 같다. 이 식은 이자율이 변화할 때 채권의 가격은 반비례하여 변화하는데 채권가격변화의 크기는 듀레이션의 길이에 따라 달라진다는 것을 의미한다.

그림 4-3 ▌ 이자율변화와 채권가격변화와의 관계

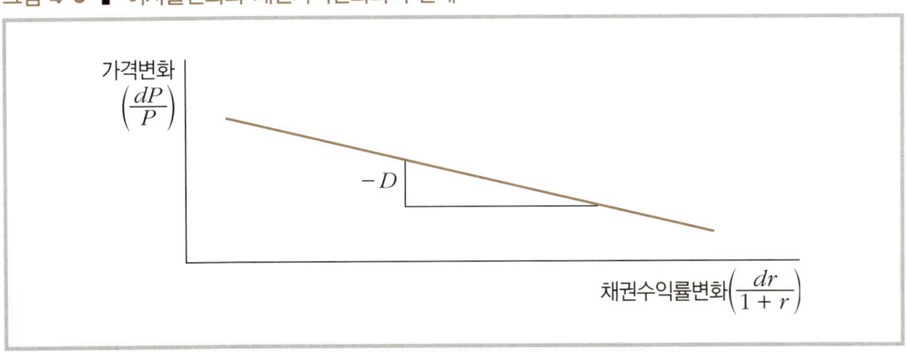

결국 어떤 채권의 듀레이션을 알고 있으면 그 채권의 이자율탄력성 또는 금리위험을 쉽게 알 수 있게 된다. 실무적으로도 어떤 채권의 금리위험을 나타내주는 척도로 이자율탄력성보다는 듀레이션이 널리 사용되고 있다.

| 예제 4-2 |

표면이자율이 8%이고 6년 만기인 어느 채권의 수익률은 8%라고 한다. 액면가가 100만원인 이 채권의 듀레이션을 계산하면 $D=4.99$가 된다. 이 채권의 수익률이 1bp(베이시스포인트, 1%의 1/100)만큼 상승하여 8.01%가 되었다고 하면

$$\frac{dP}{P}=-(4.99)\left[\frac{0.0001}{1.08}\right]=-0.000462 \text{ 혹은 } -0.0462\%$$

이 채권의 가격은 원래 액면가와 같은 100만 원이었다. 그러나 듀레이션모형은 수익률이 1bp 상승할 때 채권의 가격은 999,538원이 된다고 예측하고 있다.

주가는 재료보다 선행한다

투자자들이 주식을 사는 것은 미래에 대한 기대를 가지고 있기 때문이다. 투자의 기준은 미래에 있으며 미래에 예상되는 재료에 따라서 현재의 주가가 결정되므로 주가는 언제나 재료보다 선행한다. 경기가 회복하는 기미만 보여도 주가는 이미 상승세로 바뀌고 재료가 실현되기 전에 주가는 이미 다 올라버린다.

제5절 ■ 채권포트폴리오의 관리

본 절에서는 채권투자와 관련된 위험과 기대수익률의 추정에 관해서 설명하고자 한다. 적극적 채권포트폴리오관리에서는 채권투자의 기대수익률과 위험을 추정하고, 주어진 위험으로 투자수익률을 극대화시키는 전략에 대해서 알아본다. 방어적 포트폴리오관리에서는 채권포트폴리오로부터 모든 위험을 완전히 제거하는 방법에 대해서 살펴본다.

5.1 적극적 채권포트폴리오 관리

1) 국채의 기대수익률 추정

앞으로 1년 동안의 국채에 대한 기대수익률을 추정한다고 가정하자. 일반적으로, 채권의 기대수익률은 다음과 같이 정의된다.

$$E(R) = \frac{E(\text{이자지급액} + 1\text{년 후의 가격})}{\text{현재가격}} - 1$$

국채의 경우 이자지급이 안될 위험은 전혀 없으므로, 위의 산출식은 다음과 같이 다시 쓸 수 있다.

$$E(R) = \frac{\text{이자지급액} + E(1\text{년 후의 가격})}{\text{현재가격}} - 1$$

따라서 이제 우리가 해야 할 일은 1년 후의 채권가격을 추정하는 작업이다. 채권의 1년 후 가격을 추정하는데 핵심사항은 1년 후 시점에서의 만기수익률을 추정하는 것이다. 1년 후 시점에서의 만기수익률을 추정하고 나면, 식 (7)을 이용하여 그 시점에서의 채권가격을 추정할 수 있게 된다. 설명을 간단하게 하기 위하여 이자는 매년 1회씩 연말에 지급한다고 가정하자.

$$1\text{년 후의 가격} = \sum_{t=1}^{n-1} \frac{\text{이자지급액}}{(1+Y_1)^t} + \frac{\text{원금상환액}}{(1+Y_1)^{n-1}} \qquad (7)$$

여기서 Y_1은 1년 후 시점에서 해당채권에 대한 여러분의 주관적인 예상만기수익률을 가리킨다.

1년 후 시점에서의 채권수익률을 추정하기 위해서는 먼저 이자율의 기간구조를 추정하고, 그 다음으로 기간구조에 대비한 해당채권의 포지션, 즉 그 채권의 상대적 수익률차이(Relative Yield Differential : RYD)를 추정하여야 한다. 여기서 상대적 수익률차이인 *RYD*는 동일한 만기를 가진 채권의 만기수익률에 대비한 어떤 특정 채권의 만기수익률의 비율을 가리키며, 다음의 식으로 산출된다.

$$RYD = \frac{YTM}{YTM^*}$$

여기서 YTM^*은 동일한 만기를 가진 채권의 만기수익률, 그리고 YTM은 어떤 특정 채권의 만기수익률을 가리킨다.

먼저 기간구조의 추정작업부터 해보자. 기간구조를 추정하려면 시장에서 어떻게 예상하고 있는가를 먼저 알아야 한다. 여기서 편의상 기간구조에 유동성프리미엄이 없다고 가정하자. 그리고 현재의 수익률곡선에 나타난 만기수익률은 다음의 표와 같다고 하자.

채권의 만기	1년	2년	3년	4년	5년
만기수익률	10.00%	10.37%	10.45%	10.41%	10.33%

이러한 만기수익률로부터 시장에서 내년의 기간구조에 대하여 어떻게 판단하고 있는가를 알기 위해서 각 시점에서의 1년 만기의 선물이자율을 계산한다.[01] 그 결과는 다음과 같다.

시점	현재	내년	2년 후	3년 후	4년 후
1년 만기 선물이자율	10.00%	10.74%	10.61%	10.29%	10.01%

이 표에 따르면 내년에는 1년 만기 이자율은 10.74%로 예측되고 있다. 그리고 2년 만기 채권의 만기수익률은 10.74%와 10.61%의 평균, 즉 10.67%가 될

01 가령, 내년의 1년만기 선물이자율의 계산은 다음과 같다.
$(1 + 0.1000)(1 + r) = (1 + 0.1037)^2$
$\therefore r = (1 + 0.1037)^2 / (1 + 0.1000) - 1 = 0.1074$ 또는 10.74%

것으로 보인다.[02] 3년 만기 채권의 만기수익률은 10.74%, 10.61%, 10.29%의 평균 혹은 10.55%가 될 것으로 예상되고 있다. 다른 만기에 대해서도 마찬가지 방법으로 만기수익률이 산출될 수 있다. 이러한 결과로 볼 때 시장에서는 단기이자율이 급격하게 상승할 것으로 예상하고 있지만 장기이자율은 비교적 일정한 수준을 유지할 것으로 내다보고 있다.

그런데 우리의 주관적인 예측이 이러한 시장의 예상과는 다르다고 가정하자. 가령 우리들은 중앙은행에서 지난 수개월 동안 통화량공급을 줄곧 늘려 왔으며 이러한 기조를 당분간 유지한다고 판단하고 있다. 소비자들도 저축을 줄이고 소비를 늘리며, 기업들도 하반기에 들어서서는 생산설비확충에 박차를 가할 것으로 내다보고 있다. 그 결과로 연말쯤 되어서는 저축률의 감소와 통화팽창정책으로 인하여 소득효과와 가격효과가 발생하고, 장기금융시장에서 그들의 투자자금을 조달하려는 기업들에서는 유동성효과가 발생하게 될 것으로 보고 있다. 따라서 단기이자율은 시장에서 예상하는 것보다 더 높을 것으로 예상하고, 장기이자율도 11%까지는 오를 것으로 내다보고 있다고 하자.

이자율의 기간구조에 대한 예측을 하고 나서 그에 상응한 각 채권에 대한 기대수익률을 추정하기 위해서는 기간구조예측에 대비한 각 채권의 상대적 수익률차이(*RYD*)를 먼저 추정해야만 한다. 만일 상대적 수익률차이인 *RYD*가 앞으로 오랫동안 일정하다고 가정하면 우리들 자신의 수익률추정치에다 해당채권의 상대적 수익률차이를 곱하면 각 채권의 연말 수익률을 추정할 수 있다.

예컨대, 어떤 채권의 상대적 채권수익률차이 *RYD*가 1.02라고 하자. 그 채권의 만기는 현재 11년이다. 따라서 연말이 되면 만기가 10년이 될 것이다. 그리고 우리들은 연말시점에서 10년 만기 채권의 만기수익률은 11.0%가 될 것으로 예상하고 있다. 그러므로 이 채권에 대한 여러분의 예상만기수익률은 다음과 같이 11.22%가 될 것이다.

$$1.02 \times 0.1100 = 0.1122$$

02 1년 후의 시점에서 2년 만기 채권의 만기수익률은 다음과 같다.
$(1 + r)^2 = (1 + 0.1074)(1 + 0.1061) \quad \therefore r = 0.1067$ 혹은 10.67%

이러한 방법으로 각 채권에 대한 예상만기수익률을 모두 구할 수 있는데, 그 다음 그것을 식 (7)을 이용하여 1년 후 시점에서의 해당채권 예상가격으로 전환시킬 수 있다. 또한 예상가격으로부터 앞으로 1년 동안의 예상수익률을 산출할 수 있다.

예를 들면, 매년 이자로 10만 원을 지급하는 액면가 100만 원의 3년 만기 국채를 고려해보자. 이 채권은 현재 수익률곡선보다 상단에 위치하고 있으며, 이 채권의 상대적 수익률차이는 1.05라고 한다. 2년 만기 채권의 만기수익률에 대한 우리들의 추정치는 10.67%이다. 이 채권의 상대적 수익률차이가 당분간 지속될 것이라면 1년 후 시점에서의 우리들의 예상만기수익률은 다음과 같을 것이다.

$$11.20\% = 1.05 \times 10.67\%$$

그리고 식 (7)에 따라 채권의 가격을 산출하면 979,500원이 된다.

$$\frac{10만원}{1.112} + \frac{10만원 + 100만원}{(1.112)^2} = 959{,}500원$$

만일 이 채권의 현재가격이 976,220원이라면, 이 채권에 대한 앞으로 1년 동안의 수익률은 다음과 같다.

$$\frac{10만원 + 979{,}500원}{976{,}220원} - 1.00 = 10.57\%$$

2) 회사채의 기대수익률 추정

회사채의 기대수익률을 추정하는 것은 국채의 경우보다 더 어렵다. 왜냐하면, 회사채에는 정도의 차이는 있으나 보통 채무불이행위험(default risk)이 있기 때문이다. 채무자가 채무를 모두 이행하든지 아니면 모두 이행하지 않든지 여하튼 채무의 일부만 이행할 경우는 없다고 가정한다면 이자수령액에 대한 기대가치는 다음과 같다.

예상이자수령액 = 약정이자금액×(1-채무불이행확률)

그러므로 약정이자금액이 10만 원이고 채무불이행확률이 2%라면 예상이자수령액은 98,000원이다

이렇게 기대수익률을 추정함에 있어서 우리는 신용평가회사가 판단한 대로 어떤 특정 신용등급에 속한 회사채에 한정하고 있다. 따라서 신용등급이 AA인 공익기업의 회사채는 신용등급이 BBB인 제조기업의 회사채와는 별도로 분리해서 논의하게 된다. 신용등급이 비교적 높은 회사채에는 같은 신용등급이면 모두 동일하게 아주 낮은 채무불이행확률을 적용한다. 그러나 신용등급이 낮은 회사채에는 비록 같은 신용등급에 속한다고 할지라도 서로 다른 채무불이행확률을 적용하게 되는데, 그것은 같은 등급이라도 실제상 채무불이행위험에는 큰 차이를 보일 수 있기 때문이다. 약정이자금액에 대해 세금효과를 고려한 후에는 채무불이행위험을 고려해야 하는데, 기간구조의 상단에 위치하는 채권의 경우에는 높은 채무불이행확률을 적용하고 반대로 기간구조의 하단에 위치하는 회사채에는 낮은 채무불이행확률을 적용하게 된다.

회사채의 경우 또 다른 어려움은 대부분 만기가 불분명하다는 사실에서 발생한다. 회사채 발행회사에서는 보통 일정한 가격에 조기상환할 수 있는 옵션을 가지고 있다. 채권의 시장가격이 조기상환가격(call price)보다 높아지면 발행기업에서 해당채권을 상환하기 위한 옵션을 행사할 가능성이 커지게 된다. 발행기업에서는 조기상환 금지기간(period of call protection)이 지난 후에는 언제라도 조기상환권(call provisions)을 행사할 수 있다.

회사채의 경우에는 조기상환권 이외에도 매년 회사채의 일정한 비율만큼을 상환하는 감채기금조항(sinking fund provisions)이 있다. 이 경우 회사에서는 상환 당시의 시장가격이나 미리 정한 가격으로 회사채의 일정한 비율을 상환하게 된다. 채권자들 중에서 누가 보유하고 있는 회사채를 상환할 것인가는 대개 추첨(lottery)으로 정한다. 어떠한 경우라도 10년 만기의 회사채가 실제로 10년

동안 그대로 존속할 것으로 기대되지 않는다. 감채기금과 조기상환권을 고려하면 회사채의 기대수명은 본래의 만기보다 훨씬 더 짧아진다.

회사채의 수명에 관한 불명확성은 여러 가지 문제점을 일으킨다. 첫째, 만기를 대상으로 수익률을 계산하여 기간구조를 도출하는 경우 국채의 경우와는 달리 최량적합곡선이 도출되기 어려운데, 그 이유는 회사채가 만기에 따라 가격이 결정되는 것이 아니라 기대수명의 길이에 따라서 가격이 결정되기 때문이다. 예컨대, 시장이자율이 15%일 때 발행된 연 15만 원의 정기이자를 지니고 있는 회사채(액면가 100만 원)를 고려해보자. 이 채권의 남은 만기는 20년이지만, 2년이 지나면 상환가격 115만 원에 조기상환될 수 있다. 현재 시장이자율은 10%인데, 이자율이 이러한 수준을 유지하는 경우 발행회사에서는 거의 확실하게 조기상환할 것으로 보인다. 따라서 시장에서는 이 회사채를 원금이 115만 원이고 만기가 2년인 회사채로서 가격을 결정할 가능성이 높다. 기간구조가 10%에서 수평을 이루고 있다면 이 채권의 시장가격은 다음과 같이 1,210,740원이 될 것이다.

$$\frac{15\text{만원}}{(1.10)} + \frac{15\text{만원} + 115\text{만원}}{(1.10)^2} = 1{,}210{,}740\text{원}$$

이 가격을 기준으로 채권의 만기수익률을 계산하면 12.4%가 된다. 이 만기수익률을 채권의 만기와 비교하여 보면 기간구조에 맞는 곡선보다 훨씬 상위에 위치하고 있음을 알 수 있을 것이다.

그러므로 기간구조를 도출할 때 이와 같은 상황을 충분히 고려해야 한다. 물론 어느 경우에도 분명하지 않으므로 시장에서 판단하고 있는 채권의 예상만기와 그러한 예상만기에 대한 수익률을 정확하게 알고 있지 않는 한 국채의 경우와 같이 정확한 기간구조를 산출하기는 쉽지 않다.

조기상환권이 있는 채권은 두 채권의 포트폴리오로 생각해 볼 수 있다. 이 포트폴리오는 조기상환권이 없는 채권에 (+)의 포지션을 취하고 발행기업에게 조기상환권이 있는 채권에 (−)의 포지션을 취하여 구성한다. 신문에 발표된 채권의 시장가격은 사실상 순가치(net value)이다. 따라서 이러한 순가치를 근거로 만기수익률을 산출하면 진정한 수익률을 얻을 수 없을 것이다. 만기수익률은 먼저 조기상환권의 시장가치를 추정하고 일반채권의 순가치에다 이것을 더해줌으로써 정확하게 계산된다. 일반채권의 만기수익률은 이자 및 원금을 할인한 현재가치와 이러한 추정가치를 같게 해주는 할인율이다.

채권의 예상수익률을 추정하기 위해서 목표보유기간 말 시점에서의 일반채권과 조기상환권의 시장가치를 추정해야 한다. 일반채권의 시장가치는 국채의 시장가치를 추정하는 것과 같은 방법으로 추정할 수 있다. 그리고 조기상환권의 추정가치는 일반채권의 기말추정가치와 일반채권 수익률분산의 추정치에 달려있다고 할 수 있다.

5.2 방어적 채권포트폴리오 관리 : 면역화전략

지금까지 듀레이션의 개념과 그 경제적 의미를 고찰하였다. 듀레이션은 무엇보다도 금융기관의 금리위험을 없애는 수단으로 사용될 수 있다는 사실이 중요하다. 여기에서는 금융기관이 듀레이션을 이용하여 금리위험으로부터 면역을 얻게 되는 과정을 살펴보자.

1) 약속수익률을 보장하는 전략

연금기금이나 생명보험회사에서는 미래의 시점에서 가입자들에게 아무런 문제없이 현금을 지급할 수 있도록 그들의 자산포트폴리오를 구성하여야 한다. 따라서 이러한 금융기관들이 부담하는 위험은 가입자들로부터 징수한 보험료를 투자할 때 얻을 수 있는 이자율이나 수익률이 하락할 수 있다는 사실로부터 발생한다. 이러한 상황이 발생하면 징수한 보험료를 투자한 수익금이 가입자들에게 지불하여야 하는 액수에 못 미칠 수가 있다.

일반적으로 채권은 고정소득증권(fixed income securities)이라고 하여 투자자가 이에 투자하게 되면 정기적인 확정이자의 지급과 만기 시 원금의 상환을 보장받게 되어 주식투자에 비해 상대적으로 안정성을 갖는 투자대상이다. 그러나 채권도 위험증권의 한 종류인 만큼 주식과 마찬가지로 체계적위험(systematic risk)과 비체계적위험(unsystematic risk)으로 구분되는 채권고유의 투자위험을 내포하고 있으며, 이 가운데서도 이자율변동에 따른 위험이 가장 중요시된다.

채권투자와 관련된 금리위험은 가격위험(price risk)과 이자의 재투자위험(reinvestment risk)으로 구분되는데 이자율이 변동하면 이들은 서로 반대방향으로 움직인다. 즉 이자율이 하락하면 채권가격이 상승하지만 재투자수익은 감소하고, 이자율이 상승하면 채권가격은 하락하지만 재투자수익은 증가한다. 따라서 두 효과를 적절히 상쇄시키면 체계적위험인 금리위험마저 제거할 수 있어 이자율이 급변하는 투자환경 속에서도 투자자산을 방어할 수 있다.

이처럼 이자율변동의 상쇄효과에 착안하여 금리위험을 회피하고자 고안된 것이 면역화전략(immunization strategy)인데, 이것은 듀레이션개념을 기초로 하고 있다. 이 전략은 채권투자 종료 시(목표시점) 채권포트폴리오의 실현수익률(realized yield)이 투자기간 중의 이자율변동에 상관없이 최소한의 목표 또는 약속수익률(promised yield)을 상회하게 될 것을 보장하는 전략으로서, 채권포트폴리오의 듀레이션과 투자기간을 같게 하면 이러한 결과를 달성할 수 있다.

즉, 투자기간을 듀레이션과 일치시키면 금리위험을 회피할 수 있는 면역상태가 되어 결국은 미래현금흐름의 편차를 적게 하면서 약속수익률을 얻을 수 있다. 채권의 투자기간과 듀레이션 간의 차이에 따라 금리위험이 채권투자에 미치는 영향을 살펴보면 [표 4-3]과 같다.

표 4-3 ▍투자기간과 듀레이션 차이에 따른 이자율변동효과

	$D < HP$	$D > HP$	$D = HP$
이자율 상승 시	재투자수익증가 > 가격하락손실 $\Rightarrow RY > PY$	재투자수익증가 < 가격하락손실 $\Rightarrow RY < PY$	재투자수익증가 = 가격하락손실 $\Rightarrow RY = PY$
이자율 하락 시	재투자수익감소 > 가격상승이익 $\Rightarrow RY < PY$	재투자수익감소 < 가격상승이익 $\Rightarrow RY > PY$	재투자수익감소 = 가격상승이익 $\Rightarrow RY = PY$
비고	재투자수익효과 > 가격효과	재투자수익효과 < 가격효과	재투자수익효과 = 가격효과

단, D=듀레이션 RY=실현수익률 PY=약속수익률 HP=투자기간

2) 면역화전략의 실례

표 4-4 ▌시장이자율 변동 시 현금흐름 및 실현수익률의 변화 (단위 : 원)

시장이자율	현금흐름	1년	3년	4.13년	5년
7%	가격변동	68	37	16	0
	표면이자	90	270	372	450
	재투자수익	2	25	51	78
	총수익	160	332	439	528
	(실현수익률)	(15.4%)	(9.8%)	(9.0%)	(8.7%)
9%	가격변동	0	0	0	0
	표면이자	90	270	372	450
	재투자수익	2	32	67	103
	총수익	92	160	439	553
	(실현수익률)	(9.0%)	(9.0%)	(9.0%)	(9.0%)
11%	가격변동	-63	-35	-16	0
	표면이자	90	270	372	450
	재투자수익	2	40	83	129
	총수익	29	275	439	579
	(실현수익률)	(2.9%)	(8.3%)	(9.0%)	(9.4%)

[표 4-4]는 액면가 1,000원, 만기 5년, 쿠폰이자율 9%(6개월 후급)인 채권이 액면발행된 직후 시장이자율이 각각 7%와 11%로 변동되었을 경우의 채권투자에 따른 현금흐름의 변동 및 실현수익률의 변화를 나타낸 것이다. 이 예에서 듀레이션은 4.13년으로 계산된다.

만약 이 채권을 만기까지 그대로 보유할 때 시장이자율이 7%로 하락하면 실현수익률은 8.7%로 낮아지고, 시장이자율이 11%로 상승하면 실현수익률은 9.4%로 높아진다. 이처럼 채권을 만기까지 보유할 때 시장이자율이 변동하면 실현수익률이 달라지지만, 만약 투자기간을 듀레이션과 같은 4.13년으로 하는 경우에는 실현수익률이 시장이자율의 변동과는 관계없이 항상 9%임을 알 수 있다.

즉, 투자기간이 4.13년일 때 시장이자율이 9%에서 7%로 하락하면 매각대금이 16원 늘어나는 자본이득이 발생한다. 그러나 이자수입의 재투자수익은 16원 줄어들어 결국 시장이자율이 9%를 그대로 유지할 경우의 총수익과 동일하게 된다. 반면에 시장이자율이 9%에서 11%로 상승하면 16원의 자본손실이 발생하지만 이자수입의 재투자수익은 16원이 늘어나 결국 금리위험을 제거시키는 채권면역이 가능하다.

들길에서 만난 비는 곧 그친다

주식투자를 할 때 서두르거나 당황하는 사람들이 많다. 당황한 상태에서 시도하는 매매는 대개 손해로 나타난다. 주식투자는 무엇보다도 마음이 평온한 상태에서 해야 한다. 특히 격렬하게 움직이고 있는 시세에 대해서는 침착하고 냉정하게 대처해야 하는 것이다. 들길에서 만난 비가 곧 그치듯 시장도 무한정 하락하지 않고 호전되기 마련이다. 냉정을 찾는 방법으로는 거래량 신용융자잔고 등을 정성스럽게 조사하는 것이 좋다. 매일 정성스럽게 시세를 관찰하다 보면 무질서해 보이는 주가의 움직임에서 나름대로의 질서를 발견할 수 있다.

제6절 ■ 우선주의 가치산정

영구채권의 경우처럼 만기가 무한대로 접근하면 이자는 무한정 지급된다. 이 경우 앞에서 논의된 식 (2)는 다음과 같이 변한다.

$$P_0 = \frac{C}{i} \tag{8}$$

대부분의 우선주는 보유자에게 이자와 같은 성격의 확정배당금을 지급하기 때문에 우선주는 영구채권과 사실 성격이 유사하다고 볼 수 있다. 물론 우선주 중에서 발행기업에 의하여 매수되어 소각되는 경우도 있지만 대부분은 그렇지 않다. 우선주에는 이자 대신 우선배당금 D_p이 지급되므로, 식 (8)에서 C 대신 D_p를 대입하면 그것이 바로 우선주의 가치산정공식이 된다. 가령 어느 우선주에 대해서는 확정우선배당금이 매년 1,200원이 지급된다고 하자. 이러한 우선주의 수익률은 현재 8%라고 한다면, 이 우선주의 현재가치는 15,000원이 될 것이다.

$$P_0 = \frac{D_p}{i}$$

$$= \frac{1{,}200\text{원}}{0.08} = 15{,}000\text{원}$$

한편 확정배당금과 현재의 시장가격을 아는 경우에는 해당우선주의 수익률을 식 (8)을 이용하여 산출할 수 있을 것이다.

내 마음에 맞는 것은 모두 독이고, 내 마음에 맞지 않는 것은 약이다

많은 투자자들이 주식에서 실패하는 것은 자신의 감정이 내키는 대로 매매를 하기 때문이다. '내 마음에 맞는 것', 즉 마음이 내키는 매매는 모두 독이 되는 것이다. 예를 들면, 천장에서는 사고 싶어지고 밑바닥에서는 팔고 싶어지는 것이 인간의 가장 자연스러운 감정이다. 천장에서 사고 밑바닥에서 팔면 분명 마음이 후련할 것이지만 이것은 아주 잠시일 뿐 그 뒤에는 큰 후회가 찾아오기 마련이다. 결국 주식투자에서는 의식적으로 자신의 감정을 억제하지 않으면 결코 성공할 수 없다.

월가의 전설적 주식영웅 Peter Lynch

(1) 투자경력

Peter Lynch는 피델리티 인베스트먼트사의 펀드매니저로서 90억 달러에 이르는 마젤란 펀드의 운용책임자였다. 그는 10년간 100만 명에 이르는 고객에게 25배의 투자수익을 올려줌으로써 월가의 전설적인 영웅이 되었다.

1944년 미국에서 출생한 Peter Lynch는 수학교수였던 아버지를 여의고 골프장에서 캐디일을 하면서 학비를 벌어 보스턴대학교를 졸업했다. 대학졸업 후 포병중위로 군복무를 마치고 피델리티 인베스트먼트사에 입사, 종목선정전문가인 기업분석가로 활동한 그는 1977년 마젤란 펀드의 총책임자가 되어 종목발굴에 탁월한 능력을 보이면서 높은 수익률을 기록했다.

(2) 투자원칙과 투자철학

① 시간과 노력을 기울여라

Lynch는 주식투자에 성공하기 위해서는 투자한 만큼의 시간과 노력을 기울여야 하며 주식에는 전문가가 따로 없고 보통사람이라도 두뇌의 3%를 주식투자를 위해 사용한다면 월스트리트의 전문가보다 주식투자를 더 잘할 수 있다고 말하고 있다. 즉 연구를 하지 않고 투자하는 것은 포커를 하면서 카드를 전혀 보지 않고 이기기를 바라는 것과 같다고 한다. 주택투자에서는 돈을 벌고 주식투자에서는 돈을 잃는 이유는, 집을 선택하는 데는 몇 달을 투자하지만 주식선정은 수분 안에 전화한 통화로 끝내기 때문이라는 것이다. 실제로 많은 사람들이 좋은 주식 종목 하나 고르는 데는 5분 이내의 전화상담으로 끝내지만 좋은 전자레인지 하나 고르는데 매우 많은 시간을 보내고 있는 것이다.

② 주식투자 하기 전의 3대 전제조건

Lynch는 주식에 손대기 전에 다음 세 가지 문제를 짚고 넘어가야 한다고 조언하고 있다. 첫째, 나는 내 소유의 집이 있는가? (왜냐하면 주택은 장기적으로 폭락하거나 투자에 실패하는 경우가 거의 없기 때문이다). 둘째, 나는 여유자금을 갖고 투자했는가? (자녀 학비로 써야 하거나 고정된 수입으로 살아가야 하는 노년층이거나 유산으로 사는 청년은 주식투자를 피해야 한다. 여유자금의 판단기준은 투자손실을 입었더라도 일상생활에 영향을 주지 않을 정도만 투자하는 것이다). 셋째, 나는 주식에서 성공할 수 있는 자질이 있는가? (참을성, 자신에 대한 신뢰, 분별력, 고통을 감내하는 아량, 냉정함, 상황에 따른 유연성, 실수를 기꺼이 시인하는 자세 등을 가지고 있어야 성공을 거둘 수 있다).

③ 주식투자의 성공원리

주식투자에서 예측은 가능한가? Lynch는 전혀 불가능하다고 이야기한다. 아직까지 미국 경제에 대해 또는 주가폭락, 폭등을 정확히 예측한 전문가는 하나도 없었다. 그것은 마치 마야족의 신화처럼 불가능투성이다. 마야족의 신화에는 우주가 네 차례 붕괴되는데 그때마다 마야인들은 이런 슬픈 일들을 당하지 않기 위해 자구책을 마련해 보지만 그것은 언제나 소 잃고 외양간고치는 격이었다.

맨 처음 홍수에서 살아남은 사람은 높은 지대에 올라가 집을 지었는데, 다음 번은 불에 의한 재앙이 닥쳤고 화재에서 살아남은 사람들은 돌로 집을 지었는데, 다음 번은 지진이 닥쳤고 지진에서 살아남은 사람들이 지진에 대비한 튼튼한 집을 짓는 동안 기근의 재앙이 닥쳐온다는 것이다.

그러면 경제전문가들이 경제를 예측할 수 없고, 증시전문가들이 주식시장을 예측할 수 없다면 주식투자자가 할 수 있는 것은 무엇인가? 피터 린치는 자기가 실제로 여러 해 동안 칵테일파티에서 주식에 대해 주고받은 이야기에 귀를 기울인 결과로부터 얻은 칵테일이론으로 주식성공의 원리를 이야기하였다.

첫째는 주가가 상승으로 발전하는 단계로, 사람들은 주식이야기만 나오면 화제를 딴 곳으로 돌린다. 이때가 바닥이다.

둘째는 주식이 얼마나 위험한가에 대해 잠시 이야기를 나누다가 화제를 돌리는 단계로, 주가가 평균 30% 이상 올라 있을 때이다.

셋째는 누가 추천한 종목이 이미 상당폭 올라있고 특정 종목을 매입했더라면 하고 아쉬워하는 단계로, 이때 주가는 이미 상투부근에 와있다.

④ 유망종목 발굴법

주가가 폭락하는 장에서도 크게 상승하는 주식이 있고, 주가가 상승하는 장에서도 크게 하락하는 주식이 있다. 따라서 장세에 신경을 쓰기보다는 개별종목의 선정, 특히 10루타(10배 올라가는 종목) 종목을 찾는 데 신경을 써야 한다. 일반투자자들이 급등주를 발굴하는 방법을 자기가 종사하는 직업과 관련되는 주식 또는 주변에서 쉽게 접하여 잘 알고 있는 회사의 주식에 투자하는 방법이 있다. 월가에 너무 많이 알려진 주식은 가급적 피해야 급등주를 고를 수 있다는 말이다.

(3) 투자전략

① 유망종목 선정기준

첫째, 하이테크 생산기업보다는 서비스기업을 고른다(즉 컴퓨터제조기업보다는 정보처리회사).

둘째, 내부자가 사는 주식을 산다(내부자가 좋게 보는 것은 회사가 정말 좋아지고 있다는 증거이다).

셋째, 분석가들의 최고인기종목(잘 알려진 주식은 이미 다 올라있다)이나 대중인기종목은 피한다.

넷째, 미래에 PER가 높아질 종목을 산다. PER가 1,000이면 아더왕 때 투자한 사람만이 원금을 회수할 수 있다.

다섯째, 본사를 직접 방문한 후 여러 가지 실제조사를 하고 나서 투자를 한다.

여섯째, 투자대상 및 종목선정은 당해년도 베타계수(가격등락률), PER, 자산가치 등을 고려하여 성장주식 중에서 고른다.

일곱째, 제품이나 내용을 잘 모르는 회사의 주식은 피한다.

② 투자의 핵심

첫째, 발로 뛰어 기업의 내부정보, 성장전망, 수익성을 포착해 큰 폭의 성장주를 발굴한다. 성장성에 비해 저평가되어 있으며 장세에 상관없이 매입하고 매입한 후 20~30% 하락해도 장기보유한다.

둘째, 내부자의 매매동향과 정보를 포착한다. 내부자들의 매매는 그 회사의 실제 영업전망을 예고한다.

셋째, 기술적 분석을 비롯한 장 · 단기 기업전망을 통해 매매타이밍을 정한다. 하루종일 끊임없이 장기주가차트를 살펴보면서 중대하거나 사소한 사건의 기억을 되살린다.

넷째, 10종목에 투자했을 때 몇 배 수익이 남을 수 있는 급등주가 1~2개는 포함되도록 피나는 노력을 기울인다.

연습문제

01 어느 경제에서는 인플레이션이 전혀 발생하지 않을 것으로 예상되고 있다. 그리고 오늘 어느 투자자가 무위험자산에 100만 원을 투자하면 1년 후 105만 원을 받게 된다고 한다.

(1) 이 경우 실질이자율과 명목이자율을 각각 구하라.

(2) 다른 모든 조건은 동일한데, 다만 가격이 앞으로 1년 동안 전반적으로 4% 오를 것으로 내다보고 있다고 가정하자. 이 경우 실질이자율과 명목이자율은 각각 얼마인가?

02 다음의 자료를 보고 물음에 답하라.

연도	0	1	2	만기 3
채권가격	970,000원	975,000원	985,000원	1,000,000원

그리고 이 채권은 매년 말 60,000원의 이자를 지급하는데, 연말이자를 받기 위해서는 반드시 연초에 채권을 매입하여야 한다고 가정하자.

(1) 자료에 나타나 있는 해당기간 동안에 대하여 이 채권의 연도별수익률을 계산하라.

(2) 어느 투자자가 연도 0에 이 채권을 매입해서 연도 2에 매도하였을 때의 평균투자수익률을 산출하라. 수익률은 다음과 같은 방법으로 각각 구하라.

1. 산출평균수익률
2. 기하평균수익률
3. 내부수익률

(3) 어느 투자자가 연도 0에 이 채권을 매입해서 만기(연도 3)까지 보유할 때의 평균투자수익률을 산출하라. 수익률은 다음과 같은 방법으로 각각 구하라.

1. 산출평균수익률
2. 기하평균수익률
3. 내부수익률

03 어떤 채권의 경우 만기(maturity)는 그다지 명확한 개념이 아니다. 왜 그런가?

04 액면가가 100만 원인 어느 채권은 표면이자율이 10%이다. 현재 같은 신용위험을 가진 채권은 만기의 장 · 단에 관계없이 모두 7%의 수익률을 가지고 있다. 이 채권의 만기는 10년이지만, 2년만에 수의상환할 수 있는데, 수의상환가격은 1,075,000원이라고 한다.

(1) 앞으로 이자율이 변하지 않고 그대로 7%에 머물 경우, 그 채권의 발행주체는 2년만에 그 채권을 수의상환할 것으로 예상하는가?

(2) 위의 문제에 대한 답을 전제로, 이 채권의 현재 가격은 얼마인가?

(3) 이 채권의 만기수익률은 얼마인가?

05 어느 채권의 특성은 다음과 같다.

- 액면가 : 100만 원
- 연간이자지급액 : 6만 원 (첫 이자는 1년 후 지급예정)
- 만기수익률 : 7%
- 만기 : 3년

(1) 이 채권에 대한 Macaulay의 듀레이션을 산출하라.

(2) 위 문제에 대한 답을 기초로 하여 만기수익률이 6.5%로 하락할 경우의 채권가치 변화를 대략적으로 계산하라.

(3) 이 채권가격의 실제변화를 정확하게 계산하라.

06 만기가 4년인 순수할인채권(무이자지급)의 경우를 살펴보자. 현재의 만기수익률은 9%이다. 만일 만기수익률이 갑자기 8.5%로 하락한다면, Macaulay의 듀레이션은 그와 같은 변화에 어떻게 반응할 것인가?

07 어느 투자자는 1년 후 2,000만 원, 그리고 2년 후 2,000만 원을 상환해야 하는 부채를 안고 있다. 현재 채권의 만기수익률은 9%라고 한다.

(1) 이 부채에 대한 Macaulay의 듀레이션을 구하라.

(2) 어떤 이유로 만기수익률이 갑자기 10%로 변했다고 가정하자. 위의 문제에 대한 답을 기초로 하여 부채의 현재가치가 어떻게 변하는가를 대략 추정해보라.

08 어느 투자자는 그가 안고 있는 부채(미래 어느 시점에서 단 한번의 상환)를 그와 유사한 특성을 가지고 있는 채권의 만기 및 현재가치에 일치시켰다. 그가 그와 같은 일치전략을 막 끝낸 무렵의 만기수익률곡선은 7%수준에서 수평이었다. 그러나 그 직후 갑작스럽게 만기수익률곡선은 8%수준(여전히 수평을 유지)으로 상승하였다고 한다.

(1) 그와 같은 변화는 어떠한 결과를 초래하는가?

(2) 그 투자자가 취한 만기 및 현재가치 일치전략은 면역화포지션을 달성하기 위하여 적절하였다고 생각하는가?

09 어느 투자자는 다음의 두 채권을 매입하여 포트폴리오를 구성하려고 한다.

채권	연간이자액	액면가	만기수익률	만기
1	85,000원	100만원	10%	2년
2	0원	100만원	9%	1년

(1) 이 채권포트폴리오의 만기수익률을 구하라.

(2) 이 채권포트폴리오에 대하여 듀레이션을 구하기 위하기 위한 절차를 설명하라.

10 다음의 표에서는 어떤 채권의 만기수익률에 대한 가치를 보여주고 있다. 채권가

현재가치	만기수익률(Y)
979,000원	8.0%
950,000원	9.0%

치의 탄력성을 $(1+Y)$에 대하여 계산하고, 그 의미를 설명하라.

CHAPTER 05

주식가치의 산정

제1절 보통주의 가치
제2절 배당평가모형
제3절 이익평가모형
제4절 주가이익비율모형
제5절 미래이익 및 배당의 추정
제6절 배당정책과 주가
제7절 주식투자전략

I N V E S T M E N T

본 장에서는 보통주의 내재가치를 추정하는 방법을 알아본다. 보통주의 경우 투자수익은 일반적으로 배당이라는 형태로 이루어진다. 여기서는 미래예상배당흐름을 기초로 하여 주식의 가치를 산출하는 몇 가지 모형을 살펴보게 될 것이다.

본 장에서는 다음의 문제를 중점적으로 다룬다.

- 배당할인모형과 이익할인모형
- 배당정책과 주식의 가격
- 주식투자전략

병사가 항상 기세 좋을 수는 없고, 물은 항상 같은 모양이 아니다.
적에 따라 변화하여 승리를 잡아야 한다 - 孫子 -

인생이란 끊임없이 변화하는 것이므로 같은 장소에 언제까지 머물러 있지 않는다. 특히 주식은 본질적으로 변화하는 것이므로 끊임없이 변화를 거듭한다. 시세전반의 패턴을 1980년대 중반까지는 변화가 매우 단순하여 그것을 알아차리기가 쉬웠다. 경기변동 패턴이 단순하여 경기변동을 반영하는 주식시세도 마찬가지로 단순했기 때문이다.

지금의 경기변동은 패턴이 분명하지 않고 시세도 확실한 패턴이 없다. 시세란 그 시대에 따라 모양이 변하는 일도 있으므로 과거의 경험으로 일정한 패턴에 얽매어 있으면 잘못 판단하게 되는 경우가 많다.

제1절 ■ 보통주의 가치

증권시장에서 거래되는 대표적인 증권으로는 채권과 보통주를 든다. 채권은 미래의 현금흐름이 확정되어 있기 때문에 가치를 평가하기가 비교적 쉽다. 그러나 보통주는 그것으로부터 발생하는 미래 현금흐름이 확실하지 않기 때문에 가치평가가 그다지 쉽지 않다.

특히 보통주의 가치평가에 있어서 위험의 크기가 상당한 영향을 미친다. 왜냐하면 보통주는 기업의 자산에 대한 소유지분으로서 잔여청구권(residual claim)을 나타내기 때문이다. 즉 회사의 청산 시에 보통주주들은 채권자들이나 우선주주들이 먼저 청구권을 행사한 후에야 비로소 청구권을 행사할 수 있게 되어 채권과 우선주 소유에 비해 보통주 소유로 인한 이익의 변동은 훨씬 더 크다. 따라서 보통주의 경우 과소평가되었거나 과대평가된 주식을 발견하는 것이 결코 용이한 일이 아니다.

1.1 내재가치

보통주의 내재가치(intrinsic value)는 보통주가 발생시키는 배당금이나 시세차익(자본소득)과 같은 현금흐름을 현재시점으로 할인하여 현재가치를 구함으로써 추정한다. 만일 미래현금흐름이 불확실할 경우 그러한 불확실성을 할인율에 반영시켜 현재가치를 구한다. 대부분의 보통주가치산정모형들은 이와 같이 현재가치를 구하여 내재가치를 추정하는 모형들이다.

주식의 내재가치가 중요한 이유는 그것이 주식시장에서 과대 혹은 과소평가되어 있는 종목을 찾기 위한 기준을 제공하여 주기 때문이다. 즉 어떤 주식의 가격이 그 종목의 내재가치보다 높다면 그 종목은 시장에서 과대평가된 셈이므로 매각하는 전략이 유리할 것이고, 반면에 시장가격이 내재가치보다 낮으면 해당종목은 현재 과소평가되어 있으므로 매입하는 전략이 유리할 것이다.

1.2 자산가치

보통주의 내재가치를 산출하기 위해서는 미래현금흐름의 현재가치를 구해야 한다. 그러나 미래현금흐름은 주관적인 예상에 기초하고 있고, 또한 할인율도 투자자의 자의적 판단에 의해 결정되는 경우가 많다. 따라서 일부에서는 내재가치보다는 자산가치(asset value)에 의해 보통주의 가치를 평가하는 편이 더 낫다고 주장한다. 특히 상장되어 있지 않은 주식의 가치를 평가하는 데는 자산가치가 유일한 방법이라고 한다.

보통주의 자산가치는 기업의 순자산(=총자산−총부채, net worth)을 총발행주식수로 나누어 계산하며, 이것을 주당장부가치(book value per share)라고도 한다. 이렇게 산출된 자산가치는 객관성과 현실성에 관해서 몇 가지 문제점이 있다. 첫째, 이렇게 산출된 자산가치는 역사적 취득원가를 사용하고 있으므로 해당기업의 미래수익창출능력을 반영하고 있지 않다. 둘째, 기업의 총가치는 재무제표상의 개별자산가치의 합계가 아니라 그러한 자산의 유기적 결합으로 인하여 발생하는 미래수익창출능력의 현재가치로 측정되어야 하는데, 자산가치는 이를 무시하고 있다.

1.3 기본평가모형

이상에서 설명한 것을 요약하면, 주식의 자산가치는 주식의 본질적 측면을 무시하고 있으므로, 비록 주관적이기는 하지만 그래도 해당기업의 미래수익창출능력에 바탕을 두고 있는 내재가치접근법이 훨씬 더 큰 호응을 얻고 있다. 보통주의 내재가치를 구하려면 그것으로부터 발생하는 미래현금흐름의 현재가치를 구해야 하는데, 기본모형은 다음과 같이 나타낼 수 있다.

$$P_0 = \sum_{t=1}^{\infty} \frac{t\text{기간의 현금흐름}}{(1 + \text{요구수익률})^t} \tag{1}$$

주식에 대하여 이 모형을 적용하는 것은 매우 어려운 과제인데, 그 이유는 다음과 같다. 첫째, 매 기간 발생할 것으로 예상되는 현금흐름의 추정이 그다지 명확하지 않다. 왜냐하면 현금흐름의 추정작업이 투자자의 주관적 예상에 지나치게 의존하고 있기 때문이다. 둘째, 미래현금흐름의 불확실성을 정확하게 측정하기가 어려우므로 할인율로 쓰이는 요구수익률이 그러한 불확실성을 정확하게 반영시키기가 어렵다. 셋째, 미래현금흐름으로 어떠한 개념을 사용해야 하는가가 그다지 명쾌하지 않다.

일반대중은 항상 틀리고 있다

일반대중은 어째서 항상 틀리고 있는가? 왜냐하면 일반대중은 진리보다는 착각을 사랑하기 때문이다. 즉 사물을 깊이 보는 것을 싫어하고 얕게 보는 것을 좋아하기 때문이다. 베스트셀러든 무엇이든 잘 팔리는 책은 거의 예외 없이 내용이 그다지 깊지 않다. 깊은 인생통찰이라는 것을 일반대중은 좋아하지 않는다. 천박한 것, 피상적인 것, 통속적인 것들은 사람들의 마음을 강하게 끌고 쉽게 그들을 울린다. 위대한 예술가들은 일반대중의 기호 때문에 고민해 왔다. 고호는 생전에 그의 그림을 이해하는 사람이 없어서 화가로서 인정을 못받았다.

일반대중이 주식투자에서 실패하는 것은 너무나 당연하다. 즉 얕고 피상적인 사고방식을 좋아하고 있는 한 주식투자로 성공하기 어렵기 때문이다. 일반대중은 재료나 정보에 특히 집착한다. 재료의 특성을 살펴보면 대개 거짓 재료가 충격적인 경우가 많다. 주식투자로 성공하려면 반드시 일반대중으로부터 벗어나야 한다.

제2절 ■ 배당평가모형

기업에서는 주주들에게 배당금지급이라는 방법으로 창출된 이익을 이전시키고 있다. 배당금이 보통주주에게는 유일한 현금흐름이므로 보통주의 가치를 평가할 때 미래현금흐름으로서는 유일한 투입물이 된다. 아마 이 즈음해서 여러분은 대부분의 투자자들이 배당보다는 오히려 자본이득(시세차익)에 더 큰 관심을 보이고 있는 점을 지적하면서 항변할 것이다. 결국 연도별 주식수익률의 변동성을 결정하는 가장 중요한 요인은 자본이득이나 자본손실이 된다. 그러나 주가의 변동은 그해 이후에 받게 되는 배당금의 크기에 대해서 주식시장에 있는 투자자들의 기대가 변하는 데 주로 기인한다.

주식의 현재시장가격은 연말에 받게 되는 배당금과 연말시점에서의 시장가격에 대한 주식시장에서의 기대치의 함수이며, 다음과 같이 쓸 수 있다.

$$P_0 = \frac{E(D_1) + E(P_1)}{1 + k_s} \tag{2}$$

여기서 P_0는 현재의 주가, $E(D_1)$는 연말배당금의 기대치, $E(P_1)$은 연말시점에서의 주가에 대한 기대치, 그리고 k_s는 투자자들의 요구수익률 혹은 그 주식에 대한 기대수익률이다. 기대수익률은 무위험자산수익률과 해당주식의 위험에 대한 위험프리미엄의 합계와 같다.

그러나 주식에 대한 기대수익률이 변하지 않는다면 연말시점에서의 예상주가는 다음과 같이 나타낼 수 있다.

$$E(P_1) = \frac{E(D_2) + E(P_2)}{1 + k_s} \tag{3}$$

식 (3)을 식 (2)에 대입하면 다음의 식을 얻는다.

$$P_0 = \frac{E(D_1)}{(1 + k_s)} + \frac{E(D_2) + E(P_2)}{(1 + k_s)^2}$$

여기서 보면 주가는 이제 앞으로 2년 동안의 예상배당금에 의해서 결정된다. 물론 이러한 과정을 3년, 4년 또는 그 이후까지 계속할 수 있는데, 결국 다음과 같은 식을 얻는다.

$$P_0 = \frac{E(D_1)}{(1 + k_s)} + \frac{E(D_2)}{(1 + k_s)^2} + \cdots + \frac{E(D_N)}{(1 + k_s)^N} \tag{4}$$

N은 남아 있는 해당기업의 수명을 의미한다.

식 (4)에 나타나 있듯이, 투자자들의 주된 관심은 비록 자본이득에 있다고 할지라도 자본이득의 원천은 결국 미래의 예상배당금(또는 미래배당금에 대한 기대치의 변화)이 되므로, 주식의 현재가격은 그 기업이 존재하는 동안 기대되는 미래배당금에 기반을 두고 있는 것이다.

한편 주식의 가치를 산정하기 위해서는 주당기대이익을 사용하는 것이 더 논리에 합당하게 보일지도 모른다. 결국 보통주주들은 채권에 대한 이자와 기타비용을 지급한 후의 이익금에 대한 청구권을 가지고 있기 때문이다. 그러나 미래배당금의 크기는 부분적으로 현재이익금의 일부를 재투자하는 것에 달려 있다고 할 수 있다. 따라서 미래배당금과 미래이익금 중에서 하나는 다른 하나의 일부분을 재투자하지 않고서는 존재할 수 없다.

식 (4)를 기간 t에서의 예상배당금 대신에 다음과 같이 이익금으로 다시 쓸 수 있다.

$$E(D_t) = E(\text{이익}_t - \text{유보이윤}_t) \tag{5}$$

유보이윤의 기능만 확실하게 인식된다면, 주식의 가치를 배당으로 산정하든 이익으로 산정하든 결국 그들은 완전히 일치한다.

2.1 항상성장모형

주식에 대하여 지급되는 배당금이 매년 일정한 비율 g로 언제까지나 증가한다는 가정만 세울 수 있다면 주식가치평가모형은 아주 단순해진다. 어느 회사에서 보통주주들에게 이제 막 배당금을 지급하였는데, 주당배당금은 D_0이었다고 하자. 이 경우 그 주식의 가치는 다음과 같이 표현할 수 있다.

$$P_0 = \frac{D_0(1+g)}{(1+k_s)} + \frac{D_0(1+g)^2}{(1+k_s)^2} + \cdots\cdots$$

이 식은 무한급수의 합이지만 예상성장률이 요구수익률보다 낮다면 극한값을 갖는다. 그 극한값은 다음과 같다.

$$P_0 = \frac{D_0(1+g)}{k_s - g} + \frac{E(D_1)}{k_s - g} \tag{6}$$

식 (6)을 항상성장모형(constant growth model) 또는 Gordon모형이라고 한다. 이 공식을 잘 이해하기 위해서 한 가지 예를 들어보자. 가령 어느 기업에서는 이제 방금 배당금으로 1주당 1,000원씩을 지급하였다. 이 기업의 배당금 예상성장률은 매년 10%이고, 주주들의 요구수익률은 20%라고 한다. 향후의 예상배당금은 다음과 같다.

$$E(D_1) = 1{,}000\text{원} \times 1.10 = 1{,}100\text{원}$$
$$E(D_2) = 1{,}100\text{원} \times 1.10 = 1{,}210\text{원}$$
$$E(D_3) = 1{,}210\text{원} \times 1.10 = 1{,}330\text{원}$$

그러므로 이 주식의 시장가치는 식 (6)에 따라서 11,000원이 된다.

$$P_0 = \frac{11{,}000\text{원}}{0.20 - 0.10} = 11{,}000\text{원}$$

항상성장모형에서는 주가와 배당금이 언제까지나 같은 비율로 성장한다. 예를 들면, 2년째 지급될 것으로 예상되는 배당금은 1,210원이므로 1년 후의 예상주가는 다음과 같아진다.

$$E(P_1) = \frac{1{,}210\text{원}}{0.20 - 0.10} = 12{,}100\text{원}$$

주식의 가격이 현재 11,000원에서 1년 후 12,100원으로 변한다면 주가상승률은 20%가 되며, 물론 이것은 배당성장률과 일치한다.

이 모형에서 투자자들의 기대수익률은 다음 해의 예상배당금을 현재의 주가로 나눈 비율과 배당성장률을 합한 것과 같다는 사실을 유념해야 한다. 이것을 식으로 표현하면 다음과 같다.

$$k_s = \frac{\text{당해년도 말의 예상배당금}}{\text{연초의 주가}} + \text{배당성장률} \tag{7}$$

위의 예에서는 기대수익률이 20%가 된다.

$$k_s = \frac{1{,}100\text{원}}{11{,}000\text{원}} + 0.10 = 0.20 \text{ 또는 } 20\%$$

식 (5)와 (6)에 비추어 보면, 항상성장모형에 따른 주식의 가치는 기업의 이익금, 배당정책, 기업의 재투자수익률,[01] 기업의 성장률, 그리고 위험을 고려한 기업의 자본비용에 의해서 종합적으로 결정됨을 알 수 있다. 이러한 항상성장모형이 개념적으로는 간단하게 보이지만 이 모형을 도출하기 위해서 내세우고 있는 가정은 사실 받아들이기 곤란하다. 왜냐하면 한 기업이 평균 이상의 비율로 끊임없이 성장한다면 결국 경제 전체를 다 삼키고도 남을 것이기 때문이다. 따라서 미래성장률에 관해서는 보다 현실성 있는 가정을 해야 할 것이다.

2.2 무성장모형

한편 기업이 성장을 하지 않고 그저 현상유지만 계속할 것으로 예상되는 경우 매 기간의 배당금은 현재의 배당수준에서 크게 변화되지 않을 것으로 예상된다. 따라서 투자자의 요구수익률이 일정하다면 식 (6)에서 $g=0$인 경우에 해당할 것이다. 이러한 경우 주식의 가치는 다음과 같이 나타나며, 이것을 무성장모형(zero-growth model)이라고 부른다.

$$P_0 = \frac{D_0}{k_s} \tag{8}$$

이 모형에 의하면 주가는 투자자들의 기대수익률이 변화하지 않는 한 절대로 변동하지 않을 것이다. 그러나 기업의 성장이 멈추어 있다고 투자자들이 판단하는 경우 그들의 기대수익률이 좀처럼 변화할 것으로 보이지는 않는다. 따라서

01 배당성장률은 기업의 내부유보율과 재투자수익률과의 곱으로 표현되기 때문이다.

이 모형은 주가의 변동을 설명하지 못한다는 단점이 있다.

2.3 다단계성장모형

증권분석가들은 기업의 성장률이 여러 단계로 변화할 것이라는 가정을 흔히 세운다. 이러한 가정하에 도출된 주가의 모형이 다단계성장모형(multistage growth model)이다. 그 중에서도 가장 널리 사용되는 모형이 2단계성장모형(two-stage growth model)이다. 이 모형에서는 처음 수년 동안 배당금이 평균 이상 혹은 이하의 성장률로 성장한다고 가정한다. 성장기간이라고 불리는 이 기간이 지나면 성장률은 평균으로 회귀하게 된다. 성장기간의 길이는 여러분이 해당주식에 대한 비정상적인 성장기간이 지속될 것으로 예상하는 만큼의 충분한 기간이 될 것이다. 이 기간이 지나면 해당주식은 평균비율로 성장한다고 가정한다.

그림 5-1 ▌ 2단계성장모형에서의 예상배당금성장률

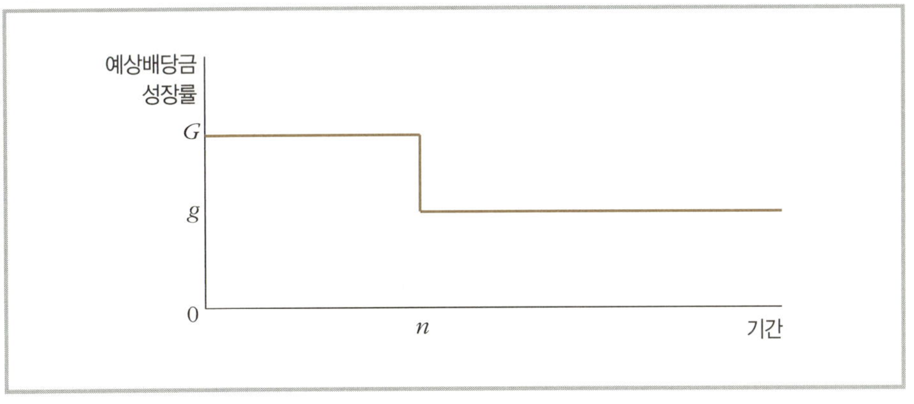

2단계성장모형의 성장구도는 [그림 5-1]에 나타난 바와 같다. 이 그림에서는 배당금이 첫 몇 년 동안 평균 이상의 높은 비율로 성장하고, 이 성장기간이 끝난 후 성장률은 평균으로 회귀하는 것으로 되어 있다. 2단계성장모형에 따른 주식의 시장가치는 다음과 같이 배당의 현재가치로 나타낼 수 있다.

$$P_0 = \frac{D_0(1+G)^1}{(1+k_s)^1} + \cdots + \frac{D_0(1+G)^n}{(1+k_s)^n} + \frac{E(P_6)}{(1+k_s)^{n+1}} \tag{9}$$

$$E(P_6) = \frac{D_0(1+G)^n(1+g)}{k_s - g}$$

여기서 G는 성장기간 동안의 평균보다는 높거나 낮은 성장률, 그리고 g는 평균성장률을 가리킨다. 이 식도 역시 무한급수의 합인데, 만일 g가 k_s보다 작으면 그 합은 유한하게 된다. 그리고 성장기간이 끝난 후의 기간에는 앞에서 설명한 항상성장모형을 적용하면 된다.

주주들의 요구수익률은 CAPM과 같은 자산가격결정모형을 사용하여 추정될 수 있다. 그리고 평균성장률은 종합주가지수와 연관된 과거의 주당이익과 주당배당금을 사용하여 추정될 수 있을 것이다. 주가지수의 역사적 성장률은 경제환경의 변화에 따른 차이를 감안하여 적절하게 수정되어야 할 것이다. 그 외에 추가적으로 고려해야 할 변수는 인플레이션이다. 만일 여러분이 생각하기를 미래의 인플레이션이 과거보다 더 클 것으로 생각한다면 이 점을 감안하여 미래의 평균성장률을 상향으로 조정해야 할 것이다.

2단계성장모형을 이해하기 위해서 다음의 예를 살펴보자. 어느 회사에서는 주당 1,000원씩의 배당을 방금 지급하였다. 배당금은 앞으로 6년 동안 매년 30%씩 성장할 것으로 예상되고 있다. 그 후 성장률은 연평균 6%로 안정될 것으로 내다보이고 있다. 이 주식에 대한 요구수익률은 15%로 가정한다.

먼저 성장기간 동안 매년 지급될 것으로 예상되는 주당배당금과 성장기간이 끝나는 시점에서의 주식의 가치를 계산하면 다음과 같다.

1년 후 : $E(D_1) = D_0(1+G)^1 \qquad = 1{,}300$원

2년 후 : $E(D_2) = D_0(1+G)^2 \qquad = 1{,}690$원

3년 후 : $E(D_3) = D_0(1+G)^3 \qquad = 2{,}200$원

4년 후 : $E(D_4) = D_0(1+G)^4 \qquad = 2{,}860$원

$$5\text{년 후}: E(D_5) = D_0(1+G)^5 \qquad = 3{,}710\text{원}$$

$$6\text{년 후}: E(D_6) = D_0(1+G)^6 \qquad = 4{,}830\text{원}$$

$$7\text{년 후}: E(D_7) = D_0(1+G)^6(1+g)^1 \qquad = 5{,}120\text{원}$$

$$6\text{년 후}: E(P_6) = \frac{E(D_7)}{k_s - g} = \frac{5{,}120\text{원}}{0.15-0.06} = 56{,}889\text{원}$$

15%의 할인율을 사용하여 이러한 미래배당금 및 미래주가의 현재가치를 구하면 아래와 같다.

$$PV(D_1) = 1{,}300\text{원}/1.15^1 \quad = 1{,}130\text{원}$$

$$PV(D_2) = 1{,}690\text{원}/1.15^2 \quad = 1{,}280\text{원}$$

$$PV(D_3) = 2{,}200\text{원}/1.15^3 \quad = 1{,}450\text{원}$$

$$PV(D_4) = 2{,}860\text{원}/1.15^4 \quad = 1{,}640\text{원}$$

$$PV(D_5) = 3{,}720\text{원}/1.15^6 \quad = 1{,}850\text{원}$$

$$PV(D_6) = 4{,}830\text{원}/1.15^6 \quad = 2{,}090\text{원}$$

$$PV(D_6) = 56{,}889\text{원}/1.15^6 \quad = 24{,}595\text{원}$$

$$\text{합계} \quad = 34{,}035\text{원}$$

배당성장률이 일정하지 않은 경우에도 기대수익률은 두 부분으로 구분될 수 있다. 즉, 배당성장률은 연말의 배당금을 현재주가로 나눈 비율과 당해 연도의 예상주가상승률의 합으로 나타난다.

$$\text{기대수익률} = \frac{\text{연말배당금}}{\text{연초주가}} + \text{예상주가상승률}$$

$$15\% = 1{,}300\text{원} \,/\, 34{,}035\text{원} \times 100 + 11.15\%$$

만일 2단계성장모형보다도 3단계 또는 4단계가 더 현실을 잘 반영하고 있다면 얼마든지 그러한 모형으로 확장하여 사용하면 된다.

욕망의 노예가 되지 마라

행복이란 현재 소유한 재산을 욕망으로 나눈 값이라는 공식이 있다. 이 공식에 따르면 행복을 추구하기 위해서는 소유를 늘리든지 욕망을 억제하든지 하면 된다. 주식투자에서 행복을 느끼려면 이 공식을 참고로 할 만하다. 주가형성의 기초가 되는 자료를 철저하게 분석하고 적절한 종목을 선택한 다음, 목표수익률을 정해야 한다. 일단 목표를 정하면 기다리는 여유가 생기고, 매일 매일의 주가변동에 스트레스도 덜 받게 될 것이다. 끝없는 욕망의 노예가 되지 말아야 한다는 것이다. 물론 주식투자에서도 수익과 행복을 동시에 추구할 수 있다.

제3절 ■ 이익평가모형

이익평가모형(earnings valuation model)에서는 미래의 주당이익(EPS)으로 보통주의 가치를 평가하려는 입장을 취하고 있다. 즉 이 모형에서는 주식을 보유함으로써 발생하는 이익의 흐름은 주당이익이라고 주장한다. 왜냐하면 기업이 영업을 통해서 창출시킨 이익은 그것이 배당이라는 형태로 보통주주들에게 지급되든 재투자를 위해서 기업내부에 유보되든 관계없이 보통주주가 행사할 수 있는 청구권의 대상이 되기 때문에, 보통주주가 청구권을 행사할 수 있는 미래의 보통주이익은 보통주의 가치를 산출할 수 있는 원천이 된다고 한다. 그리고 현실에 있어서 배당을 전혀 하지 않거나 극히 적게 하는 기업이 있는데 그러한 기업에 대해서는 배당할인모형을 적용하기가 곤란하다. 그러나 이익평가모형을 적용하면 그러한 문제점은 피할 수 있을 것이다.

3.1 이익평가모형에 의한 보통주의 가치

이익평가모형의 입장에서 본 보통주의 가치는 다음과 같이 정해진다.

$$P_0 = \frac{E(EPS_1)}{(1+k_s)^1} + \cdots + \frac{E(EPS_N)}{(1+k_s)^N} + \cdots = \sum_{t=1}^{\infty} \frac{E(EPS_t)}{(1+k_e)^t} \quad (10)$$

여기서 $E(EPS_t)$는 t기간의 예상주당이익, 그리고 k_e는 보통주주들의 요구수익률을 가리킨다. 그런데 이익평가모형에서 사용된 주주들의 요구수익률 k_e는 배당평가모형에서 사용되었던 요구수익률 k_e와는 다르다는 점에 유의하여야 한다. 왜냐하면 미래의 배당흐름과 이익흐름의 변동성은 서로 다르므로 각 모형에 적용되는 투자자의 요구수익률이 달라야 하기 때문이다.

식 (10)에서 각 기간의 주당이익이 일정하다면 배당평가모형의 무성장모형의 경우와 같이 아주 간략하게 나타낼 수 있다.

$$P_0 = \frac{EPS}{1+k_s}\left[1 + \frac{1}{(1+k_s)} + \frac{1}{(1+k_s)^2} + \cdots\right] \quad (11)$$
$$= \frac{EPS}{k_e}$$

그런데 식 (11)로 표시되는 주식의 가치가 모든 투자자에게 언제나 동일하게 평가되는 것은 아니다. 왜냐하면 투자자들마다 요구하는 요구수익률(자본환원률) k_e와 예상하는 주당이익 EPS가 다소의 차이를 보이기 때문이다.

3.2 배당할인모형과 이익할인모형

지금까지 설명한 배당할인모형과 이익평가모형 중에서 어느 것이 더 타당한가에 대해서 지금까지 많은 논쟁이 진행되어 왔다. 주식의 가치를 산정하기 위해서는 주당기대이익을 사용하는 것이 더 논리에 합당하게 보일지도 모른다. 결국 보통주주들은 채권에 대한 이자와 기타비용을 지급한 후의 이익금에 대한 청구권을 가지고 있기 때문이다. 그러나 미래배당금의 크기는 부분적으로 현재이익금의 일부를 재투자하는 것에 달려 있다고 할 수 있다. 따라서 미래배당금과 미래이익금 중에서 하나는 다른 하나의 일부분을 재투자하지 않고서는 존재할 수 없는 것이다.

기간 t에서의 예상배당금을 다음과 같이 이익금으로 다시 쓸 수 있다.

$$E(D_t) = E(\text{이익}_t - \text{유보이윤}_t)$$

이러한 관계를 두고 볼 때, 유보이윤의 기능만 확실하게 인식된다면 주식의 가치를 배당으로 산정하든 이익으로 산정하든 결국 그들은 완전히 일치하게 되는 것이다.

한편 Modigliani and Miller(1961)에 의하면 배당할인모형과 이익평가모형은 동일한 것으로 밝혀졌다.[02] 왜냐하면 주식의 가치가 순이익을 자본환원함으로써 얻어지느냐 혹은 배당을 자본환원함으로써 얻어지느냐 하는 문제는 주식의 수익력 자체와는 무관하기 때문이다. 앞에서도 설명하였듯이 기업의 순이익은 주주에 대한 배당과 내부유보에 의한 재투자로 나뉘며, 이 중에서 내부유보는 재투자수익의 실현을 통하여 미래의 배당을 증가시키게 될 것이다. 따라서 이익을 자본환원하여 얻게 되는 주식의 가치는 배당을 자본환원하여 얻어지는 주식가치와 일치하게 될 것이다.

배당할인모형과 이익평가모형은 보통주의 가치를 주당배당금 또는 주당이익과 같은 미래현금흐름을 투자자들의 요구수익률로 할인한 현재가치로 나타내고 있으나, 사실 미래의 현금흐름과 요구수익률의 예측이 불확실하기 때문에 유용성이 그다지 크지 않은 모형이라고 할 수 있다. 그러나 위의 두 모형에서는 보통주의 가치를 기업의 수익성, 위험, 그리고 성장성 등 세 가지 기본요인에 의해서 결정되고 있다는 사실을 보여주고 있다는 점에서 그 의의는 크다고 볼 수 있다.

02 F. Modigliani and M. H. Miller, "Dividend Policy, Growth, and the Valuation of Shares," *Journal of Business*(Oct. 1961), pp.411~433.

합창을 하면 주가는 반대로 움직인다

> 모든 사람들이 주가가 반락하면 사겠다고 생각하고 있으면 반락은 오지 않고, 많은 사람들이 반등이 오면 팔겠다고 생각하면 반등은 오지 않는다. 모든 사람들이 큰 시세가 올 것이라고 생각하면 미리 주식을 모두 사놓고 큰 시세가 오면 팔겠다고 생각하고 있는 상태이므로, 그런 경우 큰 시세는 오지 않는다.

제4절 ■ 주가이익비율모형

위에서 설명한 배당할인모형과 이익평가모형들은 주관적인 면이 강하고 실용성이 떨어진다는 단점이 지적되었다. 이러한 분석상의 문제점을 극복하기 위하여 증권실무에서는 오래 전부터 주가이익비율(PER)을 이용한 보통주가치평가 방법이 많이 사용되고 있다. 주가이익비율은 보통주에 대해서 투자자들에게 널리 사용되고 있는 지표 중 하나이다.

주가이익비율은 보통주주들에게 분배될 수 있는 이익에 기초하여 산출되고 있다. 즉 매출이익으로부터 영업비용, 감가상각, 법인세 및 이자비용을 모두 차감한 후의 이익을 근거로 계산된다. 따라서 주가이익비율은 기업이 창출한 이익 1단위에 대하여 투자자들이 지불하고 있는 대가를 나타낸 것으로 이익승수(earnings multiplier)라고도 부른다. 예를 들어, 중앙물산(주)의 주당이익(EPS)이 1,500원이고 현재의 주식의 가격이 30,000원이라면 주가이익비율은 20배가 된다. 이것은 투자자들이 중앙물산(주)의 이익 1원에 대하여 20배의 대가를 지불하고 있음을 나타낸다.

4.1 주가이익비율에 의한 보통주의 가치

주가이익비율모형에서는 일정시점에서 주식의 이론적 가치를 그 시점의 주당이익에 정상적인 주가이익비율(normalized PER)을 곱하여 산출하고 있다.

$$P_0 = \left[\frac{P}{EPS} \right]^* \times EPS_0 \tag{12}$$

여기서 P_0는 현재의 주식가격, EPS_0는 현재시점에서의 주당이익, 그리고 $(P/EPS)^*$는 정상적인 주가이익비율을 가리킨다. 이 방법을 이용하여 주식의 이론적 가치를 평가할 때는 정상적인 주가이익비율을 구하는 것이 이 모형의 핵심이 된다. 정상적인 주가이익비율을 구하는 방법으로는 여러 가지가 있지만, 다음과 같은 두 가지 방법이 많이 이용되고 있다.

1) 배당평가모형의 활용

항상성장모형을 나타내는 식 (6)의 양변을 주당이익 EPS로 나누면 다음의 식이 되는데, 이것이 정상적인 주가이익비율을 나타낸다.

$$\left(\frac{P}{EPS} \right)^* = \frac{D_0(1+g)}{k_s - g} \times \frac{1}{EPS} = \frac{D_0(1+g)}{k_s - g} \times \frac{DPR}{D_0} = \frac{DPR(1+g)}{k_s - g} \tag{13}$$

여기서 DPR은 배당성향을 가리키며 (1−유보비율)로 계산된다.

2) 회귀분석방법

회귀분석방법을 이용해서도 정상적인 주가이익비율을 추정하고 있다. 즉 주가이익비율을 결정하는 요인을 기업의 성장성, 배당성향 그리고 위험 등이라고 가정하고 다음과 같은 모형을 설정하여 정상적인 주가이익비율을 추정할 수 있다.

$$\left(\frac{P}{EPS}\right)_t = \alpha_0 + \alpha_1 g_i + \alpha_2 DPR_i + \alpha_3 \beta_i + \varepsilon_i \tag{14}$$

여기서 $(P/EPS)_i$:일정시점에서 관찰한 기업 i의 주가이익비율
g_i : 기업 i의 배당성장률
DPR_i : 기업 i의 배당성향
β_i : 기업 i의 베타계수

Malkiel and Cragg(1970)는 170여 기업을 대상으로 식 (14)를 추정하였는데, 그들의 분석결과가 [표 5-1]에 요약되어 있다.[03]

표 5-1 ▎회귀분석에 의한 주가이익비율 결정요인의 추정

연도	다중회귀모형
1961	$(P/EPS)_i = 15.52 + 1.82g_i - 1.75DPR_i - 1.53\beta_i$
1962	$(P/EPS)_i = 12.42 + 1.02g_i + 4.28DPR_i - 2.97\beta_i$
1963	$(P/EPS)_i = 9.20 + 1.28g_i + 6.84DPR_i - 1.21\beta_i$
1964	$(P/EPS)_i = 14.37 + 0.96g_i + 3.29DPR_i - 3.54\beta_i$
1965	$(P/EPS)_i = 7.47 + 1.52g_i + 5.58DPR_i - 0.95\beta_i$

자료 : B. E. Malkiel and J. G. Cragg, "Expectations and the Structure of Share Prices," *American Economic Review*(Sept. 1970), p.610.

4.2 주가이익비율의 결정요인

2단계성장모형에 따르면, 주식의 기대수익률 k_s가 낮을수록 그리고 주식의 최초성장기간 동안의 성장률 G가 높을수록, 현재의 주가이익비율은 커진다고 할 수 있다. 다른 한편으로는, $G > g$일 때 최초성장기간이 길수록 또는 $G < g$일 때 최초성장기간이 짧을수록 주가이익비율이 커진다.

기대이익규모와 기대배당금이 정해진 상태에서 투자에 대한 요구수익률이 낮

03 B. E. Malkiel and J. G. Cragg, "Expectations and the Structure of Share Prices," *American Economic Review*(Sept. 1970).

으면 낮을수록 더 많은 투자자들이 현재의 주가로 투자하려고 할 것이다. 그러므로 다른 모든 조건이 동일하다면 요구수익률이 낮을수록 현재의 주가이익비율은 더 커질 것이다. 그런데 일반적으로 증권의 위험이 증가하면 요구수익률도 증가하게 된다. 그러나 동일한 위험을 갖는 증권에 대해서도 경제상황이 달라짐에 따라 요구수익률 역시 달라진다. 즉 미래에 대한 낙관적 예측이 지배하는 강세시장에서 투자자들은 상대적으로 낮은 수익률을 요구하게 될 것이다. 반면에 비관적 예측이 지배하는 약세시장에서는 상대적으로 높은 요구수익률을 적용하려고 할 것이다. 그 결과 위험이 증가함에 따라 주가이익비율은 감소하겠지만 동일한 위험을 갖는 증권에 대해서는 시장이 호황일수록 높은 주가이익비율을 적용하게 되어 결과적으로 주가는 상승한다.

만일 미래의 이익규모나 배당이 현재의 수준에 비해 더 커질 것으로 예상된다면, 미래배당금의 현재가치와 현재의 주가는 현재의 배당금이나 주당이익에 비해 훨씬 더 커진다. 따라서 주어진 비정상성장기간 동안 비정상성장률이 높을수록 현재의 배당금이나 주당이익에 비해 미래배당금의 규모와 그 현재가치 및 현재의 주가는 더 높아진다.

그런데 최초성장률이 평균 이상이고 그러한 성장률이 오래 지속될 것으로 예상되는 경우 현재의 주당이익에 비해서 미래의 배당금이 더 커진다. 반면에 최초성장률이 평균보다 낮을 것으로 예상되는 경우에는 미래의 배당금이 평균주식에 비하여 더 작을 것이며, 주가이익비율도 평균에 비해서 훨씬 더 작아질 것이다.

배당성향은 또 하나의 중요한 요인이 되는데, 이것의 추정에는 문제점이 따르고 있다. 배당성향을 추정할 때 기업이 공표한 회계자료를 그대로 이용하는 데는 한계가 있다. 따라서 배당성향은 이익을 수정한 후의 배당성향을 이용하여야 한다. 또한 배당성향이 높을수록 기업의 성장에 중요한 영향을 미치기 때문에 이런 배당성향의 추정에는 종합적인 면이 고려되어야 한다.

4.3 주가이익비율의 변화

이익과 배당의 성장률 그리고 주식에 대한 기대수익률이 일정하다면 주가이익비율 역시 일정하게 된다. 그런데 만일 성장률이 달라진다면 주가이익비율도 시간이 흐름에 따라 변하게 되고, 결국 동일한 위험을 가진 주식들의 평균치로 안정될 것이다.

2단계성장모형의 경우 주가이익비율의 변화패턴이 [그림 5-2]에 나타나 있다. 이 그림에서는 주기이익비율은 수직축에, 그리고 앞으로의 시간은 가로축에 그려져 있다. 이 그림에서는 세 기업의 예상주가이익비율이 서로 비교되어 있다. 제일 상단에 있는 곡선 (가)는 최초성장기간의 성장률이 12%이고 그러한 성장률이 앞으로 6년 동안 지속될 것으로 예상되는 경우에 해당된다. 제일 하단에 있는 곡선 (다)는 앞으로 3년 동안의 성장률이 0%인 기업의 경우에 해당한다. 그리고 가운데 있는 수평선인 (나)는 앞으로 언제까지나 평균비율인 6%로 성장할 것으로 예측되는 기업의 경우에 해당한다. 세 기업 모두에 대해서 50%의 배당성향을 가정하고 있으며, 기대수익률은 15%로 변함이 없을 것으로 예상된다.

이 곡선들은 그려내기 위해서는 먼저 최초의 배당금을 기초로 예상성장률을 사용하여 미래배당금을 추정한다. 그 다음, 배당성향이 50%이므로 미래예상배

그림 5-2 ▌ 세 주식에 대한 미래의 기대주가이익비율 비교

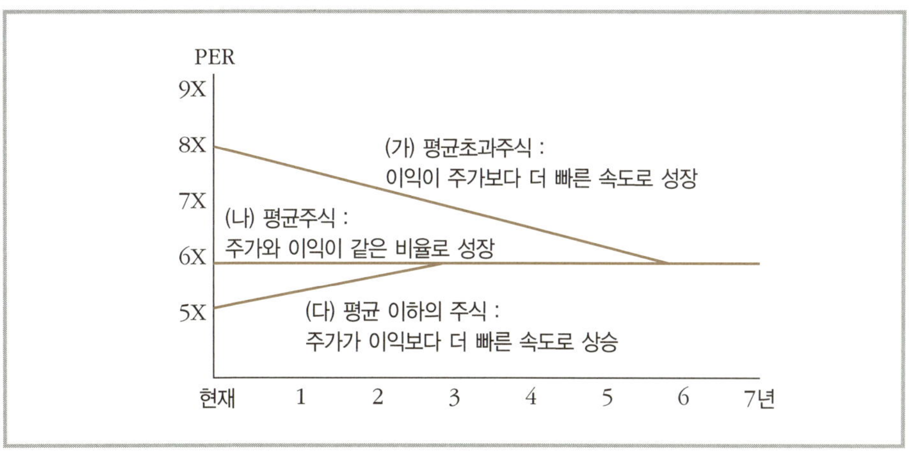

당금을 2배 하면 같은 기간의 미래예상주당이익을 얻을 수 있다. 이 자료들과 식 (9)에 의거하여 주가의 미래가격을 구할 수 있다. 마지막으로 미래의 주가를 같은 시점의 미래주당이익으로 나누면 주가이익비율을 계산할 수 있다.

여기서 주목할 점은 최초성장률이 비정상적으로 높은 경우 시간이 흐름에 따라 주가이익비율은 하락할 것이고, 최초성장률이 평균보다 훨씬 낮은 경우에는 시간이 흐름에 따라 주가이익비율은 상승할 것으로 예측된다. 그러나 중요한 것은 주가이익비율의 변화가 투자자들의 기대가 변화해서 일어나는 것이 아니고 단순히 시간이 흐름에 따라 각 주식이 평균에 회귀하려는 경향에 의해서 변화하는 것으로 볼 수 있다는 점이다.

투자는 내일도 할 수 있다

주식시세의 속성은 예측하기 어렵다는 데 있다. 그러나 1년에 몇 번 정도는 누구에게나 시세움직임이 쉽게 보이는 때가 있다. 장기간 바닥을 다지고 상승하기 시작할 때 주가움직임이 지루하지만 이때 투자하면 위험이 없다. 주식투자자는 시세움직임에 확신이 갈 때 투자해야 안전하다. 그럼에도 불구하고 많은 사람들이 주식투자에 실패하는 것은 지나친 욕심 때문이다.

욕심이 지나쳐 뒤늦게 급등세에 편승하는 뇌동매매를 하면 대부분 큰 손실을 본다. 분위기에 휩쓸리지 않고 투자타이밍을 기다려 안전할 때를 고르면 다른 투자수단보다 높은 수익을 올릴 수 있다. 주식투자에서 서두르는 일은 절대로 피해야 한다. 시세는 일년 열두 달 형성된다. 몇 번의 투자기회를 놓치더라도 확실한 투자시점을 골라 투자하는 것이 바로 돈을 버는 비결이다.

제5절 ■ 미래이익 및 배당의 추정

채권투자로부터 발생하는 이자와는 달리 보통주로부터 발생하는 배당금은 때로는 적어지고 때로는 많아진다. 증권분석가들이 하는 일 중의 하나는 미래배당금의 성장가능성을 추정하는 것이다. 그들은 주로 다음과 같은 의문점들을 알아내려고 한다. 성장률의 추정이 얼마의 기간 동안 정확하게 이루어질 수 있는가? 그러한 추정에 대한 신뢰도는 어느 정도인가? 본 절에서는 이러한 점에 초점을 맞추어 논의를 진행한다.

5.1 미래성장에 대한 선불

미래 주당이익과 배당금의 성장에 대한 주식시장에서의 기대치는 현재주가에 반영되어 있다. 만일 투자자들이 어느 기업의 배당금이 앞으로 상당기간 동안 평균비율 이상으로 성장할 것이라고 판단하는 경우 그들은 현재 지급되는 배당금에 비해 상대적으로 훨씬 높은 가격을 지불하고서라도 그 주식을 보유하려고 할 것이다. 따라서 이때 주당배당금에 대한 현재주가의 비율은 평균적인 주식에 비해 훨씬 더 커진다.

앞에서 논의한 식 (9)를 염두에 두면서 동일한 요구수익률 k_s를 가진 두 주식 A와 B를 고려해 보자. A기업은 평균비율인 g로 언제까지나 성장할 것으로 기대되고 있고, B기업은 앞으로 n년 동안 평균보다 훨씬 높은 연평균 G의 비율로 성장할 것으로 예측되고 있다. 두 기업에 대해 모두 현재의 배당금이 같다고 하면, B기업의 미래 배당흐름의 현재가치가 A기업보다 클 것이다. 현재배당금 대비 현재주가비율도 B기업의 경우가 A기업의 경우보다 훨씬 더 높을 것이다. 만일 어느 투자자가 B기업의 주식을 A기업의 주식에 비해 더 높은 가격에 산다면, 그가 가지고 있는 요구수익률 k_s가 실현되기 위해서는 B기업의 배당금성장률이 A기업의 그것에 비해 반드시 높아야 한다. 그렇지 않고 만일 B기업의 배당성장률이 그다지 높지 않고 겨우 평균비율 정도로 기록된다면 그 투자자가 애초에 가졌던 요구수익률 k_s는 벌지 못한다.

이러한 관점에서 볼 때 투자자들은 앞으로 시간이 흐름에 따라 발생할 주당이익이나 배당에 대한 예측을 하고 그러한 성장률이 실현된 다음 성장에 대한 대가를 지불하는 것이 아니라 미래 성장률에 대한 예측을 하는 현재의 시점에서 미리 대가를 지불하고 그 예측이 과연 실현되는지를 지켜볼 뿐이다. 고속성장을 할 것으로 예측되는 주식은 투자자들에게 그들의 예측에 상응한 수익률을 가져다주기 위해서 예측되는 성장률을 반드시 달성하여야 한다. 그렇지 않고 고속성장은커녕 그저 평균 정도의 배당성장률을 기록하는 경우 투자자들의 수익률은 평균 이하가 되고 말 것이다. 왜냐하면 투자자들이 받게 되는 배당금은 그들이 이미 지불했던 가격에 비해 상대적으로 적을 것이고, 그 결과 그들은 자본손실을 입게 되기 때문이다.

5.2 역사적 관점에서 본 성장과 주가의 산정

초기의 재무분석가들은 증권의 가치를 평가할 때 성장(growth)을 투자의 관점에서보다는 투기적인 특성으로 보았다. 성실한 분석가들은 따라서 현재의 정상적 이익을 세심하게 추정하고 그 결과에다 그 주식의 신용등급에 기초를 둔 가치-이익배수(value-earnings multiple)를 곱해줌으로써 해당주식의 내재가치를 산출하였다. 여기서 신용등급은 성장잠재력과는 별 상관이 없는 것이다. 이러한 관행은 성장률이 예측불가능하다는 주장에 그 기반을 두고 있다. 이러한 접근법에서는 어떠한 주식에 대해서도 장래의 성장률을 정확하게 예측할 수 없다는 가정을 하고 있는 것이다.

이러한 접근법은 1926년 Edgar Lawrence Smith가 『Common Stocks as Long Term Investments』라는 책의 출간에 의해서 거센 도전을 받았다. Smith는 이 책에서 보통주에 대한 역사적 수익률이 채권수익률보다 훨씬 더 높았다는 사실을 보였는데, 두 증권 간 수익률의 차이는 보통주와 채권의 위험의 차이로 돌리기에는 너무나 컸다. 이러한 현상에 대해 Smith는 보통주의 가치산정이 잘못되어 발생했다고 주장하였다. 주식은 발생하는 소득이 성장할 수 있다는 점에서 채권과는 근본적으로 다르다. 그 당시의 증권분석가들은 어느 주식의 성장가능성이 가장 큰가는 무시하고 결국 다른 한쪽 면만을 보아왔던 것이다. 왜냐하면 성장주들은 상대적으로 더 큰 내재가치를 가지고 있기 때문이다.

Smith의 책은 큰 반향을 불러일으켰고, 사람들은 그때부터 성장주를 찾는 데 혈안이 되기에 이르렀다. 성장주로 판단되는 주식들의 가격은 엄청나게 올랐으며, 어떤 것은 그 당시의 주당이익에 비해 지나치게 오른 것도 부지기수였다. 주식의 가치산정은 새로운 금자탑을 이룩하게 되었고, 그러한 가치산정접근법은 "신기원이론(New Era Theory)"으로 불렸다. 그러나 그러한 신기원이론도 1929년 10월에 닥친 주가폭락사태로 그만 종지부를 찍었다.

경제대공황이 한창 진행되던 1934년 Graham and Dodd는 신기원이론과 성장주의 가치산정접근법에 대해 혹독하게 비판하였다.[04] 그들은 다음과 같은 어조로 초창기의 전통적 접근법을 옹호하였으며 나중에까지도 그러한 입장을 견지하였다.

> "…분석가들이 투자가치를 산정할 때에는 해당기업이 이미 수년 동안 영업을 통해 성취한 수익창출능력에 기초하여 실시하여야 한다."[05]

Graham and Dodd는 미래성장률이 예측하기가 매우 어렵다고 느꼈으며, 주식의 가치산정은 장래 예상되는 수익창출능력이 아니고 이미 보여준 경영성과에 기초해야 한다고 주장하였다. 그들은 "성공적인 추세에 기초한 가치산정은 아주 자의적인 것이라서 투기적일 수밖에 없고, 그 결과 사실을 과장하여 결국 일을 그르치게 될 것"이라고 하면서 특히 과거의 추세를 활용하여 미래이익을

04 B. Graham and D. Dodd, *Security Analysis*, New York: McGraw-Hill, 1934.

05 B. Graham, D. Dodd, and C. Tatham, *Security Analysis*, New York: McGraw-Hill, 1951, pp.422~423 참조.

예측하는 것은 아주 잘못된 일이라고 통박하였다.[06]

그러나 그들은 또한 유보이윤과 배당의 상대적 비율과 같은 요인에 근거하여 추정한 미래의 성장률은 그다지 미덥지 않다고 주장하였다.

> "만일 어느 회사에서 이익의 극히 일부분만을 배당으로 지급하는 경우 그 회사 주식의 가치는 앞으로 상승하게 될 것이다. 그러나 주식의 가치가 상승한다고 해서 이익을 배당으로 지불하지 않고 유보시킨 데 대하여 주주들에게 그에 상응한 보상을 할 것이라는 데는 전혀 보장이 없다. 기업의 이익 창출능력은 일반적으로 유보이익의 크기와 비례해서 늘어나는 것은 아니라는 사실은 힘들이지 않고 분석하여 보여줄 수 있을 것이다. 이익은 주주들에게 지급가능한 돈이라는 가정하에서 보면, 주주들은 사실 이익을 유보시키는 것보다 배당으로 모두 지급받는 것이 富의 극대화라는 관점에서 훨씬 더 낫다."

Graham and Dodd의 책이 출간된 이후 증권분석가들은 주가산정에 있어서 성장률을 무시하게 되었다. 그러나 1950년대에 들어서 다시 성장률이 주식의 가치산정에 있어서 아주 중요한 요인이라는 주장이 다시 살아났다. Fisher and Lorie(1964)는 보통주의 수익률이 채권수익률에 비해서 월등히 높았다는 연구결과를 제시하였다.[07] Gordon(1962)은 이익과 배당의 장래성장이 보다 정확한 주가산정에 있어서 핵심적인 역할을 한다고 주장하였다.[08]

한편 I. M. D. Little(1962)은 영국의 규모가 큰 제조기업들을 대상으로 조사한 결과 주당이익의 성장률은 무작위적이어서 예측불가능하다고 주장하였다.[09] 이 연구는 나중에 미국을 대상으로 다시 실시되었는데, 그 결과는 영국의 경우

06 Graham and Dodd(1934), *Ibid*, p.314.

07 L. Fisher and J. Lorie, "Rates of Return on Investments in Common Stock," *Journal of Business* (January 1964).

08 M. Gordon, *The Investment, Financing and Valuation of the Corporation*, Homewood, Illinois: Irwin, 1962.

09 I. M. D. Little, "Higgledy Piggledy Growth," *Institute of Statistics Oxford*, November 1962.

와 대동소이하였다.

지금까지 살펴본 결과를 요약하면 먼저, 성장률에 관해서 두 가지 서로 상반되는 견해가 대립되어 있음을 알 수 있다. 한쪽에서는 주식들 간의 상대적 성장률은 예측이 가능하다고 한다. 만일 이 주장이 맞는다면 장래에 평균보다 훨씬 더 높은 성장률이 예상되는 주식은 시장에서 더 높은 가치로 평가될 것이다. 반면에 다른 쪽에서는 성장률이 예측불가능하다고 주장한다. 이 주장이 맞는다면 정상적인 주당이익 대비 현재주가의 비율이 차이가 나는 것은 단지 위험이 다르기 때문이라고 한다. 시간이 흘러감에 따라 시장에서 주가를 산정하는 분석가들은 어떤 때는 한쪽 편을 들다가도 다른 때는 또 다른 쪽의 견해를 따르게 된다. 만일 경제가 비교적 안정적이라면 그 중 한쪽의 견해만 지지를 받게 될 것이다.

5.3 투자전략에의 응용

이익과 배당금에 대한 장기성장률이 본래 정확하지 않다면 누구나 그러한 예측을 주저하게 된다. 또한 그러한 부정확한 예측이 현재의 주가에 할인되어 반영되어 있다면 장래에 발생할 것으로 예상되는 배당을 사기 위하여 미리 돈을 지불하는 행위를 주저하게 될 것이다.

주가이익비율(PER)은 현재의 주가에 비정상적 성장률을 기록하는 기간이 어느 정도로 반영되고 있는가를 대략이나마 보여준다. 만일 현재의 정상적 이익에 비해 주가가 높다면 그것은 다음 중 한 가지에 해당할 것이다. 첫째, 시장에서는 투자자들이 그 기업의 장래이익이 현재의 이익에 비해 상당히 높게 예측하고 있다. 이 경우가 아니면 그 다음으로, 시장에서는 비정상적으로 낮은 수익률로 이익흐름을 자본화하고 있다. 만일 해당종목이 비정상적으로 위험이 낮은 경우가 아니라면 후자에 해당하기보다는 차라리 전자의 경우에 해당할 것이다. 여러분이 그 주식을 산다면 여러분은 예상되는 높은 성장률을 미리 지불하고 사는 격이 된다. 만일 이러한 높은 예상성장률이 실현된다면, 여러분의 투자수익률은 평균 이상이 아니고 그저 적절한 수준이 될 것이다. 반면에 그 주식이 평균 정도의 성장률을 기록한다면, 여러분의 투자수익률은 적정수준보다 낮게 된다.

높은(낮은) 주가이익비율이 해당주식의 위험이 낮은(높은) 데 기인하기보다는 성장률에 대한 낙관적(비관적)인 예측에 기인하고 게다가 이러한 예측이 지나치게 낙관적(비관적)이라면, 다음과 같은 예상이 가능할 것이다. 즉 위험을 조정한 후 높은(낮은) 주가이익비율을 가지고 있는 주식은 평균보다 낮은 투자수익률을 기록하게 될 것이다. 이러한 주식들이 장기적으로 볼 때 평균 이상이나 이하의 수익률을 기록할 확률이 각각 50%라면 시장의 투자자들은 낙관적이거나 비관적인 그들의 예측이 틀린다는 사실을 인식하고 그에 따라 그들의 기대치를 수정하게 될 것이고 그 결과 주가도 조정될 것이다.

매수는 느긋하게, 매도는 신속하게

주가는 오를 때 조금씩 단계적으로 오르지만 내릴 때에는 일시에 내리는 특징이 있다. 상승세라 할지라도 단번에 천장까지 가는 일은 거의 없고 대개 몇 단계로 나뉘어 오른다. 이는 투자자들의 서로 엇갈린 투자행위에 연유하고 있다. 시세를 처음 주도한 매수세력은 어느 정도 목표치에 이르면 판다. 이때 사는 측은 시세가 더 갈 것으로 보는 새로운 매수집단이다. 이처럼 손이 바뀌는 과정에서 주가는 잠시 쉬고 일시 반락하기도 한다.

반면에 주가가 천장을 치고 내리막길에 들어서면 모두가 주식을 팔아야겠다고 생각하기 때문에 매물이 한꺼번에 쏟아진다. 따라서 주식을 살 때는 천천히, 낮은 가격을 택해야 하고 팔 때에는 가격에 관계없이 재빨리 팔아야 한다. 주식을 살 때에는 절대로 조급해서는 안 되는 것이 원칙이다. 느긋한 마음으로 원하는 가격이 올 때까지 기다리겠다는 마음가짐이 중요하다.

제6절 ■ 배당정책과 주가

기업의 배당정책이 주가에 어떠한 영향을 미치는가에 대해서는 엇갈린 견해가 대립되어 있다. 즉 한쪽은 배당정책이 해당주식의 가격에 큰 영향을 미친다는 주장을 하고, 다른 쪽은 기업의 배당정책과 주가는 서로 독립적이고 무관하다는 주장을 편다. Graham and Dodd, Gordon, Lintner, Walter, Solomon 등은 정도의 차이는 있지만 주가가 배당정책에 의해 영향을 받는다는 주장을 하고 있는 반면, Modigliani and Miller는 배당정책이 주가와 아무런 관련이 없다고 말한다.

6.1 Walter의 연구[10]

식 (6)에 나타난 항상성장모형은 다음과 같이 다시 쓸 수 있다.

$$P_0 = \frac{E(D_1)}{k_s - g} = \frac{E(EPS_1)(1-b)}{k_s - g} = \frac{E(EPS_1)(1-b)}{k_s - b \cdot r} \quad (15)$$

여기서 b는 유보비율(retention rate), 그리고 r은 기업자산의 평균수익률을 가리킨다. 식 (15)를 보면 배당과 보통주가치와의 관계를 세 가지 유형으로 구분할 수 있다. 즉 기업자산의 평균수익률 r과 투자자들의 요구수익률 k_s 사이의 관계에 따라서 기업의 유보비율 b가 주가에 미치는 영향이 달라지는 것이다.

1) 정상기업(즉, $k_s = r$)의 경우

투자자들의 요구수익률 k_s가 기업자산의 평균수익률 r과 동일한 정상기업에

10 J. Walter, "Dividend Policies and Common Stock Prices," *Journal of Finance*, Vol. 11, No. 1, 1956, pp.29~41.

있어서는 유보비율 b가 달라진다고 하더라도 주가는 전혀 영향을 받지 않는다. 즉 $k_s = r$인 기업에 있어서는 배당정책과 주가는 서로 독립적이다. $k_s = r$ 이므로 식 (15)는 다음과 같이 변형시킬 수 있다.

$$P_0 = \frac{E(EPS_1)(1-b)}{k_s - b \cdot r} = \frac{E(EPS_1)(1-b)}{k_s(1-b)} = \frac{E(EPS_1)}{k_s} \tag{16}$$

이 경우에 있어서 보통주의 가치는 다음 회계연도의 주당이익에 달려 있으며, 배당은 전혀 영향을 미치지 않는다고 할 수 있다.

2) 성장기업(즉, $k_s < r$)의 경우

자산의 평균수익률 r이 주주들의 요구수익률 k_s보다 높은 성장기업의 경우에는 유보비율 b를 증가시킴으로써 주가는 상승하게 된다. 심한 경우 이익의 100%를 내부유보에 의하여 재투자함으로써 주가를 극대화시킬 수 있을 것이다. 예를 들면, 1950년대 지속적인 무배당정책을 고수해오던 미국의 IBM은 배당이 전혀 없음에도 불구하고 높은 주가상승을 실현하였다. 그 이유는 IBM이 시행한 기술혁신과 그에 대한 특허권으로 인하여 주주들의 요구수익률보다 더 높은 자산수익률이 예상되었으며, 따라서 외부금융이 아닌 내부유보에 의하여 소요자본을 조달하는 것이 주주에게 더 유리했다는 데 기인하는 것이다.

3) 사양기업(즉, $k_s > r$)의 경우

주주들의 요구수익률 k_s가 자산의 평균수익률 r보다 높은 사양기업에 있어서는 유보비율의 증가는 오히려 주가의 하락을 가져오게 된다. 즉 배당성향(DPR)이 높을수록 주가는 상승한다.

6.2 Gordon의 연구[11]

Gordon은 그의 항상성장모형에서 투자수익률이 할인율과 동일할 때는 배당정책이 무의미하다고 주장하였다. 그러나 그 후 "숲 속의 두 마리 새보다 손안에 있는 한 마리 새가 보다 더 가치가 있다"는 소위 "손안의 새(a bird in the hand)"에 대한 견해를 밝히면서 배당정책이 주가에 영향을 미친다는 입장을 취했다. 즉 미래에 얻게 될 큰 배당보다는 현재에 얻게 될 보다 작은 배당이 확실하다는 견지에서 더 가치가 높게 평가되며, 그 결과 투자자들은 보다 가까운 미래의 배당을 선호하게 된다는 것이다.

Gordon의 이러한 견해는 투자자들의 요구수익률이 시간이 흐름에 따라 상승한다는 데 이론적 근거를 두고 있다. 즉 투자자들이 위험회피적이면 보다 먼 장래에 얻어지게 될 일정액의 배당은 가까운 장래에 얻게 될 일정액의 배당보다 더 불확실한 것으로 인식하며, 그 결과 그들의 요구수익률은 시간이 지남에 따라 상승하게 된다는 것이다.

6.3 Miller and Modigliani의 연구[12]

기업의 배당정책이 주가와는 관련이 전혀 없다는 대표적인 것이 Miller and Modigliani(이하 M&M)의 배당무관련설(dividend irrelevance theorem)이다. M&M은 주가에 영향을 주는 요인은 그 주식을 발행한 회사의 수익창출능력에 달려 있기 때문에 주가는 주당이익으로 결정되는 것이며, 이익을 배당과 유보이익으로 나누는 것은 단순한 기술적인 문제에 불과하다고 주장한다.

그들은 배당무관련설을 유도하기 위하여 다음과 같은 가정을 내세우고 있다.

첫째, 완전자본시장(perfect capital market)이 존재한다. 완전자본시장이란

---

11 M. Gordon, "Optimal Investment and Financing Policy," *Journal of Finance*, Vol. 18, No. 2, 1963, pp.264~272.

12 M. Miller and F. Modigliani, "Dividend Policy, Growth and the Valuation of Shares," *Journal of Business*, October 1961, pp.411~433.

투자자들이 다수이기 때문에 어느 한 개인이 가격에 영향을 미치지 못하며, 정보가 모든 투자자에게 무료로 즉시 전달되며, 세금이나 수수료 등과 같은 거래비용이 전혀 없는 시장을 의미한다.

둘째, 금액이 같을 경우 투자자는 배당과 매매차익을 동일시한다고 가정한다. 다시 말해서 배당과 매매차익 간에 세율의 차이가 없음을 의미한다.

셋째, 투자자들은 미래의 이익과 배당을 확실하게 예측할 수 있으며, 현금흐름에 대한 할인율은 모든 기간에 걸쳐 같다고 가정한다.

이러한 가정하에서 M&M은 Gordon과는 달리 단일기간 평가모형을 이용하여 주가 P_0는 해당기업의 배당정책 $E(D_1)$과는 무관하다고 주장하고 있다. 즉 배당의 증가로 인한 주주들의 이득은 주식의 기말가치 $E(P_1)$의 하락에 의해 정확히 상쇄된다는 것이다. M&M은 계속하여 P_0가 당기의 배당결정 $E(D_1)$뿐만 아니라 그 이후 미래의 배당결정에 의해서도 전혀 영향을 받지 않음을 보여주고 있다. 결국 M&M이론의 핵심은 배당지급이 주주의 부(주가)에 미치는 영향이 다른 수단의 자본조달(외부금융)에 의하여 정확하게 상쇄된다는 점에 있다고 할 수 있다.

6.4 M&M에 대한 반론

M&M의 이론에 대한 반론의 초점은 이익흐름이 배당과 유보이익으로 어떻게 분할되는가에 대하여 투자자들이 무차별하다고 가정하는 데 있다. 즉 현실에 있어서 불확실성의 존재, 배당의 정보효과, 당기소득의 선호, 자본시장의 불완전성 등의 요인들은 투자자로 하여금 배당과 유보이익에 대하여 무차별할 수 없게 만든다고 주장한다.

1) 불확실성의 제거

Gordon에 의하면 일반적으로 투자자들은 "손안의 새(a bird in the hand)"와 같이 현재의 배당을 불확실한 미래의 더 많은 배당보다 더 선호한다는 것이다. 배당을 하지 않고 이익을 유보하는 경우 그 유보의 결과는 미래의 주가에 반영되지만 미래의 주가는 불확실하기 때문에 언제 어느 만큼의 크기로 매매차익이 실현될 수 있는지 확실하게 예측할 수 없다.

투자자가 느끼는 불확실성은 현금실현의 시점이 늦을수록 더 커지기 때문에 투자자는 위험을 피하려는 경향이 생기고 결국 더 먼 장래로 갈수록 현금흐름의 할인율이 더 높게 된다. 할인율이 상승한다는 것은 곧 주가의 하락요인이 되므로 투자자는 현재의 현금배당을 선호하게 된다는 것이다. 다시 말하면, 투자자들은 불확실성을 인식하고 가장 빠른 기간 내에 이 불확실성을 제거하고자 할 것이므로 배당과 내부유보를 결정하는 배당정책은 결코 무차별할 수는 없다는 것이다.

2) 배당의 정보효과

M&M은 배당의 변동은 단지 배당 자체에 관한 정보일 뿐이지 주가에 영향을 미치지 않는다고 한다. 다시 말해서 배당은 가치를 창출할 수 없기 때문에 오직 미래의 수익성에 대한 예측지표의 역할을 할 수는 있어도 주가에는 영향을 미칠 수 없으며, 주가는 오직 이익에 의하여 좌우된다는 것이다.

이에 대하여 배당의 정보효과(information contents of dividends)는 배당이 기업의 수익성에 관한 정보를 전달하여 주는 역할을 수행하게 됨으로써 주가에 영향을 미치게 된다는 것을 의미한다. 예컨대, 안정적인 배당을 해오던 기업이 갑자기 배당성향이나 배당금을 축소시키면 기업의 내부경영을 잘 알지 못하는 투자자들은 그 기업의 수익성에 차질이 생긴 것으로 이해하기 쉽다. 따라서 배당수준은 그 자체가 바로 주가변동을 야기하는 정보가 된다는 것이다. 그리고 많은 실증분석의 결과도 정도의 차이는 있으나 배당에 관한 정보가 주가에 영향을 미치는 것으로 나타났다.

3) 당기소득의 선호

M&M은 고객이론(clientele argument)을 인용하여 배당과 주가와의 무관함을 주장하고 있다. 이 이론은 투자자들이 그들 각자의 기호에 따라 배당성향이 다른 주식을 선별하고 선호하기 때문에 배당정책은 주가에 영향을 주지 않는다는 것이다. 즉 매매차익을 원하는 투자자는 배당성향이 낮은 주식을 택하여 후에 주가상승으로 인한 이득을 기대하게 된다. 반면에 주식의 배당으로 생활하는 투자자는 배당성향이 높은 주식을 택하게 되는데, 배당성향이 높다고 해서 주가가 높게 평가받을 이유가 없다는 것이다. 바꾸어 말하면, 각 기업의 배당성향은 0%에서 100%까지 여러 형태가 있는데, 투자자는 각자 자기가 선호하는 배당성향을 가진 주식을 선택하게 되므로 어떠한 기업도 배당정책을 변동시킴으로써 주가에 영향을 미칠 수 없다는 것이다.

그러나 기업이 배당에 대한 투자자의 선호현상을 완전히 파악할 수 없고 신주발행비용 등 완전자본시장의 저해요인이 존재하고 있을 때에는 이 고객이론의 설득력에도 한계가 있다. 그리고 일정한 배당성향을 가지고 있는 주식의 수요와 공급에 불균형이 있게 되면, 현실적으로 해당기업의 배당성향을 알맞게 조정한다는 것도 어려운 점이 있다.

뿐만 아니라 투자자들이 배당과 내부유보에 대하여 무차별하지 않게 하는 요인 중의 하나는 당기소득에 대한 투자자들의 선호이다. 일반적으로 투자자들이 보통주로부터 소득을 얻는 데에는 배당과 소유주식의 매각이라는 두 가지 방법이 있을 수 있다. 장기적으로 주가는 언제나 변동하는 것이기 때문에 동일한 소득을 실현하기 위하여 투자자들은 안정배당을 선호하게 될 것이다. 즉 내부유보로 실현된 자본이득에 해당하는 만큼 소유주식의 일부를 변동하는 가격으로 매각하여 소득을 얻는 것보다는 배당을 통하여 소득을 얻는 것이 더 유리하다. 이밖에도 주식매각가격의 불확실성과 소량의 주식의 매각에 따른 불편함 등의 요인들 역시 자본이득보다는 당기의 배당을 선호하게 하는 요인이 될 수 있다.

4) 시장의 불완전성

M&M은 세금과 거래비용이 발생하지 않는 완전자본시장하에서 배당정책과 주가의 무관함을 주장하고 있다. 그러나 현실적으로 이러한 완전자본시장의 존재는 거의 불가능하다.

(1) 세율의 차이

세금이 없다고 가정하면 투자자는 특정한 형태의 배당을 지급하는 주식을 다른 주식보다 더 선호해야 할 아무런 이유가 없다. 그러나 현실적으로 투자자들은 배당수익과 자본이득에 대하여 서로 다른 세율의 세금을 부담해야 하기 때문에 투자자들은 각자의 소득세율에 따라 서로 다른 주식을 소유하려는 동기를 갖는다.

예를 들어, 배당수익에 대하여 높은 세금을 내야 하는 고소득자는 낮은 배당을 지급하는 대신 높은 매매차익의 실현이 가능한 주식을 더 선호한다. 반면에 연금수혜자나 기관투자자 등과 같이 배당에 대해 세금이 면제된 투자자들은 높은 배당을 지급하는 주식에 편중해서 포트폴리오를 구성하려는 인센티브가 생긴다. 이처럼 투자자는 그의 소득수준에 따른 세율의 차이로 인해 배당의 선호도를 달리할 수 있으며, 또 세율의 변동은 투자자의 배당선호도를 변동시켜 궁극적으로 주가에 영향을 미치게 할 수도 있다.

(2) 신주발행비용과 거래비용

M&M은 기업이 일단 투자정책을 수립하여 자본이 필요하게 되면 이미 지급한 배당액에 상당하는 신주를 발행하는 등 외부조달로 자금원을 대체시킨다고 한다. 그러나 이때에도 신주발행비용이 발생하고 또한 발행규모가 작을 때에는 주당발행비용이 증가하여 주식의 수익성을 감소시킨다. 이러한 경우에는 기업이 이익을 배당으로 지출시키는 것보다 유보시키는 내부금융을 택하는 것이 유리하며, 그 결과 배당성향의 변동과 아울러 주가도 변동하게 된다.

그리고 거래비용도 주가에 영향을 미친다. 특히 소액거래는 그 비용을 상대적으로 증가시키므로 소액주주는 오히려 배당을 선호하는 경향이 많다. 그 외에도 배당의 안정성, 배당에 대한 법적 규제 등 여러 요인이 배당정책과 주가의 무관함에 대한 한계를 지적하고 있다.

최후시세가 가장 크다

처음 출발할 때의 시세는 지루할 정도로 그 움직임이 완만하다. 주가상승이 어느 정도 진행되면 일반투자자들이 가세하기 시작하며 주가의 상승속도가 빨라진다. 주가가 눈에 띄게 상승하면, 마침내 일반 대중투자자들이 구름떼처럼 몰려와서 주가는 폭등세로 바뀐다. 대중투자자들이 주식을 다 사고 나면 더 이상의 매수세력이 없어 주가는 천장을 치고 시세는 끝난다.

제7절 ■ 주식투자전략

주식투자에 있어서 어떠한 경우에도 투자수익만 올리고 손실은 전혀 보지 않는 완벽한 투자전략은 없다. 왜냐하면 주식시장에서 주가는 수시로 변하고 주식시장에 참여하는 사람들의 예측이나 생각이 모두 다르기 때문이다. 따라서 주식투자에 있어서는 가능한 한 최대의 수익을 얻으면서 투자손실을 최소로 줄이는 방법을 모색하는 것이 최선의 투자자세이다.

이러한 측면에서 다음에 소개하는 투자방법들도 하나하나가 모두 완벽한 방법이라기보다는 손실의 극소화와 수익의 극대화를 얻고자 하는 과정에서 자칫 주관적으로 흐르기 쉬운 단점을 보완해 합리적인 투자자세를 갖출 수 있도록 돕기 위한 방편으로 받아들여야 한다.

따라서 이를 이용하는 투자자들의 입장에서는 가능한 한 여러 방법들을 혼합하여 활용하여야 하며, 특히 초보자인 경우에는 무리한 투자를 해서는 안 된다는 점에 초점을 맞추고 항상 느긋하게 멀리 보는 자세가 절대적으로 필요하다. 일반적으로 널리 알려져 있는 적극적 투자전략과 소극적 투자전략 등을 여기에 소개하며 현대적 투자기법인 포트폴리오 투자기법은 제8장에서 자세하게 다룬다.

7.1 적극적 투자전략

적극적 투자전략(active strategy)은 주식투자를 할 때 발생될 수 있는 위험수준에 따라 예상되는 투자수익 이상을 얻기 위한 방법을 말한다. 이 방법은 증권분석이 불완전하다는 전제 아래 어떤 주식의 성장성, 안정성 등을 모두 반영한 내재가치와 시장에서 형성되는 시장가격이 차이가 나는 종목을 골라 투자하는 방법을 모두 포함한다.

1) 유 · 무상증자

유 · 무상증자에 의해 신주를 발행할 경우 이론적으로 주식가치는 증자 후에도 변함이 없다. 그러나 유 · 무상증자 후의 시장가격은 권리락가격보다 높아지는 경우가 있는데, 이것은 성장기업의 경우 권리락 시 행한 할인율만큼 향후 투자수익을 올릴 수 있다는 기대를 반영하기 때문이다.

2) 현금배당

현금배당을 받을 수 있는 권리가 있을 때나 이러한 권리가 없어졌을 때나 이론적인 주가에는 변함이 없어야 하는데, 실제에 있어서는 예상배당금과 실제배당금 사이에 차이가 있을 수 있다. 그러므로 배당락 전후에 주가가 변동하므로 이점을 고려하여 투자에 이용할 수 있다.

3) 액면분할

이론적으로 액면분할에 의해 어떠한 자본이득도 발생하지 않는다. 그러나 실제에 있어서는 액면분할이 거래촉진을 가져올 것이라는 기대 때문에 주가가 상승하는 경향이 있다.

4) 필터기법

필터기법(filter rule)은 일정한 기간 동안 주가의 최저점 · 최고점으로부터 일정한 비율 또는 일정한 액수만큼 상승 또는 하락하면 매입 또는 매도를 결정한다. 예컨대, 일정기간 주가의 최저점이 5,000원이고 최고점이 10,000원인 경우 일정비율을 10%로 설정한다면 주가가 5,500원이 될 때 매입하고 9,000원에 매각한다.

7.2 소극적 투자전략

위에서 설명한 적극적 투자전략은 상당한 분석능력을 가지고 있어야 가능한 방법이며 또한 정보를 얻기 위해 많은 시간과 노력이 소요되는 단점이 있다. 반면에 소극적 투자전략(passive strategy)은 이러한 점을 가능하면 피하고 있는 단순하고 기계적인 투자전략이다. 따라서 소극적 투자전략에 의한 투자는 초보단계에서는 고려해 볼만한 방법이다. 그러나 주식투자에 있어서는 언제나 경제상황 및 증권시장의 여건변화 등을 적절히 반영하여 신축적으로 대응하는 것이 필요할 것이다.

1) 단순매입-보유전략

단순매입-보유전략(buy-and-hold strategy)은 특정한 우량종목을 분산투자의 의도적인 노력없이 단순히 주식을 매입하여 보유하는 것을 말하는데, 이는 무작위로 투자종목을 구성하고 투자종목수를 증가시키면 증권시장 전체의 평균적인 수익을 얻을 수 있다는 데 근거한 방법이다. 또한 종목수가 많아질수록 투자손실위험은 감소하게 된다. 반면에 이 전략의 단점으로는 보유종목수를 늘릴수록 거래비용이 증가한다는 점을 들 수 있다.

2) 평균투자법

이 전략은 매입원가평균법이라고도 하는데, 주가의 등락에 관계없이 정기적으로 일정한 금액을 계속 투자하는 방법이다. 주가가 하락하면 상대적으로 많은 주식을 살 수 있기 때문에 평균매입단가는 낮아지는데 이 주식을 평균매입단가보다 높은 시세에 팔면 그만큼 이익을 얻을 수 있다.

그러나 이 방법의 단점은 주가가 예상되지 않은 침체국면에서는 매각시점을 포착하기 어렵다는 단점이 있다.

3) 시장지수펀드

시장지수펀드(index fund)법은 주식시장 전체의 종목에 투자하고 경기변동에 따라 투자금액을 조절하는 방법이다. 그러나 주식시장 전체종목은 방대하며 이것을 전부 보유하는 것은 어려우므로 실제로는 지수산정에 포함되어 있는 대표적인 종목으로 투자종목을 구성하고 강세장이 예상되면 투자를 늘리고 약세장이 예상되면 투자를 줄이는 방법을 말한다.

이 방법의 장점은 투자손실을 최대한 줄일 수 있으며, 손실위험은 주식시장 전체적인 손실위험만을 부담할 뿐이라는 점이다. 그러나 소액투자자는 한정된 금액으로 한정된 종목에 투자할 수밖에 없기 때문에 활용하기가 쉽지 않다는 단점이 있다.

7.3 비율계획법

비율계획법은 주식이나 채권 사이의 투자비율을 조정하여 투자하는 데 공격적 투자수단인 주식과 방어적 투자수단인 채권을 경기변동에 따라 비율을 변동시켜 가면서 투자하는 방법으로서 주가가 낮을 때에는 주식보유비율을 높이고, 주가가 높을 때에는 주식보유비율을 낮추는 것이 일반적이다.

1) 불변금액법

투자자금을 주식과 채권에 나누어 투자하고 주가의 변동에 관계없이 주식에 투자한 금액이 언제나 일정하도록 유지하는 방법이다. 예컨대, 200만 원의 자금으로 주식과 채권에 각각 100만 원씩 투자한다면 주식가치가 150만 원이 되었을 때는 50만 원 어치를 매각하여 채권을 매입한다. 반면에 주식가치가 50만 원으로 하락한 경우 채권을 매각하여 50만 원 어치의 주식을 매입하여 주식에 투자한 금액을 100만 원으로 일정하게 유지한다.

이 방법은 주식에 대하여 정하는 금액이 임의적이며 단기적인 주가변동에 이용가능하지만, 빈번하게 수수료를 부담하여야 하는 단점이 있다.

2) 불변비율법

주식과 채권에 투자된 금액의 비율을 언제나 일정하게 유지하는 방법이다. 가령 주식과 채권에 투자하는 금액비율을 50:50으로 유지하려고 하는 경우, 주가가 채권보다 상대적으로 많이 상승하면 주식에 대한 투자비율을 50%로 유지하도록 주식을 매각하고 채권을 매입하게 된다.

이 방법은 최적의 비율을 알기 어렵기 때문에 임의적으로 결정해야 한다는 점과 빈번한 거래수수료를 부담해야 되는 등의 단점이 있다.

3) 변동비율법

이것은 주식과 채권의 투자비율을 주가변화의 예상에 따라 적절히 변동시켜 가면서 투자하는 방법이다. 주가가 높으면 앞으로 하락이 예상되는 경우가 일반적이므로 주식을 매각하여 주식에 대한 투자비율을 낮추고, 반대의 경우에는 주식투자비율을 높이게 된다.

주식과 채권 간의 투자비율을 언제 어떻게 변동시킬 것인가를 알기 위해서는 주가지수의 움직임을 예측할 수 있어야 하는데, 기술적 분석에 의해서 얻은 추세선을 중심으로 몇 개의 범위를 설정하여 비율을 변동시키는 방법이 일반적으로 사용된다. 즉 추세선 중심을 50:50으로 하고, 주가지수가 한 단계 상승을 하면 주가의 하락을 예상하여 주식비율을 40으로 줄인다. 반대의 경우에는 주식보유비율을 60으로 늘리게 된다.

이 방법의 장점은 의사결정을 단순화시켜 거래가 기계적으로 이루어져 거래결정에 영향을 주는 시장분위기에 영향을 받지 않고 의사결정을 할 수 있다는 점이다. 그러나 정확한 주가예측이 어렵다는 점과 가변비율의 결정에 수반되는 정보비용, 빈번한 거래로 인한 수수료의 부담 등이 단점으로 꼽힌다.

시대적 요구에 부합되는 미인주를 발굴하라 - Keynes의 미인투표이론 -

어느 시대를 보더라도 그 시대의 이상과 꿈을 대표하는 기업이나 업종이 있다. 만인이 좋아하고 만인이 흥분할 수 있는 시대적 기업이나 업종이 있다면 그 주식은 증권시장에서 반드시 인기주로 부상하게 된다. 주식투자를 할 때는 반드시 그러한 미인을 선택해야 한다. 미인은 대개 그 시대의 취미에 가장 잘 맞는 것이 된다. 여기서 미인이란 투자자를 끌어당기는 강력한 매력이 있는 인기있는 주식을 말한다. 한편 미인이 아닌 주식은 좀처럼 인기가 붙지 않아 주가가 좀처럼 오르지 않는다. 모든 투자자들에게 가장 미인으로 보이는 주식이야말로 가장 높이 올라간다.

증권왕 Gerald Loev

(1) 투자경력

미국으로 이민온 한 가난한 가정에서 태어나 소아마비와 낮은 학력의 장벽을 극복하고 투자고문업으로 많은 사람들에게 큰 돈을 벌게 해주고 그 자신도 주식투자 실패로 파산의 고통을 경험한 후 제기하여 1만 달러로 3억 달러를 만들었다. Gerald Loev는 월가에서 증권왕으로 불리어졌으며, 그의 자서전 「증권왕 Loev의 일대기」는 증권관련 서적으로는 세계에서 가장 많이 팔린 베스트셀러가 되어 투자자들에게 주식투자 성공의 길을 제시해주고 있다.

(2) 투자철학과 투자원칙

Loev는 자신의 성공이유를 묻는 월가의 기자에게 "용감하게 주식에 미쳐야 한다"고 말한다. 그는 주식매매 자체를 연주공연의 즐거움으로 느끼고 매일 7시 30분에 출근하여 잘 아는 소수종목을 집중탐구했으며 독자적인 신차트 개발에 심혈을 기울였다.

그는 적은 수익률에 만족하면서 안정하게 돈을 벌고자 하는 사람은 반드시 손해를 보게 되며 연간 2배 이상의 수익을 올리겠다는 적극적인 투자에 임해야만 큰 성공을 거둘 수 있다고 주장한다. 그에 따르면 큰 성공을 위해서 수익목표는 연간 200% 이상의 투기적 수익목표를 정해야 하며, 이런 높은 목표를 세워야 투자에 따른 실수, 인플레이션, 세금, 돌발사태 등의 위험을 상쇄할 만큼 이익을 올릴 수 있다고 생각했다.

(3) 투자기법

Loev의 투자기법은 우선 시장성이 크고 주가움직임이 활발한 대형주도주 중에서 저항선을 돌파하는 주식을 매입하는 것이었다. 그는 소형주와 모르는 주식은 회피했으며, 저항선 돌파 후 주가예측과는 반대로 주가가 움직이면 즉시 매도했다. 그는 주식을 항상 보유하지 않고 수시로 종목을 교체하고 현금보유기간을 늘렸으며, 1년간 투자한 돈을 배로 불렸으면 생긴 이익의 일부를 따로 떼어두어 반드시 위험을 분산시켰다.

그는 실전투자일지를 작성하여 주식매매에 대해서는 철저한 자기반성을 했으며, 이러한 자기반성을 통해 투자실력을 향상시켜 나갔다. 그는 돈을 많이 버는 비결을 묻는 질문에 "손해보고 팔 줄 알아야 되며, 투자가 잘못되었을 때 이를 인정하고 재빨리 손빼는 것"이라고 한다.

연습문제

01 자본소득에 더욱 관심이 큰 투자자들은 미래의 예상배당금에 바탕을 두고 있는 주식의 현재시장가격을 추정하려고 한다. 그 이유를 설명하라.

02 이익금을 사용하거나 배당금을 사용하거나 궁극적으로는 주식가치의 산정에 있어서 동일한 결과를 얻게 되는 이유 및 배경을 설명하라.

03 어느 투자자는 그가 매입하고자 하는 종목 D의 가치를 산정해보고자 한다. 그 주식은 현재 주당 50,000원에 거래되고 있으며, 1주당 배당금은 2,000원이다. 그리고 이 회사의 현재 주당이익은 3,000원이라고 한다. 내년의 예상 주당이익은 4,000원이다. 주식의 보유기간은 1년, 주주들의 요구수익률은 15%, 배당수익률은 5%, 그리고 거래비용이 없다고 가정하자. 주식 D의 가치는 얼마인가? 그 투자자는 이 주식을 매입하여야 하는가?

04 위의 문제에서 만일 그 투자자가 주식 D를 언제까지나 보유할 계획으로 있으며, 항상성장률이 10%라고 가정한다면, 주식 D의 가치는 얼마가 되겠는가? 그 투자자는 그 주식을 매입하여야 하는가?

05 어느 증권분석가는 다음 세 종목의 가치를 평가하려고 한다. 그는 이 과정에 있어서 반드시 고려해야 할 항목이 주가이익비율(PER)이라고 믿고 있다. 무위험이자율은 10%로 가정하고, 아래의 자료를 참고로 하여 다음 물음에 답하라.

종목	예상주당이익	예상 주당배당금	위험프리미엄	예상 배당성장률	현재의 주가
X	1,250원	250원	7%	10%	2,000원
Y	5,500원	2,750원	10%	15%	60,000원
Z	14,000원	5,000원	3%	5%	62,500원

(1) 세 종목에 대하여 주가이익비율을 각각 구하라.

(2) 투자자들에게 지금 어느 종목을 매입하는 것이 가장 유리하다고 추천할 것인가?

06 어느 투자자는 한국기업(주)에 대하여 배당성장률을 추정하려고 한다. 작년의 매출액은 150억 원이었고, 순이익률(net profit margin)은 12%이었으며, 작년의 주당이익은 1,000원이었다고 한다. 또한 같은 기간에 대한 1주당 배당금은 400원이었고, 자기자본의 장부가치는 모두 100억 원이었다. 이 회사의 배당성장률을 추정하라.

07 위의 문제에서, 만일 한국기업(주)의 1주당 200원으로 하락하는 경우 이 회사의 배당성장률에는 어떠한 영향을 미칠 것으로 보는가? 이 과정에서 어떠한 가정이 필요한가?

08 어느 주식의 현재가격이 26,250원이라고 하며, 항구적인 성장률은 연 5%로 추정되고 있다. 현재의 배당금은 1주당 1,000원이다. 이러한 주가를 정당화시켜 주는 자본화비율(capitalization rate)은 얼마인가? 단, 가정이 필요할 경우 분명하게 밝혀야 한다.

09 중앙산업(주)의 최근 주당이익은 6,000원이었고, 자기자본이익률(ROE)은 12%이었다. 이 회사는 배당금으로 1주당 2,000원을 지급하였으며, 할인율은 10%를 사용하고 있다. Gordon모형을 사용하여 이 회사의 적정주가를 산출하라. 만일 가정이 필요할 경우 세우도록 하라.

10 내혜홀물산(주)에서는 이익금의 30%를 배당으로 지급할 계획으로 있다. 이 회사는 유보이윤의 20%를 벌어들일 것으로 기대되며, 외부자금조달은 필요 없을 것으로 예상된다. 이 회사에 대한 적정할인율은 15%라고 한다.

(1) 이 회사의 배당금과 이익의 장기예상성장률은 얼마인가 추정하라.

(2) 이 회사의 적정 주가이익비율은 얼마인가?

(3) 투자자들이 얻게 되는 투자수익률 중에서 얼마를 자본이득의 형태로 올리게 될 것인가?

(4) 배당성향, 자기자본이익률, 외부자금조달 및 할인율 등 항상성장모형을 사용할 때 필요한 여러 가지 추정치 중에서 어느 것이 가장 비현실적이라고 생각하는가? 그 이유를 설명하라.

11 연도 1에서부터 연도 n까지 어느 회사의 배당금은 연간성장률 G로 성장할 것으로 예상되고 있다. 연도 $n+1$부터 그 이후에는 연간 g로 배당금이 성장할 것으로 내다보고 있다. 현재의 배당금은 D_0라고 한다. D_0, G, g 그리고 n을 사용하

여, 연도 $n+2$의 예상배당금(즉 $E(D_{n+2})$)을 나타내 보라.

12 현재의 배당금 대비 주가의 비율, 즉 $\frac{V_0}{D_0}$를 상승시키는 요인은 무엇인지 설명하라. 이 비율은 좀처럼 변하지 않고 그대로 유지되는 속성을 가지고 있는가 아니면 수시로 변하는가?

13 어느 회사의 주당이익은 잘 알려져 있고 전혀 변하지 않는다고 가정하자. 그리고 주가이익비율(*PER*)의 분자에 들어가게 되는 주가, 즉 V_0는 미래의 성장률에 달려 있다고 한다. 여기서 주식의 시장가격을 변화시키는 요인들을 설명하라.

14 어느 투자자는 종목 A가 저평가되었다고 믿고 있다. 따라서 그 투자자는 현재의 평균예상성장률 g가 정당화시킬 수 있는 것보다 더 높은 가격에 그 주식을 매입하였다. 왜냐하면 그는 성장률이 그보다 훨씬 더 높은 G가 될 것으로 굳게 믿고 있기 때문이다. 몇몇 다른 투자자들도 그의 투자전략을 따라 하였고, 그 결과 해당주식의 가격 V_0을 상승시켰다. 만일 시장에서 주식의 가치평가가 잘못되었다는 사실이 알려지면 어떠한 일이 벌어질 것인가 설명하라.

15 "어떠한 주식에 대해서라도 1년을 초과하는 기간에 대하여 성장률을 예측한다는 것은 매우 위험한 일이다." 이 주장에 대하여 논평하라.

I N V E S T M E N T

CHAPTER 06

기본적 분석

투자자들은 어떠한 증권에 얼마만큼의 자금을 배분할 것인가 하는 포트폴리오 선택을 할 수 있는데, 증권분석은 포트폴리오의 선택과 관리를 위한 기초자료를 제공하게 된다. 그런데 증권투자에 영향을 주는 요인은 무수히 많다. 전반적으로 경제상황, 산업의 성격과 전망, 그리고 발행기업의 제반 여건 등이 복합적으로 증권의 수익성에 영향을 미친다.

경제분석 또는 시장분석을 통해서는 시장동향을 파악할 수 있고, 주식 혹은 채권 등 여러 종류의 증권 중에서 어떤 증권에 얼마만큼의 자금을 배분하느냐 하는 포트폴리오 구성문제에 직면하여 분석결과를 참고할 수 있다. 기본적 분석의 방법으로 흔히 거시방식, 즉 경제로부터 산업 및 기업의 순으로 분석하는 방법이 사용되고 있다. 따라서 경제동향을 파악한 다음 단계에서 산업분석이 행해져야 한다. 기업의 경영성과는 전반적인 경제의 변동상황과 밀접한 관련을 가지고 있지만, 그 기업이 속해 있는 산업의 특성과 전망도 경제상황과 마찬가지로 기업의 경영성과에 커다란 영향을 미치고 있으며 이러한 관계는 주가에 명백하게 나타나고 있다.

본 장에서는 다음의 문제를 중점적으로 다루고자 한다.

- 증권분석의 체계
- 경제분석
- 산업분석
- 기업분석

증권투자 십계명

1. 생명줄에는 결코 손대지 마라.
2. 이익증대는 최후에 해라. 깊이 쫓는 것은 절대 금물이다.
3. 주식매매를 한번에 하지마라.
4. 단기 시세전망에 너무 의존하지 마라.
5. 감각과 경험에만 의지하는 것은 상처의 근원이다.
6. 소액투자자라면 큰 증권회사보다 작은 증권회사를 선택하라.
7. 증권세일즈맨의 말을 듣지 마라.
8. 주가지수를 신경쓰지 마라.
9. 추천장려주는 무조건 피하라.
10. 이자먹기는 8할이다.

제1절 ■ 증권분석의 개념

1.1 증권분석의 의의

증권시장에서 형성되는 증권의 가격은 미래수익의 흐름에 대한 투자자들의 예측에 근거하기 때문에 시장에 참여하는 투자자들은 모두 나름대로 이러한 예측을 하게 된다. 다시 말하면, 투자자들은 투자대상증권이 앞으로의 보유기간 중에 가져다줄 투자수익과 거기에 내포되어 있는 위험을 예측하는 것이다. 이러한 예측을 통하여 투자자들은 어떠한 증권에 얼마만큼의 자금을 배분할 것인가 하는 포트폴리오선택을 할 수 있으므로 증권분석은 포트폴리오의 선택 · 관리 · 분석의 기초자료를 제공하게 된다.

증권분석(security analysis)이란 개별증권의 투자에 관련하여 일체의 유용한 자료와 정보를 수집하고 분석하는 것을 말한다. 이 경우 자료와 정보는 증권의 투자성과에 영향을 미치는 전반적인 경제환경과 산업전망뿐만 아니라 발행기업의 제반여건과 관련된 것을 포함하며, 이들은 위험과 수익의 관계에서 분석된다. 증권의 수익과 위험을 전망하는 증권분석에는 기본적 분석(fundamental analysis)과 기술적 분석(technical analysis)이 가장 널리 사용되고 있다.

1.2 기본적 분석의 체계

증권분석은 그 자체로서 의미를 갖는 것이 아니라 그 분석결과가 미래의 시점에서 나타나게 될 증권투자의 성과예측에 대한 기초가 되어야 한다. 그런데 증권투자의 성과, 즉 수익성에 직접 · 간접으로 영향을 미치는 요인은 무수히 많다. 전반적으로 경제상황, 산업의 성격과 전망, 그리고 발행기업의 제반여건 등이 복합적으로 증권의 수익성에 영향을 미친다. 그러므로 증권분석은 이처럼 각기 다른 차원의 상황을 분석하여 통합할 수 있어야 한다.

기본적 분석은 크게 질적 분석과 양적 분석으로 구분할 수 있다. 질적 분석(qualitative analysis)은 경제 및 산업동향, 개별기업의 사업내용, 경영진 등 재무제표에 나타나지 않아 계량화가 불가능한 것을 분석하는 것이다. 반면에, 양적 분석(quantitative analysis)은 재무제표를 중심으로 비교적 계량화가 가능한 것을 분석하는 방법이다.

또한 기본적 분석은 투자결정의 여러 국면에서 기초자료로 활용되기도 한다. 경제분석을 통해서는 시장동향을 파악할 수 있고, 주식 또는 채권 등 여러 종류의 증권 중에서 어떤 증권에 얼마만큼의 자금을 배분하느냐 하는 포트폴리오 구성문제에 참고할 수 있다. 산업분석에서는 투자대상을 주식으로 한정하면 어떤 업종 또는 산업의 주식이 유망하고, 과소 · 과대평가되어 있는가에 대한 지침을 준다. 기업분석에서는 어떤 특정 기업의 주식이 동종산업 내에서 투자가치가 큰가에 대한 판단을 제공해 준다.

기본적 분석의 체계를 나타낸 것이 [그림 6-1]이다. 이것은 곧 증권분석은 각기 다른 차원의 상황을 분석하여 통합할 수 있어야 함을 뜻하는 것이다. 또한 화살표는 거시방식에 따른 질적 분석의 절차를 나타낸 것이다.

그림 6-1 ▌ 기본적 분석의 체계 : 증권분석과 환경분석의 관계

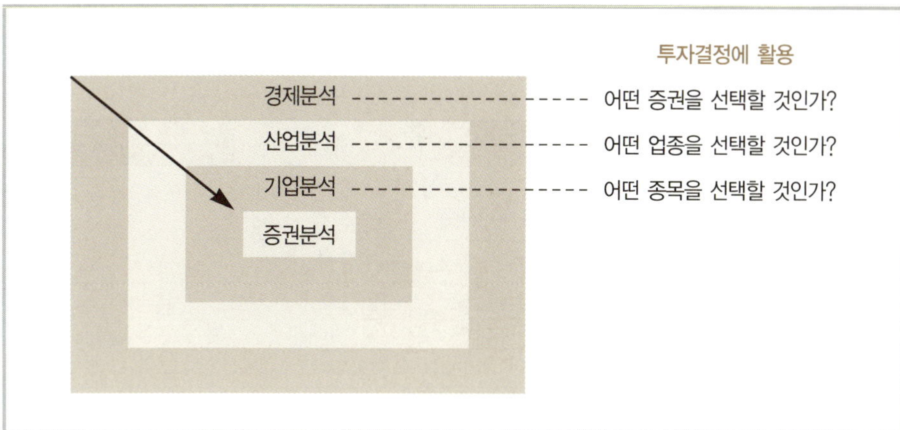

기회는 소녀처럼 왔다가 토끼처럼 달아난다

> 주식투자는 매입시점과 매도시점을 어떻게 잘 잡느냐에 따라서 성패가 좌우된다. 주식시세는 일년 열두 달 내내 있지만 최선의 매입시점과 최선의 매도시점은 순간적으로 지나가 버린다. 주식투자는 기회를 잘 활용하여야 하는 게임이다.

제2절 ■ 경제요인분석

기본적 분석에서 경제분석(economy analysis)은 기업수익성을 원천적으로 좌우하는 미래 국민경제활동의 수준을 예측하는 것으로서 기업의 수익성, 성장성, 불확실성을 예측하는 데 출발점이 되고 있다. 또한 증권시장의 전반적인 움직임을 예측할 수 있는 기초자료를 제공해 준다. 증권가격에 영향을 미치는 모든 경제적 요인들을 밝히고 이런 요인들과 증권시장의 관계 및 기업의 이익과의 관계를 규명하는 것은 쉬운 일이 아니다. 그러나 여러 경제변수 중에서도 주가형성에 큰 영향을 미치는 주요 경제변수들을 추출하여 이들 요인과 주가와의 관

계를 규명하려는 시도는 끊임없이 행해지고 있다.

표 6-1 ▌주요 경제지표

부문	경제지표
통화 · 금융	통화(M1), 총통화(M2), 총유동성(M3), 총예금, 대출금, 예금금리, 대출금리, 국공채수익률, 회사채수익률, 어음부도율
재정	재정규모, 세입, 세출, 재정수지, 조세부담률
산업활동	산업생산지수, 생산자출하지수, 생산자제품재고지수, 생산능력지수, 가동률지수, 건축허가면적, 국내건설수주액, 기계수주액, 기계류수입액, 도소매판매지수
국민소득	국민총생산(GNP), 국내총생산(GDP), 경제성장률, 1인당국민소득, 최종소비지출증가율, 총고정자본증가율
고용 · 임금	총인구, 경제활동인구, 실업률, 취업자수, 임금, 노동생산성
물가	GNP 디플레이터, 도매물가지수, 소비자물가지수, 수출입물가지수
대외거래	수출, 수입, 국제수지, 환율, 수출신용장내도액

이러한 경제변수들을 분석하는 데 사용되는 자료는 정부나 공공기관이 제공하는 2차자료에 의존하는 경우가 많다. 모든 경제의 움직임은 각종 경제지표에 의해서 구체적으로 나타나기 때문이다. [표 6-1]에서는 주요 경제지표들을 요약하고 있다.

2.1 경기변동

1) 경기변동과 주가

경기는 국민경제의 전체적인 활동수준을 나타내는 것으로 시간의 경과와 함께 확장과 수축을 반복하면서 계속적으로 변동해간다. 경제활동이 활발하여 경기가 상승하면 마침내 경기의 정점(peak)에 도달하게 되고, 그 후에 다시 경제활동이 둔화되어 경기가 하강하면 마침내 저점(trough)에 이르게 되는데, 이를 경기순환이라고 한다. 그리고 [그림 6-2]에서와 같이 이러한 경기순환(business cycle)의 확장기(expansion stage)를 다시 회복기와 활황기로 나누고, 수축기(contraction stage)를 후퇴기와 침체기로 나누는 네 단계의 구분법이 일반적으로 사용되고 있다.

경기변동은 일반적으로 증권의 종류에 따라 그 시장가격과 밀접한 관련을 가지고 있다. 예컨대, 호황기에는 기업의 경영성과가 호전되고 주가도 상승하지만, 고정수익을 보장하는 채권의 시가는 상대적으로 하락하는 것이 일반적이 현상이다. 따라서 경기가 불황기에서 호황기로 접어들 때는 채권보다도 주식을 선호하게 되고, 불황기가 예상될 때는 주식보다도 채권을 선호하는 것이 일반적인 투자패턴이라고 할 수 있다.

그림 6-2 ▌ 경기순환

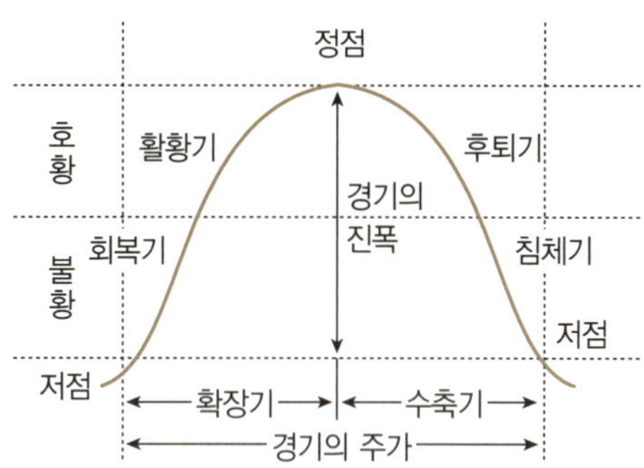

그림 6-3 ▌ 경기순환과 주가지수의 변동

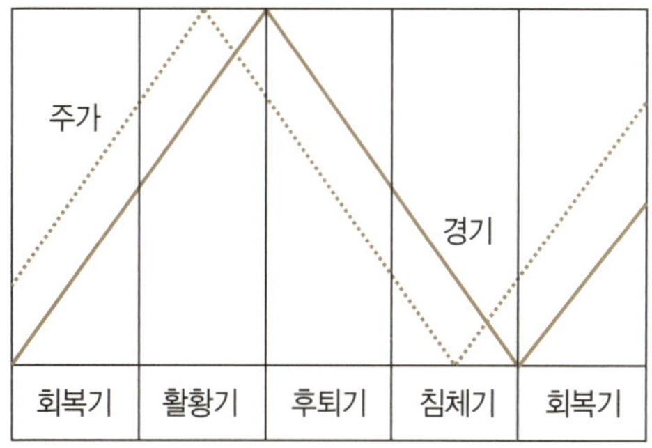

더욱이 주가지수는 경기변동에 대한 선행지표로 알려져 있다. 즉 경기가 정점에 도달하기 수개월 전부터 주가는 상승기조에서 하락세로 전환하고, 경기가 저점에 이르기 수개월 전부터 주가는 하락국면에서 상승세로 전환하는 것이 일반적이다. 따라서 증권분석에 있어서는 경기순환상황을 먼저 파악하여 증권시장의 예측에 기초로 삼을 필요가 있다. [그림 6-3]은 주가지수의 변동과 경기순환과의 관계를 나타낸 것이다.

경기변동의 주기[01]에 대한 내용은 [표 6-2]에서 요약하고 있다.

표 6-2 ▌ 경기변동의 주기

구분	주기	원인	비고
키친순환	3~5년	통화공급, 이자율, 재고변동	단기파동
주글라순환	9~10년	설비투자의 내용연수, 개별적 기술혁신	중기파동
건축순환	17~18년	건축투자	-
쿠즈네츠순환	20~25년	경제성장률의 변화	-
콘트라티에프순환	50~60년	철도, 전기 등 대발명의 기술혁신, 전쟁	장기파동

2) 경기예측방법

경기를 예측하는 방법으로는 지표법, 실사법, 계량경제모형법 등이 있다. 지표법은 생산 · 재고 · 판매에 관한 각종 경제지표를 종합적으로 참작하여 경기를 예측하는 방법이다.

지표법에 의해 경기의 동향을 파악하기 위해서는 매월 통계청에서 발표하는 경기종합지수(Composite Index : CI)를 이용하는 것이 편리하다. 이외에 경기종합지수(CI)는 각 지표의 전월 대비 변화율을 통계적으로 종합 · 가공하여 산출하는데, 경기종합지수의 전월 대비 증가율이 (+)이면 경기상승을, (−)인 경우에는 경기하강을 나타내며, 그 증감률의 크기에 따라 경기변동의 진폭까지 알 수

01 경기변동주기 순환명칭은 각각 파동을 발견한 학자의 이름을 따왔음. 19세기 중반 프랑스의 경제학자 주글라, 1920년대 영국의 요셉 키친, 러시아의 콘트라티에프와 노벨 경제학상을 받은 쿠즈네츠의 이름이 지금의 경기변동주기의 명칭이 되었음.

있다.

분석과 예측에 도움을 얻기 위해 활용되는 여러 경제지표들은 선행, 동행, 그리고 후행지표 등 세 가지로 구분되는데, 이들 지표로서 경기변동의 방향, 전환점 및 진폭 등을 동시에 파악할 수 있다. 가장 대표적인 선행종합지수로는 종합주가지수, 후행종합지수로는 채권유통수익률이라고 할 수 있다.

기업실사법은 경기에 대한 기업가의 판단과 전망, 그리고 이에 대비한 계획 등을 설문서를 통하여 조사하는 방법으로서, 이를 수치화하여 경기판단지표로 만든 것이 기업실사지수(Business Survey Index : BSI)[02]이며 다음과 같은 방법으로 산출된다.

$$\text{기업실사지수} = \frac{\text{증가(상승·호전)업체수}-\text{감소(하락·악화)업체수}}{\text{전체응답업체수}} \times 100 + 100 \quad (1)$$

주) 100 이상 : 경기확장국면

계량경제모형법은 경제변수에 수치를 주어 정량화하고 변수 간에 관계를 설정한 후 경기예측모형을 만들어 경기를 예측하는 방법이다. 이 방법을 사용하기 위해서는 경제이론에 대한 이해력과 응용력이 충분히 있어야 한다. 또한 예측모형이 정확해야만 그 결과치가 정확히 나온다는 어려움이 있다. 대표적인 계량경제모형으로는 시계열모형, 거시경제모형이 있다.

2.2 경제성장

경제성장률의 변화는 경제활동을 측정하는 데 매우 유용한 지표이다. 경제성장률은 보통 국내총생산(Gross Domestic Product : GDP)의 증가율로써 표시되

02 $0 < BSI < 100$: 수축국면
$BSI = 100$: 경기전환점
$100 < BSI < 200$: 확장국면

는데, GDP란 일정기간(보통 1년) 동안 한 나라 안에서 그 나라의 국민과 외국인이 새로이 생산한 재화와 서비스의 가치를 화폐단위로 합산한 것을 말한다. 한 나라의 국민 전체가 일정기간(보통 1년) 동안 새로이 생산한 재화와 서비스의 가치를 화폐단위로 합산한 개념인 국민총생산(Gross National Product : GNP)도 있지만 국민소득을 표시하는 개념 중에서 GDP가 더 널리 사용되고 있다.

경제성장이란 국민소득의 전체 규모가 커지는 것, 즉 국내총생산 규모의 변화 또는 국민들의 재화와 용역 생산능력의 변화를 뜻하고, 경제성장률이란 경제성장의 정도, 즉 국내총생산 또는 부가가치의 증가율을 나타낸다. 경제성장률의 계산은 다음과 같다.

$$\text{경제성장률}(\%) = \frac{\text{금년도 실질 } GDP - \text{전년도 실질 } GDP}{\text{전년도 실질 } GDP} \times 100 \tag{2}$$

일반적으로 경제성장률이 높을 때에는 생산 · 고용 · 판매 · 소득이 증가하고 경제가 확대되면서 동시에 기업의 매출이익이 신장함으로써 주식시장에 활기를 불어넣어 주가가 상승한다. 반대로 경제성장률이 낮아지거나 감소하게 될 때에는 생산 · 고용 · 판매 · 소득도 줄어들어 경제활동이 둔화되고 주가도 하락한다.

2.3 통화량

통화란 현재 통용되고 있는 화폐를 말한다. 즉 현재 돌아다니고 있는 돈을 통화라고 하는 것이다. 미국의 달러화는 미국의 화폐이기는 하지만 우리나라 안에서 통용되지 않으므로 우리나라의 통화는 아니다. 그런데 통화, 즉 돌아다니는 돈의 범위를 어디까지로 볼 것인가가 쉽지 않다. 그래서 등장한 것이 통화지표라는 개념이다. 이것은 어디까지를 통용되는 화폐로 볼 것인가 하는 범위를 나타낸다.

우리나라에서는 통화량을 파악하기 위해서 통화(M_1), 총통화(M_2), 총유동성(M_3)이라는 세 가지 통화지표를 매월 작성하여 발표하고 있는데([그림 6-4] 참조), 다른 통화지표보다 경제성장, 물가 등 실물경제와 더 밀접한 관계가 있다는 경험적 사실에 근거하여 1979년부터 M_2를 통화관리의 중심지표로 사용해 오고 있으나, 최근 신 M_2라고 할 수 있는 M_a를 중심통화지표로 채용할 움직임을 보이고 있다.

M_a(monetary asset)는 현행 M_2에서 유동성이 낮은 정기적금, 목돈마련저축, 주택부금, 상호부금 등을 제외하고 CMA, BMF, 기업금전신탁 등 제2금융권의 유동성이 높은 금융자산을 포함시킨 것이다. 이는 M_2를 구성하는 금융자산의 유동성에 차이가 많기 때문이며, 또한 M_2는 통화금융기관의 금융자산만을 포함하고 비통화금융기관의 금융자산이 제외되어 있어 국민경제 전체의 유동성을 대표하는 지표로서 한계가 있기 때문이다.

그림 6-4 ▌ 통화지표별 구성내역

	M_1	M_2	M_3
			비통화금융기관 예수금
		저축성예금 및 거주자외화예금	(왼쪽과 같음)
	요구불예금 (예금통화)	(왼쪽과 같음)	(왼쪽과 같음)
화폐민간보유액 (현금통화)	(왼쪽과 같음)	(왼쪽과 같음)	(왼쪽과 같음)

각 나라의 중앙은행은 바로 이렇게 돌아다니는 돈의 양을 적절히 유지하는 데 정책의 주요 목표를 두고 있다. 경제에서 요구되는 돈의 양보다 중앙은행이 공급한 돈이 너무 적다면 경제가 제대로 작동하지 못할 것이고, 너무 많은 돈을 공급하면 경기과열로 상당한 후유증을 각오해야 한다. 그래서 중앙은행은 경제 상태를 점검하여 가장 적절량의 돈을 공급하려고 한다.

통화량의 변동은 주식시장에 직접적으로 영향을 미치기도 하고, 채권시장의 이자율조정을 통해 간접적으로도 영향을 미친다. 즉 증가된 통화가 기업부문에 투입된다면 설비투자의 확대 등으로 투자자들로 하여금 기업수익성의 호전을 기대할 수 있게 함으로써 주가를 상승시키게 된다. 또한 통화량 증가의 일부가 증권시장에 투입될 때에는 주식에 대한 매입수요를 증대시켜 주가를 상승시키게 된다. 또한 통화량의 증가는 채권시장을 통해 실질이자율을 하락시킴으로써 상대적으로 기대수익률이 커진 주식의 수요가 늘어나게 되어 주가는 상승한다.

2.4 인플레이션

인플레이션은 통화가치가 하락하는 현상이기 때문에 통화량과 밀접한 관계를 가지지 않을 수 없다. 국내 물가수준과 통화량 간의 관계는 다음과 같은 고전적인 화폐수량설(Quantity Theory of Money)을 통해 잘 나타난다.

$$MV = PY \tag{3}$$

여기서 M은 통화량, V는 화폐의 유통속도, P는 물가수준, 그리고 Y는 국내총생산량(GDP)을 가리킨다. 특히 화폐유통속도(velocity of money)는 화폐가 경제주체들 사이를 얼마나 빠른 속도로 흘러다니는가를 나타내는 지표로서, 한 해 동안 생산된 최종생산물이 시장에서 거래될 때 화폐가 사용된 횟수를 말한다. 따라서 화폐유통속도는 명목GDP를 통화량으로 나눈 값으로 구해진다($V = GDP/M$). 만일 통화량은 감소하였음에도 불구하고 GDP총액이 증가하였다면, 이것은 시중의 돈이 그만큼 빨리 회전되었다는 것을 의미하는 것이다.

화폐유통속도의 정의로부터 위 식의 좌변, 즉 MV는 곧 GDP를 나타내는 것임을 알 수 있다. 한편, 우변은 한 해 동안 경제 내에서 생산된 재화의 시장가치를 의미한다. 이렇게 볼 때, 좌변과 우변은 결국 동일한 기간 동안에 생산된 재화의 가치, 즉 GDP를 각기 다른 형태로 나타낸 것에 불과한 것임을 알 수 있다. 즉, 이 관계는 항등식(identity)의 관계인 것이다.

그런데 우리가 여기서 화폐유통속도를 일정한 상수로 가정한다면 위의 식은 통화량과 물가, 그리고 총생산 간의 관계를 나타내는 방정식의 의미를 가지게 된다. 실제로 화폐유통속도는 단기적으로는 대체로 일정한 경향을 보이므로, 통화량의 증가는 실물생산량(P)의 증가가 아니면 물가(Y)의 상승으로 나타난다. 따라서 실물생산이 단기적으로 큰 변화가 없을 경우 통화량의 증가는 그대로 물가의 상승으로 나타나게 되는 것이다. 실제로 대부분의 국가에서 통화량과 물가 상승률은 일정한 시차를 두고 거의 비례적으로 움직이고 있다. 이러한 현상은 곧 국민경제라는 순환 파이프를 통해 흐르는 물의 양이 갑자기 증가할 경우, 용기의 크기가 증가하지 않는 한, 늘어난 물은 그대로 넘쳐흐를 수밖에 없는 것과 같은 이치이다.

주식이 인플레이션에 대해 헤지(hedge)가 가능한 자산인가에 대해서는 아직 통일된 견해는 없으나 1970년대의 미국의 분석결과와 최근의 연구들을 볼 때, 주식이 인플레이션의 방어자산이 될 수 없다는 것이 대부분의 견해이다. 인플레이션은 일반적으로 금융저축을 위축시키고 부동산, 귀금속 등의 실물자산을 선호하게 하여 주가를 하락시키는 요인으로 작용한다. 그러나 완만한 물가상승은 실물경기의 상승을 가져오면서 기업수지의 개선과 기업의 자산가치를 증대시켜 주므로 주가를 상승시킨다. 우리나라의 경우 1986년 이후 소위 3저의 호재로 물가가 안정되자 주가가 크게 상승한 예가 있다.

한편 경기가 침체하면서 물가가 상승하는 스태그플레이션(stagflation)이 계속되는 경제하에서는 비용인상형 인플레이션(cost-push inflation)이 발생하여 기업수익성에 (−)의 영향을 미친다. 또한 물가상승으로 인한 소비자의 실질소득감소는 구매력의 악화를 초래하고, 이는 다시 기업수익성을 악화시킬 수 있으므로 주가를 하락시킨다는 것이 일반적인 견해이다.

반면에 물가상승률이 낮아져 가는 시기인 디스인플레이션(disinflation)시기에는 저물가와 저금리현상이 나타나기 때문에 실물자산보다 은행예금, 주식 등의 금융자산을 선호한다. 이 시기에는 금융자산 전반에 대한 수요증대와 함께 주식에 대한 수요가 한정된 주식공급물량에 비해 급격하게 증가함으로써 주가는 큰 폭으로 상승한다.

2.5 이자율

전통적인 주식평가이론에 의하면 주식의 가격은 기업의 이익과 이자율과의 비교를 통해 결정된다. 즉 주당이익을 EPS, 이자율을 i라고 할 때 주가 P는 다음 식과 같이 EPS와 i의 함수로서 산출된다.

$$P = f\left(\frac{EPS}{i}\right) \tag{4}$$

따라서 기업의 이익이 일정하다면 이자율이 낮을수록 주식의 가격은 높아지게 된다.

이처럼 이자율은 주가에 직접적으로 영향을 미치지만 이자율 변화의 효과는 기업수지를 통해 간접적으로도 주가에 많은 영향을 미친다. 예컨대, 이자율인상은 기업의 자금사정을 원활하지 못하게 할뿐만 아니라 금융비용을 증가시켜 원가를 상승시키기 때문에 기업수지를 악화시키는 요인으로 작용하여 주가를 떨어뜨리는 중요한 요인이 되고, 이자율인하의 경우에는 반대의 논리가 적용되어 주가는 상승하게 된다.

2.6 환율

급격한 환율인하, 즉 평가절상은 수출비중이 높은 기업의 수출경쟁력을 떨어뜨려 기업의 매출을 감소시키고 기업수익을 악화시켜 주가를 하락시키게 된다. 그러나 실제에 있어서는 평가절상 → 수출감소 → 기업수익악화 → 주가하락이라는 단순논리와는 달리 평가절상과 주가상승은 같은 추세를 갖게 된다. 왜냐하면 평가절상은 한 나라의 경제가 안정되고 수출이 수입보다 많아지면서 경상수지와 종합수지의 흑자규모가 증가할 때에 나타나는 것이 일반적이기 때문이다. 이때 국제수지 흑자의 증가로 인해 해외부문으로부터의 자금유입이 증대하면서 시중의 유동성은 풍부해져 주식의 매입수요를 증가시키므로 안정적 환율인하는 주가를 상승시키는 요인으로 작용한다.

환율과 주가는 기본적으로 국가의 경제상황이라는 공통요인에 의해 결정되기 때문에 높은 경제성장률과 국제수지흑자 등은 환율하락과 더불어 주가상승도 동반하게 된다. 또한 외환자본시장이 개방되어 있는 경우에는 평가절상은 환율의 평가차익을 노리는 국제투기자금을 끌어들이고 이 자금이 다시 증시에 유입됨으로서 결과적으로 주가상승요인으로 작용할 수 있다. 일반적으로 환율변동은 주가에 후행한다고 할 수 있다. 왜냐하면 평가절상의 누적된 효과는 J-curve 효과에 의해 1~2년 늦게 나타나고, 정책적인 평가절상은 국제수지흑자 등의 절상요인이 어느 정도 사라질 때까지 계속되지만 주가는 이를 미리 반영하여 하락세로 돌아서게 되기 때문이다.

2.7 부동산

실물자산투자의 대표격인 부동산과 금융자산투자의 대표격인 주식은 단기적으로는 상호 대체적인 관계에 있으나, 중장기적으로는 동반적인 관계에 있다고 한다. 일반적으로 인플레이션이 중요한 변수가 되어 물가가 급격히 상승할 때에는 금융자산에 투자하는 것보다 실물자산에 투자하는 것이 유리하다. 그러나 물가가 안정되었을 때에는 금융자산에 투자하는 것이 실물자산에 투자하는 것보다 수익성이 높다고 할 수 있다.

한편 경제성장률보다 물가상승률이 클 때에는 인플레이션에 대한 기대심리로 실물자산인 부동산가격이 상승하게 된다. 반면에 물가상승률이 경제성장률이 높을 때에는 금융자산에 투자하는 경향이 많다.

2.8 원자재가격

원자재가격과 주가는 음의 관계에 있다. 부존자원이 많은 국가에 있어서는 원자재가격과 주가는 장기적으로 보아 같은 방향으로 움직이고 있으나, 우리나라와 같이 국내에 부존자원이 빈약하여 대부분을 수입해야 하는 나라에 있어서는 상황이 다르다. 국제 원자재가격이 상승할 때에는 원자재의 수입액이 증가되어 국제수지를 악화시킬 뿐만 아니라 물가를 상승시키는 요인으로도 작용하므로 경제여건이 악화된다. 그리고 수출상품의 가격경쟁력이 약화되어 기업의 채산성을 악화시키기 때문에 주가는 하락한다.

군자는 표변한다

옛날부터 군자는 평소에 유유자적하고 온건한 태도를 유지하다가도 상황이 돌변하여 결정적인 순간이 오면 사람이 완전히 달라져서 결연히 상황에 대처한다고 한다. 주식투자에서도 시황의 변화에 따라 필요한 경우 모든 생각과 전략을 180도 바꾸어야 한다.

오랫동안의 주가상승으로 낙관적인 시세관을 견지해오던 투자자라고 하더라도 시세가 천장을 쳤다고 판단되면 이제까지 견지해오던 태도를 완전히 바꾸어 모든 사고를 매도위주로 바꾸어야 한다. 과거의 낙관적인 시세관을 완전히 끊어버리지 못하고 미련을 계속 가지는 한 시세의 하락추세에 적절하게 대처하지 못한다. 주가가 오랜 하락 끝에 상승세로 전환할 때도 마찬가지다. 과거의 비관적이던 시세관을 완전히 바꾸어서 새로운 시장분위기에 적극적으로 적응해야 한다.

제3절 ■ 산업분석의 의의

3.1 산업의 정의

넓은 의미에서 산업(industry)은 같은 이해관계를 가진 집단이라고 정의될 수 있다. 그러한 집단에 속한 사람들은 비슷한 일을 하거나 유사한 상품을 만들어 낸다. 그러한 집단으로는 농업, 제조업, 광업, 유통업, 그리고 금융업 등을 꼽을 수 있다. 경제적인 의미에서 그러한 집단들은 제품이나 생산공정의 특성 때문에 동일한 산업을 구성하게 되는 것이다.

3.2 산업분석의 의의

산업분석(industry analysis)은 산업의 특성과 전망에 대한 분석으로 개별산업 또는 관련산업에 중요한 영향을 미치는 요인들을 광범위하게 연구 · 분석하는 것을 말한다. 즉 경제사회여건 변화에 따른 산업의 변화와 이것이 개별기업에 미치는 영향을 파악하는 것이다. 산업분석은 다음과 같은 이유 때문에 증권분석에서 필수적인 과정이 된다.

첫째, 개별기업의 경영성과는 당해 산업의 경영성과와 밀접한 관련을 가지고 있으며, 개별주식의 시가는 일반적으로 당해 산업의 주가평균에 근사하기 때문이다. 실제적으로 Benjamin F. King은 그가 추출한 표본에서 평균수준에 속하는 주식의 시가변동은 적어도 그 원인의 10%가 산업요인에 의해서 발생한 것이라고 주장하고 있다.[03]

둘째, 모든 산업의 성과가 반드시 경기변동과 일치하지 않기 때문이다. 이를테면 사치품이나 내구재산업의 경영성과는 경기변동과 비교적 동일한 추세로 움직이고 있지만, 생활필수품산업의 경영성과는 오히려 경기변동과 반대로 작용하는 경향이 있다. 따라서 개별산업의 성과분석은 기업의 증권분석에 많은 도움을 준다.

셋째, 개별기업의 경영성과에 대한 장기적인 전망을 함에 있어서 산업의 추세분석이 도움을 주기 때문이다. 산업은 제각기 산업라이프사이클을 가지고 있다. 그러므로 각 기업은 당해 산업이 산업라이프사이클에서 현재 어느 단계에 속해 있는가를 분석하거나 또는 그 산업의 제품에 대한 수요 및 조업도를 분석함으로써 기업의 경영성과에 대한 장기전망에 도움을 받을 수 있다.

03 Benjamin F. King, "Market and Industry Factors in Stock Price Behavior," *Journal of Business* (January 1966).

주식투자를 귀로 하지 마라

증권시장 주변에는 크고 작은 소문이 끊임없이 나돈다. “어느 회사가 신약을 개발했다”, “외자유치에 성공했다”, “보물선을 발견했다”는 등 개별기업에 대한 온갖 풍문이 나돈다. 또 큼직한 부양대책이 곧 발표될 것이라는 등 장세전체를 움직일만한 소문들도 나돈다. 이 풍문들은 가끔 사실로 확인되는 경우도 있지만 대부분 허황된 루머로 끝난다.

특히 장세가 대호황을 보일 때는 좋은 풍문이 많이 나와 호황을 더욱 부추기고, 장세가 침체되었을 때는 좋지 않은 풍문이 쏟아져 계속 침체될 것 같은 분위기를 조성한다. 주위에서 나도는 온갖 풍문에 너무 현혹되지 말고 대세를 나름대로 파악해 소신껏 투자하는 자세가 필요하다.

제4절 ■ 산업분석의 주요 내용

산업분석에 있어서 검토해야 할 사항은 과거의 실적, 경기변동에 대한 적응력, 산업의 대체관계, 정부정책, 인력수급 및 노사관계, 경쟁관계, 그리고 산업의 주가수익률 등이다.

4.1 과거의 실적분석

어떠한 경우라도 미래를 예측하는 데에는 과거와 현재의 상황이 기초가 된다. 효과적인 산업분석을 통해 유효한 투자결정을 하기 위해서는 우선 당해 산업의 과거실적을 조사 · 분석해야 한다.

산업의 과거실적을 분석할 때 가장 중요한 것은 당해 산업의 매출액과 수익률에 대한 분석이다. 매출액과 수익률의 변동상황이 산업의 수익성에 중요한 영향을 미치기 때문이다. 아울러 산업의 원가구조, 즉 고정비와 변동비의 관계에 대한 분석도 함께 이루어져야 한다. 총비용 중에서 고정비가 차지하는 비중이 높으면 높을수록 손익분기점이 높고 영업레버리지(DOL)[04]효과도 크게 나타나 호황기에는 매출증가에 따른 이익증가율이 높아지는 반면에 불황기에는 매출감소에 따른 이익감소율이 커지기 때문이다.

4.2 경기변동에 대한 적응력

산업은 경기순환과 산업이익의 관계를 중심으로 하여 주기적 산업, 방어적 산업, 성장산업으로 구분할 수 있다. 주기적 산업(cyclical industries)의 경영성과는 경기순환과 일치하여 아주 민감하게 변동하므로 호경기 시에는 매출이나 이익의 신장률이 높은 반면에 불경기 때에는 매출과 이익이 격감하거나 손실까지도 볼 수 있다. 피아노, 에어컨 등 내구소비재와 공작기계, 철강업 등 자본재를 생산하는 산업 및 레저산업, 항공산업 등이 이에 속한다.

방어적 산업(defensive industries)이란 경기변동에 거의 영향을 받지 않고 일정한 수준의 경영성과를 꾸준히 유지하는 산업으로 음식료품과 같은 생활필수품과 관련된 산업이 이에 속한다. 성장산업(growth industries)이란 경기순환과는 큰 관계가 없이 기술혁신과 우수한 판매전략의 개발 등으로 계속해서 높은 수익신장이 기대되는 산업이다. 우리나라의 경우는 1970년대의 철강, 석유화학, 일반기계 등과 1980년대의 전자부품, 컴퓨터, 반도체산업 등을 들 수 있다.

4.3 산업의 상대적 영속성

산업의 생산 및 기술의 진보로 새로운 대체산업이 등장함으로 말미암아 기존 산업의 생산품에 대한 수요가 감소되어 그 산업이 사양화되는 경우가 종종 있

04 영업레버리지는 영업활동에서 고정비의 비중이 영업이익에 미치는 손익확대효과를 의미한다.

다. 자동차의 등장으로 마차는 거의 자취를 감추었으며, 마가린에 대한 인기상승은 버터의 수요를 대폭으로 줄인 것이 좋은 예이다. 특히 오늘날과 같은 급진적인 기술혁신의 시대에는 산업의 대체가 쉽게 일어날 수 있으므로 산업의 영속성 여부는 산업분석에서 더욱 중요한 사항이 되고 있다.

4.4 정부의 정책

현대국가의 경제분야에 있어서 정부의 역할은 점차 증대되어 가고 있다. 정부는 경제정책상 재정적 지원, 법률의 개정, 관세 및 조세제도 등을 통하여 특정산업을 육성하거나 기업으로 하여금 대자본을 획득하게 도와주는 경우도 있고, 반대로 기업통폐합, 소비자보호, 경쟁의 제한을 위한 입법 등을 통하여 해당산업의 수익성에 큰 타격을 줄 수도 있다. 따라서 증권투자를 위한 산업분석에 있어서는 정부의 법률, 금융, 세제 면에서의 지원 또는 제한 등에 관한 충분한 정보의 수집과 분석이 있어야 한다.

4.5 인력수급 및 노사관계

노동조합이 국가경제에 미치는 영향이 점차 커짐에 따라 분석대상이 되는 산업의 노사문제와 그에 따른 인력수급의 문제도 산업분석에서 매우 중요한 부분이 되고 있다. 일반적으로 고정비의 비중이 높은 자본집약적 산업에서는 노사분규로 생산이 감소되거나 조업이 중단된 경우 대규모의 고정비 때문에 기업의 수익은 큰 타격을 받게 된다. 변동비의 비중이 높은 노동집약적 산업에서도 산업중단이 기업수지에 미치는 영향은 상대적으로 적지만 노사분규로 인해 제품이 적시에 공급되지 않음으로써 고정고객을 상실할 우려가 있다. 더욱이 노사분규가 장기화될 경우에는 낮은 고정비가 갖는 장점까지도 모두 상실하게 될지도 모른다.

한편 노동조합이 강력하게 조직되어 있는 산업에서는 자본집약적 산업이거나 노동집약적 산업임을 막론하고 노무비의 상승률이 높아지고 또 동맹파업이 발생할 가능성이 높기 때문에 이러한 산업의 주식에 투자할 때는 노사관계의 분석을 반드시 실시하여야 한다.

4.6 경쟁관계

산업에 따라서는 기업 간 경쟁이 치열한 산업과 그렇지 않은 산업이 있다. 소매업에 있어서는 기업 간의 경쟁이 치열한 반면, 우리나라의 방위산업과 같은 전략산업에 있어서는 비교적 국내기업 간의 경쟁이 덜 치열하다고 할 수 있다. 일반적으로 경쟁이 치열한 산업에서는 저조한 이윤을 얻게 되고, 비교적 경쟁이 심하지 않은 산업에서는 양호한 수익성을 올릴 수 있을 것이다.

완전경쟁상태에 있는 산업에서는 수익성이 최저경쟁수익률 정도밖에는 안될 것이다. 그러나 경쟁이 비교적 덜 치열한 산업에서는 평균 이상의 초과수익률을 올릴 수 있을 것이다. 따라서 분석대상산업의 경쟁관계를 반드시 고려하여야 한다.

4.7 산업의 주가수익률

주식매입의 결정은 현재 및 미래의 예상만이 아니라 그 산업의 현재 주가수준이 미래의 수익을 기대할 수 있게 해주는 수준에 있는지 그렇지 않은지를 검토해 보아야 한다. 현재의 주가가 앞으로의 이익신장 가능성에 비해 상당히 높은 수준에 있는 경우에는 당해 증권에 투자하는 것은 현명하지 못할 것이다.

반대로 어떤 산업의 미래 이익신장률이 비록 낮을 것으로 예상되더라도 현재 당해증권의 가격이 상대적으로 낮게 형성되어 있다면 그 주식은 매력있는 투자대상이 될 수 있다. 증권시장의 투자심리는 어떤 산업의 주가를 지나치게 고가로 만들거나 저가로 만들 수 있으므로 증권투자의 최종적인 의사결정을 위해서는 투자대상이 되는 산업의 미래 성장성뿐만 아니라 현재의 주가도 충분히 고려해야 한다.

오름세의 악재는 사라

시중자금이 주식시장으로 몰려오는 큰 시세에서는 악재가 제대로 반영되지 않는다. 이런 경우 큰 악재로 주가가 주춤 하면 사야 하는 좋은 기회다.

제5절 ■ 기업분석의 개념

기업분석(company analysis)이란 기업의 재무적 능력을 분석함으로써 해당 주식의 가치를 평가하는 방법을 말하며, 이것은 기본적 분석에서 가장 중요한 위치를 차지하고 있다. 이 방법은 주로 장부가치, 주당이익(EPS), 주가이익비율(PER), 그리고 배당수익률(dividend yield)과 같이 계량적인 요소에 주로 초점을 맞춘다.

기업분석에서 사용되는 자료의 일차적 원천은 기업의 재무제표, 즉 대차대조표와 손익계산서가 된다. 기본적 분석가들은 이러한 자료들을 이용하여 여러 가지의 재무지표들을 계산하고, 그것으로서 해당기업의 현재 경영상태를 파악하고자 한다. 그들은 기업의 과거 및 현재의 경영상태를 비교함으로써 기업의 장래 전망을 도출하려고 하는 것이다. 결국 해당기업의 미래에 대한 전망을 이용하여 그 기업의 미래주가를 예측해보고, 마지막으로 이러한 유가증권의 잠재적 투자이익을 도출하게 된다.

5.1 활동성지표

활동성지표(activity measures)들은 보유하고 있는 자산을 기업이 얼마나 잘 활용하고 있는가를 보기 위해서 그 효율성을 측정하고 있다.

1) 평균회수기간(Average Collection Period : ACP)

$$ACP = \frac{\text{순매출채권} \times 365\text{일}}{\text{순매출액}} \tag{5}$$

평균회수기간은 기업이 매출액을 현금으로 전환하는 속도를 측정하고 있다. *ACP*가 길면 그것은 곧 매출이 빈약하고, 대금회수가 느리거나 너무 느슨한 신용정책을 구사하고 있으나 별 효과를 거두지 못하고 있는 경우일 가능성이 크다. *ACP*가 점차 늘어나고 있다면 그것은 매출이 둔화되고 있거나 대금회수가 지연되고 있다는 것을 의미하는데, 그 어느 것이라도 기업이 안고 있는 근본적인 문제점을 미리 예고하고 있는 것이다. 반대로 *ACP*가 점차 짧아지고 있으면 그것은 매출이 증가하고 있거나, 자산활용의 효율성이 제고되고 있거나, 엄격한 경영통제가 이루어지고 있음을 나타낸다.

2) 재고자산회전율(Inventory Turnover : IVT)

$$IVT = \frac{\text{순매출}}{\text{기말재고자산}} \text{ 또는 } IVT = \frac{\text{매출원가}}{\text{기말재고자산}} \tag{6}$$

여기서 *IVT*란 기업이 보유하고 있는 재고자산을 판매하는 속도, 즉 재고자산이 당좌자산으로 변하는 속도를 측정하는 지표이다. 이 지표가 하락하고 있으면 아마 매출이 둔화되고 있거나, 재고가 자꾸 누적되고 있거나, 또는 기업이 보유자산을 비효율적으로 사용하고 있다는 것을 의미한다. 반대로 이 지표가 상승하고 있다면 그것은 기업의 매출이 증가하고 있거나 경영통제가 매우 빡빡하게 이루어지고 있다는 것을 의미하고 있다.

3) 총자산회전율(Total Asset Turnover : TAT)

$$TAT = \frac{\text{순매출}}{\text{총자산}} \tag{7}$$

*TAT*는 기업이 투자한 자산에 의하여 창출되는 매출액을 측정하는 지표이다. 일반적으로 총자산회전율이 높을수록, 즉 기업의 투자자본 1단위당 매출액이 증가하면 할수록 기업이 더욱 효율적으로 영업을 수행하고 있다는 의미로 받아들일 수 있다. 그러나 *TAT*가 지나치게 높으면 그것은 기업이 충분한 지원시설을 보유하고 있지 않거나 또는 생산자본재가 더 필요하다는 신호로 해석될 수 있다. 매출이 둔화되었거나 전체적인 비효율이 발생하였을 때에는 *TAT*가 낮아진다. 특히 기업이 비효율적인 방법으로 자산을 배치한 경우, 즉 자산의 배치를 정당화시킬 만큼 매출이 충분히 증가하지 못한 경우에 *TAT*가 유난히 낮다.

5.2 보상비율

보상비율(coverage measures)은 현재 기업이 부담하고 있는 재무적 부담을 이행할 수 있는 능력을 측정하고자 한다. 이러한 지표들의 계산을 통해서 분석가들은 만일 기업의 영업이익이 감소하였을 경우 해당기업이 부담하고 있는 재무적 의무를 이행하는 데 얼마만큼의 여유가 있는가를 알아내려고 하는 것이다.

1) 배당성향(Dividend Payout Ratio : DPR)

$$DPR = \frac{\text{보통배당금총액}}{\text{보통주주들의 몫인 이익금총액}} \tag{8}$$

*DPR*이 자주 낮게 나타나는 기업은 대개 이익금을 주주들에게 지불하는 대신 투자에 활용하고자 하는 경우에 해당한다. 특히, 영업손실이 발생하였거나 수익성이 낮아져 운전자본을 더 필요로 하는 기업들, 그리고 급속한 팽창을 추구하

기 위하여 가지고 있는 모든 현금을 다 활용하고자 하는 기업들의 경우는 보통 배당성향이 낮게 나타난다.

2) 이자보상비율(Interest Coverage Ratio : ICR)

$$ICR = \frac{\text{이자 및 법인세전 이익(또는 영업이익)}}{\text{이자비용}} \tag{9}$$

이자 및 법인세전 이익(Earnings Before Interest and Taxes : EBIT)은 영업이익이라고도 부른다. *ICR*은 기업이 채권자들에게 부담하고 있는 재무적 의무를 이행하기 위하여 이익면에 있어서 어느 정도의 여유를 가지고 있는가를 가늠하고 있다.

이 비율이 높을수록 채권자들은 더 잘 보호되고 있으며, 주주들의 입장도 더 안정적이라고 말할 수 있는 데다가, 기업에서는 차입을 통해서 추가적으로 필요한 자금을 조달하기가 더욱 쉬워진다고 할 수 있다. 그러나 레버리지가 낮은 상태에서 이 비율이 높다면 기업은 주주들의 부를 극대화하기 위하여 레버리지효과를 최대한 활용하지 않고 있는 것으로 볼 수 있다.

5.3 이익지표

이익지표(earnings measures)는 보통 기업이 발행한 보통주 1주당 벌어들이는 이익의 크기를 보여주려고 한다.

1) 주당이익(Earnings Per Share : EPS)

$$EPS = \frac{\text{순이익} - \text{우선배당금}}{\text{보통주 총발행주수}} \tag{10}$$

*EPS*는 보통주주들과 연계되어 있기 때문에 기업의 전체적인 경영성과를 측

정하고 있다고 할 수 있다. 만일 어느 기업의 *EPS*가 하락하고 있다면 그것은 기업의 수익성이 하락하고 있거나 유상증자를 행하여 총발행주식수가 늘어난 경우에 해당될 것이다. 그것은 또한 기업이 경영상 곤란을 겪고 있거나, 아니면 정반대로 기업이 아직은 영업이익의 창출에 별로 공헌이 없어도 나중에 어려울 때를 대비해서 미리 기술개발에 엄청난 투자를 행하고 있는 경우에 나타난다.

2) 완전희석된 주당이익(Fully Diluted Earnings per share : FDE)

$$FDE = \frac{\text{순이익} + \text{전환우선배당금} + \text{전환사채이자} - \text{이자법인세조정액}}{\text{전환을 가정한 경우의 보통주 총발행주수}} \quad (11)$$

여기서 전환우선배당금은 기업이 발행한 전환우선주를 보유하고 있는 우선주주들에게 지급되는 배당금이며, 전환사채이자는 기업이 발행한 전환사채에 대하여 지급되는 이자의 총액이다. 그리고 이자법인세조정액은 전환사채가 모두 보통주로 전환되는 것으로 가정하여 전환사채에 대한 이자비용이 더 이상 발생하지 않고 그 결과 법인세 감면효과가 더 이상 발생하지 않음에 따라 추가적으로 지급해야 하는 법인세를 가리킨다. 전환을 가정한 경우의 보통주 총발행주식수는 기업이 발행한 모든 전환증권들이 보통주로 전환한다고 가정한 경우 보통주주들이 보유하고 있을 것으로 추정되는 보통주의 총주식수를 의미한다.

*FDE*는 보통주주 및 잠재적 보통주주들과 연계되어 있기 때문에 기업의 전체적 경영성과를 측정하고 있다고 할 수 있다. 이 지표는 이익금 중에서 각 보통주주들이 궁극적으로 받게 될 자기들의 몫을 산출하고 있는 것이다.

5.4 레버리지비율

레버리지비율(leverage measures)은 기업의 자산과 자기자본에 비하여 얼마만큼의 부채를 사용하고 있는가를 보여준다. 이러한 정보는 매우 중요한데, 호황일 때에는 부채가 레버리지효과를 일으키기 때문에 자기자본수익률(ROE)을 훨씬 더 크게 만들지만 기업이 경영난을 겪고 있을 때에는 이자부담이 심각한 문제를 일으키기 때문이다.

1) 부채비율(Debt Ratio : DR)

$$DR = \frac{\text{총부채}}{\text{총자산} } \tag{12}$$

기업이 부채를 많이 사용하면 할수록 이자비용은 더욱 커지게 된다. 지불하는 이자비용에 비하여 기업이 훨씬 더 많은 수익을 올리게 되면 부채의 레버리지효과는 그 기업에 매우 유익할 것이다. 그러나 만일 기업이 창출하는 수익이 그렇지 못할 경우에는 레버리지효과는 기업에 아주 해롭게 작용한다. 본질적으로, 부채의 레버리지효과는 기업이 투자자산에 대하여 창출하고 있는 수익을 더욱 확대시키는 경향이 있다. 특히 레버리지가 높으면 이익의 변동성을 더욱 크게 한다. 부채비율(DR)이 높을수록 기업이익의 변동성이 더욱 커지고, 그 결과 위험도 더욱 커지며 또한 주주들의 기대수익률도 더욱 높아진다. 그러나 이 비율이 낮으면 낮을수록 기업의 이익은 더욱 안정적이고, 이 회사가 발행한 주식의 위험은 그만큼 더 낮게 되며, 그 결과 주주들의 기대수익률도 더 낮아진다.

2) 부채-자기자본비율(Debt-Equity Ratio : DER)

$$DER = \frac{\text{총고정부채}}{\text{자기자본} } \tag{13}$$

DER은 기업이 자기자본의 형태로 조달한 자본에 비하여 채권자들이 제공한 자금이 얼마나 되는가를 백분율로서 측정한다. 이 지표는 주주들이 출자한 자본에 대한 레버리지효과의 크기를 나타낸다. 일반적으로, 부채-자기자본비율이 100% 이상인 경우는 높은 것으로 인식되고 있다.

5.5 유동성지표

유동성지표(liquidity measures)는 기업이 부담하고 있는 단기부채를 얼마나 쉽게 상환할 수 있는가를 살펴보는 지표이다.

1) 유동비율(Current Ratio : CR)

$$CR = \frac{\text{유동자산}}{\text{유동부채}} \tag{14}$$

*CR*은 단기부채를 상환하기 위한 현금을 창출할 수 있는 기업의 능력을 검정한다. *CR*이 높을수록 기업은 훨씬 쉽게 단기부채를 상환할 수 있을 것이다. 그 동안 건전한 기업의 유동비율은 최저 2.0 이상이 되어야 하는 것으로 인식되어 왔다. 그러나 현금관리기법이 더욱 발전함에 따라 기업들은 전보다 훨씬 더 적은 규모의 현금을 보유해도 문제가 없게 되었으며, 그 결과 유동비율의 적정수준은 그 이하로 낮추어졌다고 할 수 있다.

2) 당좌비율(Quick Ratio : QR)

$$QR = \frac{\text{유동자산} - \text{재고자산} - \text{선급금}}{\text{유동부채}} \tag{15}$$

*QR*은 일시적인 재무위기에 처해 있을 때 현금을 동원할 수 있는 기업의 능력을 검정한다. 이 비율은 흔히 산성시험비율(acid-test ratio)이라고도 부른다. *QR*이 높을수록 기업은 긴급한 상황에서도 쉽게 현금을 동원할 수 있다.

5.6 수익성지표

수익성지표(profitability measures)는 기업의 수익성을 어느 정도인가를 측정한다.

1) 영업이익률(Operating Profit Margin : OPM)

$$OPM = \frac{영업이익}{순매출액} \tag{16}$$

*OPM*은 기업의 영업효율성을 측정한다. 이것은 법인세전을 기준으로 하여 매출액의 각 한 단위가 창출하는 영업이익에의 공헌비율을 측정하는 지표이다.

2) 총자산이익률(Return On Assets : ROA)

$$ROA = \frac{순이익}{총자산} \tag{17a}$$

또는

$$ROA = \frac{순이익}{순매출액} \times \frac{순매출액}{총자산}^{05} \tag{17b}$$

*ROA*는 기업이 보유하고 있는 자산을 얼마나 효율적으로 활용하였는가를 측정하는 지표이다. 즉 이 지표는 기업이 자산을 근거로 하여 이익을 창출시키는 능력을 나타낸다. 이 비율은 투자자본수익률(*ROC*)이나 자기자본수익률(*ROE*)과 매우 흡사하다. 각각의 산출공식을 살펴보면 분자는 서로 같고 분모에서 총자산은 자기자본보다 작지 않기 때문에 그 특성상 총자산수익률이 높게 나타나면 자기자본수익률도 높게 나타나기 마련이다.

05 총자산수익률을 계산함에 있어서, 먼저 매출액에 대한 순이익비율을 계산하고 그 결과에다 총자산에 대한 매출액비율을 곱해 줌으로써 ROA가 자산의 효율적 활용도와 순이익률 모두에 의하여 영향을 받고 있다는 사실을 분명하게 일러주고 있다.

3) 자기자본이익률(Return On Equity : ROE)

$$ROE = \frac{\text{순이익}}{\text{자기자본} } \tag{18a}$$

또는

$$ROE = \frac{ROA}{1 - \frac{\text{총부채}}{\text{총자산}}} \tag{18b}$$ [06]

*ROE*는 주주들의 투자자본인 자기자본총액을 얼마나 효율적으로 활용하였는가를 측정하는 지표이다. 그것은 기업이 자기자본을 근거로 하여 이익을 창출시키는 기업의 능력을 나타내고 있다. 두 번째의 산출공식에서 총자산에 대한 총부채의 비율은 바로 부채비율(*DR*)이다.

*ROE*는 기업의 경영진이 궁극적으로 이 비율을 극대화시키는 의무를 짊어지고 있다는 점에서 볼 때 재무분석에 있어 가장 중요한 지표이다. 일반적으로, *ROE*가 높을수록 기업은 더욱 효율적으로 영업을 수행하고 있으며, 주주들에게 돌아가는 이익의 몫이 더 나아졌다는 의미가 된다. 그러나 이 비율이 아주 높게 나타난다면 그것은 매우 효율적인 영업수행과 효과적인 경영을 나타내는 신호로 볼 수도 있지만 기업이 지나치게 보수적인 회계원칙을 채택하고 있거나, 부채를 너무 많이 사용하여 레버리지가 지나치게 높은 경우이거나, 연구개발에 충분한 투자를 행하고 있지 않은 경우에도 그러한 현상이 나타날 수 있다. 따라서 *ROE*를 분석할 때에는 반드시 순이익률(*NPM*)과 재무레버리지(*DFL*)를 함께 검토함으로써 어떠한 요인이 *ROE*를 상승시키고 있는가를 알아내야 한다.

---

06 자기자본수익률(ROE)을 계산하는 데 있어서, ROA를 (1−부채비율)로 나누어줌으로써 부채가 자기자본수익률을 증가시키는 데 어떠한 역할을 하는가를 알 수 있게 해준다. ROE는 자산의 효율적 활용도와 부채의 조심스러운 사용의 함수라고 할 수 있다. 부채의 사용은 ROE를 증가시키지만, 너무 지나치게 부채를 사용하게 되면 기업이 자칫 이자를 제때에 지급하지 못해 지급불능사태에 직면할 수도 있으므로 기업을 곤경에 빠뜨릴 수도 있다.

4) 투자자본수익률(ROC)

$$ROE = \frac{\text{순이익 + 이자비용}}{\text{총자본금}} \tag{19}$$

여기서 총자본금(total capitalization)은 기업의 고정부채와 자기자본의 합계금액이며, 본질적으로 기업의 모든 장기투자자본을 가리킨다. *ROC*는 기업이 투자자본인 자본금총액을 얼마나 효율적으로 활용하였는가를 측정하는 지표이다. *ROC*가 높을수록 기업이 더욱 효율적으로 경영되고 있으며, 투자하고 있는 자본금의 수익성이 더욱 높아간다는 의미가 된다. 그러나 이 비율이 지나치게 높게 나타난다면 그것은 매우 효율적인 영업수행과 효과적인 경영을 나타내는 신호로 볼 수도 있지만 기업이 지나치게 보수적인 회계원칙을 채택하고 있거나, 부채를 너무 많이 사용하여 레버리지가 지나치게 높은 경우이거나, 연구개발에 충분한 투자를 행하고 있지 않은 경우에도 그러한 현상이 나타날 수 있다.

5.7 주가관련지표

주가관련지표들은 비교통계량과 가격수준을 도출하기 위하여 기업요인들을 시장가격과 비교하고 있다.

1) 배당수익률(Dividend Yield : DY)

$$DY = \frac{\text{1주당 배당금}}{\text{1주당 가격}} \tag{20}$$

*DY*는 투자자가 기업이 발행한 주식에 투자함으로써 벌어들이는 현금수익률을 측정한다. 즉 이것은 주주들이 얻는 현금수익의 백분율을 나타내고 있다.

일반적으로 *DY*가 높을수록 투자의 안정성은 더욱 커지며, 해당주식은 덜 성장주도형이라고 할 수 있다. 그러나 *DY*가 매우 높다면 그것은 곧 그 기업이 속한 산업의 내부에서나 외부에서 적절한 투자기회를 찾지 못하여 앞으로 성장전망이 매우 낮아질 가능성이 크다는 사실을 나타낼 수도 있다. 만일 주가가 폭락하였는데 *DY*가 매우 높다면 그것은 배당률이 머지않아 깎일 것이거나 주가가 과소평가되고 있다는 것을 암시하고 있다.

2) 주가이익비율(Price-Earnings Ratio : PER)

$$PER = \frac{1\text{주당 가격}}{\text{주당이익}} \tag{21}$$

여기서 주당이익(Earnings Per Share : EPS)은 순이익을 기업이 보통주주들에게 모두 지급한다고 가정하였을 때 보통주 1주당 분배될 수 있는 이익의 규모를 말한다. *PER*는 투자자들이 기업의 이익규모에 두고 있는 가치를 측정하는 지표이다. 그것은 투자자들이 해당기업의 주식에 투자하면 미래의 배당과 기업내에 유보된 그들의 몫, 그리고 주가의 상승 등을 포함하여 장래 얻을 것으로 기대하는 모든 현금흐름에 대하여 지금 현재 기꺼이 지불하고자 하는 금액을 나타낸다. 따라서 이 지표는 기업의 장래전망에 대한 투자자들의 신뢰도를 보여준다고 할 수 있다.

일반적으로, *PER*가 높을수록 투자자산의 변동성은 더욱 커지고 그 결과 투자위험도 더 높아진다. 이 비율이 지나치게 높은 수치를 나타내면 그것은 투자자들이 그 기업에 대해 위험이 매우 높은 것으로 인식하고 있고 그에 따라 그 기업이 장래 큰 곤경을 겪거나 이익이 폭발적으로 성장할 것으로 기대하고 있거나, 혹은 투자자들이 어떤 이유에서건 그 기업의 주식에 크게 매혹당하고 있다는 것을 나타낸다. 기업이 이익을 전혀 내지 못하거나 실제로 손실이 발생하고 있을 때에는 주가이익비율은 아무런 의미가 없다.

방심, 그것은 가까운 곳에 있는 최대의 적이다 -William Shakespeare -

인생살이에서 실패하여 불행하고 외로운 나날을 보내고 있는 사람들도 처음부터 그렇게 불행했던 것이 아니다. 그들 가운데 한때는 행운의 여신의 미소를 받으며 번영했던 사람들이 많다. 그들은 그러한 번영이 언제까지나 지속될 줄 알고 자만하고 방심했다가 불행의 씨앗을 뿌린 것이다.

자만심은 물론 나쁘지만 주식투자에서는 방심도 그에 못지않게 금물이다. 주식투자에 있어서 방심은 뜻하지 않은 큰 실패를 가져오는 수가 많다. 주가가 오랫동안 상승해왔기 때문에 주가란 기다리면 오르는 것이라고 막연하게 생각하고 천장권에 와있는 주식을 무심하게 방치해 두었다가 주가가 갑자기 폭락하기 시작하여 큰 손실을 입는다. 주식은 현금화될 때까지는 항상 주의를 기울여야 한다.

제6절 ■ 기본적 분석과 가격결정모형

기업의 재무상태를 분석하는 주된 이유 중의 하나는 해당주식의 내재가치, 즉 그 주식의 진정한 가치가 얼마인가를 알아내기 위함이다. 기업의 가치는 대개 기업이 창출하게 되는 장래이익에 기초하고 있으므로, 투자자들은 주식의 매수-매도결정을 내리기 전에 먼저 기업의 미래이익을 예측해 보아야 한다.

주식의 가치를 평가하는 데는 절대가치평가모형과 상대가치평가모형 등 두 가지가 있다. 두 모형의 근본적인 차이는 주식의 가치를 평가함에 있어서 해당기업이 아닌 타기업의 특성을 활용하고 있느냐의 여부에 있다.

6.1 절대가치평가모형

절대가치평가모형(absolute valuation models)에서는 해당기업이 가지고 있는 특성만을 바탕으로 해당기업이 발행한 주식의 내재가치를 판별하고 있다. 여기에는 잉여현금흐름모형과 경제적부가가치모형 등이 있다.

1) 잉여현금흐름(Free Cash Flow : FCF)모형

잉여현금흐름(*FCF*)모형에서는 미래 현금유입액 중 추가적인 부가가치 창출에 기여할 투하자본의 증가액을 차감한 잉여현금흐름으로 기업가치를 평가한다. 잉여현금흐름(*FCF*)은 ① 본업활동이 창출해 낸 현금유입액에서 당해연도 중 새로운 사업에 투자하고 남은 돈으로서, ② 투하자본에 기여한 자금조달자들이 당해연도 말에 자신의 몫으로 분배받을 수 있는 총액으로 정의된다.

따라서 사업수명기간 중 발생할 잉여현금흐름을 적절한 자본비용으로 할인하여 합산하면 새로운 투자로 순수하게 증가되는 기업가치의 증가분을 추산할 수 있게 된다. 이 모형은 다음과 같이 표현된다.

$$\text{기업가치} = \sum_{t=1}^{n} \frac{FCF_t}{(1+WACC)^t} + \text{잔여가치} \qquad (22)$$

여기서 잔여가치(terminal value)란 사업의 예측기간이 끝난 후 동 사업으로부터 지속해서 얻을 수 있는 경제적 부가가치의 크기를 나타내는데, 잔여가치(terminal value) = 최근 3~5년간 평균$FCF_t / WACC$로 산출한다. WACC(weighted average cost of capital)는 해당기업의 가중평균자본비용이다.

2) 경제적부가가치(*EVA*)모형

경영자의 목표와 주주의 목표가 일치하지 않음으로 해서 발생하는 대리인문제는 1990년대 들어 기업들의 공통된 문제로 부각되었다. 이러한 경영자와 주주 간의 갈등을 해결하고, 나아가 경영자가 경영활동 전반에 관하여 재인식하는데 결정적인 기여를 한 것이 바로 1980년대 후반 미국의 경영 컨설턴트회사인 Stern Stewart사가 새로운 경영관리 지표로서 개발한 것이 경제적부가가치(Economic Value Added : *EVA*)이다. 경제적부가가치(*EVA*)는 다음과 같이 정의된다.

$$EVA = NOPLAT - WACC \times IC = (NOPLA/IC - WACC) \times IC \qquad (23)$$
$$= (ROIC - WACC) \times IC = \text{초과수익률} \times \text{투하자본}$$

여기서 NOPLAT : Net Operating Profit Less Adjusted Taxes, 즉 세후순영업이익으로서 기업 본연의 영업활동에서 창출한 영업이익에서 법인세 등의 세금을 차감한 이익
IC : Invested Capital(투하자본)
ROIC : Return On Invested Capital(투하자본이익률)

만일 EVA가 양(+)이면 현시점에서 자본제공자의 기회비용을 초과해 경제적으로 새로운 가치를 창출하였다는 것을 의미한다. 이 모형에 의한 기업가치는 다음과 같다.

$$\text{기업가치} = IC + \sum_{t=1}^{\infty} EVA_t + \text{비사업자산가치} \qquad (24)$$

6.2 상대가치평가모형

현금흐름할인모형 등은 미래의 장기예측이 힘든 경우가 많기 때문에 상대가치평가모형(comparative valuation models)에서는 실무적 대안으로 비교 가능한 기업들의 주가배수(price multiples) 등을 바탕으로 분석대상기업의 주가를 측정하는데, 특히 이 접근법은 기업의 성장 및 이익예측에 대한 어려움을 시장에 반영된 주가를 통해 해결하려는 방법으로 PER, PBR, PSR 등 여러 비율이 사용될 수 있다. 이 모형들에서는 공통적으로 Gordon의 항상성장모형을 출발점으로 하고 있다.

1) 주가이익비율(Price Earnings Ratio : PER)모형

이 모형에서는 주가이익비율(PER)에 주당이익(E_0)을 곱하면 주가가 구해지는데 이를 이용하여 미래의 주가를 예측한다. 먼저 비교대상기업의 자료로부터 정

상적인 *PER*를 구하고, 분석기업의 현재 또는 미래 기준시점의 주당이익 예측치를 곱하면 그 시점에서의 적정주가수준이 산출된다. 즉

$$P_0^* = P/E^* \times E_0 \tag{25}$$

여기서 P_0^* : 현재시점의 이론적 주가
P/E^* : 비교대상기업의 정상적 주가이익비율
E_0 : 분석대상기업의 주당순이익

이 모형을 사용할 때 주의해야 할 사항으로는 ① *PER* 계산식에서 분자의 주가자료는 분석직전 일정기간의 주가평균을 사용하는 것이 적절하고, ② 분모의 *EPS*는 대개 최근 일정기간의 평균을 이용하지만 이론적으로는 다음기의 예측된 주당이익을 이용하는 것이 합당하며, ③ *EPS*를 계산할 때 특별손익을 제외한 경상이익이 이용될 수 있으며, 또 발행주식수에는 전환증권의 발행 등으로 희석되는 주식수를 포함시킬 수도 있고, 끝으로 ④ 분모인 *EPS*는 회계이익으로서 기업마다 회계처리법이 상이할 경우 직접비교에는 무리가 있다.

2) 주가장부가비율(price to book value ratio : *PBR* 또는 *MV/BV*)모형

이 모형을 이용한 주식의 이론적 가치는 다음과 같이 추정된다.

$$P_0^* = PBR^* \times BPS \tag{26}$$

여기서 PBR^* : 비교대상기업의 정상적 주가순자산비율
BPS : 분석대상기업의 주당순자산

*PBR*은 *PER*과 다음과 같은 관계를 가지고 있다.

$$PBR = \frac{\text{순이익}}{\text{매출액}} \times \frac{\text{매출액}}{\text{총자본}} \times \frac{\text{총자본}}{\text{자기자본}} \times PER = ROE \times PER \tag{27}$$

$$= (\text{마진}) \times (\text{활동성}) \times (\text{자기자본승수}) \times PER$$

*PBR*과 유사한 개념으로 *Tobin's Q*비율이 있는데, *Tobin's Q* = *MV*(market value) / *RC*(replacement cost)로 산출된다. 일반적으로 *Q*비율이 높을수록 투자수익성이 양호하고 경영이 효율적으로 이루어지고 있으며, *Q*비율이 낮을수록 적대적 M&A대상이 되는 경향이 있다고 판단된다.

3) 주가매출액비율(price to sales per share ratio : PSR)모형

주가매출액비율(*PSR*)은 주가를 주당매출액으로 나눈 것으로 *PSR*이 높으면 매출액에 비해 주가가 높게 형성되어 있다는 의미로 해석된다. 이 모형은 아직 본격적인 이익을 내지 못해 수익성 평가가 어려운 신생 인터넷기업이나 정보통신기업의 주가평가에 많이 사용되고 있다.

이 모형을 이용한 주식의 이론적 가치는 다음과 같이 추정된다.

$$P_0^* = PSR^* \times SPS \tag{28}$$

여기서 PSR^*: 비교대상기업의 정상적 주가매출액 비율
SPS : 분석대상기업의 주당매출액

*PSR*의 장점은 ① *PER*나 *PBR*은 때로는 음수가 되어 의미가 없어질 수 있지만, *PSR*은 곤경에 처한 기업의 경우에도 구할 수 있으며, ② 순이익과 장부가치는 감가상각비, 재고자산, 특별손실에 대한 회계처리방법에 따라 크게 달라질 수 있으나, 매출액은 임의로 조정하기 곤란하고, ③ *PSR*은 *PER*만큼 변동성이 심하지 않아서 가치평가에 적용하는 데 신뢰성이 높고, ④ *PSR*을 이용하면 가격정책의 변화와 기타 기업전략이 미치는 영향의 분석이 가능하다.

4) *EV*/*EBITDA* 비율모형

이 모형은 순수하게 영업을 통해 번 이익에 대한 기업가치의 비율을 기준으로 공모기업의 전체 자산가치(Enterprise Value : *EV*)를 추정하는 방식이다. 여기서 *EV*와 *EBITDA*는 다음과 같이 정의된다.

EV=주주가치+채권자가치=시가총액+(이자지급성부채−현금 및 유가증권)

EBITDA(Earnings Before Interest, Tax, Depreciation and Amortization)= 이자 및 세금, 감가상각비 차감전 이익을 의미하며 영업이익에 감가상각비, 기타 상각비(대손상각 등)를 더한 금액으로 계산됨

이 모형에 의한 공모기업의 시장가치 추정절차는 다음과 같이 이루어진다.

(1) 유사기업의 *EV/EBITDA*를 산출하고 이를 공모기업의 *EBITDA*와 비교하여 추정한다

(2) 가치추정 순서

① [유사기업의 *EV/EBITDA*] × 공모기업의 *EBITDA* =공모기업의 *EV*를 추정한다.

② 공모기업의 *EV* −[부채가치(차입금 − 현금예금)] = 예상시가총액을 추정한다.

③ 예상시가총액 ÷ 공모 후 발행주식수=주당가치 추정이 이루어진다.

이 모형의 장점 및 한계점으로는, 첫째 *EV/EBITDA* 방식에 의한 가치추정은 당기순이익을 기준으로 평가하는 주가이익비율(*PER*)모형의 한계점을 보완하고 있다. 즉, 자본구조를 감안한 평가방식이라는 점에 유용성이 있다. 둘째, 추정방법이 매우 단순하다. 셋째, 분석기준이 널리 알려져 있고 회사 간 비교가능성이 높아 공시정보로서의 유용성이 크다. 넷째, 시가총액의 경우 분석기준시점에 따라서 변동되므로 추정시점과 실제 상장/등록시의 시가변동에 대한 차이를 고려하여야 한다.

결정했으면 행동하라. 기회는 순간에 가버린다

누구든 항상 어려운 결정을 할 때에는 이성과 감정 사이에서 방황하는 경우가 많다. 주식을 제때에 팔지 못한 상태에서 주가가 계속 하락하고 있을 때는 이성적으로는 팔아 버리자는 생각을 하면서도 감정적으로는 막대한 손실을 감수해야 되니까 팔지 말았으면 하는 생각을 하게 된다. 주식투자에서 너무 행동이 가벼운 것도 문제가 되지만, 우유부단해서 중요한 시기에 필요한 결정을 내리지 못하면 투자는 성공할 수 없다. 주가가 천장권에 있을 때 어물어물해서 팔 기회를 놓치면 순식간에 주가가 폭락하여 큰 손해를 보게 된다. 이성적으로 판단해서 어떤 결정을 내렸으면 바로 행동에 들어가야 한다. 어떤 위대한 사상도 행동으로 옮기지 못하면 가치가 없다.

제8절 ■ 맺음말

기업을 분석하기 위하여 기본적 분석을 수행할 때에는 여러 가지 요인들을 참고하여야 한다. 투자자는 무엇보다도 먼저 투자종목의 선정이 가치상승을 목적으로 하는 것인지 아니면 배당소득을 목표로 하는지를 정해야 한다.

일단 투자대상으로 어떤 회사나 업종이 결정되어 그 회사의 결산보고서와 투자분석가들의 분석보고서를 입수하고 이들을 검토하면 그 회사 경영진의 경영방침은 물론 그 회사의 전망에 대한 투자자들의 예측에 대하여 어느 정도 감을 잡을 수 있다. 특히 결산보고서는 해당기업의 재무적 건전성을 판단할 수 있는 비율분석을 행하는 데 사용되는 귀중한 자료를 제공해준다. 재무적으로 건전하게 나타난 기업에 대해서는 적절한 가치평가모형을 활용하여 그 회사의 주가가 적정하게 책정되었는가를 판별하여야 한다.

마지막으로, 증권분석가들과 투자자들은 모든 투자종목에 공통적으로 존재하고 분산투자에 의해서도 제거시킬 수 없는 위험의 크기와 이러한 투자위험을 부담하는 데 대한 기대수익률을 측정하여야 한다.

정보는 귓속말로 전해진다

이 격언은 정보가 무엇인가를 정확하게 알아야 한다는 뜻이다. 회사의 과거내용들은 이미 누구나 다 알고 있으므로 정보는 아니며, 심지어 어제의 기밀까지도 정보가 될 수 없을 정도로 증권회사의 정보란 신속성과 정확성이 더욱 강조된다. 어느 증권회사에서 입수한 정보가 증권시장에 널리 전해지는 데는 단 10분 정도면 충분할 정도이기 때문에 증권회사는 '살아있는 정보기관'이 아니고서는 자기회사의 고객서비스에 만전을 기할 수 없다.

특히 '귓속말로 전해진다'는 말에 정보의 특성이 담겨 있다. 대중이 알지 못하는 정보는 극소수의 사람들 사이에만 조용히 알려진다는 뜻이다. 이미 대중에게 알려진 것은 과거의 정보이거나 이미 정보가 아닌 것이다. 대중에게 알려진 어떤 기업체의 내용이라면 주가는 그 이전에 반영되어 올라있기 때문에 '쌀 때 사라'는 이론에 결코 충실할 수 없으며, 투자의 시기는 이미 지나버린 것이다.

기본적 분석의 원조, Benjamin Graham

(1) 투자경력

Benjamin Graham은 증권투자를 내부정보 또는 육감에서 과학적 · 체계적 학문으로 발전시킨 증권연구가였다. 그의 저서 『증권분석』과 『현명한 투자자』는 만약 이를 읽지 않고 주식투자하는 것은 어리석은 것이라는 말이 있을 정도로 불후의 명작이다.

세 번이나 결혼한 그는 아내를 집에 두고 먼 여행을 떠나는 모험가였으며, 수학을 좋아해 기업의 질적인 면이나 경영자의 특성에 의존하지 않고 숫자만으로 증권분석을 했다. 1940년 『증권분석』에서 그가 추천한 종목들이 그후 8년간 250% 이상 상승하여 같은 기간 S&P지수 상승률의 3배 이상을 기록함으로써 많은 펀드매니저들을 열광시켰다.

(2) Graham의 투자기법과 증시변화

Graham의 기본적 증권분석방법(특히, 매입, 매도기법 3기준)은 미국에서 모든 거액 펀드매니저들이 공공연히 답습함으로써 세대를 초월한 영향력을 미쳤다. 그러나 발표 후 40년이 지나자 Graham의 진리가 만인의 것이 되어 그의 투자기법에만 의존해서는 경쟁상대를 능가할 수 없게 되어버렸다. 또한 컴퓨터의 발달은 데이터 처리와 각종 차트와 기술적 분석들을 용이하게 하여 1960년대부터 기술적 분석의 새로운 지평이 열리게 되고 각종 투자기법들이 매일 엄청나게 쏟아지게 되었다.

시대의 변화에 따른 새로운 투자기법(단검, 활, 기관총, 전차, 레이더)이 잇달아 출현해 전장을 지배한다. 이윽고 적도 같은 무기를 도입하여 결국은 균형을 이루게 된다. 오늘날의 증권분석가는 컴퓨터의 메모리나 리얼타임처리장치를 통해 그레이엄과 같은 분석가가 몇백 명 달려들더라도 감당할 수 없는 데이터를 혼자서 처리할 수 있다. 오늘날 미국에는 약 1만 명의 증권분석가가 컴퓨터를 갖추고 어떤 종목에 대한 정보가 뜨면 몇 십억 달러의 자금운용을 맡을 수백 명의 분석가가 컴퓨터를 이용하여 사태의 추이를 초단위로 쫓고 있다. 따라서 투자기법은 끝없이 개발하고 발전시키면서 대중들보다 항상 앞서 나가야 하는 마라톤게임 같은 것이다. 그러나 최소한 컴퓨터의 대중적 보급에 의해 과거보다 주식투자가 훨씬 쉬워진 것은 사실이다.

(3) 현명한 투자자의 주요 관점

업적이 나쁘고 단기적 전망이 어두워 주가가 낮을 때가 매입 호기이다. 주가의 대폭상승 후 매입과, 대폭하락 후 매도는 절대금물이다. 일반투자자가 복잡한 증권분석 없이 간단히 매매하고도 놀라운 적중률을 올릴 수 있는 기법은 주가가 순유동자산보다 낮은 종목을 매입하는 것이 유일한 방법이다. 주가수익률(PER)이 낮다고 반드시 좋은 것이 아니다. 무언가 결정적 악재가 내부적으로 있을 수 있다.

연습문제

01 증권분석에 있어서 기본적 분석의 체계를 설명하라.

02 통화량과 주가와의 관계를 논하라.

03 정부가 경기부양을 위해 이자율을 큰 폭으로 인하한다면 채권이나 주식에 투자한 투자자들의 수익률이 어떠한 영향을 받게 될 것인가를 설명하라.

04 증권분석에 있어서 산업분석의 중요성과 주요 내용을 설명하라.

05 비용구조 면에서 고정비의 비중이 높을 때 특정 산업이나 특정 기업의 경쟁력에 미치는 영향에 대하여 설명하라.

06 어느 기업의 주가이익비율(*PER*)이 6.0이고, 배당수익률(*D*/*P*)이 5.5%일 때, 이 회사의 배당성향(*D*/*E*)은 얼마인가 계산하라.

07 자산의 가치는 일반적으로 보유기간 중에 그 자산으로부터 발생할 것으로 기대되는 수익의 현재가치라고 정의된다. 투자는 이 기간 동안 이익을 발생시키며, 자산의 현재가치를 구하기 위해서는 그러한 이익을 적절한 이자율로 할인해야 하는 것이다. 이러한 과정에서 다음과 같은 배당평가모형이 흔히 사용된다.

$$P_0 = \frac{D_0(1+g)}{(k-g)}$$

여기서 P_0 : 어느 주식의 현재가치
D_0 : 해당주식의 현재배당금
k : 해당주식에 대한 주주들의 요구수익률
g : 해당주식에 대하여 미래에 지급되는 배당금의 예상성장률

(1) 위 모형을 적용하는 데 있어서 세 가지 요인을 먼저 추정하여야 한다. 세 요인을 들고, 그러한 추정이 채권보다 보통주에 있어서 더욱 어려운 이유를 설명하라.
(2) 다음에 열거한 기업의 가치를 산정할 때 배당평가모형을 적용하는 경우 발생하게 되는 문제점을 설명하라. 기업은 모두 배당을 지급한다고 가정한다.

① 영업활동이 경기변동과 매우 밀접한 상관관계가 있는 기업
② 기업이 규모가 거대하며 이제 원숙기에 접어들고 있는 기업
③ 급속도로 성장하고 있는 소기업

08 어느 투자자는 현재 주식이 1주당 25,000원에 거래되는 중앙통상(주)을 분석하고 있다. 그는 그 기업이 다음 회계연도에 1주당 3,500원의 이익을 내고, 그 중 1,500원을 배당으로 지급할 것으로 예상하고 있다. 중앙통상(주)이 현재 부담하고 있는 위험을 면밀하게 분석한 결과, 그는 그 기업의 주식에 대하여 14%의 요구수익률이 적당하다고 판단하였다. 중앙통상(주)의 자기자본이익률(*ROE*)은 현재 18%라고 한다.

(1) 배당평가모형을 사용하여 중앙통상(주)의 주가이익비율(*PER*)을 산출하라.
(2) 기대이익을 근거로 다음 회계연도에 중앙통상(주)의 주식에 대한 투자수익률을 산출하라. 이러한 평가를 근거로 그 주식을 매입해야 하는가를 판단하라.

08 어느 회사의 배당성향(*DPR*)은 40%이고, 현재 자기자본의 18% 가량을 이익으로 벌어들이고 있다. 이러한 상황이 앞으로 계속될 것이라고 가정하고, 이 회사의 예상성장률을 산출하라.

10 한국물산(주)의 자기자본이익률(*ROE*)은 18%이고, 서울기계(주)의 *ROE*는 14%라고 한다. 이러한 사실로부터 우리는 한국물산(주)의 경영성과가 서울기계(주)의 그것보다 더 낫다고 결론내릴 수 있는가? 보다 확연한 결론을 도출하기 위해서는 그 외에 어떠한 요인들을 더 고려해야만 하는가?

11 경수화학(주)의 순이익률(*NPM*)은 6%, 총자산회전율(*TAT*)은 1.5, 그리고 총자산은 자기자본의 3.5배라고 한다.

(1) 이 회사의 자기자본이익률(*ROE*)은 얼마인가?
(2) 이 회사의 주당이익(*EPS*)은 5,000원이고, 그 중에서 1,500원을 배당금으로 지급한다면 이 회사의 예상장기성장률은 얼마일까?

12 다음은 내구철강(주)의 재무자료이다.

재무지표	2011	2012
총자산회전율(*TAT*)	1.0	1.2
순이익률(*NPM*)	10%	$8\frac{1}{3}$%
부채-자기자본비율(*DER*)	50%	100%
주당장부가치(*BV*)	45,000원	50,000원

(1) 2012년도에 이 회사 주당이익(*EPS*)의 성장을 가져온 여러 가지 원인을 분석하라.

(2) 2011년도와 2012년도 이 회사의 주당이익(*EPS*)을 산출하라.

(3) 신주를 발행하지 않았다고 가정하고, 2012년도 이 회사의 유보비율을 산출하라.

13 천리기업(주)은 보통주교환을 통해서 다른 기업들을 인수하는 등 매우 공격적인 경영전략을 구사하고 있다. 기업인수를 하게 되면 천리기업(주)의 주당이익성장률이 제고될 가능성이 있다. 그 이유를 설명하라.

14 자기자본이익률(*ROE*), 요구수익률(k), 주당장부가치(*BV*) 그리고 시장가치(P) 간의 관계에 대해서 여러 가지 혼란이 있다. Gordon의 항상성장모형(constant growth model)을 가정하고 다음 물음에 답하라.

(1) 시장가치-장부가치비율(market-book ratio)을 결정하는 공식을 도출하라(힌트: $G = B \times ROE$의 관계식을 활용하라. 여기서 G는 주당이익성장률, 그리고 B는 유보비율을 나타낸다).

(2) 만일 *ROE*가 k와 같다면, 시장가치-장부가치비율은 얼마인가? 어떠한 상황에서 시장가치-장부가치비율이 1.0보다 크게(작게) 되는가?

15 삼영기업(주)의 베타계수는 0.8, 장기자기자본이익률(*ROE*)은 약 18%, 그리고 장기유보비율은 66.67%라고 한다. 무위험이자율은 현재 11%이고, 시장포트폴리오의 예상수익률은 16%이다.

(1) 증권시장선(*SML*)을 이용하여 요구수익률(k)을 추정하라.

(2) 배당성장률을 추정하라.

(3) 2012년의 주당배당금이 1,890원이라고 가정하고, 삼영기업(주) 주식의 내재가치를 산출하라.

16 주식의 내재가치를 평가하는 여러 모형들을 열거하고 각각의 모형들을 활용하는 방법을 설명하라.

INVESTMENT

CHAPTER 07

기술적 분석

I N V E S T M E N T

기술적 분석가(technical analysts)들에 의하면 주식시장은 그 나름대로 생명력이 있어서 반드시 개별종목이나 시장 전체의 기본적 가치와는 별개로 움직이고 있다. 개별주식의 경우와 마찬가지로 주식시장도 전체적으로 기업과 정부에 대한 여러 가지의 정보에 반응하고 있다. 때로는 시장의 장세가 너무 과열되어 있거나 혹은 침체되어 있는 경우도 있으므로 기술적 의미에서 시장의 포지션은 매우 중요하다.

이러한 의미에서 내재가치를 분석하는 대신 기술적인 차원에서 주식시장의 장세를 분석함으로써 시장에 대한 장래전망을 추정해보려는 시도는 그 의미가 매우 클 것이다. 대부분의 이론들은 사실 현재의 시장상황이 모두 말해줄 뿐만 아니라 시장은 모든 정보를 반영하고 있다고 가정하고 있다. 그러나 기술적 분석가들은 오로지 주식시장의 가격과 거래량자료만을 바탕으로 투자에 관련한 의사결정을 한다.

본 장에서는 다음의 문제를 중점적으로 다루고자 한다.

- 기술적 분석의 개념과 한계
- 캔들차트분석, 패턴분석 그리고 추세분석
- 이동평균선분석, 거래량지표, 그리고 질적 지표

남들이 살 때 팔고, 남들이 팔 때는 사라

증권투자에 있어서 성공의 열쇠는 언제 사서 언제 파느냐 하는 매매시기 포착에 있다. 쉽게 말하자면 가장 쌀 때 사서 가장 비쌀 때 팔면 최대의 수익이 남는 것이 뻔한 이치인데, 언제 가장 비싼지를 몰라 대부분의 투자자들은 상심한다.

증권가에 드나드는 사람이면 쉽게 이성을 잃어버리는 경우가 있는데, 중요한 것은 바로 뇌동매매로부터 자신을 지키는 일이다. 평소에는 바르게 말하며 행동하는 사람도 시황분석이 나오는 증권시세판을 보기만 하면 살 때 사야 하는 지극히 당연한 기본원칙을 잊어버리기 쉽다. 증권시세판은 투자자가 주가판단을 쉽게 하도록 하기 위해 전일가격보다 오른 시세가 형성되면 붉은색 글씨, 같거나 내린 시세가 형성되면 푸른색 글씨 등으로 기록하는 것이 보통인데, 싸게 사려면 푸른색 전광시세에 사야 하고 붉은색 전광시세에 팔아야 한다. 그러나 대부분의 투자자들은 붉은 시세에 사고 푸른 시세에 팔아 기본적인 매매원칙을 거스름으로써 증권투자에 성공하지 못한다.

제1절 ■ 기술적 분석의 의의와 주요 이론

1.1 개념

기술적 분석(technical analysis)은 그것이 특정한 유가증권에 적용되거나 아니면 시장 전체에 대해 적용되거나 상관없이 유가증권거래의 질적 요인들에게 주로 초점을 맞추고 있다. 기술적 분석가들은 장래의 주가와 거래패턴을 예측하기 위하여 차트패턴, 추세, 시장이론, 투자심리지수 그리고 시장평균과 시장지수에 대한 주가의 반응 등을 집중적으로 분석하고 있다. 즉 기술적 분석에서는 내재가치에 영향을 주는 기본적 요인들보다도 주가와 거래량의 과거흐름을 분석하여 주가를 예측하려고 한다. 따라서 기술적 분석의 목적은 주식의 매매시점을 파악할 수 있도록 과거의 주가흐름이나 거래량 동향 등을 파악하여 정형화하고, 이를 분석하여 주가를 예측하고자 하는 데 있다.

기본적 분석가들과 기술적 분석가들은 주식시장에서 기술적 분석가들의 위상에 대하여 서로간에 오랫동안 논쟁을 벌여 왔다. 기본적 분석가들은 무작위행보이론을 그들의 입지를 지탱해주는 기초로 인식하고 있다. 이 이론에 따르면, 주가의 계속적인 변화는 바로 이전의 그것과 통계적으로 독립적이며, 바로 이전의 주가움직임의 크기나 방향은 바로 다음 주가움직임의 크기와 방향을 결정하는 데 아무런 예측능력이 없다는 것이다.

기술적 분석가들은 그러한 주장을 반박하면서, 과거에 그들의 차트기법이 주가반응을 예측하는 데 얼마나 정확하였는가를 과시하고 있다. 더욱이 그들은 주식시장에서 엄청난 투자수익을 올리고 있는 수많은 기술적 분석가들을 거론하고 있다. 이러한 주장들은 접어두고, 사실 기술적 분석가들과 기본적 분석가들 모두 주식시장에서 각자 나름대로의 위상을 가지고 있는 것이다. 그리고 그들을 추종하는 투자자들이 있는 한 주가예측에 적용되고 있는 기법들은 각기 자기완성적 예측능력의 특성을 가지고 있다고 할 수 있다.

표 7-1 ❙ 기본적 분석과 기술적 분석의 비교

구분	기본적 분석	기술적 분석
분석대상	경제요인, 산업용인 및 기업의 재무제표	주가와 거래량의 과거흐름
목적	본질가치 산출	미래의 가격흐름을 예측
용도	매매종목의 선정	매매시점의 파악

1.2 기본가정

기술적 분석에서는 차트에 나타난 주가와 거래량을 연구함으로써 주가변동을 예측하는 데 그 목적이 있는데, 주가변동은 수요와 공급에 의해 결정되며 과거의 주가가 미래에도 영향을 미칠 것이라는 전제에 그 바탕을 두고 있다. 기술적 분석과 관련된 기본적인 가정을 열거하면 다음과 같다.

① 주가변동에는 모든 정보가 반영되어 있으며, 증권의 시장가치는 수요와 공

급에 의해서만 결정된다.

② 시장의 사소한 변동을 고려하지 않는다면, 주가는 지속되는 추세에 따라 상당기간 동안 움직이는 경향이 있다.

③ 추세의 변화는 수요와 공급의 변화에 의해서 일어난다.

④ 수요와 공급의 변동은 그 발생이유에 상관없이 시장의 움직임을 나타내는 도표에 의해서 추적될 수 있으며, 도표에 나타나는 주가모형은 스스로 반복하는 경향이 있다.

1.3 장점 및 한계

1) 장점

① 주가에는 계량화하기 어려운 심리적 요인까지도 영향을 미치기 때문에 기본적 분석만으로는 주가를 평가하는 데 한계가 있는데, 기술적 분석은 이와 같은 기본적 분석의 한계점을 보완할 수 있다.

② 기술적 분석을 이용하면 어떤 거래에 수반되는 위험의 정도, 즉 주가변동의 불안정성을 판단하기가 용이하다.

③ 기본적 분석방법으로는 매매시점을 포착하기가 어렵지만, 어떤 정보가 있을 때 처음부터 주가의 장기적인 변화추세까지는 모르더라도 그것이 변화할 것이라는 것과 변화의 방향은 알 수 있다.

2) 한계점

① 기술적 분석방법의 전제조건은 과거의 주가추세나 패턴이 반복하는 경향을 가지고 있다는 것인데, 이것이 반복해서 나타난다는 것은 지극히 비현실적인 가정이라고 할 수 있다.

② 동일한 과거 주가양상을 놓고 어느 시점이 주가변화의 시발점인가 하는 해석이 분석하는 사람마다 서로 다를 수 있다.

③ 투자가치를 무시하고 시장의 변동에만 집착하기 때문에 시장이 변화하는 원인을 분석할 수가 없다.

④ 기술적 분석에서는 주가변화요인에 대한 분석보다는 주가나 거래량 등의 지표만을 분석대상으로 하고 있기 때문에 주가에 후행하는 경향이 많다.

1.4 다우이론

다우이론(Dow theory)은 1900년대 초 Wall Street Journal의 편집위원이었던 Charles Dow에 의해 창시되었다. 그는 유가증권의 가격이 기업의 미래기대수익성에 기반을 두고 결정된다고 하면서, 기업의 경영활동에서 유사한 변동이 일어나기 전에 시장평균이 먼저 오르거나 내린다고 주장하였다. 만일 그의 이론이 맞는다면 시장지수를 잘 읽음으로써 주식시장의 장래동향을 예측할 수 있을 것이다.

다우이론에서는 시장변화에도 다음과 같은 세 가지 중요한 움직임이 있다고 한다.

1) 1차변동(primary movement)

이것은 주요추세(major trend)라고도 불리는 장기추세로서, 보통 1년~5년 정도 지속된다. 잘 알려진 바와 같이 상승추세에서의 강세시장, 그리고 하락추세에서의 약세시장이 바로 여기에 속한다.

2) 2차변동(secondary movement)

이것은 중기추세(intermediate trend)라고도 불리는데, 1차변동이 반전될 때를 가리킨다. 2차변동은 보통 1~3개월의 비교적 짧은 기간 동안 지속된다. 이와 같은 변동은 1차변동이 반전되기 전 강세시장 혹은 약세시장에서 주로 발생하고 있다. 2차변동은 중기투자결정에 대한 정보를 제공하여 주며, 1차변동의 주요추세가 이제 바뀔 것이라는 것을 암시하고 있다. 다우이론에서는 2차변동이 관통할 때에만 주요추세가 반전된다고 주장한다.

3) 1일변동(day-to-day movement)

이것은 단기추세 또는 미세추세(minor trend)라고도 하는데, 보통 6일 미만 동안 지속되는 일련의 가격변동을 가리킨다. 1일변동은 개별적으로는 그다지 중요성이 없으나, 여러 1일변동이 합치면 2차변동을 형성할 수 있다.

1.5 엘리어트 파동이론

Eliott는 1939년 「Financial World」를 통해 "주가는 상승 5파와 하락 3파에 의해 끊임없이 순환한다"는 소위 파동이론(Eliott wave principle)으로 불리는 가격순환법칙을 주장하였다. 이 법칙의 요점을 보면, 주가는 연속적인 파동에 의해 상승하고 다시 하락함으로써 상승 5파와 하락 3파의 8개 파동으로 구성된 하나의 주기(cycle)를 형성하며, 이후에는 새로운 상승 5파와 하락 3파에 의해 또 다른 주기를 형성한다는 것이다. 큰 주기인 주순환파(primary cycle)를 형성하는데는 보통 3년 정도가 걸린다고 하였다. [그림 7-1]에서는 일반적인 엘리어

그림 7-1 ▌ 엘리어트 파동

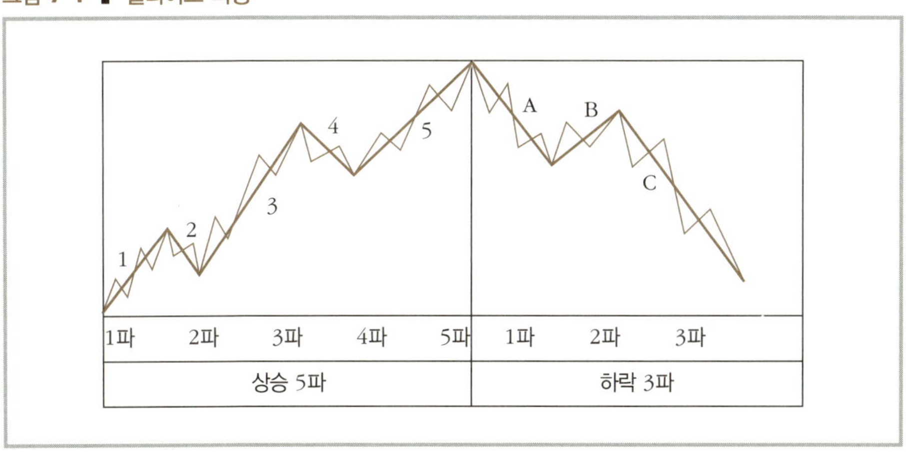

트파동을 보여주고 있다.

시세는 주기보다 기간이 중요하다

주식투자의 초보자는 주가의 움직임만 보고 매매를 결정하지만 투자경험이 많은 사람들은 거래량의 변화도 중요시한다. 거래량은 확실히 시세의 추진에너지이며, 주가의 행진표이기 때문에 주가예측의 가장 중요한 근거로 삼아야 한다.

그러나 주식투자는 거래량 이외에도 시세의 진행기간을 반드시 고려하지 않으면 안된다. 시세는 마치 살아있는 생물처럼 하나의 라이프사이클에 따라 진행된다고 생각된다. 시세의 태동기에서 발전기, 도약기를 거쳐 마침내 천장의 꽃을 피우고 천장을 치고 나면 쇠퇴기를 지나서 마침내 바닥기의 기나긴 침체기간에 들어서는 것이다.

일단 천장을 친 시세는 충분한 하락기간과 침체기간을 거치지 않고서는 다시 상승세로 돌아서기가 어려울 것이다. 주가수준의 높낮이보다도 현재 주가가 시세의 진행상 어느 위치에 와있느냐가 중요하다.

제2절 ■ 기술적 분석의 방법

2.1 분석방법의 종류

기술적 분석에서는 패턴분석과 추세분석 등 두 가지 분석방법이 주로 사용되고 있다.

1) 패턴분석

패턴분석(pattern analysis)은 추세선이 변화될 때에 나타나는 여러 가지 주가변동모형을 미리 정형화해 놓고 실제로 나타나는 주가의 움직임을 그것에 맞추어 앞으로의 주가추이를 예측하려는 기법을 말한다. 패턴분석은 주가의 전환시점을 포착하려는 데 주목적이 있다.

2) 추세분석

추세분석(trend analysis)은 주가가 어느 기간 동안 일정한 방향으로 추세를 보이며 움직이는 경향이 있다는 성질을 이용한 기법이다. 그러나 추세선이란 한 번 형성되면 상당기간 동안 지속되는 것이 일반적이기는 하지만, 한 방향으로만 지속되는 것이 아니라 상승에서 하락으로 또는 하락에서 상승으로 변화되며 새로운 추세선을 형성한다. 추세분석은 바로 이와 같은 추세선을 관찰하여 주식의 매매시점을 포착하고자 하는 기법이다.

2.2 도표의 종류

기술적 분석가들은 시장에서 일어나는 주가반응들을 분석하기 위해서 주로 차트(charts)를 사용한다. 차트기법을 통하여 추세를 파악하고, 반전(reversals)이라고 알려진 추세변화를 감지하고, 현저한 거래체결상황을 강조하기도 하며, 이 기법은 특히 앞으로의 시장전개상황의 시점 및 강도를 예측하는 데 유용한 것으로 알려져 있다. 사용되는 차트에는 여러 가지가 있으나 가장 널리 사용되는 것으로는 다음을 들 수 있다.

1) 선차트

선차트(line chart)는 매일 매일의 종가를 선분으로 연결한 도표로서 개별종목의 종가뿐만 아니라 일별주가지수를 선분으로 연결하여 시장추세를 나타내기도 한다.

2) 봉차트

봉차트(bar chart)에는 미국식과 일본식 등 두 가지가 있다. 이 두 가지에서는 시가, 고가, 저가 종가 등 네 가지 대표주가를 표시하고 있다는 데에서는 동일하지만, 그 표현방법에서 약간의 차이를 보이고 있다.

(1) 미국식 차트

여기에서는 수직축에 주가, 그리고 수평축에는 시계열의 구조 속에서 최고가와 최저가를 연결하여 몸통을 만들고 시가와 종가를 몸통의 좌우에 각각 횡선으로 표시하여 만든다([그림 7-2] 참조). 즉, 하루의 주가변동이 고가 · 저가 · 종가로 구성되며 시가에 대한 표시가 없었으나 최근에는 막대의 좌측에 시가를 그려 넣기도 한다.

그림 7-2 ▌ 미국식 봉차트의 예

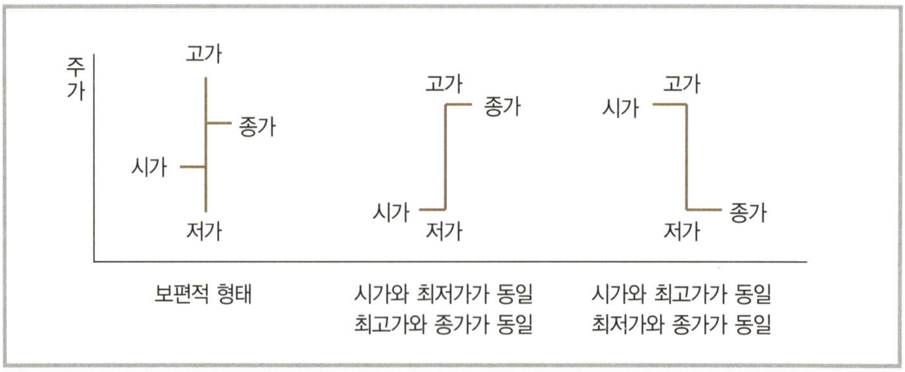

(2) 일본식 차트

여기에서는 시가에 비해 종가가 하락한 경우를 청색 또는 흑색의 음선형으로 나타내고, 시가에 비해 종가가 상승한 경우는 적색 또는 백색의 양선형으로 나타내어 구분한다. 그리고 최고가와 최저가는 각각 시가 및 종가와 비교하여 음선형과 양선형의 위와 아래에 그 차이만큼을 표시하게 된다([그림 7-3] 참조). 그림의 모양이 마치 양초와 같다고 하여 이것을 캔들차트(candle chart)라고도 부른다. 미국식 봉차트에 비해 상당한 정보를 제공하지만 작성이 복잡하다. 우리나라에서는 일본식 봉차트를 사용한다.

그림 7-3 ▌ 일본식 봉차트(캔들차트)의 예

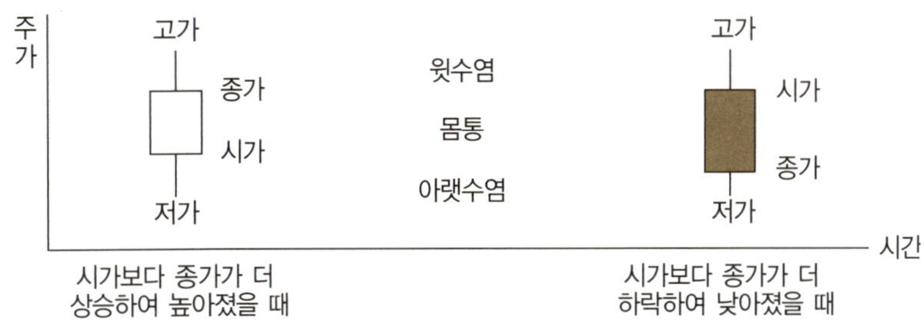

3) P&F차트

가격상승을 나타내기 위해서 X표시를 연이어서 하고 가격하락을 나타내기 위해서 O표시를 연이어서 하는 P&F차트(point-and-figure chart)기법은 가격변동의 시점을 고려하지 않고 단지 가격변동만을 표시하고 있다. 이러한 차트는 가격의 현저한 변화와 그 변화의 방향을 반영시키고 있다([그림 7-4] 참조). 즉,

그림 7-4 ▌ P&F차트

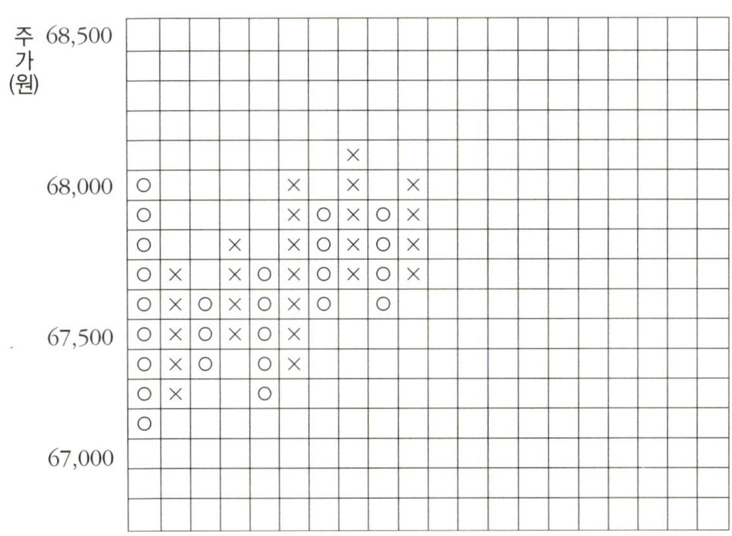

매일 매일의 주가변화를 그대로 나타내는 것이 아니라 가격변동의 일정한 폭을 정해놓고 주가가 이 기준 폭 이상으로 변동할 때마다 일정한 기로호로써 가격의 방향과 크기를 그려 나가는 것이라고 할 수 있다.

신용잔고가 많은 주식은 피하라

주식을 사들인다는 것은 신용매입이든 현금매입이든 원칙적으로 판다는 것을 전제로 한다. 특히 신용매입은 상환기일이 정해져 있다. 따라서 단기적으로 매도가능성이 크다. 신용매입잔고가 많은 주식은 단기간에 매도물량이 많아져 주가상승에 부담을 줄 가능성이 높다는 것이다. 또 신용한도가 다 차버린 종목은 대개 장기간에 걸쳐 신용이 줄지 않는 것이 보통이기 때문에 장기간 주가상승이 억제되는 경우가 많다. 재료가 좋다고 하더라도 신용이 과다하게 걸린 종목은 큰 시세를 내기 어렵다는 점에 주의해야 한다.

제3절 ■ 캔들차트분석

3.1 한 개의 일봉

단 하루에 해당하는 거래일에 나타난 봉의 모양에 따라 종목시세의 향후 추이를 가늠한다.

1) 우산형

추세의 천장권이나 바닥권에서 아래로 꼬리가 달린 몸체의 두 배 이상되는 모양의 일봉이 나타나면 추세전환의 신호로 보는데, 이러한 패턴을 우산형(umbrella)이라고 한다. [그림 7-5]에서 보듯이, 여기에는 망치형과 교수형의 두 가지가 있다.

그림 7-5 ▌ 우산형 일봉

망치형(hammer)의 경우 더 이상 주가가 하락하지 않고 상승추세로 돌아설 가능성이 많은데, 음봉보다는 양봉이 나타날 때 신뢰도가 높다. 교수형(hanging man)의 경우 과도한 매수상태로 인하여 앞으로 하락추세로 반전할 가능성이 많은데, 양봉보다는 음봉의 경우 신뢰도가 더 높은 편이다.

2) 샅바형

샅바형(belt-hold line)에는 상승샅바형과 하락샅바형이 있다. [그림 7-6]과 같이, 상승샅바형(bullish belt-hold line)은 하락추세에서 시가가 당일 중의 저

그림 7-6 ▌ 샅바형 일봉

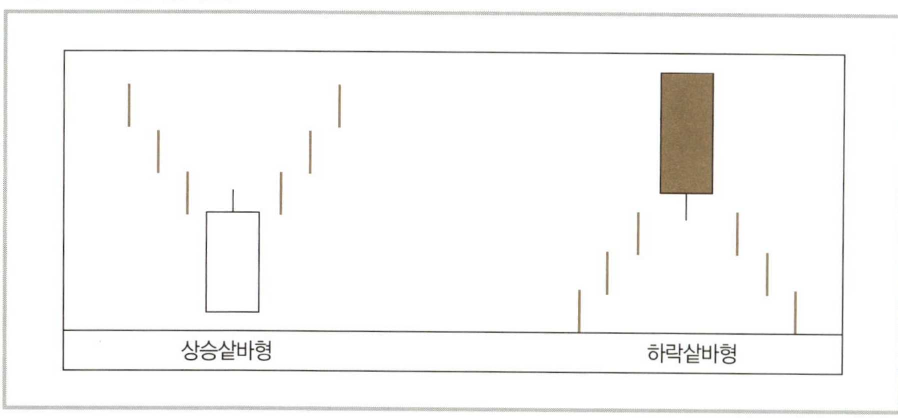

가를 기록한 후 지속적인 상승을 보여 긴 몸체의 양봉을 나타낸 것이고, 반면에 하락샅바형(bearish belt-hold line)은 상승추세에서 시가가 당일 중의 고가를 기록한 후 계속 하락을 보여 긴 몸체의 음봉을 나타낸 것을 말한다.

그러나 상승샅바형이 나타난 후 다음날 종가가 샅바형 양봉 아래에서 형성되면 매도세의 지속으로 본다. 또한, 하락샅바형이 나타난 후 다음날 종가가 샅바형 음봉 위에서 형성되면 상승세의 지속으로 본다. 샅바형은 우산형보다 신뢰도가 약간 떨어지는 경향이 있다.

3) 십자형

주가가 장중에 등락을 거듭하다가 종가가 시가와 같아지게 되는 경우를 십자형(doji)이라고 하는데, 이것을 추세반전에 대한 신호로 보고 있다. 특히 미국식 일봉에서보다 일본식 일봉차트에서 더 중요하게 받아들이고 있다.

상승추세에서 긴 양봉 이후에 나타나는 십자형은 추세전환신호로서 높은 신뢰도를 얻고 있지만, 하락추세에서의 십자형은 신뢰도가 약하다. 이것은 십자형이 시장의 매수세와 매도세의 균형을 반영하고 있기 때문이다. 즉, 하락추세에서는 심리적으로 불안정한 투자자들 때문에 매도세가 이어져 하락세가 계속되기도 한다. 그리고 [그림 7-7]에서와 같이, 몸통 아래와 위로 긴 꼬리를 갖는 장족십자형(long-legged doji)은 시장이 급등락을 보인 후 종가와 같게 된 것으로

그림 7-7 ▌ 십자형

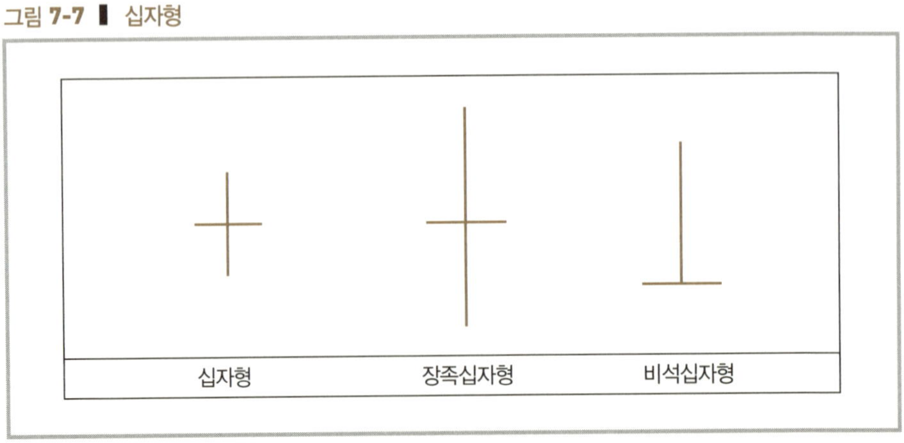

추세가 불안정한 모습을 나타낸다.

비석십자형(gravestone)은 시가와 종가와 저가가 같게 형성된 것으로 바닥권보다는 천장권에서 신뢰도가 높다. 즉, 상승추세에서 나타나는 비석십자형은 하락추세로의 반전을 의미하는데, 이것은 저가로 출발하여 상승을 하다가 매수세의 동요로 다시 종가가 저가와 시가수준으로 하락했기 때문이다. 이때 고가가 높으면 높을수록 강력한 하락전환신호로 본다.

4) 유성형과 역전된 망치형

유성형(shooting star)은 상승추세가 한계에 도달해 추세의 하락반전을 예고하는 신호가 된다. 유성형은 대개 갭(gap)을 동반하며, 작은 몸체와 위로 몸체보다 두 배 이상 긴 일봉모습을 보이는데, 양봉보다 음봉의 신뢰도가 높다([그림 7-8] 참조).

그림 7-8 ▌ 유성형과 역전된 망치형

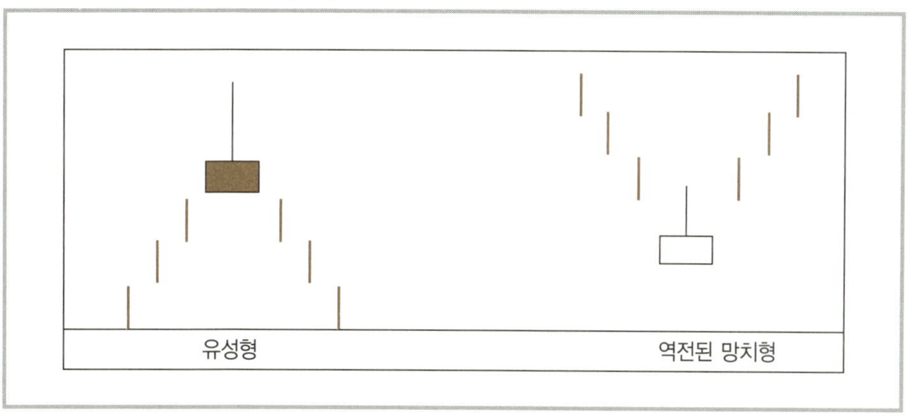

그리고 역전된 망치형(inverted hammer)은 하락국면에서 작은 몸체에 위로 긴 꼬리를 보이는 일봉을 말하는데, 망치형보다는 신뢰도가 약간 떨어진다.

역전된 망치형은 다음날 일봉이 양봉이거나 갭을 만들면서 전날 종가보다 높게 형성되면 강한 추세전환신호로 본다.

3.2 두 개의 일봉

1) 장악형

하나의 일봉에 나오는 우산형이나 십자형 및 유성형 등은 몸체보다 꼬리의 길이를 중요시하는 반면에, 장악형은 두 개의 일봉으로 구성되고 꼬리보다 몸체의 길이를 더 중요시한다. 장악형(engulfing pattern)에는 상승장악형과 하락장악형이 있으며, 전날의 몸체보다 다음날 몸체가 크면 클수록 새로운 에너지가 강한 것으로 본다([그림 7-9] 참조).

상승장악형(bullish engulfing pattern)이란 하락추세에서 전날보다 몸체가 큰 양봉이 발생하는 것으로 상승전환신호로 본다. 하락장악형(bearish engulfing pattern)은 상승추세에서 전날보다 몸체가 큰 음봉이 발생하는 것으로 하락전환신호로 본다.

상승장악형에서는 음봉+양봉, 하락장악형에서는 양봉+음봉일 경우에 신뢰도가 높은데, 꼬리보다는 주로 몸체위주로 판단한다. 장악형의 둘째날 거래량이 급증하면 강한 추세전환신호로 판단될 수 있다.

그림 7-9 ▌ 장악형

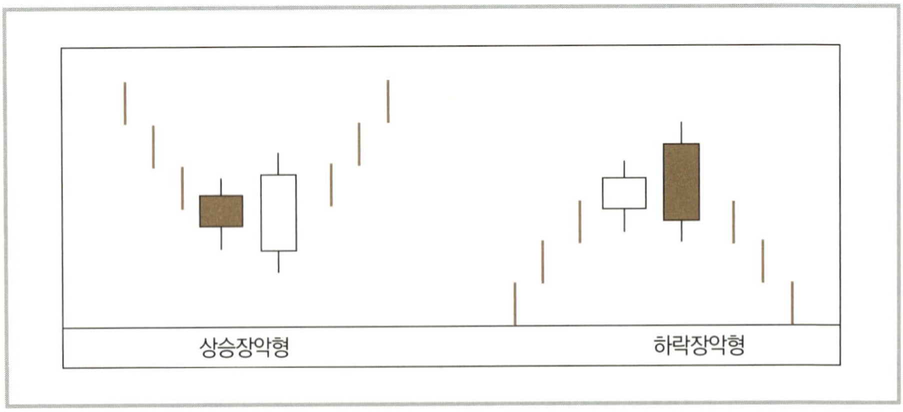

2) 먹구름형과 관통형

먹구름형(dark-cloud cover)은 첫째 날에 몸체가 긴 양봉이 나타나고 둘째 날 시가는 전일고가보다 높게 형성되지만 종가는 전일의 시가부근에서 형성되는 경우로 천장권에서는 하락전환신호로 본다. 둘째 날 종가가 전일 양봉의 몸체 중심선 이하로 내려올 경우 먹구름형의 신뢰도는 높은데, 하락장악형보다는 신뢰도가 약하다([그림 7-10] 참조).

관통형(piercing pattern)은 몸체가 긴 음봉이 나타난 후 다음날 몸체가 긴 양봉이 나타나는 경우로서 하락추세에서 상승전환신호로 본다([그림 7-10] 참조). 둘째 날 시가는 전일종가의 아래에서 낮게 시작된 후 주가가 점차 상승하여 종가가 전일 음봉몸체의 50% 이상의 수준에서 형성되는 관통형은 종가가 고가에 가까울수록 신뢰도가 크다.

그림 7-10 ▌ 먹구름형과 관통형

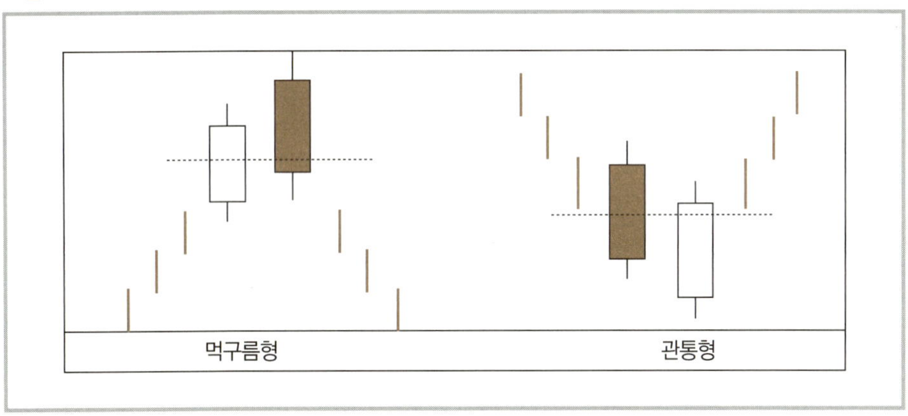

3) 잉태형

[그림 7-11]에서 보는 바와 같이, 잉태형(harami)은 몸체가 긴 일봉과 몸체가 짧은 일봉이 계속나오는 모양이다. 장악형은 두 번째 일봉의 몸체가 첫 번째 일봉의 몸체를 감싸안을 정도로 크지만 잉태형은 그 반대가 된다. 하락잉태형에서

는 양봉+음봉, 상승잉태형에서는 음봉+양봉이 되면 신뢰도가 높다.

잉태형에서 둘째 날의 일봉이 십자형(doji)으로 나타나면 신뢰도가 더욱 높아지는데, 이것을 십자잉태형(harami cross)이라고 부른다. 상승추세에서의 십자잉태형은 강력한 하락전환신호로 판단된다.

그림 7-11 ▌ 잉태형과 십자잉태형

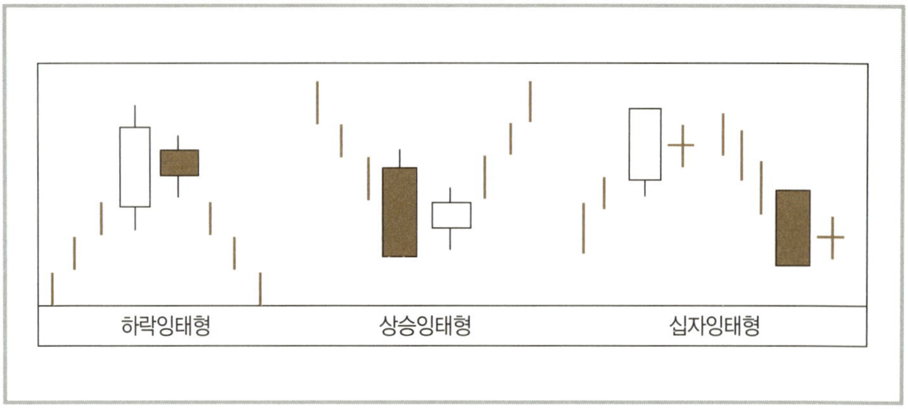

4) 반격형

반격형(counterattack line)은 전일종가와 당일종가가 일치하는 반전패턴으로 장악형이나 관통형보다 신뢰도가 낮다([그림 7-12] 참조). 상승반격형(bullish counterattack line)은 하락추세에서 몸체가 긴 음봉이 나타난 후, 다음날 시가도 매우 낮은 수준에서 형성되기는 하지만 상승세로 돌아서서 종가가 전일종가 수준에서 형성되어 긴 양봉이 나타나는 것을 말한다.

그리고 하락반격형(bearish counterattack line)은 상승추세에서 긴 몸체의 양봉과 긴 몸체의 음봉의 종가가 같은 수준에서 형성되는 경우로 하락전환신호로 본다.

그림 7-12 ▌ 반격형

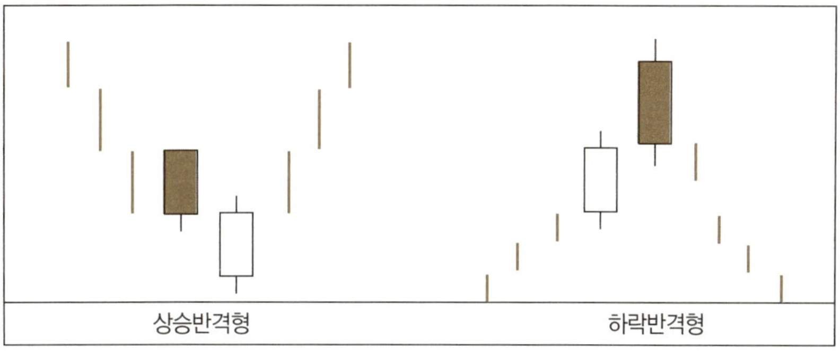

3.3 세 개 이상의 일봉

1) 별형

상승추세나 하락추세에서 몸체가 긴 일봉이 나타난 뒤, 갭이 발생하면서 작은 몸체를 가진 일봉이 나타나면 둘째 날의 일봉을 별형(star)이라고 부른다. 여기서 갭(gap)은 어느 거래일의 최고가가 다음 거래일의 최저가보다도 낮은 상승장세, 또는 어느 거래일의 최저가가 다음 거래일의 최고가보다 높은 하락장세에서 발생한다. 시장에서 거래량이 매우 급격하게 변화하게 되면, 거래량패턴에서 때때로 갭이라 불리는 유격이 생긴다. 갭은 과도한 매수세력이나 매도세력이 있을 때 주문을 채우기 위하여 가격이 폭등함에 따라 발생하게 된다.

[그림 7-13]에 나타난 바와 같이, 별형에는 샛별형과 저녁별형이 있다. 샛별형(morning star)은 하락추세에서 몸체가 긴 음봉이 나타난 후 갭을 만들면서 다음날 몸체가 작은 일봉이 나타나고, 셋째 날에는 몸체가 긴 양봉이 발생하는 경우를 말하는데, 이것은 상승전환신호이다. 이 경우 첫째 날과 둘째 날 사이에 발생하는 갭에서 꼬리는 의미가 별로 없으며, 특히 둘째 날의 별형이 양봉이면 신뢰도가 높다. 셋째 날에 나타난 양봉의 종가는 첫째 날 음봉의 중심선을 돌파해야 하며, 둘째 날과 셋째 날 사이에 갭이 생길 경우 신뢰도는 더욱 높아진다.

저녁별형(evening star)은 상승추세에서 몸체가 긴 양봉이 나타난 뒤, 다음날 갭이 발생하면서 몸체가 작은 일봉이 만들어진다. 그 후 셋째 날에 몸체가 긴 음봉이 출현하면서 첫째 날 양봉의 몸체중심선을 관통하여 종가가 형성된다.

그림 7-13 ▌ 별형

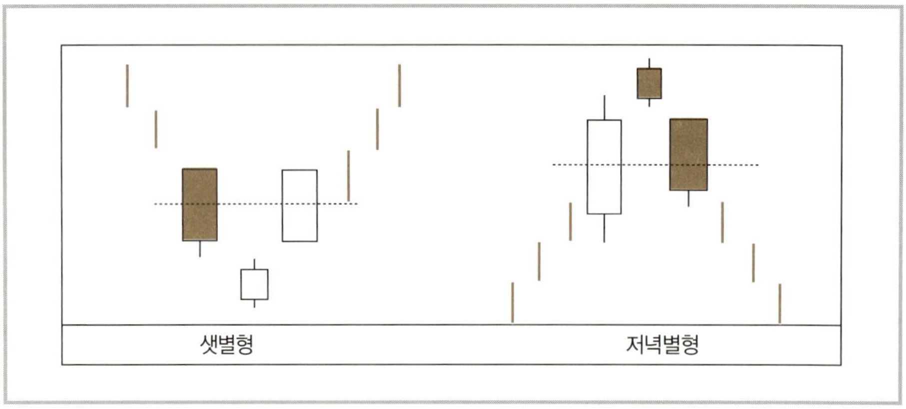

2) 까마귀형

까마귀형(upside-gap two crows)은 주로 천장권에서 나타난다. 이것은 [그림 7-14]에서와 같이, 긴 양봉 이후 두 개의 음봉이 일정한 갭을 두고 놓여 있는 패턴으로 나타난다. 이 패턴에서는 두 마리의 까마귀가 나뭇가지에 앉아 불길한

그림 7-14 ▌ 까마귀형

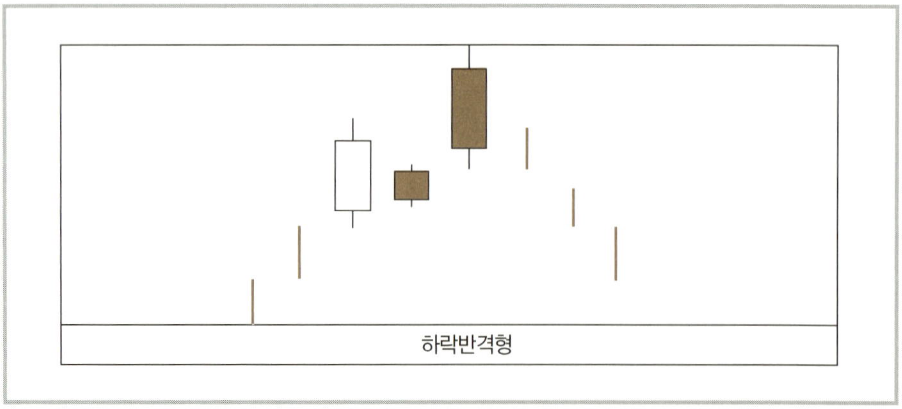

모습으로 밑을 응시하고 있는 모습을 하고 있어서 명백한 하락전환신호가 된다.

10%의 주가등락은 대세 전환일 경우가 많다

주식투자는 시세의 큰 흐름에 편승하는 것이 기본이다. 그러나 대세가 전환되기 전에 빠져 나와야 하는 것이 가장 중요하고 어려운 일인데, 대세전환을 기계적으로 파악하는 방법이 바로 이것이다. 주가가 바닥에서 10% 정도 오르면 대세상승전환인 경우가 많고, 최고가에서 10% 정도 하락하면 대세가 하락세로 전환되는 경우가 많기 때문이다.

제4절 ■ 추세분석

추세선(trendlines)은 시장움직임의 전체적인 방향을 확인하는 방법으로 현재의 시장추세를 알게 해준다. 기술적 분석가들은 추세선을 파악함으로써 시장에서 매수포지션을 취해야 하는지 또는 매도포지션을 취해야 하는지를 결정하게 된다. 아주 짧은 추세를 미세추세(minor trends), 수주일 동안 지속되는 추세는 중간추세(intermediate trends), 수개월 동안 지속되는 추세는 주요추세(major trends)라고 부른다.

4.1 저항선과 지지선

주가는 특정한 범위 안에서 주가운동행위를 결정지으려는 경향이 있다고 한다. 지지(support)는 일정한 기간에 있어서 주가하락추세를 멈추는 데 충분한 매입과 매입하고자 하는 세력을 말하며, 이러한 현상을 선분으로 연결해 놓은 것을 지지선(support level)이라고 부른다.

반면에 저항(resistance)은 어느 일정한 기간 동안 매입세에 대한 매도세력으로 인하여 상승저항을 받고 있는 세력을 말하며, 그러한 고점들을 선으로 연결한 것이 저항선(resistance level)이라고 부른다.

일반적으로, 직전에 나타났던 최고점은 저항선이 되는 경우가 많고, 반대로 직전의 최저점은 지지선이 되는 경우가 많다. 그러나 저항선이나 지지선이 일단 돌파되면 이제까지의 저항선은 지지선으로, 지지선은 저항선으로 그 역할이 바뀌는 경우가 많다.

저항선과 지지선이 중요한 의미를 갖는 이유는 다음과 같다.

① 현재의 주가가 어느 수준까지 움직일 것인가를 예측할 수 있다.

② 주가가 몇 차례에 걸쳐 저항선이나 지지선을 돌파하려는 시도를 했음에도 실패로 끝났다면 그것은 추세전환의 신호로 간주해야 한다는 것이다.

③ 선이 형성되는 데 소요된 시간과 저항선과 지지선의 중요도는 서로 비례하기 때문에 주가가 장시간에 걸쳐 형성된 저항선이나 지지선을 돌파하면 큰 폭의 주가변동을 수반하게 된다고 한다.

④ 저항선이나 지지선은 최근에 나타난 것일수록 중요도가 크다고 한다.

⑤ 매매주문의 경우에 지지선의 바로 아래쪽에서 손실방지를 위한 매도주문을, 저항선의 바로 아래쪽에서 이익실현을 위한 매도주문을 내면 효과적일 때가 많다. 마찬가지로, 지지선의 바로 위쪽이나 저항선의 바로 위쪽에서 매수주문을 내면 효과적이라고 한다.

1) 저항선과 지지선의 돌파

(1) 저항선 돌파

주가가 하락하다가 지지선을 중심으로 일정한 수요가 발생하여 주가가 하향 경직성을 보이다가 저항선을 돌파하는 모양을 말한다. 6점주가수준에서는 4점 수준보다 매도세력이 급격히 약화되거나 매수세력의 증가로 저항선 돌파가 나타난다. 따라서 [그림 7-15(a)]에 나타난 바와 같이, 주가가 지지를 보이는 3, 5점을 소극적 매수시점으로 잡고 저항선을 돌파하는 6점을 적극적인 매수시점으로 잡아야 한다.

그림 7-15(a) ▌ 저항선 돌파

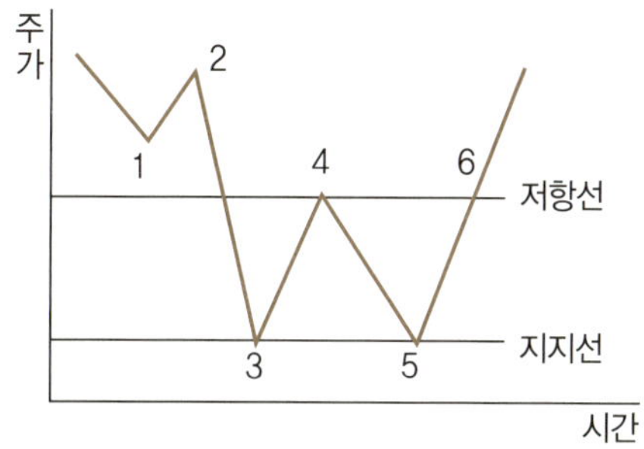

그림 7-15(b) ▌ 지지선 돌파

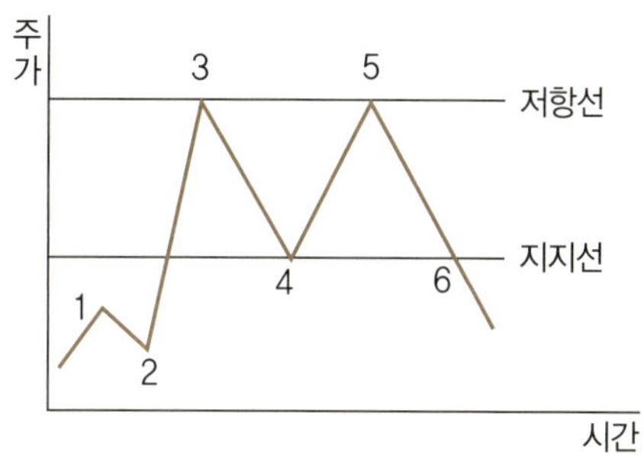

(2) 지지선 돌파

주가상승 후 매도증가로 저항을 보인 후 지지수준을 하향돌파하는 것으로서 매도세의 급격한 증가와 매수세의 감소로 인하여 하향돌파되어 지지선이 무너지며 주가가 저항선에서 상향경직성을 보이며 거래가 급격히 감소되는 현상이 발생한다. 따라서 [그림 7-15(b)]에 나타난 바와 같이, 주가가 저항을 보이는 3, 5점은 소극적 매도시점이 되며, 지지선을 하향돌파하는 6점은 적극적인 매도시점으로 잡아야 할 것이다.

2) 저항권과 지지권

저항선과 지지선 안에서 주가가 움직이다가 지지선을 하향돌파하는 경우 이 범위를 저항권이라고 부르며, 반면에 지지권이란 일정한 저항선과 지지선의 범위 내에서 주가가 변화하면서 큰 흐름이 하향경직성을 가지는 것을 말한다. [그림 7-16(a)]와 [그림 7-16(b)]에서는 저항권과 지지권을 각각 보여주고 있다.

그림 7-16(a) ▌ 저항권 형성

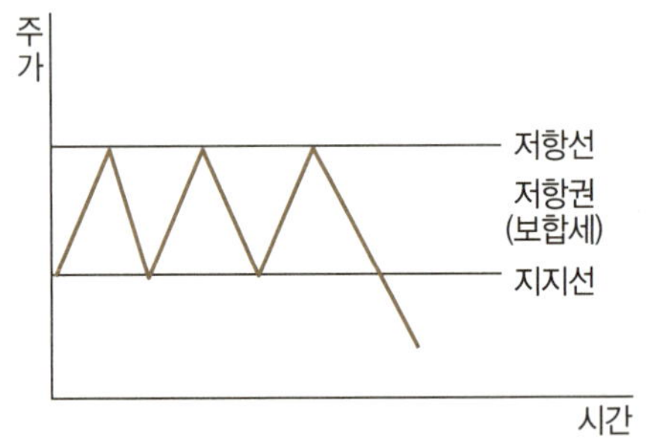

그림 7-16(b) ▌ 지지권 형성

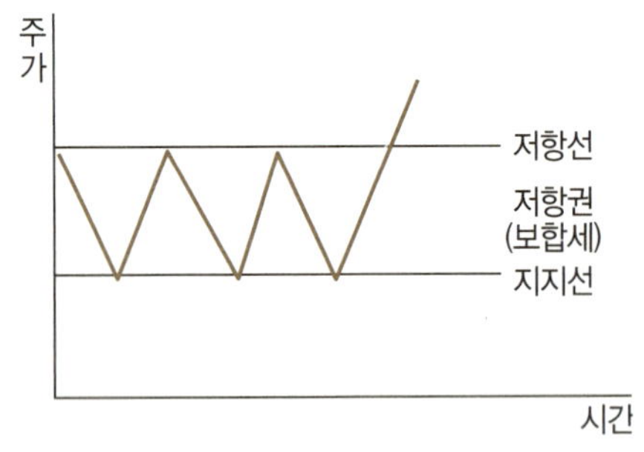

4.2 추세선

상승장세에서 추세선은 [그림 7-17]에서 보는 바와 같이 연이어 더 상위에 있는 저가부분이 연결되는 식으로 그려진다. 장세가 그러한 추세선상 또는 그보다 위에 놓이면 상승추세(uptrend)는 당분간 지속될 것이다. 하락장세에서 추세선은 연이어 더 아래에 있는 고가부분이 연결되는 식으로 나타난다 ([그림 7-18] 참조). 장세가 이 선상 또는 그보다 낮은 곳에 위치하는 한, 하락추세(downtrend)가 당분간 계속될 것이다.

그림 7-17 ▌ 상승장세 추세선

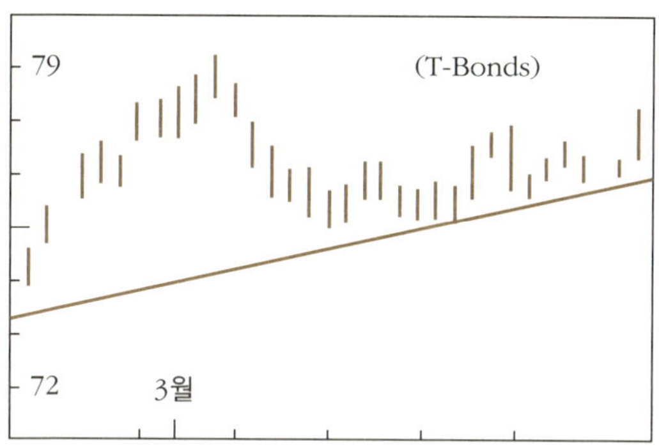

그림 7-18 ▌ 하락장세 추세선

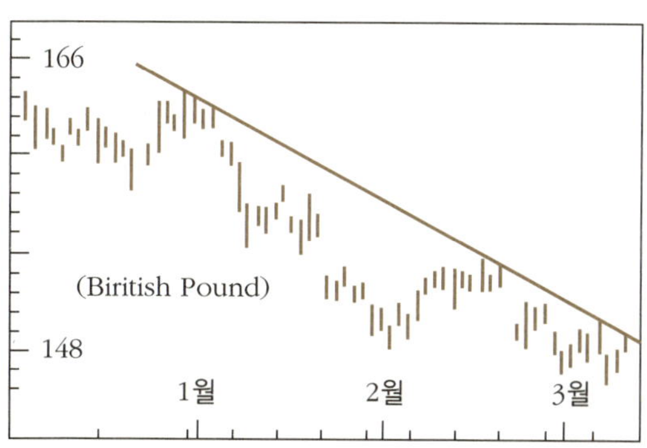

추세선을 뒷받침하는 이론에 의하면 추세선이 관통될 때 추세는 곧 반전할 것이라고 한다. 따라서 만일 상승추세선이 관통될 경우 하락추세가 곧 강세로 나타난다는 것이고, 이것은 곧 해당종목을 매도해야 할 시점을 의미한다고 한다. 반대로, 하락추세선이 관통될 경우에는 머지않아 상승추세가 강세로 나타난다는 것을 의미하고, 이것은 곧 해당종목을 매수해야 하는 시점을 나타낸다고 한다.

4.3 추세분석의 장점과 단점

1) 장점

① 패턴분석과는 달리 객관적이다.

② 기술적 분석가에게 훨씬 더 심리적 안정감을 준다.

③ 시장가격의 추세가 큰 폭으로 전환될 경우 시장흐름만 올바르게 타면 안정적이고 큰 폭의 이익을 얻을 수 있다.

2) 단점

① 사후성을 지니고 있다.

② 과거의 성공이 미래의 성공을 보장해주진 않는다.

③ 보합국면처럼 추세의 움직임이 급격하지 못한 시장에서는 예측의 신뢰도가 떨어진다.

수급상황을 파악하라

주식시장에서 수급의 중요성을 강조한 격언들이 많다. "수급은 재료에 우선한다"거나 "수급불균형에서 큰 시세 없다"는 것들이 바로 그것이다. 실제로 과거 수급불균형 상황에서 투자자들이 많은 어려움을 겼었던 것이 사실이다. 무기력한 증시를 살리기 위해서는 수급을 고려하지 않으면 안 된다. 따라서 성공적인 투자를 위해서는 고객예탁금과 신용잔고 미수금 등 시장의 단기수급을 나타내는 지표들과 기업공개 증자 등 중장기 수급지표를 동시에 분석하는 능력이 필요하다. 각 시점별로 추세를 파악하려면 수급여건을 반드시 고려해야 한다.

제5절 ■ 거래량지표

5.1 거래량 이동평균선

주가가 상승추세에 있을 때에는 매입수요가 상대적으로 증가하므로 거래량이 늘어나는 경향이 있고, 하락추세에 있을 때에는 매입수요가 줄기 때문에 거래량이 감소한다는 기본적인 원리에 기초하여 주가의 예측과 매입 · 매도신호를 찾고자 하는 것이 거래량 이동평균선인데 다음과 같은 식을 사용한다.

$$\text{거래량}(t\text{일})\text{이동평균} = \frac{V_1 + V_2 + V_3 + \cdots + V_t}{t}$$

여기서 V_t는 거래일 t의 거래량, 그리고 t는 거래일수를 나타낸다.

이러한 이동평균선을 이용하여 매매시점을 포착하는 방법은 다음과 같다.

① 이동평균선의 기준기간이 짧은 이동평균선이 긴 이동평균선을 상향돌파하면 골든크로스(golden cross)라고 하여 매입시점이 되고, 반대로 하향돌파하면 데드크로스(dead cross)라고 하여 매도시점이 된다.

② 단기 이동평균선이 중기 이동평균선을 돌파하는 것보다 중기 이동평균선이 장기 이동평균선을 돌파하는 것이 더욱 강력한 매매시점이 된다.

5.2 OBV

OBV선(on balance volume line)은 Granville이 만든 거래량지표로서 거래량은 주가에 선행한다는 전제 아래 주가가 전일에 비해 상승한 날의 거래량합계에서 하락한 날의 거래량합계를 빼서 이것을 누적적으로 집계하여 도표화한 것이다. OBV선은 특히 주가가 뚜렷한 등락을 보이지 않고 정체되어 있을 때 거래량동향에 의해 향후 주가의 방향을 예측하는데 유용하다.

OBV의 산출방법은 다음과 같다.

① 주가가 전날에 비해 상승한 날의 거래량은 전날의 OBV에다 합한다.

② 주가가 전날에 비해 하락한 날의 거래량은 전날의 OBV에서 빼준다.

③ 주가변동이 없는 날의 거래량은 무시한다.

표 7-1 ▎OBV 산출 예

일자	종합주가지수	전날대비	거래량	상승일누계	하락일누계	OBV
12. 1	808.75	하락	3,189		3,189	-3,189
2	801.17	하락	3,226		6,415	-6,415
3	806.86	상승	2,836	2,836	6,415	-3,579
4	821.59	상승	2,837	5,673	6,415	-742
5	826.49	상승	5,106	10,779	6,415	4,364
7	823.17	하락	4,187	10,779	10,602	177

OBV선 분석의 기본법칙은 다음과 같다.

① 강세장에서는 OBV선의 고점이 이전의 고점보다 더 높게 형성되고, 약세장에서는 OBV선의 저점이 이전의 저점보다 더 낮게 형성된다.

② OBV선의 상승은 매수세력의 집중을, OBV선의 하락은 매수세력의 분산을 나타낸다.

③ OBV선의 장기적인 상향추세선이 진행되는 가운데 저항선을 상향돌파하는 경우 강세장을 예고하고, 장기적 하향추세선을 하회하면 약세장을 예고한다.

④ OBV선이 상승함에도 불구하고 주가가 하락하면 조만간 주가상승이 예상되고, OBV선이 하락함에도 불구하고 주가가 상승하면 조만간 주가하락이 예상된다.

5.3 거래량비율(VR)

*OBV*선이 누적차수이기 때문에 시세를 판단할 때 과거의 수치와 비교하는 것이 어렵다는 단점을 보완하기 위하여 거래량의 누적차가 아닌 비율로 분석한 것이 거래량비율(Volume Ratio : *VR*)이다. VR은 일정한 기간(주로 25거래일) 동안의 주가상승일의 거래량과 주가하락일의 거래량의 비율을 백분율로 나타낸 것이다. 따라서 *VR*이 200%라면 대체로 주가상승 시의 거래량이 주가하락시의 거래량의 2배라는 것을 의미한다.

$$VR = \frac{\text{주가상승일의 거래량합계}+\text{변동이 없는 날의 거래량합계}\times\frac{1}{2}}{\text{주가하락일의 거래량합계}+\text{변동이 없는 날의 거래량합계}\times\frac{1}{2}}\times 100$$

일반적으로 *VR*은 150% 정도로 나타나며, 만일 450%를 초과하면 단기적으로 주가의 경계신호가 되고, 70% 이하가 되면 단기매수시점으로 본다. 이 지표는 시세의 천장권에서 일률적으로 적용하기 어렵지만 바닥권을 판단하는 데 신뢰도가 매우 높은 투자지표로 알려져 있다.

5.4 클라이맥스지표

1961년 Granville에 의해 만들어진 지표로 OBV지표를 분석하는 데 보조적으로 이용되며, 단기적인 주가예측 시 사용되는 지표 중의 하나이다. 이 지표를 작성하는 본래의 목적은 최고점을 정확하게 판단하기 위하여 만들어졌기 때문에 클라이맥스지표(climax index)라고 부르며, 주로 시세의 고점과 저점분석에 많이 이용된다.

클라이맥스지표를 CLX라고도 하는데, 산출법은 OBV기법을 발전시킨 것으로 다음과 같다.

① 매일 주가지수에 채용된 전 종목에 대해 OBV를 산출한다.
② 채용된 전 종목의 OBV 중에서 Up신호를 나타내는 종목수와 Down신호를 나타내는 종목수를 구한 뒤 Up신호의 숫자와 Down신호 숫자의 차이를 구한다.
③ 매일의 결과를 이동평균으로 계산하여 도표화한다.

주가지수의 상승 시 CLX지표 또한 상승하면 시장의 강세가 유지되고 있다는 것으로 해석되며, CLX지표가 하락하면 조만간 시장이 약세로 반전될 수 있다는 것을 나타낸다. 반면에 주가지수가 하락할 때 CLX지표가 상승하면 시장의 약세가 유지되고 있다는 것을 말하며, CLX지표가 동시에 하락하면 조만간 시장이 약세로 반전될 것으로 받아들여진다. 따라서 CLX지표가 상승에서 하락으로 전환되면 천장권에서 매도신호로 볼 수 있고, 반대로 하락에서 상승으로 전환되면 바닥권신호로서 매수전략을 세워야 할 것이다.

5.5 번한지표

번한지표는 다음과 같이 산출된다. 이 식에서 거래량회전율은 거래의 양을, 그리고 거래성립률은 거래의 질을 나타내는 지표라고 할 수 있다.

$$\text{번한지표} = \text{거래량회전율} \times \text{거래성립률}$$

$$= \frac{\text{당일거래량} \times \text{연간입회일수}}{\text{전체상장주식수}} \times \frac{\text{거래형성종목수}}{\text{전체상장종목수}} \times 100$$

과거의 통계를 보면, 번한지표가 5% 이하에서 주가가 바닥권을 나타내고, 30% 이상에서 천장권을 형성하는 경우가 많았다.

천장 3일, 바닥 100일

천장이란 간단히 말해서 그때까지 매수되던 거래가 이제 더 이상 행해지지 않는 상태가 되는 것이다. 매매가 없으면 당연히 인기도 눈 깜짝할 사이에 사라져 버린다. 천장이라는 것을 알아차렸으면 재빨리 팔아버려야 한다. 바닥백일이라는 말은 바닥에서의 진행이 긴 것을 말한다. 다만 버릇이 나쁜 주식이나 인기가 없는 주식의 경우 저가권에서 오랫동안 헤매는 경우도 있으므로 이와 같은 주식인 경우에는 성급하게 사지 않도록 주의해야 한다.

제6절 ■ 질적 지표

6.1 등락선(ADL)

등락선(Advance-Decline Line : ADL)은 일정기준일로부터 전날의 종가에 비해 가격이 오른 종목수에서 가격이 내린 종목수를 뺀 것을 매일 합해서 그것을 선으로 이어서 구성한다([표 7-2] 참조).

표 7-2 ▎ADL 산출 예

일자	상승종목수(A)	하락종목수(B)	A-B	ADL(A-B의 누계)
1	350	325	25	25
2	400	297	103	128
3	362	348	14	142
4	150	508	-358	-216
5	257	320	-63	-279
6	329	310	19	-260

ADL은 주가의 선행지표로 이해되고 있으며, ADL과 주가 사이에는 다음과 같은 관계가 성립하는 것으로 인식되고 있다.

① ADL이 상승하는 데도 주가지수가 하락할 경우에는 장세가 상승과정에 있으며, ADL이 하락하는 데도 주가지수가 상승하면 장세가 하락과정에 있다.
② 주가지수가 이전의 최고치에 접근하고 있을 때 ADL이 그 이전의 최고치보다 낮을 때 장세는 약세국면에 있고, 반대로 주가지수가 바닥권에 접근하고 있을 때 ADL이 그 이전의 바닥권보다 상당수준 상회하고 있을 때는 장세가 강세국면에 있다.
③ 주가지수 및 등락선이 모두 하락할 경우 장세는 붕괴할 가능성이 높으며, 주가지수 및 ADL이 모두 상승한다면 장세는 폭등할 가능성이 크다.

6.2 등락비율(ADR)

등락선(ADL)은 약세시장의 바닥지표로는 불완전하다는 약점이 있으므로 보조지표인 등락비율(ADR)을 병용하는 것이 바람직하다. 등락비율(Advance-Decline Ratio : ADR)은 일정기간 동안 등락종목비율에 의하여 시장기조를 분석하고자 하는 기술적 지표로 주가지수와 비교하여 시세가 어느 정도인가를 알고자 하는 것이며, 단순이동평균을 산출할 때와 같은 개념에 의해서 도출된다.

등락비율(ADR)의 산출공식은 다음과 같다.

$$\text{등락비율}(ADR) = \frac{\text{분석대상 기간 동안의 상승종목수}}{\text{분석대상 기간 동안의 하락종목수}} \times 100$$

등락비율(ADR)을 해석하는 방식은 등락비율이 120~125%에 속할 때에는 시장이 과열되어 있다고 보고 투자자들은 경계하여야 하며 이를 및 매도신호로 간주한다. 한편 이 비율이 70~75%에 속하게 되면 시세가 바닥권 이하라고 할 수 있으며 투자에는 그다지 큰 위험이 수반되지 않는다고 판단되기 때문에 이를 매수신호로 파악하고 있다. 그러나 주가의 전반적인 상황을 모두 표현하기가 어려우므로 주가지수의 추이를 분석하는 데 사용되고 있다.

6.3 투자심리선

투자심리선(psychological line)은 투자심리의 변화를 일정기간 동안 파악하여 과열상황인가 아니면 침체상황인가를 파악하여 지표화한 것이다. 이 지표의 산출방법은 최근 12일간 중에서 전날 대비 상승일수를 누계하여 12로 나누어 백분율로 나타낸다.

$$\text{투자심리선} = \frac{\text{12일 동안 주가상승일수}}{12} \times 100(\%)$$

투자심리선의 지수가 50%를 중심으로 75% 이상이면 과열상태로 경계지대이며, 25% 이하이면 침체상태로 안전지대에 속하고, 25~75% 사이는 중립지대라고 할 수 있다. 따라서 이 선에 따라 투자전략을 세운다면 75% 이상일 때 팔고, 25% 이하일 때 주식을 매입하는 전략이 바람직하다.

시세는 연날리기와 같다

주가는 수급에 의해서 근본적으로 결정되며, 수급 중에서도 주로 수요에 의해서 결정된다. 주식의 수요란 주식을 사려는 대기매수자금을 말한다. 자금시장에 대기매수자금이 많고, 시중의 부동자금이 주식시장으로 계속 몰려오면 주가는 오르지 않을 수 없다. 외부에서 자금이 계속 들어오면 주가수준이나 재료에 관계없이 주가는 계속 오르게 된다.

주식시세는 연날리기에 비유되는데, 바람이 있어야 연이 날고 바람이 없으면 연은 땅에 떨어지듯이, 주식시세도 주식시장으로 자금이 들어와야 오른다. 바람이 세게 불면 연은 높이 날고 약하게 불면 연이 낮게 날 듯이, 주식시세도 증시로 들어오는 자금의 양이 많으면 많을수록 높이 오르고 증시자금이 거꾸로 증시외부로 빠져나가기 시작하면 주가는 떨어질 수밖에 없다.

주식시세에 관한 한 어떠한 재료보다도 수급상황이 가장 기본적인 요인이다. 수요가 공급보다도 우세한 시장에서는 어떠한 악재가 나와도 주가는 상승하지만 공급이 수요를 초과하는 주식시세는 어떠한 이유로도 상승하기가 어려운 것이다. 수요를 능가하는 공급이 예상되는 시점에서는 주가상승의 기대는 하지 말아야 한다. 대규모 증자로 공급물량이 크게 늘어나거나 천장권에서 물린 대량의 대기매도세가 존재하는 상태에서는 주가상승이 매우 어렵다. 그리고 개별종목에 있어서도 유통물량이 많은 대형주는 주식시장의 과잉유동성 상태에 있을 때 이외에는 큰 시세가 나기 어려우며, 대개 유통물량이 적은 중소형주식의 시세가 형성되기가 쉽다.

제7절 ■ 주가지표분석

7.1 주가이동평균선

주가이동평균(moving average)은 어떤 일정기간 동안 이루어진 주가의 연속적인 변동과정에서 1일변동과 같은 조작이 가능한 비정상적인 주가변동의 영향을 줄여서 전체주가의 흐름을 정상적인 상태로 유도하여 주가의 흐름을 가장 객관적으로 관찰할 수 있도록 평균화시킨 것이다. 이렇게 생성된 자료를 그림으로 나타낸 것이 주가이동평균선인데 일반적으로 150일이나 200일 이동평균선은 장기추세를, 50일이나 75일 이동평균선은 중기추세를, 그리고 6일이나 25일 이동평균선은 단기추세를 나타낸다.

이동평균선을 이용하여 주가를 분석할 경우, 그 기본적 성질을 파악하는 것은 매우 중요하다.

① 강세장에서는 주가가 대개 이동평균선 위에서 파동운동을 계속하면서 상승한다.

② 약세장에서는 주가가 대개 이동평균선 아래에서 파동운동을 계속하면서 하락한다.

③ 주가가 이동평균선을 돌파할 때에는 매입 또는 매도신호이다.

④ 주가가 상승하고 있는 이동평균선을 하향돌파할 때에는 조만간 반전하여 하락한다.

⑤ 주가가 하락하고 있는 이동평균선을 상향돌파할 때에는 조만간 반전하여 상승한다.

⑥ 이동평균의 기준기간이 길면 길수록 이동평균선은 더욱 유연해진다.

⑦ 주가가 이동평균선으로부터 너무 멀리 떨어져 있을 때는 회귀변화가 일어난다.

⑧ 주가가 장기이동평균선을 돌파할 때에는 주요추세의 반전을 기대할 수 있다.

7.2 삼선전환도

삼선전환도는 주가가 상승에서 하락으로, 또는 하락에서 상승으로 전환하는 시점을 포착하는 데 널리 활용되는 기법이다. 삼선전환도는 시간의 흐름을 무시하고 주가가 새로운 고점이나 저점을 형성할 때에만 차트에 그린다.

즉, 상승선이 계속될 때 상승선을 계속 그려나가다가 주가가 하락한다고 하여 바로 하락선을 그리는 것이 아니라 그 이전의 상승선 3개에 해당하는 주가하락이 있을 때 비로소 하락선을 그린다. 이때를 하락전환 또는 음전환이라고 하며 매도신호로 본다. 반대로 하락선이 계속될 때에는 이전의 하락선 3개에 해당하는 주가상승이 있을 때 상승선을 그리는데, 이때를 상승전환 또는 양전환이라 하여 매수신호가 된다.

삼선전환도의 작성방법은 [그림 7-19]와 같다.

그림 7-19 ▌ 삼선전환도의 예

월일	주가(원)	월일	주가(원)
9. 1	16,500	9. 8	16,100
9. 2	16,700	9. 9	15,900
9. 3	16,800	9.10	15,800
9. 4	16,900	9.11	16,200
9. 5	16,600	9.12	16,400
9. 6	16,300	9.13	16,800

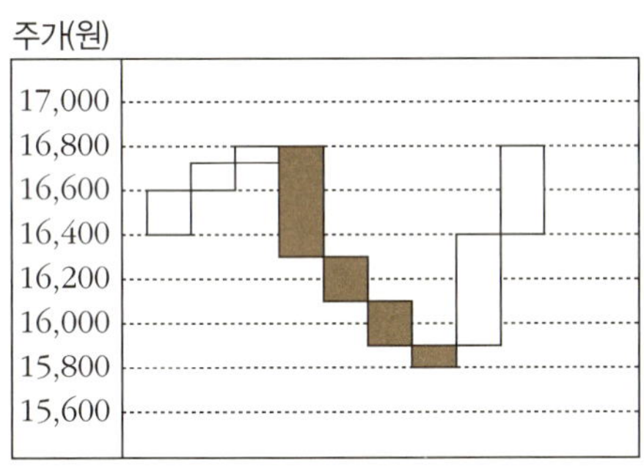

7.3 역시계곡선

역시계곡선은 주가의 25일 이동평균치를 세로축에, 거래량의 25일 이동평균치를 가로축에 나타내어 매일매일의 교차점을 연결하여 작성한다. 그런데 곡선 모양이 시계반대방향으로 움직이는 좌회전곡선이 되는 경우가 많기 때문에 역시계곡선이라고 부른다.

역시계곡선은 주가와 거래량 간의 상관관계가 매우 크다는 점과, 거래량이 주가에 선행한다는 두 가지 이론적 관점하에서 작성된 것으로 중기에 있어서의 주가예측에 매우 유용하게 활용되고 있다.

시세는 알고 있다

> 주가는 세상을 비추는 거울이다. 세상에서 일어나는 온갖 일들이 호재 또는 악재로서 종합적으로 나타난 것이 주가라 할 수 있다. 따라서 주가는 세상의 모든 일을 알고 있으며, 지형에 따라서 물이 흐르는 모양이 다르듯이 세상일이 돌아가는 상황 그대로 주가가 형성된다.

제8절 ■ 기타 기술적 지표

8.1 시장특성분석법

시장특성분석법(character of market analysis)은 패턴분석법이나 추세분석법이 시장가격의 움직임에 대한 해석을 위주로 하는 데 반하여, 시장가격의 움직임 그 자체보다는 금융상품이 거래되고 있는 국제금융시장의 상황을 분석하여 이를 토대로 시장가격의 움직임을 예측하려고 노력하는 방법이다.

1) N.C.O

N.C.O(Net Change Oscillator)는 단기적인 추세의 반전을 알려주는 중요한 지표의 하나로 현재의 시장가격과 과거 일정시점 이전의 시장가격을 서로 비교하는 방법에 의해 산출된다.

$$N.C.O = C_0 - C_t$$

여기서 C_0는 가장 최근의 종가, 그리고 C_t는 t일 이전의 종가를 나타낸다. 즉, 10일간의 N.C.O는 어제의 종가에서 10일 전의 종가를 뺀 값으로, 10일 동안의 시장가격이 상승했다면 N.C.O의 값은 (+)를 나타내며, 하락하면 (−)값을 가지게 된다.

오히려 여기서 중요한 사항은 어떤 기간을 사용하는 것이 가장 적절한가의 문제다. 상식적으로는 기간이 길면 길수록 장기적인 추세의 움직임을 알 수 있을 것이며, 짧을수록 단기간의 추세변화를 알아보기 쉽다고 생각할 것이다. 그러나 N.C.O에서는 단기간의 N.C.O가 바람직하며 예측능력도 뛰어나다.

2) 상대강도지수

상대강도지수(Relative Strength Index : RSI)는 일정한 기간 동안 개별종목과 개별업종과의 주가변화율을 대비한 것과, 개별업종과 주가지수의 주가변화율로 대비한 종목별 상대강도지수와 업종별 상대강도가 있다.

상대강도지수를 산출하는 공식은 다음과 같다.

$$RSI = \frac{\text{14일간의 상승폭합계}}{\text{14일간의 상승폭합계} + \text{14일간의 하락폭합계}}$$

상대강도지수의 특성은 다음과 같다.

① RSI의 값이 100에 접근할수록 더 이상 올라갈 수 없는 수준에 가까워지는 것이며, 반대로 0에 가까워질수록 더 이상 하락할 수 없는 수준까지 내려가고 있는 것이다.

② 상승폭과 하락폭을 모두 평균값으로 구하므로 시장가격이 기간 중에 일시적으로 비정상적인 움직임을 보이더라도 전체적인 분석에는 큰 영향을 미치지 못한다.

③ 최대 100에서 최소 0 사이에서 RSI값이 움직이며, 100 이상 또는 (-)값이 될 수는 없다.

④ RSI의 값이 100에 접근할수록 절대적인 상승폭이 하락폭보다 월등하게 컸음을 의미한다.

⑤ RSI의 값이 0에 접근할수록 절대적인 하락폭이 상승폭보다 월등하게 컸음을 의미한다.

8.2 코포크지표

코포크지표(Coppock' s Index)는 현재의 주가수준은 주식의 수급관계에 영향을 미치고, 이렇게 형성된 수급관계가 새로운 주가수준을 형성하게 한다는 것을 이론적 배경으로 하고 있다. 코포트지표를 구하려면 평균주가의 전년동월 대비 등락률을 계산하여 여기에 과거 10개월간 각월의 가중치를 곱해 이것을 모두 합한 후 10으로 나눈다. 이때 가중치는 가까운 달을 기준으로 10에서 1까지 곱한다.

$$\text{코포크지표} = \frac{(R_t \times 10) + (R_{t-1} \times 9) + \cdots + (R_{t-8} \times 2) + (R_{t-9} \times 1)}{10}$$

여기서 R은 월평균지수의 전년동월 대비 증감률을 의미한다. 코포크지표의 투자전략을 요약하면 다음과 같다.

① 지표가 상향으로 전환했을 때에는 매수신호이다.

② 지표가 하향으로 전환했을 때에는 매도신호이다.

③ 지표가 (+)상태에서 하락으로 전환하면 0선을 하향돌파할 때까지 하락을 지속하는 경우가 많으며, 이를 매도신호로 본다.

④ 지표가 (-)상태에서 상승으로 전환하면 0선을 상향돌파할 때까지 상승을 지속하는 경우가 많으며, 이를 매수신호로 본다.

코포크지표는 대체로 대세파악을 통한 장기투자자의 매매시점 포착에 보다 유효하게 사용되지만, 후행지표이기 때문에 단기매매시점의 포착에는 한계가 있다. 따라서 삼선전환도를 같이 사용하는 것이 바람직하다.

주가는 언제나 고향으로 돌아온다

주가는 항상 일정한 리듬을 가지고 오르내리고 있다. 단기적으로 3~4일 오르면, 또 며칠은 내린다. 좀 더 큰 흐름을 보아도 3~4개월 주가가 오르며, 또 몇 달을 주가가 하락하거나 조정기간을 거친다. 장기적인 주가진행도 3~4년 크게 오르면, 그후 몇 년간은 또 반락하거나 조정국면을 거치는 것이 정상이다. 이렇듯 주가는 끊임없이 움직이는 살아있는 생명체와 같다. 개별기업의 실적이나 전망과는 상관없이 증권시장 내외의 여러 요인에 의해 변화한다.

주식의 가치가 주가에 반영된 종목의 경우, 약세국면에서는 다른 종목에 하락폭이 적은 반면 장세가 호황국면으로 돌아서면 상대적으로 상승폭이 크게 된다. 결국 단기적으로는 전반적인 장세변화에 따라 주가가 움직이지만, 장기적으로는 실적이나 전망이 주가에 반영된다고 할 수 있을 것이다. 이 격언은 가치가 있는 우량한 주식을 선택할 때 당장은 주가변동으로 인한 수익이 적다고 하더라도 장기적으로는 주식시세가 올라 수익을 얻을 수 있다는 말이다.

프로 중의 프로 Peter Wycoff

(1) 투자경력

월가의 10대 증권 프로투자자 중 한 사람인 Peter Wycoff는 30년 투자경력의 증권 실전전문가로서 대중심리파악의 귀재라고 알려져 있다. 그는 주식투자 성공의 법칙을 투자심리에서 찾고 있다.

(2) 투자원칙

① 대중과 반대로 투자하라. 군중심리는 항상 틀린다. 주가는 논리적이고 합리적으로 움직이지 않는다. 주식에 성공하기 위해서는 대중들의 매매심리파악이 선결과제다.

② 증권초보자는 가상매매단계, 소액투자단계를 거쳐 거액을 투자해야 한다.

③ 초보자는 작은 이익에 매도하는 대신 작은 손실에도 공포를 느낀다. 약간의 손해를 견딜 수 없는 사람은 투자할 자격이 없는 사람이다.

④ 대중이 팔고나야 주가가 상승한다. 대중의 대표는 매스컴이다.

⑤ 주식투자는 다른 직업에 비해 많은 훈련이 요구되며 주식의 성공과 실패는 운에 달려 있지 않다. 주식에 멋대로 투자하는 투자자는 남의 영역에 뛰어든 순진한 순교자다.

⑥ 주가급락은 매우 단순한 이유가 대부분이며, 구름 한점 없는 하늘의 번개는 천둥을 예고하듯이 많이 오른 주가는 언젠가는 급락하게 된다.

⑦ 매매의 7할은 시장기조, 2할은 업종선택, 1할은 종목선택이 좌우하는 만큼 시장기조 파악이 중요하다.

⑧ 주식은 바다와 같이 친근감과 동시에 두려워할 줄 알아야 한다. 주식투자자의 첫 번째 행운은 오히려 매우 위험한 징조다.

(3) 투자기법

주가예측에 사용한 기법으로는 다우 엘리어트이론, ADL, 성장주, 순환주 대비이론, 배론의 확산지수, 수급관계지수, 인사이드지수(대지지 매매동향), 10년 주기설 등이다.

연습문제

01 기술적 분석의 기본가정을 설명하고, 기술적 분석의 장점 및 단점을 논하라.

02 기본적분석과 기술적 분석을 비교 · 설명하라.

03 다우이론(Dow theory)과 엘리어트 파동이론(Elliot wave theory)을 설명하라.

04 널리 사용되고 있는 차트기법을 열거하고, 각각을 설명하라.

05 한 개의 일봉에 나타난 모양으로 종목시세를 예측하는 방법으로는 어떠한 것들이 있는가?

06 두 개의 일봉에 나타난 모양으로 종목시세를 예측하는 방법으로는 어떠한 것들이 있는가?

07 세 개 이상의 일봉에 나타난 모양으로 종목시세를 예측하는 방법으로는 어떠한 것들이 있는가?

08 저항선과 지지선의 개념과 이들이 중요한 의미를 가지는 이유를 설명하라.

09 거래량지표에는 어떠한 것들이 있는가?

10 질적 지표에는 어떠한 것들이 있는가?

11 골든크로스(golden cross)와 데드크로스(dead cross)는 각각 어떤 경우에 나타나며, 어떠한 의미를 가지고 있는가?

12 삼선전환도의 개념을 설명하라.

13 역시계곡선의 개념을 설명하라.

14 N.C.O란 무엇인가?

15 상대강도지수(RSI)를 산출하는 방법과 그 결과는 어떻게 해석되어야 하는가를 설명하라.

16 코포크지표(Coppock' s Index)를 산출하는 방법과 그 결과는 어떻게 해석되어야 하는가를 설명하라.

CHAPTER 08

포트폴리오이론, CAPM, APT 그리고 투자위험의 통제

제1절 포트폴리오의 기대수익률
제2절 포트폴리오 수익률의 분산
제3절 증권의 최적선택
제4절 효율적 포트폴리오
제5절 자본자산가격결정모형(CAPM)
제6절 CAPM의 가정과 한계점
제7절 차익거래 가격결정이론(APT)
제7절 자산배분
제8절 포트폴리오 자산들의 정기적 재구성의 필요성
제9절 위험감소를 위한 분산투자

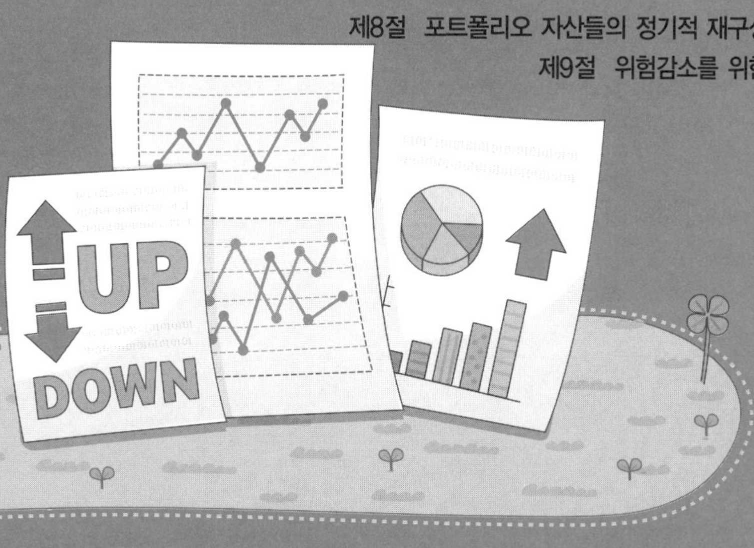

"계란을 한 바구니에 담지 말라(Don't put all of your eggs into one basket)!"라는 서양격언은 포트폴리오이론의 핵심을 나타내고 있다. 증권투자의 핵심은 기대수익률과 위험 간의 상반관계를 고려하면서 최적의 조합을 선택하는 것이다. 현대 포트폴리오이론은 그러한 최적의 조합을 어떻게 선택하는가를 알려주고 있다.

자본시장의 균형은 자본시장에서 거래되는 모든 자본자산의 수요와 공급이 일치되도록 가격이 형성된 상태를 뜻한다. 이러한 자본시장의 균형은 자본자산의 기대수익률과 위험이라는 두 가지 상반된 힘이 균형을 이룰 때 비로소 달성된다. Markowitz가 제시한 포트폴리오 선택이론에 따라 투자활동을 행할 때 주식을 비롯한 자본자산의 기대수익률과 위험 사이에 존재하는 균형관계를 설명하려는 것이 자본자산가격결정모형(CAPM)이다.

한편 모든 투자위험을 회피하는 것은 불가능하다고 할지라도, 투자자들은 각기 자신의 투자목표를 크게 훼손할 가능성이 많은 것으로 판단되는 불확실성들은 가급적 최소화할 수 있게끔 포트폴리오를 구성하도록 노력해야 한다. 알맞은 투자자산들을 선택하고 그러한 자산들에 대하여 적절한 투자비율을 선정하여야만 예상투자수익률을 불필요하게 감소시키지 않으면서도 부담해야 하는 투자위험을 효과적으로 통제할 수 있을 것이다.

본 장에서는 다음의 문제들을 중점적으로 다루고자 한다.

- 포트폴리오의 수익률과 위험
- 자본자산가격결정모형(CAPM)과 차익거래가격결정이론(APT)
- 투자위험의 통제

게으름을 부리지 않고 가면 천리 끝을 볼 수 있다.
소의 걸음처럼 느리더라도… (우보천리)

주가는 항상 변화한다. 잔물결과 큰 파도가 끊임없이 반복되기 때문이다. 따라서 주가를 정확하게 예측하기는 쉬운 일이 아니다. 그렇지만 어느 때나 평균 이상으로 성장하는 산업이나 기업이 있다. 즉 이익을 얻을 수 있는 기회도 항상 있다는 것이다. 게다가 주가는 반드시 상승과 하락을 되풀이한다. 아무리 성장하는 기업의 주식이라도 이러한 원칙에서 벗어나지 못한다. 대세상승기나 하락기에 오르는 주식과 내리는 주식이 공존하는 것도 바로 이 때문이다. 따라서 투자에 임할 때는 급한 마음을 먼저 버려야 한다. 소걸음으로도 천리를 갈 수 있다.

제1절 ■ 포트폴리오의 기대수익률

한 달이라는 투자기간을 생각해 보자. 포트폴리오에 포함된 개별종목들이 그 투자기간 동안 각기 다른 기대수익률을 가지고 있는 경우 포트폴리오 전체의 기대수익률은 어떻게 산출되어야 하는가?

두 종목으로 구성된 포트폴리오의 경우를 예로 들어보자. 먼저 이 포트폴리오의 기대수익을 계산해보자. 월초에 100만 원을 투자하되 종목 A에는 40만 원, 그리고 종목 B에는 60만 원을 할당한다고 가정하자. 그 한 달이라는 투자기간 동안 종목 A는 10%의 수익률(화폐단위로는 4만 원)이 예상되고, 종목 B의 경우는 6%의 수익률(화폐단위로는 3만6천 원)이 예상된다고 하자. 이 경우 포트폴리오의 기대수익은 얼마인가? 물론 포트폴리오의 기대수익은 다음과 같이 개별종목에 대한 기대수익의 합이 될 것이다.

$$(40\text{만원} \times 0.10) + (60\text{만원} \times 0.06) = 76,000\text{원}$$

기대수익률은 기대수익을 투자원금으로 나누어 백분율로 나타낸 것이다. 위의 식 양변을 투자원금 100만 원으로 나누면 다음과 같다.

$$\left(\frac{40\text{만원}}{100\text{만원}}\right)\times 0.10+\left(\frac{60\text{만원}}{100\text{만원}}\right)\times 0.06=\frac{76,000\text{원}}{100\text{만원}}=7.6\%$$

$$E(R_p)=x_A\times E(R_A)+x_B\times E(R_B) \tag{1}$$

여기서 x는 각 종목에 투자한 금액의 비율을 가리킨다. 따라서 포트폴리오의 기대수익률은 포트폴리오에 포함된 개별종목에 대한 기대수익률의 가중평균이라고 할 수 있다. 포트폴리오 가중치는 아래와 같이 계산되며, 가중치의 합은 1.0이 된다.

$$x_A=\frac{\text{종목 }A\text{에 투자한 금액}}{\text{포트폴리오에 투자한 총자금}}$$

포트폴리오 가중치는 (+)도 될 수 있고 (−)도 될 수 있다. 가중치가 (+)값이면 해당종목에 대해 매입포지션을 취한다는 의미이고, 만일 가중치가 (−)값이면 매도포지션 혹은 공매포지션을 취한다는 의미가 된다.

부실주가 급등하면 천장이 무너지는 징조다

주식시세의 초기단계에서는 강력한 시대적인 재료를 가진 업종이나 우량주들이 먼저 오르는 것이 보통이다. 이들 엘리트 주식들이 어느 정도 상승하고 나면 그 다음에는 보통주식으로 광범위하게 매기가 확산된다. 그러나 우량주와 보통주들이 오를 만큼 오르고 나면 그동안 투자자들이 관심을 갖지 않았던 부실저가주로 매기가 모이게 된다. 소위 넝마주라고 하는 부실주는 열광하는 투자자들이 경쟁적으로 매입하기 때문에 주가가 폭등하기 시작하고 우량주와 보통주들이 오른 폭 이상으로 단기간에 오르는 것이 보통이다. 주식시세는 3류의 부실주가 급등하기 시작하면 대개는 천장인 경우가 많으며, 부실주가 급등하는 동안에는 먼저 오른 우량주나 보통주는 오히려 하락하는 역현상이 나타난다.

제2절 ■ 포트폴리오 수익률의 분산

여러 종목으로 구성된 포트폴리오의 분산(variance)을 계산하기 위해서는 각 종목 간 공분산(covariances)을 알아야 한다. 어느 투자기간이라도 투자종목들은 기대수익과는 다른 투자수익을 낸다. 어느 두 종목에 대해서도 기대수익과의 차이를 서로 곱할 수 있다. 공분산이란 이렇게 곱한 값의 평균이라고 할 수 있다. 만일 한 종목의 실제수익이 기대수익보다 높고 다른 종목도 실제수익이 기대수익보다 높다면, 두 종목 간의 공분산은 (+)값이 될 것이다.

반면에 한 종목의 실제수익은 기대수익보다 높은데 다른 종목의 경우 실제수익이 기대수익보다 낮다면, 이들 두 종목간의 공분산은 (−)값이 된다. 공분산행렬(covariance matrix)은 포트폴리오에 포함된 모든 종목 간의 공분산을 정리한 표이다. A, B 그리고 C 등 세 종목으로 포트폴리오가 구성되어 있고 각 종목에 대한 투자비율을 알고 있을 경우, 투자비율과 공분산행렬을 결합하면 [표 8−1]과 같이 나타난다.

공분산행렬의 각 원소는 행(column)에 속하는 종목과 열(row)에 속하는 종목 간의 공분산이 된다. 이 행렬에서 북서쪽으로부터 남동쪽에 이르는 대각선상의 원소들은 어느 종목과 그 자신 간의 공분산을 나타내는데, 이 값들은 다름 아닌 해당 종목의 분산인 것이다. 그리고 또 한 가지 주목할 것은 종목 A와 B 간의 공분산은 종목 B와 A 간의 공분산과 같다는 사실이다.

표 8-1 ❙ 공분산행렬

투자비율	종목	x_A	x_B	x_C
		A	B	C
x_A	A	σ_A^2	$Cov(R_A \cdot R_B)$	$Cov(R_A \cdot R_C)$
x_B	B	$Cov(R_A \cdot R_B)$	σ_B^2	$Cov(R_B \cdot R_C)$
x_C	C	$Cov(R_A \cdot R_C)$	$Cov(R_B \cdot R_C)$	σ_C^2

여기서 σ_A^2는 종목 A의 수익률분산이다. 이 표를 이용하면 포트폴리오의 분산을 구하는 일은 아주 단순해진다. 먼저 공분산행렬의 각 원소(즉, 분산 또는 공분산)에다 그 행의 상단에 있는 가중치를 곱하고 다시 열의 좌측에 있는 가중치를 곱한다. 예컨대, $cov(R_A, R_B)$의 경우에 대해서 다음과 같은 계산을 한다.

$$cov(R_A, R_B) \times x_A \times x_B$$

공분산행렬의 모든 원소에 대해서 위와 같은 값들을 구한 후 모두 합하면 그 값이 곧 포트폴리오의 분산이 된다. 물론 포트폴리오의 표준편차(standard deviation)는 분산의 제곱근을 구하면 된다.

만일 포트폴리오가 두 종목 A와 B로 구성되었다면, B에 투자한 투자비율 x_B는 1.0에서 A에 투자한 투자비율을 뺀 값이 된다. 즉 $x_B = (1 - x_A)$. 따라서 이 포트폴리오의 기대수익률과 표준편차는 다음과 같이 표현된다.

$$E(R_p) = x_A E(R_A) + x_B E(R_B) \tag{2}$$

$$\sigma_p = [x_A^2 \sigma_A^2 + (1 - x_A)^2 \sigma_B^2 + 2x_A(1 - x_A)\, cov(R_A \cdot R_B)]^{1/2} \tag{3}$$

그리고 공분산과 상관계수(correlation coefficient)는 다음과 같은 관계를 갖는다.

$$Cov(R_A, R_B) = \rho_{A,B}\,\sigma_A \sigma_B \tag{4}$$

여기서 $\rho_{A,B}$는 종목 A와 B 간의 상관계수를 가리킨다.

그러므로, 포트폴리오의 표준편차공식을 다음과 같이 다시 쓸 수 있다.

$$\sigma_P = [x_A^2 \sigma_A^2 + (1 - x_A)^2 \sigma_B^2 + 2x_A(1 - x_A)\rho_{A,B}\,\sigma_A \sigma_B]^{1/2} \tag{5}$$

비온 뒤에 땅이 굳어진다

크게 오른 주식은 비록 그만한 이유가 있었다고 하더라도 하락할 가능성이 많다. 반대로 주가가 크게 하락할수록 오를 가능성이 많다. 주가가 크게 떨어지고 나서 조금 반등했다가 다시 하락하고 또 다시 반등했다가 밀리는 과정을 되풀이하면서 일정한 수준에서 주가가 굳어지고 있으면 그것이 바닥일 가능성이 많다. 비온 뒤에 땅이 굳어지듯이 주가도 크게 떨어지고 나면 더 이상 하락할 가능성이 적어지고 다시 오를 가능성이 많아지는 것이다.

제3절 ■ 증권의 최적선택

3.1 지배원리와 종목선택

그러면 [표 8-2]에 나타나 있는 여러 종목에 대한 기대수익률과 위험을 서로 비교해보자. 여기서 종목 X와 P를 비교하면 기대수익률은 10%로 같지만 표준편차로 측정된 위험은 종목 P가 X보다 크다. 여기서 우리는 종목 X가 종목 P를 지배한다고 표현한다. 왜냐하면 종목 X는 P에 비해 기대수익률은 동일하지만 위험이 훨씬 더 작기 때문이다. 이것은 [그림 8-1]을 보면 더욱 명확해진다.

표 8-2 ▎ 개별종목의 기대수익률과 위험

항목 \ 종목	X	Y	P	Q	R
기대수익률(%)	10	5	10	4	8
표준편차(%)	14.14	3.54	18.0	3.54	10.0

그림 8-1 ▍ 지배원리를 충족시키는 종목의 선택

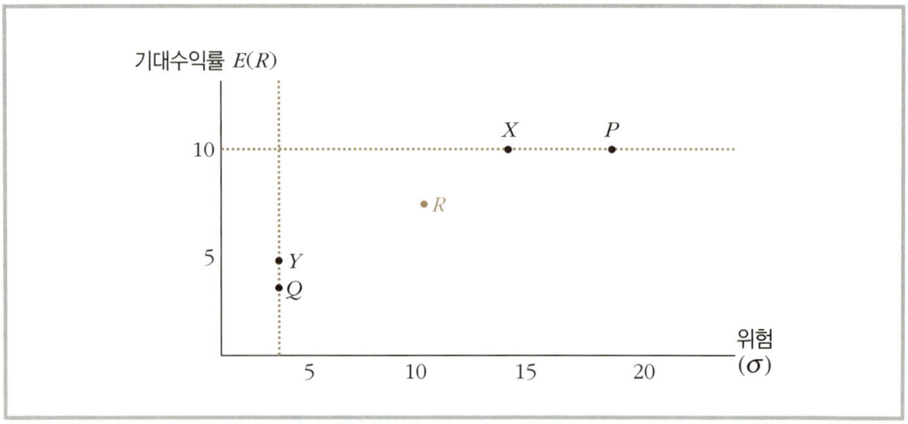

다음으로 종목 Y와 종목 Q를 서로 비교해보면, 위험은 3.54%로 같지만 기대수익률을 보면 종목 X가 훨씬 더 높게 나타나 있다. 따라서 종목 Y가 Q에 비해서 더 나은 투자대상이라고 할 수 있으며, 이때 우리는 종목 Y가 Q를 지배한다고 말한다. 한편 종목 R은 종목 X와 Y와 비교해 볼 때 기대수익률과 위험 등 두 가지 요인을 고려하면 우열을 가리기가 어렵다. 그래서 평균과 분산에 근거하여 투자대상의 우열을 가려보면 먼저 종목 P와 Q는 선택대상에서 제외되고, 종목 X와 Y 그리고 R이 고려대상이 될 것이다. 이와 같은 기준을 사용하여 투자대상을 선별하는 것을 지배원리라고 한다.

이러한 지배원리(dominance principle)는 Harry Markowitz에 의해 처음 제기되었는데, 위험수준이 같은 투자자산들 중에서는 기대수익률이 가장 높은 것을 선택하고, 기대수익률이 같은 투자자산들 중에서는 위험수준이 가장 낮은 것을 선택하는 것을 가리킨다. "같은 값이면 다홍치마(同價紅裳)"라고 하지 않았던가!

3.2 투자자의 위험에 대한 태도와 무차별효용곡선

지배원리를 충족시키는 종목들인 X와 Y 그리고 R이 선택되었는데, 우열이 가려지지 않는 이들 중에서 어느 종목을 최종적으로 선택해야 하는가? 이들 종목들은 서로 지배되지 않는 관계에 있기 때문에 결국 투자자의 위험에 대한 태도, 즉 기대수익률과 위험이 동시에 고려될 때 투자자가 주관적으로 느끼는 만족도인 효용의 크기에 따라 선택을 한다.

투자자의 효용은 기대수익률이 높을수록 그리고 위험이 낮을수록 커진다. 그러나 기대수익률이 비록 높다고 하더라도 위험이 커진다면 투자자에 따라서 효용은 오히려 감소할 수도 있다. 즉 위험프리미엄의 크기에 따라서 투자자들이 느끼는 만족도는 사람마다 다를 수 있는 것이다. 위험에 대한 투자자들의 태도는 위험회피형, 위험중립형, 위험선호형 등 세 가지 유형이 있는데, 효용함수의 형태는 [그림 8-2]와 같이 나타난다.

특히 위험회피형의 효용함수는 원점에 대하여 오목한 형태를 보이면서 투자수익률의 증가가 있을 때 체감하는 모양을 보인다. 반면에 위험선호형의 그것은 원점에 대해 볼록한 형태를 보이면서 투자이익의 증가가 있을 때 체증하는 모습을 보인다. 그리고 위험중립의 효용함수는 직선으로 나타난다.

그림 8-2 ▌ 투자자의 유형에 따른 효용함수의 형태

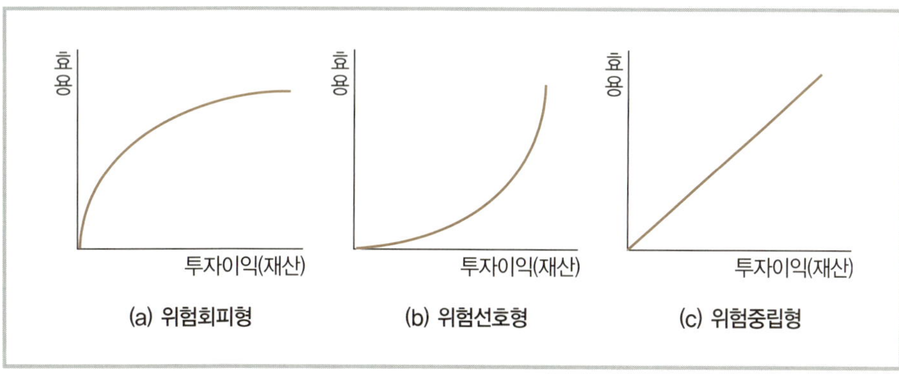

[그림 8-3]은 평균과 분산의 공간에 위험회피형의 효용함수를 나타내고 있다. 이것을 무차별효용곡선(indifference utility curve)이라고 하는데, 이것은 특정 투자자에게 같은 효용을 가져다주는 기대이익과 위험의 조합을 연결한 곡선이다. 위험회피형 투자자의 무차별효용곡선을 나타낸 [그림 8-3]은 사실 대부분의

모형에서 가정하고 있는 이성적인 투자자들의 효용곡선을 나타내고 있다. 왜냐하면 자신이 부담하는 위험 이상으로 투자이익의 증가가 이루어지지 않으면 전과 같은 만족감을 느끼지 못하는 것이 정상적인 투자자들이기 때문이다. 그러나 위험회피형 투자자라고 할지라도 위험회피도, 즉 위험의 증가에 따라 바라는 프리미엄의 크기에 차이가 있기 때문에 위험회피형 투자자라고 할지라도 무차별 효용곡선의 모양은 달라진다.

그림 8-3 ▮ 위험회피형 투자자의 무차별효용곡선

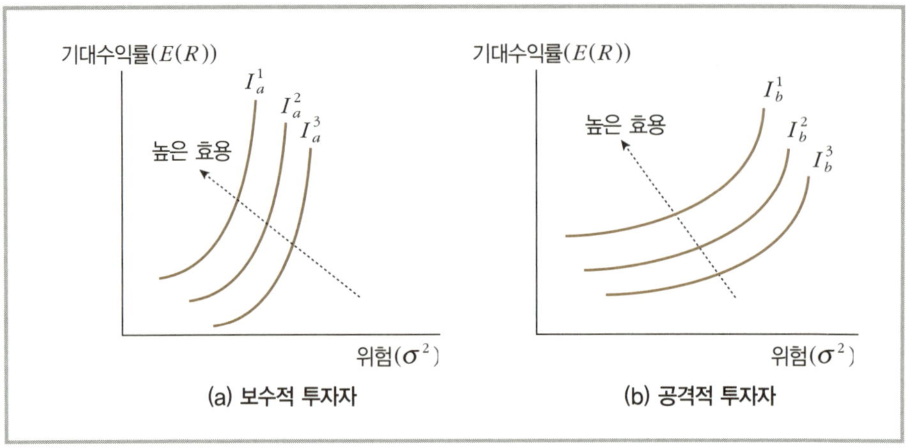

[그림 8-3]의 (a)와 (b)는 위험회피의 정도에 따라 공격적 투자자와 보수적 투자자로 나누어 나타냈다. (a)와 같이 기울기가 가파른 경우는 위험을 매우 기피하는 보수적 투자자의 예이고, (b)처럼 기울기가 덜 가파른 경우는 공격적 투자자의 예로서 기대이익의 증가가 위험증가에 미치지 못하더라도 만족하는 경우를 나타낸다.

3.3 최적종목의 선택

투자대상의 종목들이 지배원리를 기준으로 괜찮은 것으로 판명되면 그들 중에서 마지막으로 어떠한 종목을 선택하는 것이 최선인가의 문제는 오로지 무차별효용곡선이 만나는 종목을 찾으면 된다. [그림 8-4]는 [그림 8-1]과 [그림 8-3]을 결합시켜 만들어진 것인데, 보수적 투자자는 종목 Y를 선택하고, 공격적 투자자는 종목 X를 선택함으로써 만족도를 극대화시키려고 하는 것이다.

그림 8-4 ▌ 최적종목의 선택

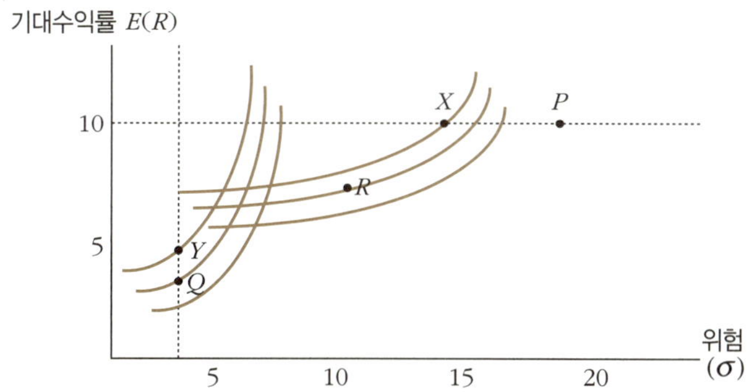

이와 같이 지배원리를 충족시키는 종목들 중에서 투자자의 위험선호도까지 고려해서 마지막으로 선택되는 종목, 즉 무차별효용곡선과 접하는 종목을 최적종목, 최적포트폴리오라고 부른다. 위의 예에서 종목 X와 Y가 각각 최적종목이 된다. 결론적으로 투자대상들의 선택과정은 먼저 지배원리를 충족시키는 종목을 선택한 다음, 그들 중에서 투자자의 효용곡선(위험선호도)에 적합한 최적종목을 선택하는 것으로 정리될 수 있다.

오를수록 싸게 보이고 내릴수록 비싸게 보인다

주가가 오를수록 해당종목은 투자자에게 좋게 보이고, 더욱 오를 것 같은 느낌이 들어 현재의 주가가 오히려 싸게 보인다. 반면에 주가가 하락할수록 투자자들은 불안해지며, 주가는 더 떨어질 것 같은 느낌이 들기 때문에 현재의 주가가 비싸게 보이는 법이다.

제4절 ■ 효율적 포트폴리오

그러면 수많은 투자방법 중에서 일정한 위험하에서 기대수익률을 극대화시키거나, 일정한 기대수익률하에서 위험수준을 극소화시킬 수 있는 효율적 포트폴리오를 구성할 수 있는 방법은 과연 무엇인가?

4.1 종목 간 상관계수, 투자비율, 그리고 포트폴리오 위험

먼저 포트폴리오가 두 종목으로 구성되어 있는 경우를 고려해보자.

1) 종목 간에 완전 정(+)의 상관관계를 가질 경우(즉, $\rho_{AB}=+1.0$)

두 종목 간의 상관계수가 +1.0일 때, 식 (5)로부터 포트폴리오위험은 다음과 같이 나타난다.

$$\sigma_p = X_A\sigma_A + X_B\sigma_B \tag{6}$$

두 종목의 수익률이 완전 정(+)의 상관관계를 가지고 있으면 포트폴리오위험(표준편차)은 개별종목의 표준편차를 투자비율에 따라 가중평균한 수준이 되어 투자위험이 전혀 감소되지 않는다.

2) 종목 간에 완전 부(−)의 상관관계를 가질 경우(즉, $\rho_{AB}=-1.0$)

두 종목 간의 상관계수가 −1.0일 때에는 포트폴리오위험은 역시 식 (5)로부터 다음과 같이 표현될 수 있다.

$$\sigma_p = |X_A \sigma_A - X_B \sigma_B| \tag{7}$$

완전 부(−)의 관계에 있는 두 종목으로 포트폴리오를 구성했을 때의 위험은 개별증권의 표준편차에 투자비율을 곱한 것들의 차이가 되기 때문에 큰 폭으로 줄어들게 된다. 이 경우 투자자가 마음만 먹으면 포트폴리오위험(표준편차)을 0으로 만들 수도 있어 완전헷지(perfect hedge)의 역할을 해낼 수도 있다.

3) 종목 간에 0의 상관관계를 가질 경우(즉, $\rho_{AB} = 0$)

두 종목이 서로 독립적이어서 상관계수가 0일 때, 포트폴리오위험은 다음과 같이 나타나게 된다.

$$\sigma_p = \sqrt{X_A^2 \sigma_A^2 + X_B^2 \sigma_B^2} \tag{8}$$

여기에서 분명한 것은 포트폴리오를 구성하는 개별자산 간의 상관계수가 완전 정(+)의 관계에 있지 않는 한 분산투자를 통하여 투자위험을 줄일 수 있다. 즉 분산투자의 효과는 상관관계가 낮을수록 크게 나타나는 것이다.

4.2 투자비율과 포트폴리오위험

포트폴리오위험은 상관계수가 낮은 종목들 간의 결합을 통해서도 가능하지만, 투자자금의 비율을 적절하게 변경하더라도 가능해진다. 종목 간의 상관관계가 주어졌을 때 투자비율이 달라짐에 따라 포트폴리오위험이 변하는 현상을 보다 잘 관찰하기 위하여 [표 8-3]에 나타난 바와 같이 세 종목 A, B, 그리고 C에 관한 자료를 사용하여 종목 A와 B, 그리고 종목 A와 C로 구성된 포트폴리오를 살펴보자.

표 8-3 ▌세 종목 A, B, C의 기대수익률과 표준편차

	A	B	C
기대수익률($E(R)$)	10%	5%	5%
표준편차(σ)	14.14%	3.54%	3.54%

그리고 ρ_{AB}=+1.0이고 ρ_{AC}=−1.0이라고 하자. 종목 A와 B로 구성되는 포트폴리오를 먼저 고려해보자. 투자비율을 A에 100%, B에 0%(즉, A에 모두 투자) 투자하는 것으로부터 시작하여 A에 대한 투자비율을 줄여가면서 80:20, 50:50, 20:80, 0:100, −20:120 등으로 점차 조정할 경우 포트폴리오의 기대수익률과 표준편차는 [표 8-4]와 같이 산출된다.

종목 A에 대한 투자비율이 줄어들고, 그 대신 종목 B에 대한 투자비율이 늘어날수록 비례적으로 포트폴리오 기대수익률과 위험이 동시에 감소함을 관찰할 수 있다. 즉 분산투자효과가 전혀 나타나지 않는 것이다. 분산투자효과가 나타나려면 기대수익률이 줄어드는 것 이상으로 위험이 줄든지, 또는 위험이 늘어나는 것 이상으로 기대수익률이 증가하여야 하기 때문이다.

한편, 종목 A와 C로 포트폴리오를 구성하게 되면 상관계수가 −1.0이므로 투자비율을 같은 방법으로 달리 하면 포트폴리오의 기대수익률과 위험은 [표 8-4]의 세 번째 행과 같이 나타난다. 여기서 특기할 점은 A에 20%, C에 80%를 투자하면 얻게 되는 포트폴리오 수익률의 위험은 0이 된다는 사실이다. 그리고 어떠한 상황이 벌어지든 항상 기대수익률은 6%이면서 수익률의 변동성은 없게 되어

표 8-4 ▌투자비율이 여러 가지로 조정될 때 포트폴리오의 기대수익률과 위험

투자비율		$(1=A, 2=B)$ ρ_{AB}=+1.0일 때		$(1=A, 2=C)$ ρ_{AC}=−1.0일 때		$(1=A, 2=G)$ ρ_{XG}=0일 때	
X_1	X_2	$E(R_p)$	σ_p	$E(R_p)$	σ_p	$E(R_p)$	σ_p
100%	0%	10.0%	14.1%	10.0%	14.1%	10.0%	14.1%
80	20	9.0	12.0	9.0	10.6	9.0	11.3
50	50	7.5	8.8	7.5	5.3	7.5	7.3
20	80	6.0	5.7	6.0	0.0	6.0	4.0
0	100	5.0	3.5	5.0	3.5	5.0	3.5
−20	120	4.0	1.4	4.0	7.0	4.0	5.1

분산투자효과가 가장 잘 나타나고 있다. 이처럼 투자비율을 적절하게 조정하여 포트폴리오를 구성하면 불확실성을 줄이거나 제거하는 투자전략이 가능할 수 있다.

끝으로, 종목 A와 상관관계가 0인 종목 G를 결합하여 나타나는 포트폴리오를 살펴보자. 여기서 $E(R_G)=5\%$이고 $\sigma_G=3.5\%$라고 한다. 이 경우에도 투자위험이 상당히 줄어들고 있음을 알 수 있다.

4.3 포트폴리오 결합선과 최소분산포트폴리오

포트폴리오를 구성하는 종목 간의 상관관계가 일정하게 주어졌을 때 투자비율의 조정에 따른 포트폴리오의 기대수익률과 위험(표준편차)의 변화를 그림으로 나타낸 것이 포트폴리오 결합선(combination line)이다. 위의 결과를 토대로 그림을 그리면 [그림 8-5]와 같이 나타난다.

그림 8-5 ▌ 포트폴리오 결합선

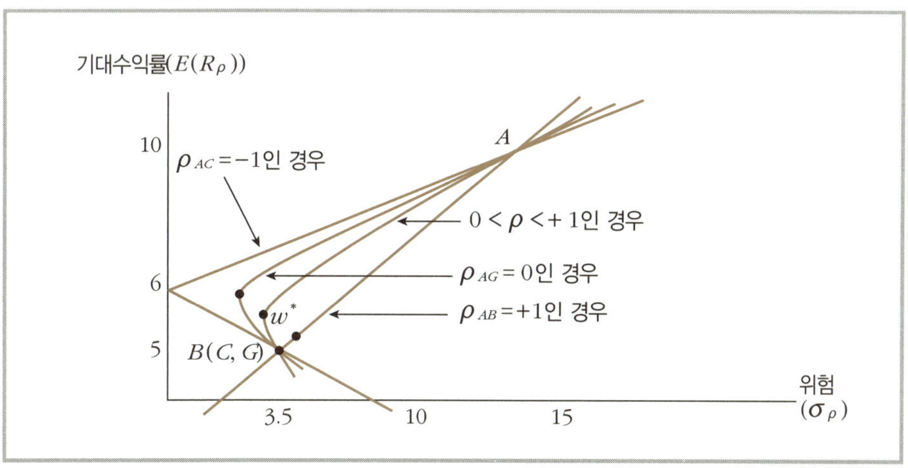

일반적으로, 현실의 자본시장에서 거래되는 종목들 간의 상관관계는 대부분 −1.0과 +1.0 사이, 즉 $-1 < \rho < +1$인데, 이와 같은 경우는 호AB처럼 표시된다.

투자비율이 변화할 때 포트폴리오의 기대수익률과 위험이 이제는 선형적으로 변하지 않고 비선형의 관계에서 변화하는데, w^*되는 점에서 위험이 최소가 된다. 투자비율이 이 w^* 수준을 넘어서면 기대수익률이 감소하더라도 위험은 다시 증가하게 되는 것이다. 이처럼 포트폴리오 결합선에서 위험이 최소가 되는 포트폴리오를 최소분산포트폴리오(Minimum Variance Portfolio : MVP)라고 부른다.

4.4 투자종목수와 위험분산효과

포트폴리오위험은 투자종목수가 많아질수록 어떻게 변하는가? 포트폴리오에 포함되는 개별증권들이 서로 완전 양(+)의 상관관계가 갖지 않는다면, 분산투자는 포트폴리오의 위험수준을 개별종목의 총위험을 가중평균한 수준 이하로 내려가게 할 수 있다. 그러나 일반적으로 증권시장에서 거래되고 있는 종목들의 수익률은 서로 양(+)의 상관관계를 가지고 있으므로, 증권포트폴리오의 위험을 완전히 없애는 것은 사실상 불가능하다. 경제전망이 호전될수록, 대부분의 증권수익률은 상승하게 된다. 반대로 경제전망이 점차 불투명해질수록, 개별증권의 수익률은 하락하게 된다.

이와 같이 개별증권수익률은 대개 같은 방향으로 움직이지만, 다른 한편으로 개별종목들은 모든 증권들에 공통적으로 영향을 미치는 경제적 요인과는 별 상관이 없는 수익률변동을 경험하기도 한다. 이것을 다른 말로 표현하면, 모든 증권에는 두 가지 서로 다른 종류의 투자위험이 존재하고 있다는 뜻이다. 그 중 하나는 체계적 위험 또는 분산불가능위험이고, 다른 하나는 비체계적 위험 또는 분산가능위험이다.

1) 체계적 위험

체계적 위험(systematic risk)이란 시장 전체에 영향을 미치는 요인에 의하여 야기되는 개별증권수익률의 변동성을 말한다. 따라서 이러한 위험은 분산투자에 의해서도 감소되지 않는다. 체계적 위험은 대략 개별종목이 가지고 있는 위험의 25% 내지 50% 정도라고 한다.

모든 종목들의 수익률을 같이 움직이도록 하는 체계적 위험을 일으키는 요인으로는 ① 이자율 변화, ② 구매력 변화, ③ 경제성장에 대한 투자자들의 기대의 변화 등을 들 수 있다. 분산투자를 하더라도 이러한 체계적 위험은 전혀 없앨 수 없기 때문에, 개별증권의 위험프리미엄을 결정하는 주요 요인이 바로 이것이라고 할 수 있다.

2) 비체계적 위험

비체계적 위험(unsystematic risk)은 개별기업에 고유한 위험을 가리킨다. 그것은 ① 경영진의 능력과 의사결정, ② 파업, ③ 원자재의 원활한 조달 여부, ④ 공해방지와 같은 정부의 규제에 의한 영향, ⑤ 외국기업들의 경쟁력, 그리고 ⑥ 기업의 재무 및 영업레버리지 등과 같은 요인에 의해서 일어나는 개별증권수익률의 변동성을 말한다. 비체계적 위험은 해당기업에만 영향을 미치기 때문에, 잘 분산된 포트폴리오는 개별종목들이 가지고 있던 대부분의 비체계적 위험을 가지고 있지 않다([그림 8-6] 참조).

개별종목들이 가지고 있는 비체계적 위험을 효과적으로 없애기 위해서 반드시 엄청난 수의 증권을 포트폴리오에 포함시킬 필요는 없다. 사실, 10종목 내지 15종목들을 무작위로 선택해서 포트폴리오를 구성한다고 하더라도 개별종목들이 가지고 있던 비체계적 위험의 상당부분을 없앨 수 있다.[01] 그러므로 이렇게 분산투자를 해도 여전히 남아 있는 위험의 대부분은 체계적 위험이며, 그것은 아무리 많은 종목을 포함시켜 포트폴리오를 구성하더라도 절대로 없어지지 않는다. 비체계적 위험은 대부분의 개별종목들이 가지고 있는 투자위험의 50% 이상을 점하고 있으므로, 위험을 감소시키려고 분산투자를 하는 것은 매우 가치 있는 일이라고 할 수 있다.

---

01 W. H. Wagner and S. C. Lau, "The Effect of Diversification on Risk," *Financial Analysts Journal* (Nov.-Dec. 1971), pp.48~53 참조.

그림 8-6 ▌ 비체계적 위험과 포트폴리오 분산투자

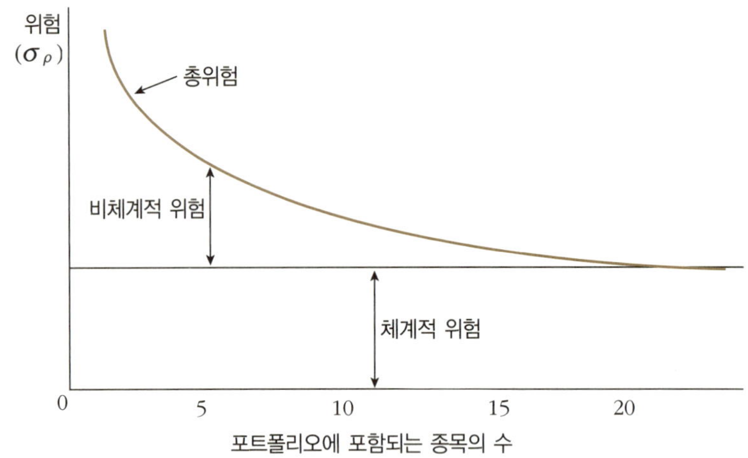

총위험 = 체계적 위험 + 비체계적 위험

개인투자자들이라고 하더라도 단지 몇 종목으로 포트폴리오를 구성하면 상당 부분의 비체계적 위험을 분산시킬 수가 있고, 또한 증권시장을 아주 잘 분산된 포트폴리오를 보유하고 있는 대형 기관투자자들이 거의 지배하고 있기 때문에, 거래가 활발한 종목의 경우 문제되는 투자위험은 체계적 위험이라고 해도 큰 무리는 없을 것이다. 투자위험 중에서 비체계적 위험은 비교적 쉽게 없앨 수 있다.

악화는 양화를 구축한다

"악화는 양화를 구축한다"는 그레샴의 법칙은 화폐경제만이 아니라 주식투자에도 마찬가지로 적용된다. 투자자들은 갖고 있는 종목이 상승하면 매매차익의 실현을 위해 어느 시점에서 주식을 매각한다. 그러나 하락하는 경우 팔기를 주저하게 된다. 또 매각할 때에는 상승한 종목을 우선적으로 팔고 하락하고 있는 종목은 남겨두려고 한다. 이것은 합리적인 전략 같아 보이지만 실제로는 그렇지 않다. 이런 과정을 되풀이 하다보면 점차 좋지 않은 주식이 우량주를 몰아내는 결과를 초래한다. 결국 보유주식의 구성이 불량해지는 결과를 낳을 수도 있다는 뜻이다.

제5절 ■ 자본자산가격결정모형(CAPM)

자본자산가격결정모형(Capital Asset Pricing Model : CAPM)은 자산의 위험에 따라 기대수익률이 어떻게 결정되는지 보여주는 균형이론으로 1960년대 이후 샤프(Sharp), 린트너(Lintner), 모신(Mossin) 등에 의하여 개발되었다. 이와 같은 CAPM은 균형가격의 결정과정을 밝히는 여러 가격결정모형 중 가장 널리 알려진 모형으로서 증권의 가치평가, 투자성과평가, 자본비용추정 등 투자이론과 실무 등 투자론 분야 전반에 가장 큰 공헌을 한 이론이라고 할 수 있다.

5.1 자본시장선

동질적 기대하에서는 각 투자자의 접점포트폴리오가 시장포트폴리오와 일치하게 되므로 투자자는 시장포트폴리오와 무위험자산에 대한 자산배분을 통하여 자본배분선을 만든다. 시장포트폴리오와 무위험자산에 대한 자산배분을 통하여 구성된 자본배분선을 자본시장선(Capitl Market Line : CML)이라 부른다. 시장포트폴리오의 기대수익률을 $E(R_M)$이라 하고 표준편차를 σ_M이라 하면 자본시장선은 다음과 같이 나타낼 수 있다.

$$E(R_p) = R_F + \frac{E(R_M) - R_F}{\sigma_M} \cdot \sigma_p \tag{9}$$

[그림 8-7]에서 볼 수 있는 것처럼 위험자산만의 효율적 포트폴리오 중 하나인 M이라는 포트폴리오와 무위험자산을 결합한 포트폴리오는 R_F와 M을 연결하는 직선으로 나타나게 된다. 이 선을 자본시장선이라고 부르며, 무위험자산과 결합되어 자산시장선을 생성하게 되는 포트폴리오 M을 시장포트폴리오(Market Portfolio)라고 부른다. 따라서 무위험자산과 시장포트폴리오로 구성된 효율적 포트폴리오들은 기대수익률, 표준편차의 평면에서 자본시장선이라고 부르는 직

그림 8-7 ▌ 자본시장선(CML)

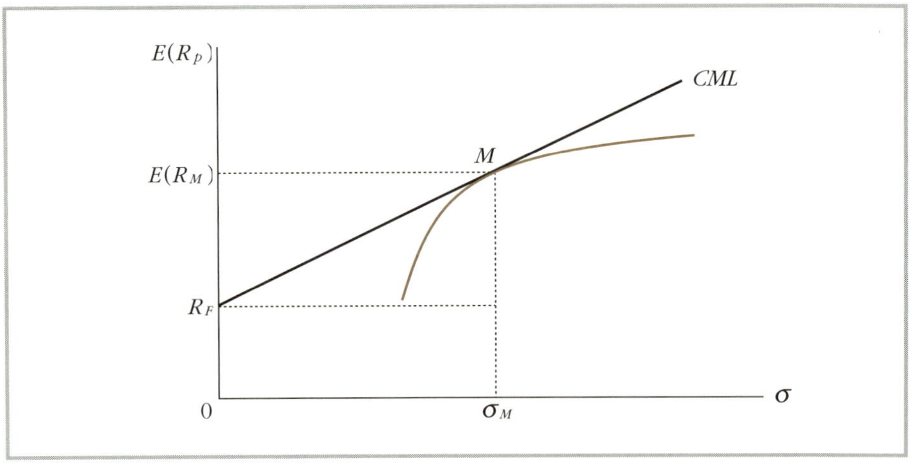

선상에 존재하게 된다.

이와 같이 포트폴리오 M과 무위험자산으로 구성된 포트폴리오의 조합선은 평균 · 분산원칙에 의하여 평가할 때 위험자산만의 효율적 프론티어보다 더 나은 포트폴리오가 된다. 왜냐하면 포트폴리오 M과 무위험자산으로 구성되는 포트폴리오들은 위험자산만의 효율적 포트폴리오들보다 위험이 같은 경우에는 더 높은 기대수익률을 갖고 기대수익률이 같은 경우에는 더 낮은 위험을 갖기 때문이다.

그러나 자본시장선은 그 활용에 있어 다음과 같은 한계를 갖는다. 먼저 자본시장선은 무위험자산과 시장 포트폴리오로 구성된 효율적 포트폴리오의 위험에 따른 기대수익률을 설명하여 주지만, 개별자산 또는 비효율적 포트폴리오의 기대수익률에 대하서는 설명하지 못한다. 왜냐하면 개별자산들은 그 자체로는 자본시장선의 아래에 위치하는 비효율적 자산이기 때문이다.

따라서 이와 같이 효율적 포트폴리오에 대해서만 적용되는 자본시장선으로는 개별자산과 같은 비효율적 자산의 위험과 기대수익률의 관계를 설명할 수 없게 된다. 이것은 개별자산의 기대수익률과 위험 간에 존재하는 관계를 설명하기 위해서는 자본시장선과는 다른 개념이 필요하게 된다는 것을 의미한다. 이와 같이 개별자산들에 적용할 수 있는 개념이 바로 증권시장선이며, 이 증권시장선이 바로 개별자산들의 위험과 기대수익률의 관계를 설명하여 주는 모형이 된다.

5.2 증권시장선

위험한 자산에 대한 요구수익률은 현행 무위험이자율과 위험프리미엄의 합계로 결정되고 있다. 어떤 증권에 대하여 투자자들이 느끼는 위험의 크기가 클수록 투자자들이 요구하는 위험프리미엄은 더 커진다. 다시 말하면, 투자자들은 그들이 감지하는 위험수준에 걸맞는 수익률을 요구하게 된다는 것이다. 이것을 수식으로 나타내면, 종목 j의 요구수익률 $E(R_j)$는 다음과 같이 표현된다.

$$E(R_j) = R_F + E(\theta_j) \tag{10}$$

여기서 R_F는 무위험이자율, 그리고 $E(\theta_j)$는 종목 j에 대하여 투자자들이 요구하는 위험프리미엄을 가리킨다.

증권시장선(Security Market Line : SML)은 주어진 체계적 위험의 크기에 대하여 시장에서 정해진 요구수익률을 보여주고 있으며, [그림 8-8]에 나타나 있다. SML은 수직축을 무위험이자율에서 관통하고 있으며, 이것은 위험프리미엄이 없는 증권의 요구수익률은 무위험이자율과 같아야 한다는 사실을 의미한다. 위험수준이 증가할수록 위험프리미엄도 커지고, 그 결과 요구수익률도 높아져

그림 8-8 ▌ 증권시장선(SML)

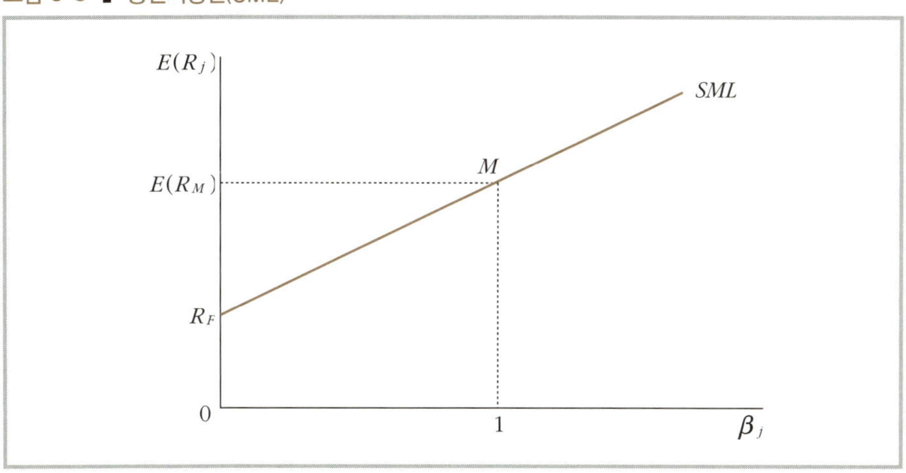

간다.

증권시장선은 다음과 같은 특징을 갖는다.

① 증권의 기대수익률을 결정함에 있어 위험변수로는 오직 베타만이 중요한 역할을 한다.

② 증권의 기대수익률은 베타와 선형관계를 가진다.

③ SML의 기울기인 시장위험프리미엄은 양(+)의 값을 갖는다.

④ SML의 절편은 명목무위험이자율을 나타내므로 이의 크기는 실질무위험이자율과 예상인플레이션에 의해 결정된다.

5.3 인플레이션과 SML

무위험이자율 R_F는 다음의 두 부분으로 구성되어 있다. 첫째, 기대인플레이션의 효과와는 전혀 무관한 실질수익률(real rate of return)이다. 둘째, 기대인플레이션의 효과에 상응하는 프리미엄이다. 실질수익률은 현재의 소비를 포기하고 미래로 미루는 데 대한 보상이다. 인플레이션 프리미엄은 보통 미래의 구매력변화에 대한 투자자들의 기대치와 같다. 예컨대, 미래의 어떤 특정 기간 동안 인플레이션이 2%로 예상된다면, 실질수익률이 5%라고 가정할 때 위험이 없는 국채의 수익률은 대략 다음의 관계식을 충족시켜야 할 것이다.

$$R_F = \text{실질수익률} + \text{인플레이션 프리미엄} = 5\% + 2\% = 7\% \quad (11)$$

만일 기대인플레이션이 2%에서 4%로 상승하게 되면, 무위험이자율은 7%에서 9%로 2%p 상승할 것이다.

위험자산에 대한 투자자들의 요구수익률 $E(R_j)$는 무위험이자율에다 위험프리미엄을 합한 것이므로, 기대인플레이션이 상승하면 모든 유가증권에 대한 요구수익률이 상승하게 된다. 이러한 사실은 [그림 8-8]에 나타나 있다. 그림에서

그림 8-9 ▌ 인플레이션과 증권시장선(SML)

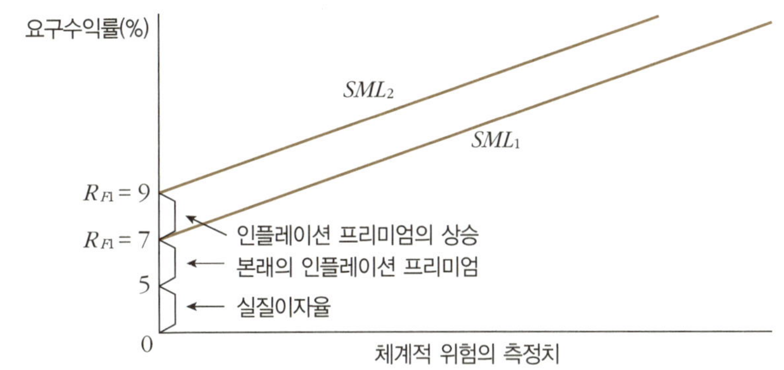

SML_2는 미래의 기대인플레이션이 상승한 데 따른 모든 증권의 요구수익률 수준을 보여주고 있다. 즉 모든 증권에 대한 요구수익률은 정확하게 기대인플레이션의 상승만큼 상승하였다. 어떤 유가증권에 대한 투자자들의 요구수익률이 상승하면, 그들은 그 증권을 현재의 가격으로는 사려고 하지 않는다. 그 결과 그 증권의 가격은 하락하게 되는 것이다.

5.4 베타계수

아직까지는 증권시장선(SML)이 보여주고 있는 위험-수익률의 상반관계를 이야기할 때 적절한 위험의 측정치가 무엇인가를 언급하지 않았다. 앞서 포트폴리오의 구도에서 위험을 논의한 바에 따르면, 체계적 위험의 측정치가 적절한 출발점이 될 것이다.

유가증권의 체계적 위험은 해당증권수익률의 표준편차, 시장포트폴리오 수익률의 표준편차, 그리고 해당증권과 증권시장에 있는 다른 증권들의 수익률의 상관계수에 의하여 결정된다. 그런데 시장포트폴리오로는 한국종합주가지수(KOSPI)와 같이 상장된 모든 종목들을 포함시키는 시장지수(market index)를 사용하고 있다.

증권 j의 체계적 위험 측정치의 하나가 바로 베타계수이다. 베타계수(beta coefficient)는 시장포트폴리오 M의 수익률에 대한 해당증권 수익률의 변동성을 측정한다. 그것은 해당증권 j와 시장포트폴리오 수익률 간의 공분산(covariance)을 시장포트폴리오 수익률의 분산으로 나눈 값과 같다.

$$\text{종목 } j\text{의 베타계수} = \beta_j = \frac{\text{공분산}_{j,M}}{\text{분산}_M} \qquad (12)$$
$$= \frac{\rho_{jm}\sigma_j\sigma_M}{\sigma_M^2}$$

여기서 β_j는 증권 j의 체계적 위험의 측정치이며, σ_j는 증권 j의 수익률의 표준편차, σ_M은 시장포트폴리오 수익률의 표준편차, σ_M^2는 시장포트폴리오 수익률의 분산, 그리고 ρ_{jM}은 증권 j와 시장포트폴리오 M의 수익률 간의 상관계수를 가리킨다.

실제에 있어서, 베타계수는 정기적(보통 연별, 분기별, 월별, 또는 일별)인 주가지수수익률 자료와 해당종목수익률 자료를 사용하여 다음과 같이 회귀분석을 실시함으로써 추정된다.

$$R_j = \alpha_j + \beta_j R_M + e_j \qquad (13)$$

여기서 R_j는 종목 j의 정기적 수익률, α_j는 회귀분석에 의해서 정해지는 상수항, β_j는 종목 j의 추정된 역사적 베타계수(historical beta coefficient), R_M은 정기적 시장지수수익률, 그리고 e_j는 무작위 오차항이다.

이 방정식은 종목 j의 특성선(characteristic line)이라고 불린다. 어떤 종목의 베타계수가 1.0 미만일 때에는, 그 종목의 수익률은 시장지수수익률보다 변동성이 작다는 것을 의미한다. 베타계수가 1.0일 경우 체계적 위험에 관한 한 해당종목은 시장지수와 동일한 위험특성을 가지고 있다고 말한다. 즉, 시장지수가 1% 상승(하락)하면 해당종목의 체계적 수익률(systematic returns)도 1%만큼 상승(하락)하게 된다는 뜻이다.[02] 만일 어느 종목의 베타계수가 1.5라면, 그것은 시장지수가 1%만큼 상승(하락)할 경우 해당종목의 체계적 수익률은 그것의 1.5배인 1.5%만큼 상승(하락)하게 된다는 것을 나타내고 있다. [표 8-5]에서는 베타계수의 이러한 특성을 요약하여 보여주고 있다.

표 8-5 ❙ 베타계수의 특성

베타계수	수익률의 변동방향	설명
2.0	시장지수와 같은 방향	시장지수보다 2배 높은 위험수준
1.0	시장지수와 같은 방향	시장지수와 같은 위험수준
0.5	시장지수와 같은 방향	시장지수의 $\frac{1}{2}$ 정도되는 위험수준
0.0	시장지수의 움직임과는 무관	시장지수와는 관계없는 위험수준
−0.5	시장지수와는 반대방향	위험수준은 시장지수의 $\frac{1}{2}$ 정도이나, 반대방향으로 반응하게 된다.

시장포트폴리오의 베타계수는 1.0인데, 이것은 식 (11)을 살펴보면 확실하게 알 수 있다. 어떤 시장지수와 그 자신 간의 상관계수는 1.0이므로, 시장포트폴리오의 베타계수는 1.0일 수밖에 없다.

끝으로, n개의 종목으로 구성된 포트폴리오의 베타계수는 단순히 개별종목의 베타계수를 가중평균한 값과 같다.

$$\beta_p = \sum_{j=1}^{n} W_j \cdot \beta_j \tag{14}$$

이 개념은 새로운 투자안이나 합병이 해당기업의 체계적 위험에 미치는 영향을 분석할 때 특히 유용하다.

5.5 SML과 베타계수

지금까지 논의된 내용을 바탕으로 하여, 개별종목들에 적용할 수 있는 위험프

02 물론 개별종목의 수익률에는 어느 시점에서나 비체계적인 부분도 포함되고 있다. 여기서 우리는 포트폴리오의 구성을 통한 분산투자를 함으로써 그러한 부분은 없앤다고 가정하고 있다.

리미엄 $E(\theta_j)$를 산출할 수 있다. 종목 j의 위험프리미엄은 다음과 같이 투자자들의 요구수익률 $E(R_j)$와 무위험이자율 R_F의 차이와 같다.

$$E(\theta_j) = E(R_j) - R_F \tag{15}$$

예를 들어, 시장포트폴리오의 기대수익률 $\overline{R}_M$이 10%이고 무위험이자율 R_F가 5%라면, 시장포트폴리오의 위험프리미엄은 다음과 같이 계산된다.

$$\begin{aligned} E(\theta_M) &= E(R_M) - R_F \\ &= 10\% - 5\% = 5\% \end{aligned}$$

위험이 시장평균(베타계수가 1.0)과 같은 종목들의 위험프리미엄은 시장포트폴리오의 위험프리미엄과 같아진다. 그러나 베타계수가 2.0인 종목들은 시장평균보다 2배 가량 위험수준이 높으므로 위험프리미엄도 다음과 같이 시장포트폴리오의 위험프리미엄의 2배가 된다.

$$\begin{aligned} E(\theta_j) &= \beta_j[E(R_M) - R_F] \\ &= 2.0(10\% - 5\%) = 10\% \end{aligned}$$

어떠한 종목의 경우라도 요구수익률은 다음과 같이 체계적 위험(베타계수), 기대시장수익률 $E(R_M)$, 그리고 무위험이자율 R_F로 정의될 수 있다.

$$E(R_j) = R_F - E(\theta_j)$$

또는

$$E(R_j) = R_F + \beta_j[E(R_M) - R_F] \tag{16}$$

예컨대, 무위험이자율이 7%이고 시장평균 기대수익률이 12%일 때 베타계수가 1.3인 어떤 종목에 대한 요구수익률은 다음과 같이 계산된다.

$$E(R_j) = 7\% + 1.3(12\% - 7\%) = 7\% + 6.5\% = 13.5\%$$

식 (16)은 증권시장선(SML)을 개별종목의 체계적 위험으로 나타내고 있으며, 이것을 자본자산가격결정모형(Capital Asset Pricing Model : CAPM)이라고 부른다. [그림 8-10]에서는 식 (16)을 설명하고 있다. 무위험이자율이 7%이고 시장포트폴리오의 기대수익률이 12%일 때, 베타계수가 0.5인 종목의 요구수익률은 9.5%가 된다. 그러나 베타계수가 2.0일 경우 요구수익률은 17%로 높아진다. 물론 시장포트폴리오와 같은 수준의 위험을 가진 종목들에 대한 요구수익률은 12%일 것이다.

그림 8-10 ▌ 베타계수로 나타낸 증권시장선(SML)

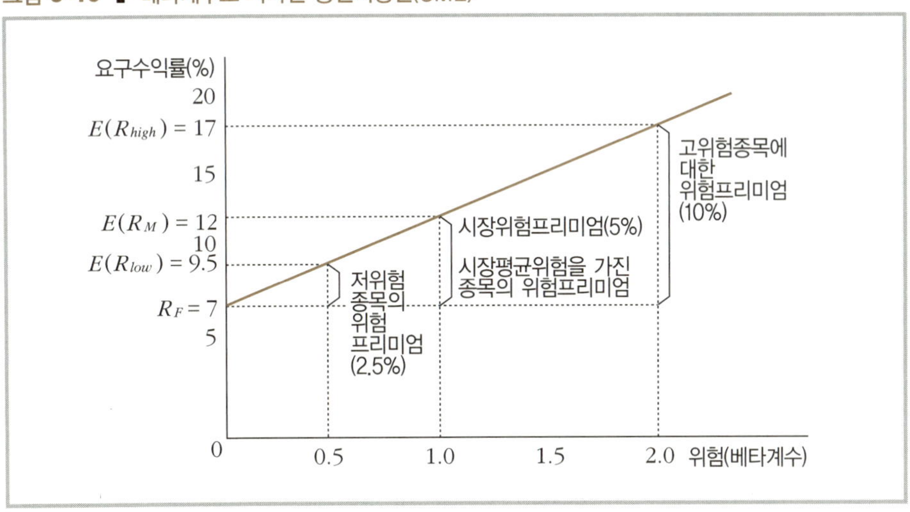

여기서 *SML*의 기울기는 일정한 것으로 되어 있다. 베타계수가 0과 1.0 사이에서 *SML*의 기울기를 측정하면 $[E(R_M) - R_F]/(1-0)$, 또는 $E(R_M) - R_F$가 된다. 이 기울기는 시장평균위험을 가진 종목들에 대한 위험프리미엄이 된다.

만일 장래에 대한 경제전망이 불투명하여 불확실성이 커지거나 또는 투자자들이 더 위험기피적이 되어 동일한 수준의 위험에 대하여 전보다 더 높은 수익률을 요구하게 되면, 시장평균위험프리미엄은 상승할 것이고 그 결과 *SML*의 기울기는 증가할 것이다. 이것은 베타계수가 평균보다 높은($\beta > 1.0$) 종목들에 대한 위험프리미엄을 베타계수가 평균보다 낮은($\beta < 1.0$) 종목들에 대한 위험프리미엄보다 더 상승시킬 것이다. 예컨대, 시장위험프리미엄이 5%에서 6%로 상승할 경우, 베타계수가 0.5인 종목에 대한 위험프리미엄은 단지 0.5%(=0.5×(6.0%−5.0%))만 상승시키는 데 그친다. 그러나 베타계수가 2.0인 종목은 위험프리미엄이 무려 2%(=2.0×1.0%)나 상승하게 될 것이다.

5.6 자본자산가격결정모형(CAPM)의 도출(수식)

개별자산의 기대수익률과 베타의 관계를 설명하기 위해 우선 다음과 같이 위험보상비율(Reward-to-Risk Ratio)을 정의하여 보면 아래의 식과 같다. 즉, 위험보상비율이란 어떤 위험자산의 위험프리미엄을 해당 위험자산의 베타로 나눈 값을 의미한다.

$$\text{위험자산 } j\text{의 위험보상비율} = \frac{E(R_i) - R_F}{\beta_j} \tag{17}$$

즉, 위험보상비율은 체계적 위험인 베타 1단위에 대한 위험프리미엄을 의미한다. 그런데 자본시장이 균형상태인 경우 그 자본시장에 존재하는 모든 위험자산들은 서로 동일한 위험보상비율을 가져야 한다는 것이다. 예를 들어 서로 다른 두 위험자산 A, B 간에 반드시 다음 관계가 성립하여야 한다는 것이다.

$$\frac{E(R_A) - R_F}{\beta_A} = \frac{E(R_B) - R_F}{\beta_B} \tag{18}$$

물론 위의 위험자산 A 또는 B는 모든 개별주식과 포트폴리오를 포함하는 개념이다. 위험자산들 간에 위험보상비율이 서로 같아야만 하는 이유는 다음과 같이 설명될 수 있다. 위험자산 A와 무위험자산으로 포트폴리오를 구성하면, 그 포트폴리오의 베타와 기대수익률 간에는 다음과 같은 직선관계가 성립한다.

$$E(R_p) = R_F + \frac{E(R_A) - R_F}{\beta_A} \cdot \beta_p \tag{19}$$

즉, 위의 조합선(combination line)은 $[E(R_p), \beta_p]$의 좌표평면상에서 무위험자산과 위험자산 A를 연결하는 직선이 되고, 따라서 조합선의 기울기는 바로 위험자산 A의 위험보상비율 $\frac{E(R_A) - R_F}{\beta_A}$이 된다. 이 조합선의 방정식은 위험자산 A와 무위험자산으로 이루어진 포트폴리오의 수익률과 베타는 각각 다음 식으로 표현된다.

$$R_p = x_A R_A + (1 - x_A) R_F \tag{20}$$

$$E(R_p) = x_A E(R_A) + (1 - x_A) R_F = R_F + x_A [E(R_A) - R_F] \tag{21}$$

$$\beta_p = x_A \beta_A + (1 - x_A) \times 0 = x_A \beta_A \tag{22}$$

위의 포트폴리오베타의 식에서 $x_A = \frac{\beta_p}{\beta_A}$인데 이 x_A를 $E(R_p)$의 식 우변에 대입하면 조합선 방정식이 유도된다. 즉, $E(R_p) = R_F = x_A[E(R_A) - R_F] = R_F + \frac{\beta_p}{\beta_A} \cdot [E(R_A) - R_F]$로 정리할 수 있다.

한편 같은 방법으로 또 다른 위험자산 B와 무위험자산으로 포트폴리오를 구성하면, 역시 다음과 같은 조합선을 유도할 수 있다.

$$E(R_P) = R_F + \frac{E(R_B) - R_F}{\beta_B} \cdot \beta_P \tag{23}$$

그런데 만약 위험자산 A와 위험자산 B의 위험보상비율이 서로 다르다고 가정해보자. 이런 경우 두 조합선은 그 기울기가 다르므로 두 개의 상이한 직선으로 각각 그려진다.

만약, $\frac{E(R_A)-R_F}{\beta_A} > \frac{E(R_B)-R_F}{\beta_B}$이면 위험자산 A는 항상 위험자산 B보다 우월한 투자수단이 된다. 왜냐하면, 모든 베타위험(체계적 위험)의 수준에서 위험자산 A는 B보다 항상 높은 수익률을 제공하기 때문이다. 따라서 만약 위험자산 A의 위험보상비율이 위험자산 B의 위험보상비율보다 크면, A의 수요는 증가하면서 가격이 상승하게 되고, 따라서 그 수익률은 하락하게 된다. 또한 이때 B는 상대적으로 그 수익률이 A보다 작으므로 가격이 하락하면서 그 수익률은 상승하게 된다. 이런 과정은 두 위험자산 A, B의 위험보상비율이 같아질 때까지 계속된다. 결국 자본시장이 균형상태에 도달하면 모든 위험자산들의 위험보상비율은 서로 같아지게 된다. 즉, 균형자본시장에서 위험자산들은 모두 동일한 조합선 위에 놓이게 된다.

그렇다면 이제 균형시장에서 임의의 위험자산 j와 시장포트폴리오의 위험보상비율을 비교함으로써 증권시장선을 다음과 같이 간단히 유도할 수 있다.

$$\frac{E(R_j)-R_F}{\beta_j} = \frac{E(R_M)-R_F}{1} \rightarrow E(R_j) = R_F + \beta_j[E(R_M)-R_F] \qquad (24)$$

식 (24)는 시장포트폴리오의 베타(β_M)가 '1' 이므로 성립된다.

개별자산의 기대수익률과 베타로 측정되는 위험 간의 관계를 위와 같이 설명하는 모형을 증권시장선 또는 자본자산가격결정모형(Capital Asset Pricing Model : CAPM)이라고 부른다. 증권시장선에 의하며 개별자산의 기대수익률은 무위험수익률에 위험 프리미엄을 더해준 값이라야 하며, 이때 위험은 베타로 측정된다는 것이다.

$$E(R_j) = R_F + [E(R_M)-R_F]\beta_j \qquad (25)$$

$E(R_j)$: 자산 j의 기대수익률
R_F : 무위험수익률
$E(R_M)$: 시장포트폴리오의 기대수익률
β_j : 자산 j의 베타

결함이 있는 주식일수록 크게 오른다

기업내용이 극히 부실한 소위 '넝마주'는 평소에는 주가가 최저가에 고착되어 투자자들의 관심밖에 있다. 그러나 주식시장이 크게 활황을 보여 우량주나 보통주들이 지나치게 오르고 나면 이들 넝마주들이 비로소 움직이기 시작하는데, 일단 오르기 시작하면 무서운 속도로 오르는 것이 보통이며 떨어질 때도 급속도로 떨어진다.

제6절 ■ CAPM의 가정과 한계점

지금까지 논의된 포트폴리오위험과 자본자산가격결정모형(CAPM)은 위험의 특성과 유가증권 및 실물자산에 대한 요구수익률과의 관계를 잘 설명해주고 있다. 그러나 특히 CAPM은 증권시장과 투자자들의 태도에 대하여 여러 가지 가정을 하고 그 토대 위에서 도출되었다. 그러한 가정들을 살펴보면 다음과 같다.

① 증권은 경쟁적 시장에서 매우 활발하게 거래되고 있으며, 기업의 미래 전망을 포함한 각종 정보는 언제나 자유로이 무료로 얻을 수 있다.

② 투자자들은 무위험이자율로 얼마든지 빌리거나 빌려줄 수 있으며, 그 이자율은 시간이 흘러도 변하지 않는다.

③ 증권거래에는 수수료가 없다.

④ 세금이 없다.

⑤ 모든 투자자들은 위험수준이 같다면 수익률이 높은 증권을 선호하거나, 수익률이 같다면 위험수준이 낮은 종목을 선호한다.

⑥ 모든 투자자들은 기대수익률, 분산 그리고 모든 종목 간의 상관계수 등에 관하여 동일한 기대치를 가지고 있다.

위와 같은 가정들을 살펴볼 때 너무 비현실적이고 또한 지나치게 제약적이라고 할 수 있다. 그러나 사실 위의 가정들을 완화시켜 보더라도 결과는 크게 변하지 않고 근본적인 이론의 내용과 다를 것이 없다. 더욱이 증권시장에서 관찰된 여러 자료들을 통계적으로 검토해 보더라도 여기에서 제시된 모형이 의미하는 내용을 대부분 지지하고 있는 것이다. 매우 제약적인 가정들이 사용되었지만 이 기본모형은 증권시장에서 투자자들이 요구하는 위험-수익률 상반관계를 고려해야 하는 경우에는 실무적으로나 이론적으로나 많이 이용되고 있다.

그러나 이러한 모형을 사용하는 사람들은 그 모형이 실무적인 응용에서 몇 가지 큰 문제점들을 내포하고 있다는 사실을 깊이 인식하여야 할 것이다. 그러한 문제점들을 열거하면 다음과 같다.

① 시장포트폴리오에 대한 미래의 기대수익률을 추정하는 문제

② 가장 적절한 무위험이자율이 어떤 것인가를 결정하는 문제

③ 이론이 의미하는 바와는 다르게 실제에 있어서 투자자들은 비체계적 위험을 완전히 무시하고 있지 않다는 실증분석결과를 어떻게 조화시키는가의 문제

이러한 내용은 Black, Jesen, Scholes(1972), Fama와 McBeth(1973), Roll(1977)의 자본자산가격결정모형(CAPM)에 대한 실증적 연구결과들로 인하여 제기되었다.

특히 Roll은 1977년에 CAPM의 실증적 검증이 사실상 불가능하다는 것을 주장하고, 그동안 이루어졌던 실증적 검증 역시 CAPM을 적절하게 검증한 것으로 볼 수 없다고 주장하였다. 오늘날 '롤의 비판'으로 알려져 있는 그의 논문은 CAPM의 실증적 검증을 위하여 많은 노력이 이루어지고 있던 당시의 학계에 커다란 충격을 주었다. 롤의 비판은 매우 정교한 수학적 증명으로 뒷받침되어 있으나, 이를 이해하기 쉽게 핵심내용만을 간략하게 정리하면 다음과 같다.

① CAPM에서 검증가능한 유일한 가설은 시장포트폴리오가 효율적 포트폴리오라는 가설뿐이다.

② 사후적으로 과거의 수익률 자료를 이용하여 무한한 수의 효율적 포트폴리오를 만들 수 있다.

③ 시장포트폴리오의 정확한 구성을 알고 있지 않는 한, CAPM은 검증 불가능하다.

제7절 ■ 차익거래 가격결정이론(APT)

CAPM은 모형이 단순하고 적용이 용이하기 때문에 기업의 재무관리와 투자분석에서 널리 이용되고 있다. 그러나 지금까지의 주요한 실증적 검증결과들에 의하면, CAPM은 현실의 자산가격의 움직임을 충분히 설명해 주지 못하는 것으로 보인다. 이러한 관점에서 Ross는 1976년 CAPM에 비해 보다 일반적인 시장균등모형으로 차익거래가격결정이론(Arbitrage Pricing Theory : APT)을 제시하였다.

APT는 CAPM과는 달리 자본시장에서 거래되는 자산의 수익률이 여러 요인에 의해 설명될 수 있다고 가정한다. 또 시장에서 거래되는 자산들이 과소 혹은 과대평가되어 있으면 투자자는 누구나 이러한 자산들을 사고 파는 거래를 통해 이익을 얻을 수 있다고 가정한다. 이러한 거래를 차익거래(arbitrage)라 하고 차익거래를 통해 얻은 이익을 차익(arbitrage profit)이라 한다. 차익이 없어질 때까지 차익거래는 계속될 것이므로 자산의 균형가격은 차익거래기회가 사라지는 점에서 결정될 것이다.

Ross가 개발한 APT는 다요인모형(multi-factor model)과 무차익거래(no arbitrage principle)에 그 논리적 기반을 두고 있다.

7.1 다요인모형

요인모형(factor model)이란 자산의 수익률 변동을 어떤 공통요인의 변동에 의하여 설명하고자 하는 수익생성모형이다. 예를 들어 자본시장에서 자산의 수익률은 시장이자율, GDP성장률, 인플레이션, 석유가격, 통화량, 정치정세의 변화 등 많은 거시적 요인들에 영향을 받아서 변동한다. 이와 같이 자산의 수익률이 몇 가지 중요한 거시적 요인의 변동에 영향을 받아서 변동한다고 보는 수익생성모형을 요인모형이라고 한다.

요인모형의 가장 단순한 경우는 단일요인모형(single factor model)이다. 예를 들어, 주식시장에서 대부분의 주식수익률이 거시경제변수인 GDP성장률의 영향을 받아 변동한다고 하자. 일반적으로 높은 GDP성장률은 투자기회와 소비수준의 증가를 의미하는 것으로 해석된다. 만일 어떤 주식 j의 수익률이 이 GDP성장률과 다음의 관계를 갖고 결정되는 것으로 알려져 있다고 가정하자.

$$R_j = \alpha_j + \beta_{jG} G + \varepsilon_j \tag{26}$$

R_j : 주식 j의 수익률
G : GDP성장률
β_{jG} : GDP성장률에 대한 주식 j의 민감도
ε_j : 오차항

식 (26)은 주식 j의 수익률이 GDP성장률의 변동에 대해 β_{jG}만큼의 민감도를 갖고변동할 것이며, 또 GDP성장률의 변동과 무관하게 발생한 고유요인(ε_j)의 영향도 함께 받게 될 것이라는 것을 나타내고 있다. 투자자들이 예상하는 GDP성장률의 기대치를 $E(G)$로 나타낸다면, 주식 j의 기대수익률은 다음과 같이 예상될 것이다.

$$E(R_j) = \alpha_j + \beta_{jG} E(G) \tag{27}$$

그러나 현실적으로 자산의 수익률은 한 가지 요인이 아니라 여러 가지 거시적 요인의 영향을 받아 변동한다. 예를 들어, 자본시장에서 자산의 수익률이 주로 GDP성장률과 이자율의 영향을 받아 변동한다고 하자. 그 경우 자산 j의 수익률

은 GDP성장률의 예상 밖의 변동을 나타내는 F_G와 이자율의 예상 밖의 변동을 나타내는 F_I라는 두 개의 공통요인의 영향을 받아 변동하게 되므로, 다음 식과 같이 두 개의 공통요인을 갖는 2요인 모형으로 나타낼 수 있다.

$$R_j = E(R_j) + \beta_{jG} F_G + \beta_{jI} F_I + \varepsilon_j \tag{28}$$

일반적으로 공통요인이 3개 이상일 때, 어떤 특정한 공통요인은 그것과 관련된 거시적 요인의 예상 밖의 충격만을 나타내기 때문에 다른 특정한 공통요인과 0의 상관관계를 가져야 한다. 또 고유요인은 공통요인과 무관하게 발생하는 충격이므로 공통요인과 고유요인 사이의 상관계수도 0이다. 일반적으로 자산의 수익률 변동을 가져오는 요인이 두 가지가 아니라 K개라면, 자산의 수익률은 다음과 같은 다요인모형으로 나타낼 수 있다.

$$R_j = E(R_j) + \beta_{j1} F_1 + \cdots + \beta_{jK} F_K + \cdots + \beta_{jK} F_K + \varepsilon_j \tag{29}$$

7.2 무차익거래

투자자가 증권거래에서 더 많은 수익을 얻으려면 투자금액을 증가시키거나 더 큰 위험을 부담하여야 한다. 하지만 자산의 가격이 적절하게 평가되지 않은 상태에서는 투자금액과 위험의 부담없이 양(+)의 이익을 얻을 수 있는 차익거래 기회(arbitrage opportunity)가 존재한다. 시장에서 차익거래의 기회가 존재하는 경우 모든 투자자는 차익거래를 통해 차익을 획득하려 할 것이므로 궁극적으로는 시장에서 차익거래의 기회가 사라지게 될 것이다. 차익거래가격결정이론은 시장에서 거래되는 자산들의 가격은 차익거래기회가 사라지는 점에서 결정된다는 무차익원리(no arbitrage principle)에 근거하고 있다. 무차익원리는 일물일가의 법칙(law of one price)이라고도 한다.

7.3 차익거래가격결정이론(APT)

차익거래가격결정이론(APT)은 자본시장에서 자산의 균형가격이 어떻게 결정되는가를 설명하기 위하여 로스(Ross)에 의하여 제시된 이론이다. 이 APT는 앞에서 설명한 CAPM을 대체하는 자산가격이론이다. CAPM은 투자자들이 평균·분산기준에 따라 효율적 분산투자를 행한다는 매우 엄격한 가정을 전제로 하여, 그들이 택하는 최적위험포트폴리오가 시장포트폴리오와 같을 것이라는 사실에 기초하고 있다.

그러나 APT는 CAPM에서와 같은 엄격한 가정을 필요로 하지 않고 다음과 같은 가정에 기초하고 있어 매우 현실성 높다고 할 수 있다.

① 투자자들은 더 작은 부(富)보다는 더 큰 부를 선호하고 위험회피적이다.

② 자산의 수익률은 요인모형에 따른다.

앞에서 설명한 바와 같이 APT와 CAPM은 상호 배타적인 시장균형모형이 아니다. CAPM은 설명요인이 하나인 시장균형모형이고 APT는 다수 요인으로 표시된 보다 일반화된 균형모형이다. 즉, CAPM은 공통요인이 시장포트폴리오의 수익률 하나뿐인 APT의 특수한 형태라고 할 수 있다.

APT는 CAPM에 비해 여러 가지 유용성을 가지고 있다. 대표적인 몇 가지를 정리하면 다음과 같다.

① CAPM에 비해 보다 일반적인 시장균형모형이라고 할 수 있다.

② CAPM에서와 같은 시장포트폴리오의 특별한 역할이 필요하지 않다.

③ 무위험자산에 대한 가정이 필요없다.

④ APT는 여러 개의 공통요인을 고려하므로 시장포트폴리오뿐만 아니라 CAPM이 수용할 수 없는 여러 요인들을 수용할 수 있다.

다만, APT는 실제 적용과정에서 다음과 같은 문제점을 갖는다.

APT를 이용하기 위해서는 공통요인들이 무엇인가를 알 필요가 있다. CAPM의 경우 시장포트폴리오라는 하나의 공통요인을 가정함으로써 체계적 위험에 대한 명확한 해석이 가능하나 APT의 경우 공통요인이 무엇인가에 대한 명확한 설명이 없다. 많은 경우에 공통요인들은 요인분석(factor analysis)이라는 통계적 기법을 이용하여 파악된다. 그러나 요인분석에 의해 도출된 공통요인들의 경제적 내용을 그대로 받아들이기엔 많은 문제점이 있다. 동일한 자료를 이용한 분석에서도 적용자에 따라 요인의 순위가 바뀔 수 있으며, 증권의 수에 따라서도 요인의 수가 달라질 수 있다.

낯선 얼굴이 등장하면 팔아라

이 격언은 투자자들이 파는 시기를 결정하는 데 도움이 된다. 여기서 '낯선 얼굴'이란 처음으로 증권투자를 시작하는 경험없는 초보투자자들을 가리키는 말인데, 그들은 흔히 '증권투자를 하면 재미본다'는 소문을 들었거나 신문보도 등 일반보도기관이나 잡지 등에서 이미 증권투자의 좋은 분위기가 누누이 보도된 뒤에 비로소 증권투자를 해보겠다고 결심하고 증권회사를 찾아온 사람들이다. 이런 초보투자자들은 대부분 증권에 관한 경험이나 지식이 전혀 없으므로 자신이 판단하지 못한다. 그러다 보니 그 당시 증권시장의 분위기에 좌우되어 이 사람 저 사람의 이야기를 듣고 우왕좌왕하면서 흔들리는 투자를 하기 일쑤이고, 뇌동매매로 전락하는 경우가 흔하다. 그러므로 평소에 증권회사에 자주 드나들지 않는 얼굴들이 상당히 많이 보이기 시작하면 증권투자의 경험이 있고 지식이 있는 기왕의 투자자는 그때를 이용하여 팔고 나가야 한다는 것이다.

제7절 ■ 자산배분

투자자들은 여러 가지 다른 유형의 자산들이 포트폴리오에서 차지하게 되는 상대적 비중을 결정하여야 한다. 특정한 자산을 각각 얼마만큼씩 취득할 것인가를 결정하는 일은 처음 어떠한 자산을 취득하여야 하는가를 결정하는 일과 마찬가지로 매우 중요한 일이 된다. 따라서 신용등급이 매우 높은 우량채권이 자신의 투자목표에 적합한 자산이라고 결정한 연후에 투자자는 다음 단계로서 자신의 투자포트폴리오에서 그러한 우량채권이 차지하는 비중이 얼마가 되어야 하는가를 결정하여야 하는 것이다.

적합한 자산배분은 인생에 있어서 각 투자자들이 처해 있는 상황 및 단계에 따라 당연히 달라진다. 즉, 어린아이들이 있는 젊은 부부들의 경우 독신자와 동일한 자산구성을 원치는 않을 것이다. 또한 이들은 각기 은퇴한 노부부와는 사뭇 다른 자산구성(asset mix)을 선택하게 될 것이다. 그것은 이들 세 가족들이 서로 매우 다른 욕구를 가지고 있으며, 그에 따라 판이하게 다른 투자목표를 가지고 있기 때문이다. 서로 다른 투자자산들을 보유함으로써 판이하게 다른 불확실성에 노출되고 있다는 것은 곧 각 가족단위가 서로 다른 투자목표를 가지고 있다는 것을 반영하고 있는 것이다.

자산배분(asset allocation)은 설정된 투자목표를 달성하는 데 적합한 투자자산 선정작업의 거시적 관점이라고 할 수 있는데, 그것은 이미 취득된 여러 자산들의 구성비중을 표현하는 것이기 때문이다. 이러한 총체적 시각을 가지면 투자자는 자신의 투자포트폴리오를 여러 가지의 작은 투자목표들을 달성하기 위한 작은 포트폴리오들의 집합으로서가 아니고 하나의 큰 단위로서 관찰할 수 있게 된다. 하나의 단위로서 모든 자산들이 합해지고 인식되어야만 자신이 보유하고 있는 투자포트폴리오에 내재되어 있는 각 투자위험을 비로소 효과적으로 통제할 수 있게 된다.

개인의 포트폴리오는 그 사람이 중년에 접어들어 가면서 점점 더 공격적(즉, 직면하고 있는 대부분의 불확실성으로 볼 때 더 큰 위험을 부담하는)으로 바뀌게 된다. 부분적으로, 이러한 투자행태의 변화는 비상금과 같은 유동성 욕구는 이미 수용되었기 때문에 추가적인 자금은 자본소득의 가능성이 큰 자산에 투자할 수 있다는 사실을 나타낸다고 할 수 있다. 따라서 이제 막 40대 후반에 접어드는 독신자나 부부는 이제 곧 책임은 한정되고 소득창출능력은 극대화되는 시기를 맞게 된다.

재무적 의무의 감소는 자식들이 이미 독립했거나 또는 머지않아 독립할 터이고, 살고 있는 주택자금대출의 잔고는 얼마 남지 않았을 것이라는 가능성으로부터 비롯하고 있다. 결과적으로, 한 가족의 두 가지 큰 재무적 부담은 이미 덜어졌기에 상당한 금액의 세후소득이 이제는 다른 목표의 달성을 위해서 쓰일 수 있게 되었다. 이들 가족들과 관련한 여러 가지 세부사항들은 본 장의 후반에서 자세히 다루고자 한다.

생선의 꼬리와 머리는 고양이에게 주라

주식을 천장에서 팔고 바닥에서 살 생각을 버려야 한다. 무릎에서 사고 어깨에서 팔아야 한다. 바닥에서는 사기 어렵고 천장에서는 팔기 어렵기 때문이다. 이 말은 극히 당연한 것이지만 투자자들 대부분은 이 당연한 일을 하지 않기 때문에 낭패를 보게 된다. 주식은 바닥에서 사서 천장에서 팔아야 하는 것인데, 어째서 투자자들은 그 반대로 행하는 것일까? 그 이유는 천장이란 가장 사기 쉬운 때이고, 바닥이란 가장 팔기 쉬운 때이기 때문이다.

제8절 ■ 포트폴리오 자산들의 정기적 재구성의 필요성

투자자는 자신의 포트폴리오에 포함된 여러 종류의 자산들을 끊임없이 관찰하여 개별자산의 가치 변화가 포트폴리오의 불균형을 초래하지 않도록 하는 것이 매우 중요하다. 예를 들어, 만일 보통주와 같은 특정한 자산의 가치가 엄청나게 증가한다면, 이 유가증권은 이제 포트폴리오의 총가치에서 너무 큰 비중을 차지하게 될 것이다. 그래서 투자자금의 30%를 보통주에, 40%를 장기 고정소득증권에, 20%를 유형자산에, 그리고 나머지 10%를 화폐시장자산에 투자하여 자산구성을 했던 투자자는 이제 포트폴리오에서 차지하는 보통주의 비중이 의도했던 것보다 훨씬 더 커지게 된 것을 알아차리게 된다. 포트폴리오를 구성하는 자산들의 투자비율을 본래의 그것으로 돌리려면 투자자는 보통주를 일부 처분하여 그 대금을 다른 자산에 투자하는 방법으로 자산구성을 재조정해야 할 것이다.

한 자산그룹의 시장가치가 다른 자산그룹 시장가치에 비해 하락할 때는 자산재구성(asset reallocation)이 이루어져야 한다. 만일 심각한 침체장세로 인하여 주가가 엄청나게 하락했다면 보통주를 본래의 구성비율로 돌아가게 하기 위해서 포트폴리오를 구성하는 자산들의 화폐가치는 재조정하여야 한다. 그러므로 포트폴리오에서 보통주의 투자비중을 본래의 비율로 되돌리기 위해서는 고정소득증권이나 유형자산의 일부가 처분되어야 할 것이다.

포트폴리오의 자산구성을 정기적으로 검증해야 한다고 해서 투자자가 끊임없이 자산그룹 간에 이리저리 투자자금을 넣었다 빼는 식으로 그때그때 임시변통을 해야 한다는 것은 아니다. 어떤 사람들에게는 그와 같이 시시콜콜한 일들이 시간도 보내고 또한 투자프로그램을 단기기준으로 잘 수행한다는 측면에서 즐거움을 느낄 만큼 재미있는 일이 될 수도 있겠지만, 수수료가 지나치게 많이 지출될 것이다. 간헐적인 검증을 통하여 포트폴리오 자산들의 재구성이 절대적으로 필요한 경우에 한하여 자산그룹 간에 투자자금을 전환시키는 것이 바람직할 것이다. 만일 본래의 주식투자비중이 상당히 크고 포트폴리오의 구성 후 주가가 두 배로 올랐다면, 이 경우에는 분명히 어떤 식의 자산재구성이 이루어져야 할 것이다. 이러한 경우 자산재구성은 주식의 상당부분을 처분하여 그 자금을 다른 자산그룹으로 재투자함으로써 이루어진다.

대부분 자산의 가치는 끊임없이 변하기 때문에 포트폴리오의 자산그룹 간 자산구성은 변하게 마련이다. 만일 어떤 자산의 가치변화가 그리 대단하지 않다면 기존자산을 처분하여 그 대금을 다른 자산그룹에다 투자하는 대신 새로운 자금을 상대적으로 투자비중이 낮아진 자산그룹에다 투자하는 방법을 선택하는 것이 손쉽고 비용이 덜 든다. 즉 주가가 하락하여 포트폴리오에서 주식이 차지하는 비중이 너무 낮아진 경우 새로운 투자자금을 주식에 투입함으로써 주식의 상대적 투자비중을 본래대로 환원시킬 수 있는 것이다.

대세는 맞추어도 투자는 실패한다

주식투자는 두 가지의 선택문제로 귀결된다. 타이밍선택과 종목선택이 그것이다. 주식시장에는 종합주가지수가 올라가도 오르지 못하고 오히려 하락하는 종목이 있다. 타이밍선택과 함께 종목선택을 잘해야 투자에 성공할 수 있다.

제9절 ■ 위험감소를 위한 분산투자

지금까지 논의된 여러 가지의 투자위험에 의해서 발생할 수 있는 손실가능성을 완화하기 위해서는 서로 다른 특성을 가진 자산들을 선택하는 것이 다른 어떤 투자전략보다도 효과가 있다고 할 수 있다. 이와 같은 분산투자방법은 분명히 언제나 절대적인 것은 아닌데, 그 이유는 어느 누구에게나 각기 더 중요한 다른 투자고려사항이 있기 때문이다. 그러나 서로 다른 투자특성을 가진 자산들을 취득하는 것은 따로 복잡한 투자이론을 배우는 데 엄청난 시간을 소모할 필요없이 위험을 감소시킬 수 있는 좋은 방법이 된다. 대부분의 경우 약간의 상식에다 여기에서 논의된 개념들에 대한 이해만 있으면 누구나 효과적으로 분산투자된 포트폴리오를 구성할 수 있게 될 것이다.

9.1 잘 분산된 포트폴리오의 구성

적절하게 분산투자를 하기 위해서는 투자수익률에 영향을 주는 여러 가지 요인에 의해서도 유사한 정도로 영향을 받지 않는 본질적으로 다른 자산들로 포트폴리오를 구성해야 한다. 통계적 용어를 빌어 표현한다면, 효과적인 분산투자를 위해서는 자산수익률 간의 상관관계(correlation)가 높지 않아야 한다.

자산들의 특성이 다양하면 포트폴리오에 포함된 자산들에 대해 동시에 큰 손실이 발생할 가능성이 줄어든다. 그러므로 이자율이 갑자기 상승하더라도 혹은 정부가 갑자기 방위비를 엄청나게 삭감하기로 결정하더라도, 투자자는 포트폴리오의 가치를 황폐하게 만들만큼 재무적 손실은 입지 않게 될 것이다. 물론 투자자는 손실을 입기는 하지만 어떤 특정 자산을 보유함으로써 입게 되는 손실은 전혀 다른 특성을 가지고 있으면서 외생적 요인의 변동에 같은 정도로 영향을 받지 않는 자산들로부터 수익을 올리게 됨으로써 그 손실 정도가 경감될 것이다.

분산투자는 심지어 유사한 형태의 자산을 취득할 경우에도 고려해야 하는 사항으로 되어 있는데, 그 이유는 분산투자 시에 요구되는 자산들 간의 상이한 특성이 반드시 서로 유형이 다른 자산들 간에만 적용되는 것이 아니라 동일한 그룹 내에서의 자산 간에도 적용될 수 있기 때문이다. 예컨대, 투자자는 기본적으로 고정소득증권과 주식 및 유형자산에 분산투자해야 함은 물론 고정소득증권의 경우에도 잘 분산시켜 다양한 특성을 가진 채권들로 포트폴리오를 구성하여야 한다. 유사한 만기와 위험특성을 가지고 있는 채권들은 기본적으로 동일한 수익률을 제공하는 경향이 있기 때문에 포트폴리오에서 고정소득증권이 차지하는 부분을 단일기업이나 단일산업의 채권이나 우선주에 집중하여 투자하여서는 안된다. 실제로는 경제의 한 부문 내에서의 여러 기업들에 분산투자하는 것보다는 경제의 여러 부문에 걸친 분산투자가 훨씬 더 중요하다고 볼 수 있다.

분산투자를 행하고자 할 때에 투자자는 반드시 자신의 소득창출능력을 포트폴리오 자산의 하나로 포함시키는 것을 잊지 말아야 한다. 자기자신을 소득창출자산으로 포함시키는 일은 잘 분산된 포트폴리오를 구성하는 데 있어서 빠뜨려서는 안될 중요한 항목이라고 할 수 있다. 만일 개인소득의 상당부분이 투자소득이 아닌 수입소득으로부터 발생하고 있다면, 취득한 자산들이 고용부문의 특성과는 거리가 멀어야 한다. 사실 투자소득이 매우 불확실한데다 개인의 직업마저 위기에 처할 가능성이 있다면 그것은 그야말로 위험천만의 일이 될 것이다. 따라서 금융기관에서 근무하고 있는 사람은 비록 자기자신이 가장 잘 알고 있는 산업이 금융산업이라고 할지라도 반드시 금융산업 외에서도 투자대상자산을 물색하여야 한다. 소득을 창출시키는 개인능력의 중요성이 상대적으로 크면 클수록 개인의 직업과는 관련성이 적은 부문의 자산을 획득할 필요성이 그만큼 더 커지게 되는 것이다.

불행히도 많은 사람들에게는 정기적으로 투자할 수 있는 자금이 비교적 소액이기 때문에 단일 자산종목에 투자할 수밖에 없는데, 그래가지고는 효과적인 분산투자를 기대하기는 사실상 불가능하다. 약간의 자금으로 이제 갓 투자를 시작한 사람의 경우 그가 앞으로 적어도 수년간은 잘 분산된 포트폴리오를 구성하는 것은 매우 어려울 것이다. 오랫동안 투자를 통해서 어느 정도 규모의 투자자금을 모은 사람들까지도 적절히 분산된 포트폴리오를 갖기란 그리 용이한 일이 아니다. 어떤 경우라도 분산투자를 잘하기 위해서는 정기적으로 소규모의 투자를 끊임없이 수행하여야 하므로 비교적 많은 수수료가 발생하게 된다.

9.2 간접투자를 통한 분산투자

투자회사의 지분은 비교적 적은 액수로도 적은 비용을 들이면서 여러 가지 다양한 자산들로 구성된 포트폴리오에 대한 작은 청구권을 설정할 수 있는 기회를 제공하고 있다. 여기에서 투자자는 실제로 투자회사의 지분을 취득하기 이전에 그가 투자회사에 운용수수료(보통 그 회사가 운용하는 자금의 백분율로 표시되어 있음)로 얼마를 지불해야 하는지, 또한 투자회사의 지분을 매입하거나 매도할 때 매매수수료나 포기수수료가 혹시 있는지를 조사하는 정도의 비용이 들기 때문에 비용이 최소한도로 든다고 할 수 있다.

모든 투자회사들에는 운용수수료가 있는데, 그 크기는 회사별로 달라서 매년 최저 0.5%에서 많게는 1.5%까지 부과하고 있다. 매매수수료는 비록 단 한번만 부과되는 일회성 비용이라고 할지라도 연간운용수수료에 비해서 훨씬 더 큰 폭으로 변하고 있다. 일반적으로, 우편을 이용해서 지분을 판매하고 있는 투자회사들은 매매수수료를 부과하지 않지만, 영업사원들을 통해서 지분을 매각하고 있는 투자회사들은 투자자금의 최고 8.5%까지 수수료를 부과하고 있다. 수수료는 경우에 따라 상당히 달라지며, 심지어 때때로는 밝혀지지 않기도 하기 때문에 수수료의 크기를 가늠하기 위해서 투자자는 투자회사의 정관을 조심스럽게 검토해 보아야 할 것이다.

수익증권이나 뮤추얼펀드와 같은 펀드의 지분을 취득한다고 해서 투자위험이 결코 작은 것이 아니다. 이러한 펀드의 가치는 시장의 움직임에 따라 변동하는 경향이 있으며, 전문화된 펀드(specialized funds)의 지분은 비록 동일한 그룹에 속하는 개별주식들에 비해서는 변동성이 작을지는 모르겠지만 시장 전체보다도 훨씬 더 변동성이 큰 것이 일반적이다. 결론적으로 말해서, 펀드의 지분은 일반투자자들에게 그들이 개별적인 투자를 통해서는 좀처럼 달성하기 어려운 분산투자서비스를 제공하고 있다.

펀드를 통하여 위험을 통제하기 위해서 투자자들은 각각 자신들이 수립한 투자목적과 부합되는 투자펀드를 선택하여야 한다. 소득펀드(income fund)는 대개 은퇴를 앞둔 투자자들에게 적합할 것이며, 성장펀드(growth fund)는 예를 들면 퇴직 후의 생계를 위한다거나 자식들의 교육비에 충당하고자 하는 등 장래를 위하여 소득의 일부를 투자하고자 하는 젊은 가족들의 욕구를 주로 충족시켜 줄 수 있을 것이다. 예기치 못한 인플레이션의 가능성을 헷지하기 위하여 투자자들은 주로 천연자원을 취급하는 1차산업에 속한 기업들의 주식투자에 전문화된 펀드를 선택하면 무난할 것이다.

다양한 투자목적을 가진 투자자의 경우에는 여러 가지의 펀드에 걸쳐 지분을 취득하면 될 것이다. 가령, 투자자가 가진 자금의 일부는 화폐시장기금(MMF)에 투자하고 나머지는 성장주펀드(growth-stock fund)와 고정소득펀드(fixed-income fund)에 투자하면 무난할 것이다. 투자회사를 활용하게 되면 비록 투자자가 어떠한 투자목표를 가지고 있다고 하더라도 그것은 충족될 수 있으며, 동시에 여러 가지의 투자목표들도 한꺼번에 달성될 수 있을 것으로 본다. 여러 종류의 펀드를 관리하면서 동시에 약간의 수수료만 지불하면 쉽게 펀드 간 자금이체를 허용하고 있는 투자회사의 펀드에 자금을 투자하면 투자자의 운신의 폭은 훨씬 더 향상될 것이다.

요약하면, 투자위험을 통제하기 위한 중요한 열쇠는 왜 투자하는가를 정확하게 인식하고, 그 목표에 걸맞는 자산을 선택하며, 여러 종류의 자산으로 잘 분산된 포트폴리오를 구성하는 일이다. 한 가지 종목이나, 한 산업 또는 한 종류의 투자자산에 집중하여 투자하는 것은 매우 어리석은 일이다. 아무리 확실한 투자라고 할지라도 일이 잘못될 가능성은 항시 있게 마련이고 그러한 경우 투자자금의 손실은 피할 수 없게 된다. 그래서 효과적인 분산투자(effective diversification)는 손실을 최소한도로 감소시킬 수 있는 가장 효과적인 투자전략이라고 할 수 있다.

한번 처분한 주식은 돌아보지 말라

흔히 주식투자자들은 자신의 판단에 대해 의심을 품는다. 한번 팔아치운 주식이 크게 상승할 때에는 더욱 그렇다. 매일 시세판을 보면서 "더 높은 수익을 얻을 수 있었는데" 하는 아쉬움을 떨치지 못해 전전긍긍한다. 그러나 한번 내린 결정에 대해 미련을 갖는 것은 투자에 아무런 도움이 되지 않는다. 내재가치에 합당한 주가가 형성되어 이익을 실현하고 주식을 처분했는데도 가격이 오른다면 거품인 경우가 많다. 충분히 생각한 후 매도한 주식이라면 다시 돌아볼 필요가 없다. 오히려 그 시간에 다른 내재가치 우량주를 찾는 것이 훨씬 더 도움이 될 것이다.

일본 증시 최후의 큰손 고레가와 긴조

(1) 투자경력

일본 증시에서 최후의 큰손으로 불리는 그는 94세의 고령에도 불구하고 죽기 전까지 직접 경제신문, 자료 등에서 투자정보를 수집, 정리, 분석하던 정열적인 프로투자자였다. 그는 1980년대 초반 두 번이나 일본 개인소득세 납세순위 1위를 기록했는데, 그에 따르면 자기평생을 통해 주식투자를 해오면서 주식을 그만둘까 생각하기를 수십 번도 더할 만큼 주식으로 돈벌기가 힘들고 어려운 과정임을 밝히고 있는데, 주식으로 크게 성공한 큰손으로서는 아이러니가 아닐 수 없다. 그는 평생 신용투자를 하지 않았는데, 자기가 최후의 큰손으로 남아 큰 성공을 거둘 수 있었던 것은 신용거래를 하지 않았기 때문이라고 말하고 있다.

(2) 투자원칙과 기법

자기 나름대로의 의사결정능력을 키운다. 1~2년 후의 경제흐름을 파악하여 증권시장에 대한 대세관을 정립하고 종목을 선정할 때는 주가수준을 고려해서 영업실적, 매출신장 등 주가상승에 대한 잠재력을 평가한 뒤 결정한다.

다른 사람이 권유하는 것은 택하지 않고, 스스로 연구한 결과에 의해 투장망종목을 선정하여 1~2년 후의 경제변화를 스스로 예측하여 대세관을 갖고 있고, 주가수준을 감안하여 대중보다 한 발 앞서나가서 매입, 영업실적을 필히 참조하고, 예측불가능한 위험에 대비하여 현금을 일정한 액수만큼 보유한다는 투자원칙을 고수하였다.

연습문제

01 어느 종목에 관한 자료는 다음의 표와 같다. 이 종목의 수익률 분산과 표준편차를 구하라.

상황	확률	수익률
1	0.1667	20%
2	0.3333	15%
3	0.2500	10%
4	0.2500	8%

02 다음의 표와 같이 포트폴리오를 구성할 때 수익률의 표준편차를 구하라. 공분산은 모두 0.05라고 가정한다.

종목	투자비율	표준편차
A	10%	0.12
B	20%	0.15
C	30%	0.18
D	40%	0.21

03 어느 투자자는 50만 원을 차입하여 *A*주식을 100만 원어치 그리고 *B*주식을 50만 원어치 매입하였다. 이와 같은 거래가 그의 포트폴리오 전체를 구성하고 있다면, 포트폴리오를 구성하는 각 항목의 가중치는 각각 얼마인가?

04 위의 문제에서 포트폴리오의 분산과 기대수익률을 구하라. *A*주식과 *B*주식에 관한 자료는 다음과 같다. 그리고 *A*주식과 *B*주식 간의 수익률 상관계수는 0.7이며, 차입이자율은 5%이다.

	A	*B*
분산	0.25	0.49
$E(R)$	0.10	0.16

05 다음의 표에 나타나 있는 종목 네 가지를 합하여 다음과 같이 포트폴리오를 구

성한다. 즉 종목 A를 2,000만 원어치 공매하고, 종목 B를 3,000만 원, 종목 C를 2,000만 원, 그리고 종목 D를 3,000만 원어치 매입한다.

종목	$E(R)$	표준편차	상관계수(Corr)
A B C D	0.05 0.10 0.20 0.15	0.20 0.10 0.15 0.30	Corr(A,B) = −0.2 Corr(A,C) = 0.3 Corr(A,D) = 0.5 Corr(B,C) = 0.2 Corr(B,D) = −0.5 Corr(C,D) = 0.0

이 투자자가 본래 가지고 있던 자금은 2,000만 원이고, 추가로 필요한 자금은 연리 5%로 차입한다. 공매를 통하여 발생한 자금을 사용하는 데는 아무런 제한이 없다고 한다. 다음 물음에 답하라.

(1) 포트폴리오에 포함된 각 종목의 투자비율을 산출하라.

(2) 포트폴리오의 기대수익률을 계산하라.

(3) 포트폴리오 수익률의 표준편차를 계산하라.

06 두 종목 간의 수익률 상관계수가 +1.0이라고 한다. 이 두 종목으로 표준편차가 0인 포트폴리오의 구성이 과연 가능하겠는가? 충분히 설명하라.

07 세 종목의 기대수익률은 다음의 표와 같다. 만일 종목 Y의 투자비율이 0이어야 한다면, 기대수익률을 15%로 만들기 위해서 종목 X와 Z의 투자비율은 각각 얼마로 하여야 하는가?

	X sub A	X sub B	X sub C
포트폴리오 1	−0.50	0.50	1.00
포트폴리오 2	1.25	0.25	−0.50

08 종목 J의 수익률과 시장지수의 수익률 간의 함수관계를 다음과 같이 추정하였다.

$$R_J = 0.03 + 1.3R_m + \varepsilon_J$$

(1) 만일 시장지수의 수익률이 2%p 하락한다면, 종목 J의 수익률은 얼마나 변할 것으로 기대되는가?

(2) 종목 J의 실제수익률이 기대수익률과 다르게 되는 원인은 무엇이라고 생각하는가?

09 다음의 자료를 바탕으로 보고 물음에 답하라.

종목 A와 B 간의 상관계수 $Corr(A, B) = 0.50$

시장지수수익률의 표준편차 $\sigma_m = 0.10$

종목	시장지수와 종목 간의 상관계수	표준편차
A	0.0	0.10
B	0.5	0.20

(1) 종목 A와 B의 베타계수는 각각 얼마인가?

(2) 단일요인모형을 가정할 때, 종목 A와 B 간의 공분산은 얼마인가?

(3) 종목 A와 B의 공분산은 얼마인가?

(4) 종목 A의 투자비율이 0.40, 그리고 종목 B의 투자비율이 0.60으로 포트폴리오가 구성되었다면 이 포트폴리오의 베타계수는 얼마인가?

(5) Markowitz 모형을 가정하고, 문제 (4)에서 구성된 포트폴리오의 분산을 구하라.

(6) 단일요인모형을 가정하고, 문제 (4)에서 구성된 포트폴리오의 분산을 구하라.

10 종목 K의 수익률은 다음과 같은 두요인모형(two-index model)에 의하여 추정될 수 있다고 한다.

$$R_K = 0.5 + 0.8R_m + 0.2G + \varepsilon_K$$

여기서 R_m은 시장지수의 수익률, 그리고 G는 산업생산의 예기치 못한 성장률을 나타낸다.

(1) 시장지수의 수익률이 5%이고 산업생산의 예기치 못한 성장률이 2%라고 한다면, 종목 K의 기대수익률은 얼마인가?

(2) 시장지수수익률이 2%p 하락하는 한편 G에는 아무런 변화가 없다고 한다면, 종목 K의 수익률은 어떻게 변할 것인가?

11 어떤 종목에 대해서 베타계수의 시계열관계는 다음과 같이 추정되었다.

$$\beta_t = 0.20 + 0.85\beta_{t-1}$$

여기서 t는 연도를 나타낸다.

(1) 만일 이 모형을 가지고 베타계수를 추정한다면, 2012년의 베타계수가 1.2일 때 2013년의 베타계수는 얼마로 예측되겠는가?

(2) 베타계수의 추정목적으로 이 관계식을 사용할 때 어떠한 가정이 바탕에 깔려 있는가?

12 다음의 표에 나타난 자료를 보고 물음에 답하라.

종목	시장지수와 종목 간의 상관계수	종목의 표준편차
C	0.3	0.4
D	0.8	0.3

$E(R_m) = 0.11$　　　$R_f = 0.06$　　　$\sigma_m^2 = 0.25$

(1) 종목 C와 D의 베타계수를 각각 구하라. 그리고 종목 C의 투자비율이 0.6이고 종목 D의 투자비율이 0.4인 포트폴리오의 베타계수는 얼마인가?

(2) CAPM에 따라 판단할 때, 두 종목의 투자위험은 어느 것이 더 크다고 보는가?

(3) CAPM에 따라 종목 C와 D의 기대수익률을 각각 구하라. 그리고 문제 (1)에서 구성한 포트폴리오의 기대수익률은 얼마인가?

(4) 종목 C, D, 그리고 위에서 구성한 포트폴리오의 증권특성선(characteristic line)을 그려라. 그리고 증권시장선(SML)을 그리고 종목 C, D, 그리고 위에서 구성한 포트폴리오의 위치를 선정하라.

13 두 요인 APT모형이 옳으며, 경제 내에는 자산이 무한정 존재한다고 가정하자. 기대수익률과 요인베타계수의 횡단면관계식에 따르면, 요인 1의 가격은 0.15이고 요인 2의 가격은 −0.2라고 한다. 종목 X와 Y의 각 요인에 대한 추정베타계수는 다음과 같다.

종목	β_1	β_2
X	1.4	0.4
Y	0.9	0.2

또한 베타계수가 0인 자산의 기대수익률은 0.05라고 한다. APT에 의하여, 두 종목의 균형수익률은 각각 얼마인가?

CHAPTER 09

선물과 옵션

선도계약 또는 선물계약이란 미리 정해진 상품을 미리 정해진 날짜에 미리 정해진 조건이나 가격에 따라 사야 하거나 팔아야 하는 의무를 수반하는 계약이다. 옵션계약은 계약에 정해진 상품을 사거나 팔 수 있는 권리를 주는 반면, 선도 혹은 선물계약은 계약의 만기가 다가오기 이전에 그 계약을 청산하지 않는 한 반드시 계약사항을 이행해야 하는 의무를 발생시킨다. 옵션계약은 권리이므로 이익이 생기지 않으면 그냥 버리면 되기 때문에 그 최저가치는 0이 된다. 그러나 선도나 선물계약은 최저가치가 (−)의 값을 취할 수 있다. 만일 어떤 사람이 선물계약을 통해 어떤 상품을 20,000원에 사겠다고 하는 경우 선물계약의 만기일에 그 상품의 가격이 10,000원으로 떨어졌다면 그 선물계약의 가치는 (−)가 되는 것이다.

옵션은 보유자가 자신에게 유리한 경우에만 그 권리가 행사된다. 특정 상품을 미리 정한 가격에 살 수 있는 권리를 부여하는 콜옵션은 권리를 행사할 수 있는 시점에서 주식의 시장가격이 행사가격보다 높을 경우 보유자는 자신의 권리를 행사할 것이다. 반대로 팔 수 있는 권리를 부여하는 풋옵션은 권리를 행사할 수 있는 시점에서 주식의 시장가격이 행사가격보다 낮을 경우 보유자는 자신의 권리를 행사할 것이다. 한편 유럽형 옵션은 옵션의 만기일에만 권리가 행사될 수 있는 반면, 미국형 옵션은 옵션의 만기일이 경과되지 않는 한 언제라도 권리가 행사될 수 있다.

본 장에서는 다음의 문제를 중점적으로 다루고자 한다.

- 선도계약과 선물계약
- 주가지수선물
- 옵션의 종류
- 주가지수옵션

촛불은 꺼지기 직전이 가장 밝다

> 주식시세가 처음 상승할 때에는 투자심리가 나쁜 상태에 있기 때문에 등락이 되풀이 되면서 지루할 정도로 완만하게 상승한다. 그러나 주가가 꾸준히 오르고 있으면 투자심리가 조금씩 살아나면서 매입에 가세하는 투자자들이 늘어나기 때문에 주가상승에 가속도가 붙기 시작한다.
>
> 주가가 급등하기 시작하면 일반투자자들이 일제히 주식을 사기 위해 주식시장으로 몰려오기 때문에 주가는 폭등세로 바뀐다. 주가가 폭등하니 투자자들이 더욱 몰려들고 투자자들이 몰려드니 주가가 더욱 폭등하는 연쇄상승효과가 나타난다. 그리하여 상식적으로는 도저히 이해할 수 없는 터무니없이 높은 시세가 나오는 것이 보통인데 이것이 폭락장의 대표적인 징후이다.

제1절 ■ 선물계약의 개요

1.1 선도계약과 선물계약의 특성

선도계약(forward contract)은 계약과 결제가 동시에 이루어지는 현물계약(cash contract)과는 달리 특정 상품을 현재의 시점에서 서로 합의한 가격으로 미래시점에서 거래할 것을 약속하고, 계약의 체결 후 일정한 기간이 지나서 지정된 날짜와 장소에서 대금결제와 상품의 인도가 이루어지는 계약이다.

선물계약(futures contract)은 기본적으로 선도계약과 같다. 다만 선도계약은 보통 표준화되어 있지 않은 데 반해, 선물계약은 표준화되어 선물거래소와 같은 조직화된 시장에서 거래되는 점이 다르다. 그리고 선물계약은 일일정산(marking to market)을 거친다는 것이 선도계약과 다르다. [표 9-1]에서는 선물계약과 선도계약의 중요한 차이를 서로 비교하고 있다.

표 9-1 ‖ 선물계약과 선도계약의 비교

구분	선물계약	선도계약
시장	거래소	당사자 간 계약
거래방법	호가경매 또는 전산매매	전화 또는 팩시밀리
거래단위	표준화	건별로 상이함
계약기간	3개월, 6개월, 9개월 등으로 고정	년, 월 단위로 자유
거래수행	브로커를 통합	1 : 1
가격결정	거래소	당사자 간 결정
신용위험	없음	있음
유동성	높음	비교적 양호
결제	대부분 반대거래에 의한 상계	만기도래 시 상품인도와 대금수수
비용	증거금 적립 수수료	bid-offer spread

1.2 선물계약의 기능

선물계약의 주요 기능은 위험회피라고 할 수 있는데, 선물거래가 가지는 유용한 기능을 살펴보면 다음과 같다.

1) 가격변동의 회피

현물보유자가 가격하락을 예상하면 현물보유량만큼을 선물시장에서 매도하여 현물가격의 하락에 따른 손실액을 선물계약의 매도를 통해 얻는 이익으로 보전할 수 있게 된다. 한편 장래에 현물이 필요한 사람이 현물가격의 상승을 예상하는 경우 필요한 수량만큼을 선물시장에서 매수하면 가격상승에 따른 기회손실액을 선물계약에서의 이익으로 보전할 수 있다. 이와 같은 위험회피기능이 선물계약의 가장 큰 의의라고 할 수 있다.

2) 현물시장의 거래활성화 및 가격안정화에 기여

선물계약의 가격변동위험 전가기능으로 투자위험이 감소함에 따라 투자자들이 현물시장에 대한 투자규모를 확대할 수 있게 되고, 차익거래자들은 선물시장과 현물시장의 왜곡된 가격으로부터 차익을 얻기 위해 선물시장과 현물시장을 동시에 이용하기 때문에 현물시장의 거래가 활성화된다. 또한 이러한 현물시장과 선물시장 간의 왜곡된 가격을 이용한 차익거래의 빈번한 발생이 현물시장의 수급과 가격에 영향을 미치므로 현물시장의 가격이 보다 합리적으로 형성되고 안정화될 수 있다.

3) 미래가격의 예측이 가능

선물시장에서는 다수의 참여자가 현물의 미래가격과 관련된 각종 정보를 수집 · 분석 · 예측하고 이를 바탕으로 가격경쟁을 통하여 장래 특정 시점에서의 현물가격 예측치인 선물가격이 형성됨에 따라 그 가격에 대한 신뢰도가 높다. 이에 따라 선물시장에서의 선물가격을 통해 미래의 현물가격을 예측할 수 있게 된다.

4) 새로운 투자수단의 제공

선물거래는 비교적 적은 금액(증거금 10% 내외)으로 큰 규모의 계약체결이 가능하기 때문에 투자원금에 대한 수익률이 매우 높아 투자자들에게 훌륭한 투자대상이 될 뿐만 아니라 투기성자금을 선물시장에 집중시켜 생산자, 대규모소비자, 중개업자 등과 같은 위험회피자에 대하여 자산가치변동에 따른 효율적 위험관리수단을 제공하고 있다.

1.3 선물의 종류

미국의 선물시장에서는 100종류 이상의 선물이 거래되고 있다. 그 중에는 같은 상품이나 금융자산을 대상으로 한 선물계약이 여러 선물거래소에서 거래되기도 하고, 또 어떤 종류의 선물은 거래가 매우 뜸한 편이다. 우리나라에서는 금, 국채, 외환, 그리고 주가지수 등이 거래되고 있는데 조만간 거래대상은 다소 늘어날 전망이다. 돼지고기, 돼지, 소, 커피, 설탕 등과 같은 농축산물이나 구리, 금, 은과 같은 광물 등을 대상으로 하는 선물을 상품선물(commodity futures)이라고 하며, 그밖에 채권이나 외환과 주가지수 등과 같은 금융자산에 대한 선물을 금융선물(financial futures)이라고 부른다.

종목별로 상승하고 일제히 하락한다

> 주가가 오르는 것은 미래에 대한 어떤 기대심리 때문이다. 기대는 단계적으로 커지기 때문에 주가도 업종별, 종목별로 순환하면서 단계적으로 오른다. 반면에 주가가 하락하는 것은 인간의 불안, 공포심 때문인데 인간의 불안의식은 순식간에 모든 사람에게 전파되는 경향이 있어서 주가가 하락할 때에는 업종이나 종목의 구별이 없이 일제히 하락한다.

제2절 ■ 선물시장의 구조와 거래제도

2.1 선물거래소

선물거래는 미국에서 가장 활발하여 1998년의 거래량은 전 세계의 약 50%를 점하고 있다. 미국에는 모두 13개의 선물거래소가 있으며, 이 중에서 시카고상품거래소(CBOT)의 거래량이 가장 크고 시카고상업거래소(CME)가 2위를 차지하고 있다. 미국의 13개 선물거래소에서 거래되는 상품은 매우 다양한데, 1848년에 설립된 CBOT에서는 상품선물과 금리선물 그리고 주가지수선물이 활발하게 거래되고 있으며, CME에서는 상품선물 이외에 외환선물, 금리선물, 주가지수선물 모두가 거래되고 있다. 미국 이외에도 런던, 몬트리올, 암스테르담, 오사카, 동경, 홍콩, 싱가포르, 브라질 등 전 세계적으로 많은 나라에서 선물거래소를 개설하고 있으며, 우리나라에서도 1999년 4월 한국선물거래소가 설립되었다.

2.2 청산소

선물시장에서의 거래는 궁극적으로 계약당사자와 선물거래소 간의 거래가 되기 때문에 거래의 결제도 거래소를 상대로 이루어지고 있다. 각 투자자의 거래상대가 되어 결제를 하는 기관인 청산소는 선물거래의 운용과 유지를 위하여 매우 중요한 존재가 되고 있다. 청산소는 무엇보다도 선물거래소 회원 간 채무를 보증함으로써 선물계약의 이행을 확실하게 하며, 또한 선물계약 정산의무를 이행하기 위한 간편한 방법으로서 고객 간 상계를 활용하고 있다.

청산소는 각 거래소마다 따로 설치되어 거래소와는 별도로 운영되는 독립된 기관이다. 선물거래소에서 체결된 모든 계약의 자료는 즉시 청산소로 이관된다. 청산소는 이 자료를 바탕으로 모든 선물거래자들의 상품가격변동에 따른 재정상태의 변화를 분석하고 당일의 거래가 끝난 후에는 즉시 각 품목별, 만기월별로 정산가격을 발표한다. 정산가격은 당일의 종가와 거래시간 내의 가격등락폭에 의해 형성되며, 모든 선물거래자들의 손익을 매일매일 정산하는 기초가 된다.

2.3 선물거래조건

미국의 선물시장에서는 선물거래소가 조건을 정하고 이를 상품선물거래위원회(Commodity Futures Trading Commission : CFTC)가 승인한다. 선물의 거래조건에서 정하는 사항은 거래단위, 가격단위와 최소가격변동단위, 일일가격변동폭, 품질, 거래시간, 인도월, 인도의 시기와 절차 등이다.

1) 거래단위와 품질

모든 선물계약은 해당품목마다 표준화된 거래단위가 있다. 그러므로 선물거래는 해당품목의 거래수량으로서 선물거래 1계약이 될 수 있는 것이다. 예컨대,

CBOT에서 곡물의 경우 콩, 밀, 옥수수 등은 1계약이 5,000부셀이고, COMEX에서 알루미늄은 40,000파운드, 은은 5,000온스이다.

거래단위가 너무 작으면 잦은 거래를 해야 하는 투기자들에게는 너무 많은 거래비용이 발생하기 때문에 원활한 거래가 이루어지기 어렵고, 반대로 거래단위가 너무 크면 위험회피자들은 헤지에 필요한 만큼의 거래를 하기 어렵다. 이러한 문제를 고려하여 거래소에서는 각각의 품목에 대해 가장 알맞는 거래단위를 정해놓고 있다. 이와 함께 선물거래 대상상품의 품질도 표준화되어 있다.

2) 가격단위와 최소가격변동단위

가격단위는 가격이 변화되는 단위이다. 예컨대, 옥수수선물은 1/4센트가 가격단위이며, 재무성증권선물의 가격단위는 1/32달러이다. 이 가격단위는 곧 최소가격변동단위의 산정에 사용된다. 예를 들면, 액면가 10만 달러인 재무성증권 선물의 최소가격 변동단위는 31.25달러(=1/32×10만달러)가 된다.

3) 가격변동폭

선물거래소에서는 급격한 가격변동으로 인한 가격변동으로 인한 거래질서의 혼란을 막기 위하여 하루에 변동할 수 있는 최대가격변동폭을 설정하고 있다. 가격변동폭은 단위당 변동금액으로 정하는 방법과 전일종가에 대한 변동비율을 기준으로 정하는 두 가지 방법이 있는데, 우리나라는 주가지수선물의 경우 후자에 의한 방법을 채택하고 있다.

4) 인도조건

선물계약에는 상품의 인도시기와 절차, 그리고 만기를 명시하고 있다. 미국의 CBOT나 CME의 경우 상품거래에는 품목에 따라 인도월이 다르며, 금융선물거래는 3개월 간격으로 인도월을 정하고 있다. 일정한 시기에 추수를 하는 농산물의 경우는 추수기를 인도월로 정하는 것이 일반적이지만, 그 이외의 상품이나 금융선물의 인도월은 3월, 6월, 9월, 12월 등 일정한 간격으로 정해진다.

구체적인 인도일은 인도월의 일정한 날로 정하는데, 그 달의 아무 날이나 가능하지만 가장 일반적인 것은 인도월의 세 번째 금요일이다. 우리나라에서 주가지수선물의 만기일은 3, 6, 9, 12월의 2번째 목요일로 정해놓고 있다. 이와 같이 1년의 12개월 전부를 인도월로 정하지 않고 격월 또는 3개월 간격으로 인도월을 정하고 있는 것은 인도월을 소수로 한정하여 거래를 집중시킴으로써 거래가 원활하게 이루어지게 하기 위함이다.

대세는 오래가도 개별종목시세는 짧다

> 주식시장에서 장기간에 걸쳐 큰 시세가 나오는 경우 모든 종목이 함께 상승하는 것은 아니다. 먼저 우량주가 오르고 다음에 보통주가 오르고 마지막에는 부실저가주가 오른다. 계속 오르지만 부실주가 천정부지로 오르는 동안에 먼저 오른 우량주는 시세가 끝나고 하락세로 들어간다.

제3절 ■ 선물계약의 종료와 증거금

3.1 선물계약의 종료

거래된 선물계약이 어느 특정일 현재 만기일의 도래에 의한 실물의 인수도 또는 반대매매에 의해 청산되지 않고 남아 있는 계약을 미청산계약(open interest)이라고 부른다. 그러므로 미청산계약은 앞으로 인도 또는 인수를 해야 하는 의무를 가지고 있는 선물계약의 수를 말한다.

선물계약을 사거나 판 거래자가 선물계약과 관련된 의무를 이행하는 계약종료방식에는 계약에 따른 상품의 인도, 현금결제, 반대매매, 그리고 거래소 밖에서 당사자 간 상품의 인도 등의 방법이 있다.

1) 상품의 인도 또는 현금결제

선물계약은 미래의 일정한 날짜에 일정한 상품과 대금을 교환하기로 한 계약이다. 따라서 선물계약의 만기일에는 매도자와 매수자 사이에 상품과 대금을 교환하는 실물거래가 이루어진다. 그러나 최근에는 만기일에 상품의 인수인도 대신에 선물계약에 의한 가격과 현물시장 가격의 차이만을 현금으로 지급하여 종결시킨다. 이러한 상품의 인도 또는 현금결제방식은 모두 만기일에 이루어진다. 그러나 이러한 방식에 의한 계약종료는 선물거래에서 1% 미만에 불과하다.

2) 반대매매

가장 흔히 이용되는 선물계약의 종료방법은 계약자가 동일한 종류의 계약을 반대로 체결함으로써 선물계약상의 의무를 이행하는 방법이다. 예컨대, 5월 1일 갑동이는 9월에 인도하게 되는 밀 선물계약 1단위(5,000부셸)를 부셸당 171센트에 을순이로부터 매입했다고 하자. 갑동이는 밀가격이 오르자 5월 10일에 동일한 조건의 선물계약을 병삼이에게 부셸당 185센트에 매도하였다면 갑동이는 을순이와의 선물계약과 관련된 의무를 병삼이와의 선물계약에 의해 면제받게 되며, 기존의 선물계약과 관련된 의무는 을순이와 병삼이 그리고 청산소가 부담하게 되는 것이다.

3) 장외에서 상품의 인도

선물계약의 거래자는 장외에서 인도방식에 의해 선물계약을 종료할 수도 있다. 이 경우 선물계약의 매입자와 매도자는 동시에 선물계약에 의한 상품과 현금의 교환과 선물계약의 해지에 동의하여야 한다. 이러한 거래는 실제로 선물계약상 상품을 보유한 사람과 이 상품을 원하는 실수요자 간에 이루어지고 있으며 선물거래소에서도 예외적으로 이러한 계약종료방식을 인정하고 있다.

3.2 증거금과 일일정산제도

선물계약의 결제일이 되면 해당계약의 양당사자는 계약상의 의무를 이행하여야 한다. 즉 선물계약의 매입자는 결제일에 대상품목을 이미 정해진 가격으로 매입하여야 하며, 매도자는 이미 정해진 기격에 팔아야 한다. 그러나 가격이 불리한 방향으로 움직여서 손해가 발생하면 선물계약자가 계약상의무를 이행하지 않을 가능성이 커지며, 이 경우 선물계약의 이행을 보증한 청산소는 손실을 입게 된다.

이러한 손실을 방지하기 위해서 선물거래를 위한 계좌를 개설할 때 선물중개인은 투자자에게, 그리고 청산소는 선물중개인에게 계약이행을 보증하기 위한 증거금을 내도록 요구하고 있다. 이러한 증거금은 선물계약마다 다를 수 있으며, 증거금으로는 일반적으로 현금과 대용증권이 이용된다.

증거금에는 개시증거금, 유지증거금, 그리고 추가증거금 등 세 종류가 있다. 선물거래를 위한 계좌를 개설할 때 납부하는 증거금은 개시증거금(initial margin)이라고 한다. 보통 개시증거금은 선물계약의 일일가격제한폭을 기준으로 하고 있는데, 대부분 기초자산가치의 약 5~18% 사이에서 정해지고 있다.

개시증거금을 예치하고 매입 또는 매도포지션을 취한 계약자는 보유하고 있는 선물포지션의 가격이 변동될 때마다 증거금을 조정하게 되는데, 이때 거래소에서 정한 최소한의 증거금은 계속 유지시켜야 한다. 이와 같이 계약자가 자신의 계좌에서 유지시켜야 하는 최소한도의 증거금을 유지증거금(maintenance margin)이라고 하며 대개 개시증거금의 75% 수준에서 결정된다.

계약자의 증거금수준이 유지증거금 이하로 떨어지면 해당투자자는 추가증거금납부요구(margin call)를 당하게 되며, 이때 개시증거금 수준까지 납부하여야 하는데 이 증거금을 추가증거금(additional margin)이라고 부른다. 이러한 증거금은 선물계약자의 자산으로서 가격이 상승하여 증거금의 액수가 개시증거금을 초과하면 그 투자자는 그 차액을 인출할 수 있다. 이렇게 청산소는 선물거래에서 계약자가 얻은 매일매일의 이익이나 손실을 계산하여 계약자의 계좌에 반영하는데, 이러한 제도를 일일정산제도(marking to market 또는 daily settlement)라고 한다.

만일 증거금의 가치가 유지증거금 이하가 되었는 데도 해당계약자가 추가증거금을 납부하지 않으면 선물중개인은 다음날 반대매매를 통하여 계약자의 계좌를 정리하고 남은 잔액은 당사자에게 반환하는 데 필요할 경우 해당계약자의 다른 계좌도 함께 정리할 수도 있다.

3.3 선물거래자

1) 중개인과 상주투자자

선물거래소에는 중개인과 상주투자자가 있다. 중개인(broker)은 단순히 다른 투자자의 주문을 받아 거래를 대신 성립시켜 주는 사람이다. 중개인은 개인일 수도 있고 선물회사 또는 증권회사 등에 속한 사람들일 수도 있다.

상주투자자(local)는 자신의 계좌를 통해 직접 선물거래에 참여하는 사람이다. 이들은 선물계약을 낮은 가격에 사서 높은 가격에 매도함으로써 이익을 얻으려고 한다. 이들은 선물가격변동에 따른 위험을 부담하면서 이에 대한 보상으로서 이익을 얻는다.

2) 위험회피자와 투기자

선물거래에 참여하는 사람들은 그들의 목적에 따라 크게 위험회피자와 투기자로 구분할 수 있다. 위험회피자(hedger)는 그 자산을 현재 보유하고 있거나 앞으로 취득하려는 실수요자로서 실물상품의 가격변동에서 오는 위험을 회피하려는 사람들이다. 이들은 자신의 현물포지션과 반대되는 거래를 함으로써 가격변동위험을 줄이고자 한다.

투기자(speculator)는 선물계약의 대상이 되는 자산을 직접 소유하거나 사용하는 실수요자가 아니며, 다만 선물의 가격변동으로부터 이익을 얻으려고 투자하는 사람이다. 이들은 선물거래에 유동성을 증가시킴으로써 가격변동위험의 회피를 가능하게 하기 때문에 선물시장에서는 매우 중요한 역할을 하고 있다.

투기자들 중에는 선물스프레드(futures spread)를 이용하여 비교적 낮은 위험을 부담하면서 투기적인 이익을 얻으려는 사람들이 있는데, 이들을 스프레드거래자(spreader)라고 한다. 선물스프레드거래는 한 종류의 선물계약은 매입하고 만기일 등이 다른 종류의 선물은 매도하는 방법을 말한다.

3) 단기투자자와 포지션거래자

선물거래자는 거래형태에 따라 단기투자자와 포지션거래자로 구분된다. 초단기투자자(scalper)는 아주 미세한 선물가격의 변화로부터 이익을 얻으려는 목적으로 초단기의 거래를 하는 투기자들이다.

한편 거래당일 하루 동안의 가격변동에 편승하여 거래를 하는 사람들도 있는데, 이들을 당일거래자(day trader)라고 한다. 초단기투자자들과 마찬가지로 이들도 단기적인 가격변동에 대한 추측에 의존하여 거래를 한다. 이에 비해 포지션거래자(position trader)는 단기적인 투기자들보다 훨씬 긴 기간 동안 선물을 보유하는 사람들이다.

작게 돌아 3개월, 크게 돌아 3년

3개월로 한 시세이고, 3년으로도 한 시세라는 뜻이다. 즉 대부분 3개월 정도 계속 오르면 시세도 한풀 꺾이고, 3년 계속 오르면 물색하는 것이 매우 적어져버린다고 한다. 그러나 시세라는 것이 전부 이대로 규칙적으로 움직이고 있는 것은 아니므로 이 격언에 너무 얽매이지 말고, 그때그때 상황에 따라 유연하게 대처해야 할 것이다.

제4절 ■ 선물가격과 거래유형

4.1 선물가격

선물가격은 현물가격과 밀접한 관계를 가지고 있는데, 만일 선물시장이 완전하다면 상품보관에 소요되는 보유비용(carrying costs: 저장비용, 보험료, 운송비용, 금융비용 등)과 현물가격의 합은 선물가격과 일치하게 된다. 그러나 현실적으로 시장에는 불완전성이 존재하고 있다. 즉, 완전시장에서는 거래비용이 없고, 차입금리와 대출금리가 동일하며, 공매(short selling)에 대한 제한이 없고, 상품보관에 문제가 없는 것을 가정하고 있지만 실제로는 그렇지 못하다는 의미이다. 거래비용, 차입금리와 대출금리의 차이, 공매제한, 보관상품의 질적 저하 등의 문제가 존재하기 때문에 선물가격은 차익거래에 의한 이익이 발생하지 않는 한 일정한 범위 내에서 움직이게 된다.

만일 보유비용을 감안한 선물가격이 현물가격보다 높으면, 자금을 차입하여 상품을 구입하면서 관련된 선물을 판 후 만기일에 상품을 인도하면 이익을 얻을 수 있다. 반대로 선물가격이 현물가격보다 낮으면, 현물을 팔고 선물을 매입함으로써 차익거래에 따른 이익을 얻을 수 있다.

대개 일반상품은 현물가격에 비해 선물가격이 높고 선물가격에도 결제월이 가까운 선물(근월물)보다 결제월이 먼 선물(원월물)의 가격이 높게 나타나는 것이 정상이다. 즉 선물의 적정가치는 현물가격보다 높다는 것이다. 그러나 금융상품 중 일부는 현물가격에 비해 선물가격이 낮고 선물가격 간에도 원월물이 근월물보다 낮은 상품이 있다.

4.2 가격관계를 이용한 거래

실제시장에서 형성되는 선물의 가격은 적정가치를 반영하여 형성되는 경우가 많지 않다. 즉, 현물과 선물의 가격차이 또는 근월물과 원월물의 실제가격차이가 이론적인 가격차이보다 더 크거나 적은 경우가 시장에서는 흔히 발생할 수 있다.

이러한 가격관계를 이용하여 무위험이익을 취하는 차익거래와 상대적으로 적은 위험을 감수하는 스프레드거래가 있다. 이러한 거래들은 시장에 유동성을 제공하기도 하고 선물가격이 이론적인 적정가치의 수준에서 형성되도록 하는 중요한 역할을 하며, 때로는 시장거래의 주요 부분을 담당하기도 한다.

1) 단순투기거래

투기란 예상되는 자산의 가치변동에서 이익을 추구하면서 예상이 빗나갔을 때 입을 수 있는 잠재적 손실도 감수하는 형태의 경제행위라고 할 수 있다. 선물거래는 대상현물에 비하여 현물시장에서의 신용거래보다도 낮은 증거금수준(보통 5% 내외)을 요구할 뿐이므로 그만큼 현물거래에 비해 손익확대(leverage)가 크다. 일반적으로 수익률은 위험과 비례한다고 할 수 있는데, 예상이 맞을 때에는 높은 수익률을 얻을 수 있지만 그렇지 못하면 큰 손실을 입을 수 있기 때문에 선물거래를 투기적 목적으로 할 때에는 이 점을 충분히 감안해야 한다. 시장측면에서 보면 투기자는 위험회피자가 전가하려는 위험을 받아주는 역할을 하기 때문에 시장의 유동성에 있어서 중요한 위치를 차지하고 있는 것이다.

구체적인 투기거래기법으로는 대상 선물계약 종류의 수에 따라 단순투기거래와 복합투기거래로 나눌 수 있다. 단순투기거래(speculation)는 한 종류의 선물계약을 거래대상으로 하는 전략을 말한다. 이러한 거래에서는 장래의 선물가격 변화를 추정하여 가격상승이 예상되면 선물계약을 사고 가격하락이 예상되면 선물계약을 팔아 추후 가격변동 발생 후에 청산 또는 반대매매를 통하여 이익을 취하려고 한다. 이러한 거래는 해당포지션을 취하면서 동시에 반대포지션을 취하지 않기 때문에 선물가격의 변동이 그대로 거래손익으로 나타나므로 수익이 기대되는 만큼 손실을 입을 위험도 커진다.

2) 복합투기거래

복합투기거래는 크게 현물과 선물 또는 선물과 선물의 매입매도를 동시에 행하는 차익거래와 스프레드거래로 구분된다.

(1) 차익거래

차익거래(arbitrage transaction)는 선물시장에서 선물가격이 일시적으로 불균형상태에 있거나 선물시장에서 현물시장을 종합할 때 어느 한쪽이 불균형상태에 있어 선물과 현물을 동시에 이용하여 한 시장에서는 매입하고 다른 시장에서는 매도를 하는 투자전략을 말한다.

선물가격은 상품의 미래가격으로서 일반적으로 만기일이 길수록 현물가격의 차이가 커지며 선물의 만기시점에서 선물가격과 현물가격은 일치한다. 따라서 현물가격과 선물가격의 차이인 베이시스(basis)는 계약초기에 가장 크고 시간이 지남에 따라 0에 수렴하게 된다. 이 베이시스를 이용하면 상품의 미래가격에 대한 투자자의 예측을 추정할 수 있다.

정상적인 시장에서는 선물가격이 현물가격보다 높고, 또한 원월물이 근월물보다 가격이 높다. 왜냐하면 선물계약 시 상품의 인도인수가 현물거래보다 늦게 이루어지므로 그 기간 동안의 상품보관료, 보험료, 그리고 투자금액에 대한 이자 등이 발생하기 때문이다. 따라서 일반적으로 베이시스는 0보다 작다. 그러나 곡물이나 난방용 기름과 같은 계절상품인 경우 선물계약에 의한 상품의 인도시점이 곡물의 수확기이거나 비수기라면 선물가격이 현물가격보다 낮아지는 역조시장(inverted market)을 형성할 수도 있다. 이러한 역조시장에서는 만기일이 길수록 선물가격이 낮아지며 베이시스가 0보다 커진다.

이러한 베이시스는 현물가격이나 선물가격에 비해 변동이 작다. 즉 현물가격과 선물가격이 크게 변동하는 경우에도 베이시스는 비교적 안정적이므로 이러한 성질을 이용하여 선물을 이용한 차익거래로 위험회피(hedging)가 이루어진다.

(2) 스프레드거래

베이시스는 동일한 상품의 현물가격과 선물가격의 차이인 반면, 스프레드는 종류가 다른 두 선물계약의 차이를 나타낸다. 만기가 다른 동일상품의 선물가격 차이를 상품 내 스프레드(intra-commodity spread)라고 하고, 서로 다른 종류의 상품의 선물가격 차이를 상품 간 스프레드(inter-commodity spread)라고 한다.

현물시장에서 거래되는 특정한 상품과 관련된 여러 종류의 선물가격 변동은 비슷하기 마련인데, 이 가격변동의 형태가 비슷한 선물을 이용함으로써 위험회피의 목적을 얻을 수 있다. 두 가지 선물의 유사한 가격변동을 이용한 스프레드거래는 낮은 위험부담과 높은 수익을 가능하게 한다.

스프레드거래(spread transaction)는 성격이 비슷한 복수의 상품선물거래를 의미하는데 동일한 선물계약에 대해 인도월만 다른 두 개의 선물을 매입매도하는 인도월 간 스프레드거래, 동일한 인도월을 갖는 상이한 선물을 매입매도하는 상품 간 스프레드거래, 그리고 동일한 선물이 상이한 시장에서 거래될 때 그 차이를 이용하여 이익을 취하려고 하는 시장 간 스프레드거래로 구분된다.

이러한 스프레드거래는 가격변동위험을 부담하는 투자자들에게 이익획득의 기회를 제공하며 보통 안정적이라고 할 수 있다.

(3) 헷징거래

위험회피자(hedger)들은 자신이 가지고 있는 자산 또는 앞으로 소유하고자 하는 자산의 가격변화에 따른 위험을 회피하기 위하여 선물거래를 이용한다. 이때 현물가격과 선물가격이 같은 방향으로 같은 크기만큼 변하여 현물시장에서의 손실이 선물시장에서의 이익으로 완전히 상쇄되는 경우를 완전헷지(perfect hedge)라고 하며, 완전히 상쇄되지 않은 경우를 불완전헷지(imperfect hedge)라고 한다.

금융선물거래에서 헷징이란 현물시장에서 현재 보유하고 있는 금융자산 또는 앞으로 변제해야 할 채무에 대해서 선물시장에서 현물시장과는 정반대의 매입 또는 매도거래를 함으로써 주가, 금리, 그리고 환율변동에 따라 발생될 현물시장에서의 손실(또는 이익)을 선물시장에서의 이익(또는 손실)으로 상쇄시키는 것을 말한다. 이는 장래의 불확실한 환율 및 금리수준을 일정하게 확정시킴으로써 손실발생위험을 제거하는 데 그 목적이 있으며, 헷징의 성공 여부는 베이시스의 움직임, 즉 선물가격과 현물가격의 차이에 의하여 결정된다.

보합시세는 무너지는 쪽으로 붙어라

보합은 언젠가 한쪽으로 무너지는데 어느 쪽으로 무너질지 미리 알 수 없는 것이 보통이다. 따라서 보합시세에서는 주식을 팔아 현금을 보유한 후, 보합이 깨질 때 깨지는 방향으로 따라붙는 것이 원칙이다.

제5절 ■ KOSPI 200 주가지수선물의 활용

주가지수선물(stock index futures)이란 증권시장에서 거래되고 있는 전체주식 또는 일부주식의 가격수준을 나타내는 주가지수를 매매대상으로 하는 금융선물의 한 종류이다. 즉 선물가격의 기준이 되는 기초자산이 주가지수일 때 이것을 주가지수선물이라고 한다. 주가지수는 실물이 없는 추상물이기 때문에 일반 선물계약과는 달리 현물인수도가 불가능하다. 따라서 만기일 이전에 반대매매를 통하여 포지션을 청산하든지, 아니면 만기일에 가서 그 차액을 현금으로 결제하게 된다.

주가지수선물은 주요 주가지수에 대하여 발행되고 있다. 미국에서는 NYSE Index, S&P 500 Index 또는 Value Line Index 등에 대한 지수선물이 거래되고 있고, 우리나라에서는 KOSPI 200지수에 대한 선물계약이 1996년 5월부터, 그리고 KOSDAQ 50지수에 대한 선물계약이 2001년 1월 30일부터 거래되고 있다.

KOSPI 200은 1990년 1월 3일을 기준시점(기준지수 100)으로 하며, 시가총액 방식에 의해 산출된다. KOSPI 200의 편입대상종목은 매년 6월에 직전년도의 1년간 종목별 평균시가총액 및 연간거래량을 기준으로 선정된다. 이때 구성종목의 시가총액이 전체 시가총액의 70% 이상으로 해야 하며, 상장폐지나 관리종목 지정, 합병 등의 사유발생 시 운영위원회를 개최하여 종목지정을 위한 특별심의를 할 수 있다. KOSDAQ 50지수는 코스닥시장에 등록된 시가총액 상위종목 중 업종대표성과 유동성 등을 감안하여 선정한 50개 종목을 기준으로 2000년 11월 24일부터 작성 · 발표되는 지수인데, 기준일은 1999년 1월 4일이다. [표 9-2]에

표 9-2 ▎KOSPI 200지수선물과 KOSDAQ 50지수선물의 비교

<table>
<tr><th>구분</th><th>KOSPI 200지수선물</th><th>KOSDAQ 50지수선물</th></tr>
<tr><td>결제월</td><td colspan="2">3월, 6월, 9월, 12월(최장거래기간 : 1년)</td></tr>
<tr><td>최종거래일</td><td colspan="2">각 결제월의 두 번째 목요일(휴장일인 경우에는 직전 영업일)</td></tr>
<tr><td>거래시간</td><td colspan="2">월~금요일의 9:00~15:15 (최종거래일에는 9:00~14:50)</td></tr>
<tr><td>거래단위</td><td>계약(선물가격×50만 원)</td><td>계약(선물가격×10만 원)</td></tr>
<tr><td>호가단위</td><td>0.05포인트(25,000원)</td><td>0.05포인트(5,000원)</td></tr>
<tr><td>기본예탁금</td><td>500만 원(선물 · 옵션 통합)</td><td>없음</td></tr>
<tr><td>가격제한폭</td><td colspan="2">전일 종가의 상하 10%</td></tr>
<tr><td>매매거래 중단제도 (circuit breakers)</td><td>• 전날 거래량이 가장 많은 종목의 가격이 전일 종가 대비 5% 이상 변동하고 괴리율이 3% 이상 확대되어 1분 이상 지속
➞ 모든 선물거래를 5분간 중단 (1일 1회)
• 종합주가지수가 10% 이상 하락한 상태가 1분간 지속되어 주식시장의 매매거래가 20분간 중단되는 경우
➞ 모든 선물거래를 20분간 중단(1일 1회)</td><td>• 전날 거래량이 가장 많은 종목의 가격이 전일 종가대비 7% 이상 변동하고 괴리율이 3% 이상 확대되어 1분 이상 지속
➞ 모든 선물거래를 5분간 중단 (1일 1회)
• 코스닥지수가 10% 이상 하락한 상태가 1분간 지속되어 주식시장의 매매거래가 20분간 중단되는 경우
➞ 모든 선물거래를 20분간 중단 (1일 1회)</td></tr>
<tr><td>프로그램 매매체결 지연제도 (side car)</td><td>• 전날 거래량이 가장 많은 선물종목의 가격이 전일 종가 대비 5% 이상 변동하여 1분 이상 지속
➞ 거래소 현물시장에서의 프로그램 매매호가의 효력을 5분간 정지(1일 1회)</td><td>• 전날 거래량이 가장 많은 선물종목의 가격이 전일 종가 대비 6% 이상 변동하여 1분 이상 지속
➞ 코스닥 현물시장에서의 프로그램 매매호가의 효력을 5분간 정지 (1일 1회)</td></tr>
</table>

서는 KOSPI 200지수선물과 KOSDAQ 50지수선물시장의 특성을 서로 비교하고 있다.

5.1 일일정산의 예

2012년 3월 6일 김수일 씨는 주가가 당분간 하락할 것으로 보고 KOSPI 200 지수선물 3월물(만기일 3월 9일) 5계약을 68.50에 매도하였다. 당일은 주가가 더 상승하여 68.70에 장이 마감되었다. 다음날(3월 7일)에는 68.45로 소폭 밀리면서 마감되었고, 3월 8일에는 67.35로 떨어졌다. 증거금을 500만원으로 시작한다고 할 때 일일정산결과를 요약하면 다음의 [표 9-3]과 같다.

표 9-3 ▌ 일일정산결과(약정가격 68.50; 약정수량 5계약; 매도포지션)

구분	3월 6일	3월 7일	3월 8일
정산가격	68.70	68.45	67.35
당일차금	−500,000원 (68.50−68.70)×50만원 ×5계약	−	−
갱신차금	−	+625,000원 (68.70−68.45)×50만원 ×5계약	+2,750,000원 (68.45−67.35)×50만원 ×5계약
일일정산결과	4,500,000원	5,125,000원	7,875,000원

• 당일차금 : 당일의 전체약정을 당일의 정산가격으로 평가하여 산출한 금액
• 갱신차금 : 전일의 미결제약정을 당일의 정산가격으로 평가하여 산출한 금액

5.2 최종결제의 예

최종결제일인 3월 9일 KOSPI 200 선물 3월물의 정산가격이 67.55였으며, 당일 KOSPI 200 현물지수는 67.23으로 끝났다. 최종일의 정산결과를 살펴보면

다음의 표와 같다.

표 9-4 ▌ 최종일의 정산결과

구분	3월 8일	3월 9일
정산가격	67.35	67.55
갱신차금	+2,750,000원 (68.45−67.35)×50만원×5계약	−500,000원 (67.35−67.55)×50만원×5계약
최종결제차금	–	+800,000원 (67.55−67.23)×50만원×5계약
일일정산결과	7,875,000원	8,175,000원

5.3 증거금제도

KOSPI 200 선물거래 시에는 KOSPI 200 옵션거래와 연계하여 보유 중인 선물·옵션 미결제약정을 기준으로 한 포트폴리오 위험기준 위탁증거금제도를 채택하고 있다.

1) 기본예탁금제도

계좌를 개설한 후 미결제약정이 없는 투자자가 최초의 신규매도 또는 매수를 위탁하는 때에는 사전에 500만 원 이상의 현금 또는 유가증권(대용증권)을 선물옵션기본예탁금으로 증권회사에 납부하여야 한다. 이 금액은 선물·옵션거래를 하기 위한 최소한의 기본금액을 설정한 것으로 투자자의 위탁증거금이 500만 원 이하로 계산되더라도 미결제약정을 보유하고 있는 한 기본예탁금은 인출할 수 없다.

2) 신규주문 시의 위탁증거금

기존의 미결제약정에 대한 증거금과는 별도로 선물·옵션의 신규주문 시에는 신규주문에 따른 증거금을 미리 증권회사에 납부하여야 한다. 선물의 경우 위탁금액의 15% 이상을 납부하여야 하며 위탁금액의 5% 이상은 현금으로 납부하여야 한다. 예컨대, 현재가격이 70.00인 KOSPI 200 6월물 10계약을 신규매수주문을 내려면 위탁증거금은 다음과 같이 산출된다.

신규위탁증거금 : 70.00×50만원×10계약×15% = 5,250만원
현금위탁증거금 : 70.00×50만원×10계약× 5% = 1,750만원

3) 미결제약정이 있는 경우의 위탁증거금

미결제약정이 있는 경우의 위탁증거금은 보유하고 있는 선물 · 옵션 미결제약정의 위험을 기준으로 산출되며, KOSPI 200이 가장 불리하게 변동할 경우 보유중인 선물 · 옵션 미결제약정의 최대손실액을 기준으로 부과된다. 현재 위탁증거금수준은 3%, 6%, 9%, 12%, 15% 등의 5가지 구간 중에서 가장 불리한 수치로 계산한다.

예컨대, 6월물 10계약을 70.00에 전날 매도해서 70.00에 장이 마감되었다고 하자. 오늘 새로 매도주문을 내려면 신규위탁증거금 외에도 미결제포지션에 대한 선물 · 옵션 가격변동 위탁증거금을 준비해야 하는데, KOSPI 200이 15% 상승하는 경우(80.50)가 가장 불리해지기 때문에 그 계산은 다음과 같이 된다.

선물 · 옵션 가격변동 위탁증거금 : 10계약×(80.50−70.00)×50만원
= 5,250만원

4) 위탁증거금의 유지 및 납부

투자자의 예탁금이 선물 · 옵션 미결제약정의 유지증거금 수준에 미달하는 경우 투자자의 현재예탁금과 당일에 계산된 위탁증거금의 차액 이상을 다음날 12시까지 증권회사에 추가로 납부해야 한다. 만일 정해진 시한 내에 위탁증거금의 추가납부가 이루어지지 않으면 증권회사는 해당계좌의 미결제약정을 반대매매

(전매 또는 환매)하거나, 위탁증거금으로 징수한 대용증권을 매도할 수 있으며 부족액이 있을 경우 그 부족분을 청구할 수 있다.

5) 위탁증거금의 인출

투자자는 선물 · 옵션 미결제약정의 결제이행보증에 필요한 금액(위탁증거금)을 초과하는 금액을 인출할 수 있다. 그러나 미결제약정을 보유하고 있는 경우 미결제약정의 결제이행보증에 필요한 금액과 선물 · 옵션 기본예탁금(500만원) 중에서 큰 금액을 초과하는 예탁금액만 인출이 가능하다.

6) 위탁수수료

위탁자는 매매거래가 성립할 때마다 약정금액의 일정비율을 위탁수수료로서 증권회사에 납부하여야 한다. 또 선물의 매매 시 외에도 최종결제일이 되면 자동적으로 위탁수수료가 발생한다. 현재 증권회사가 징수하는 선물거래에 대한 위탁수수료는 대부분 약정금액의 0.05% 이하의 수준으로 정해놓고 있다. 이는 주식에 대한 수수료에 비해서 매우 낮은 비율이라고 할 수 있다.

오를 땐 계단, 내릴 땐 엘리베이터

주가는 인간의 심리를 그대로 반영한다. 좋아진다는 기대심리는 서서히 번지는 반면, 불안이나 공포심은 빠르게 확산된다. 힘들게 올라간 주가가 순식간에 떨어지면 얼마나 허무할까!

제6절 ■ 옵션

6.1 옵션의 개념

옵션(option)이란 보유자에게 미리 정한 날짜 또는 그 이전에 특정한 자산을 미리 약속한 가격으로 사거나 팔 수 있는 권리를 주는 계약이다. 특정한 자산은 기초자산(underlying asset), 미리 정한 날짜는 만기일(expiration date), 미리 약속한 가격은 행사가격(exercise price 또는 striking price)이라고 부른다. 그리고 기초자산을 매입할 수 있는 권리를 콜옵션(call option), 그리고 매도할 수 있는 권리를 풋옵션(put option)이라고 한다.

이러한 계약은 옵션발행자(옵션매도자)와 옵션매입자 간에 이루어진다. 옵션매입자는 이러한 권리를 얻는 대신에 옵션발행자에게 그 대가를 지불해야 하는데, 그것을 옵션프리미엄 또는 옵션가격이라고 한다. 옵션에는 두 종류가 있는데, 유럽형 옵션(European option)은 옵션의 만기일에만 권리가 행사될 수 있는 반면, 미국형 옵션(American option)은 옵션의 만기일이 경과되지 않는 한 언제라도 권리가 행사될 수 있다.

옵션시장의 형성이 가지는 의미는, 첫째 상품가격의 방향보다는 상품가격의 변동성(volatility)에 대한 거래가 가능해진 것과, 둘째 옵션가격 메커니즘을 이용한 신금융상품의 출현이 가능해졌다는 점을 들 수 있다.

6.2 옵션계약과 선물계약의 비교

옵션계약은 넓은 의미에서 선물거래의 일종이라고 할 수 있기 때문에 선물계약의 경제적 기능과 유사하지만 옵션이 가지고 있는 특수한 거래구조에 의해 선물거래와는 크게 다르며 현물거래와도 많은 차이점을 가지고 있다. 그러한 차이는 [표 9-5], [표 9-6]과 같이 요약될 수 있다.

표 9-5 ▌옵션계약과 선물계약의 비교

구분	선물계약	옵션계약
권리 및 의무	매입자와 매도자에게 권리와 의무가 동시에 발생	매입자에게는 권리, 매도자에게는 의무만 발생
거래의 대상	증서에 나타난 권리 자체에 대한 거래로 소유권이 이전되는 계약	기초자산을 매도 또는 매입할 수 있는 권리에 대한 계약
프리미엄	프리미엄을 주고받지는 않지만 일일정산을 통해 손익을 수수	매도자가 매입자에게 권리를 부여하는 대가로 프리미엄을 징수
위탁증거금	매도자와 매입자 모두 위탁증거금을 납부	매도자에게만 부과하고 매입자는 프리미엄으로 대체
위험관리	매도자와 매입자 모두 무한정의 위험에 노출됨	매입자는 위험을 프리미엄으로 한정할 수 있고 매도자는 프리미엄만큼 감소시킬 수 있음
결제방법	반대매매와 인수도에 의해 결제가 이루어짐	반대매매, 권리행사 시 결제됨. 권리행사 포기 시에는 결제 불필요

표 9-6 ▌옵션계약과 현물계약의 비교

구분	현물계약	옵션계약
상품의 성격	상품 자체가 재산권리를 나타내는 유가증권	주식과 채권 등 기본증권을 기초로 하는 파생상품
거래의 대상	증서에 나타난 권리 자체에 대한 거래로 소유권이 이전되는 계약	기초자산을 매도 또는 매입할 수 있는 권리에 대한 계약
발행자	기업, 공공단체 및 국가가 직접 발행	투자자가 발행하고 발행사무는 거래소와 같은 결제기관이 대행
증서발행유무	소유권증명을 위한 증서, 즉 주권과 채권 등이 발행됨	소유권증명을 위한 문서(옵션증서)는 발행되지 않음
대상종목선정	발행회사나 단체의 상장신청에 의해 거래소가 요건을 심사한 후 상장	발행인(투자자)의 의사와는 관계없이 거래소가 독자적(제도적)으로 선정
거래비용	현물가치를 모두 현금으로 거래하기 때문에 옵션계약보다 높음	증거금만 투자자금으로 잡히기 때문에 현물계약보다 저렴

6.3 옵션의 발달

옵션거래가 최초로 등장한 것은 17세기경 네덜란드에서 튤립재배가 유행하면서 작황에 따라 가격변동폭이 커지게 되자 튤립시장에서 튤립을 기초자산으로

하는 옵션을 처음으로 거래되기 시작하였다. 이후에도 암스테르담에서 네덜란드 서인도회사의 주식에 대한 옵션이 거래되었다. 17세기말에는 영국에서 주식에 대한 옵션이 조직적으로 거래되었다. 영국왕실에서는 1733년 바나드법(Barnard Act)을 제정하여 옵션거래를 불법화시켰는데도 불구하고 1931년 금융공황 때까지 런던을 중심으로 옵션이 거래되었다.

미국에서도 18세기말부터 증권중개업자들이 옵션중개인협회를 조직하여 뉴욕을 중심으로 주식옵션을 장외에서 거래하기 시작하였다. 1973년에 시카고옵션거래소(CBOE)가 설립되기 전에는 장외시장에서 거래되었으나 설립된 후 장내거래량이 급증하였다.

6.4 옵션의 기능 및 특징

최초의 조직화된 옵션시장인 시카고옵션거래소가 1973년 개설된 이래 옵션거래는 괄목할만한 성장추세를 보이고 있다. 이처럼 옵션거래가 급증한 이유는 다음과 같이 옵션이 투자자에게 주식이나 채권과는 다른 새로운 투자기회를 제공하기 때문이다.

첫째, 옵션은 유가증권투자에서 레버리지를 증대시키는 효과적인 수단으로 사용될 수 있다. 투자자들이 주가가 오를 것으로 예상할 때 주식을 사서 보유하고 주가가 하락할 것으로 예상하면 대주(short selling)를 함으로써 투자이익을 기대할 수 있다. 그러나 주식을 직접 매입하거나 대주하는 대신 기초주식의 가격이 오를 것으로 예상할 때에는 주식 대신 콜옵션을 매입하고, 반대로 주가가 내릴 것으로 예상할 때에는 풋옵션을 매입하더라도 같은 효과를 얻을 수 있는 것이다.

그런데 옵션투자에 소요되는 금액은 주식투자의 경우보다 훨씬 적기 때문에 직접 주식을 사거나 대주하는 경우보다 옵션을 이용하면 적은 금액으로서 같은 이익을 얻을 수 있다. 이것은 옵션을 이용하여 투자하는 경우 직접 주식을 거래하는 것보다 수익률이 크게 높아지는 레버리지효과를 얻을 수 있음을 나타낸다.

둘째, 옵션은 불리한 가격변동에 대한 헷징수단으로 이용될 수 있다. 주식을 사서 보유할 경우 주가가 오르면 큰 이익을 얻을 수 있지만, 반대로 주가가 하락하면 큰 손실을 입게 된다. 그러나 주식 대신 콜옵션을 보유하고 있으면 주가가 떨어질 때는 단순히 옵션을 포기하면 되기 때문에 손실이 옵션의 매입가격으로 한정된다. 또한 대주를 하였을 경우에는 주가가 실제로 하락하였을 경우 큰 이익을 낼 수 있지만 주가가 오를 경우 큰 손실을 입게 된다. 이때 대주를 하는 대신 풋옵션을 보유하면 주가가 오르더라도 역시 옵션을 포기하면 되기 때문에 손실은 풋옵션의 매입가격으로 한정된다. 이와 같이 옵션은 주가가 불리한 방향으로 움직일 때 일정한 한도 내로 제한함으로써 위험에 대한 헷징의 기능을 한다.

셋째, 옵션은 여러 가지 포지션과 결합하여 투자자가 원하는 형태의 이익을 얻을 수 있게 해준다. 즉 주식보유자는 동시에 풋옵션을 매입함으로써 주가하락에 대한 손실을 줄일 수 있으며, 주가가 하락할 것으로 예상하고 대주를 한 투자자는 동시에 콜옵션을 매입함으로써 주가상승에 따른 손실을 줄일 수 있게 된다.

넷째, 옵션은 기초주식의 가격변화에 상관없이 그 자체로서 하나의 투자수단을 제공한다. 옵션가격은 주로 기초주식가격 등에 의해 결정되는데, 만일 어떤 옵션의 가격이 기초주식의 가격이나 다른 옵션가격에 비해 높거나 낮은 경우에는 여러 종류의 옵션과 주식을 이용함으로써 차익거래의 기회를 만들 수도 있다.

산이 높으면 골도 깊다

주식은 크게 오르면 그만큼 반락도 크다. 크게 하락한 주식은 그만큼 반발력도 커진다. 종합주가의 대폭락 밑바닥에서 크게 하락한 주식을 겨냥하는 것이 정석이라고 일컬어지는 것은 이 원리에 근거를 두고 있는 것이다.

높은 산에는 우리를 기쁘게 해주는 대자연의 경관 외에도 단 한번의 실수로 생명을 빼앗아 가버릴 벼랑이나 깊은 계곡이 있음을 상기하지 않으면 안 된다. 이와 마찬가지로 주식투자를 함에 있어서도 단 한번의 성공으로 일확천금을 노릴 수 있으나, 단 한번의 실수로 패가망신할 수도 있음을 경계하고 있다.

제7절 ■ KOSPI 200 주가지수옵션

7.1 기본개념

주가지수옵션이란 주가지수를 기초자산으로 하는 옵션거래를 말한다. 주가지수옵션거래를 이용하면 개별종목의 가격변동보다는 시장 전체의 동향이나 변동성추이를 전망하여 주식시장 전체에 대한 투자를 할 수 있다. 그러나 주가지수는 어디까지나 시장지표일 뿐이며 거래대상이 될 수 없기 때문에 권리행사나 반대매매 시 지수의 상황과 사전에 정한 계약조건에 따라 실물을 거래하는 효과를 나타내도록 거래제도상의 장치를 두고 있다.

주가지수선물의 성공적인 도입과 함께 1997년 7월 정부는 KOSPI 200지수를 거래대상지수로 주가지수옵션시장을 개설하였다.

7.2 KOSPI 200지수옵션의 특성

우리나라 주가지수 옵션거래는 만기일에만 권리행사가 가능한 유럽형으로 발행된다. 이는 포트폴리오 관리와 시장관리 측면에서 유리하다고 생각되기 때문이다. 그 외의 특성을 살펴보면 다음과 같다. [표 9-7]에서는 KOSPI 200지수옵션의 특성을 요약하여 보여주고 있다.

표 9-7 ❙ KOSPI 200지수옵션의 특성

구분	내용
결제월	3월, 6월, 9월, 12월 중 현재시점과 근접한 2개월물과 이를 제외한 최근 2개월물
최종거래일	각 결제월의 두 번째 목요일(휴장일인 경우에는 직전 영업일)
거래시간	월~금요일 9:00~15:15(최종거래일에는 9:00~14:50)
행사가격	2.5포인트 간격으로 등가격 1개, 내가격 4개 및 외가격 4개
거래단위(금액)	계약(프리미엄×10만 원)
호가단위	• 옵션가격이 3.00포인트 이상일 경우 0.05포인트(5,000원) • 옵션가격이 3.00포인트 미만일 경우 0.01포인트(1,000원)
가격제한폭	KOSPI 200지수가 전일종가 대비 15% 변동 시 이론가격 이내
위탁증거금	거래단계별로 기본예탁금, 개시증거금 및 유지증거금 징구
결제일	거래 익일 및 최종거래일 익일 한국증권거래소를 통해 결제
매매거래중단제도	KOSPI 200지수선물시장에서의 서킷브레이커 발동 시 옵션거래도 중단

젊은 시세는 눈을 감고 사라

오르기 시작한 시세는 웬지 불확실한 느낌이 있고, 더 오를지 어떨지 확신하기 어려운 면이 있다. 그러나 이 불확실하고 약한 시기에 눈을 감고 사버리는 것이 주식투자에서는 중요하다. 주식투자에서 가장 먼저 확인해야 하는 것은 안정권인가 고가권인가, 시세가 젊은가 노령에 달해 있는가 하는 것이다. 이와 같은 것은 여러 가지 지표를 조사하거나 차트를 잘 보고 있으면 용이하게 알 수 있으므로 만일 안정권이고 시세가 젊다는 것이 확인되면 우물쭈물 할 것 없이 곧바로 사야 한다.

제8절 ■ 주가지수옵션의 가격결정

8.1 주가지수옵션의 가치

주가지수옵션의 가치를 결정하는 가장 큰 요소는 행사가격과 함께 주가지수와의 차이이다. 콜옵션의 경우는 행사가격이 현재 주가지수에 비해 낮을수록, 풋옵션의 경우는 반대로 행사가격이 현재주가지수에 비해 높을수록 프리미엄이 커진다. 실제 옵션을 거래할 때 이와 같이 행사가격과 주가지수와의 차이에 따라 옵션을 구분하는데, 콜옵션의 경우 행사가격이 현재지수보다 낮으면 내가격(ITM : in-the-money)옵션, 거의 같으면 등가격(ATM : at-the-money)옵션, 행사가격이 높으면 외가격(OTM : out-of-the-money)옵션이라고 한다. 풋옵션의 경우는 반대가 된다. 예컨대, 현재 KOSPI 200지수가 69.1포인트라고 할 때 행사가격이 72.5인 콜옵션은 외가격옵션인 반면, 같은 행사가격을 가진 풋옵션은 내가격옵션이 된다. 그리고 이 경우 풋과 콜 모두 행사가격이 70인 옵션을 등가격옵션으로 분류한다. 즉 현행 주가지수옵션의 제도상 행사가격 간의 간격을 2.5포인트로 규정하고 있기 때문에 현재지수와 가장 근접한 행사가격대를 등가격으로 분류하는 것이다.

표 9-8 ▎옵션의 구분

구분	콜옵션	풋옵션
내가격(ITM)옵션	행사가격 < 현재지수	행사가격 > 현재지수
등가격(ATM)옵션	행사가격 = 현재지수	행사가격 = 현재지수
외가격(OTM)옵션	행사가격 > 현재지수	행사가격 < 현재지수

1) 옵션의 내재가치

앞에서 설명한 내가격 또는 외가격옵션은 기본적으로 현재 그 해당옵션을 행사하였을 때 돈을 받을 수 있는가를 기준으로 판단된다. 즉 행사하여 돈을 받을 수 있을 때 그 옵션을 내가격옵션이라고 부르며, 그 반대의 경우는 외가격옵션이라고 부르는 것이다. 이처럼 옵션의 권리를 행사하여 얻을 수 있는 가치를 그 옵션의 내재가치(intrinsic value)라고 하는데, 옵션의 실제가격은 항상 그 내재가치보다는 높게 형성된다.

2) 옵션의 시간가치

현재 KOSPI 200지수가 69.1일 때, 행사가격이 67.5인 콜옵션의 실제가격이 4.3을 기록하고 있다고 하자. 이 옵션의 내재가치는 1.6포인트에 불과한데, 가격은 왜 4.3을 기록하고 있는가? 그 이유는 이 옵션을 만기일까지 보유하고 있을 때 KOSPI 200지수가 더 상승하게 될 가능성을 가지고 있기 때문이다. 이처럼 만기일까지 옵션을 보유함으로써 시장가격이 자신에게 유리하게 변동할 가능성에 대한 가치를 옵션의 시간가치(time value)라고 하며, 그 크기는 옵션의 실제가격에서 옵션의 내재가치를 제외한 수치로 나타난다.

옵션의 내재가치와 시간가치를 그림으로 그리면 [그림 9-1]과 같이 나타난다. 옵션의 시간가치는 풋과 콜 모두 등가격(ATM)옵션일 경우 가장 크며, 외가격(OTM) 또는 내가격(ITM)옵션일 경우에는 그 크기가 줄어드는 경향이 있다([그림 9-2] 참조). 왜냐하면 옵션의 시간가치는 곧 만기일까지 주가지수의 변동가능성, 즉 변동성을 의미하는데 이러한 변동가능성은 등가격옵션이 가장 높고, 외가격 또는 내가격으로 갈수록 주가지수가 그 행사가격대까지 변동할 가능성

그림 9-1 ▌ 콜옵션의 내재가치와 시간가치

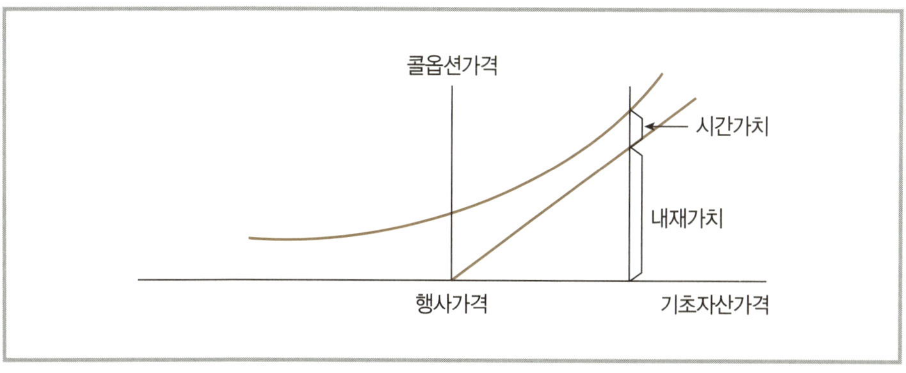

그림 9-2 ▌ 시간가치와 등가격, 내가격 및 외가격옵션

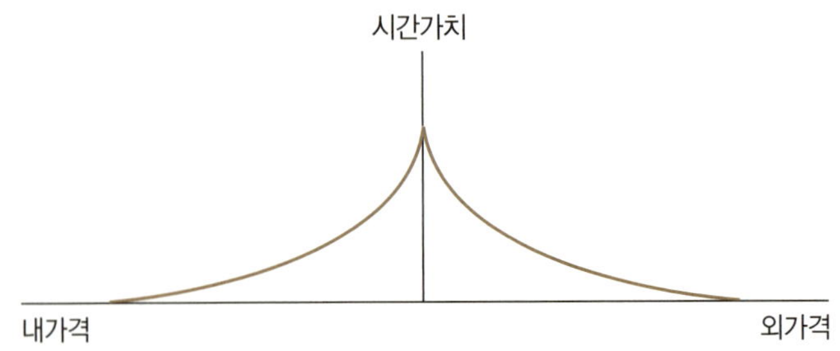

이 낮아지기 때문이다.

또한 옵션의 시간가치는 만기가 가까워올수록 그 크기가 줄어들게 된다. 즉, 옵션의 만기까지의 잔존기간이 가까워올수록 주가지수의 추가적인 변동가능성이 낮아지기 때문이다. 이러한 옵션의 시간가치와 만기까지의 잔존기간의 관계를 나타내면 다음과 같다.

그림 9-3 ▌ 시간가치와 잔존기간의 관계

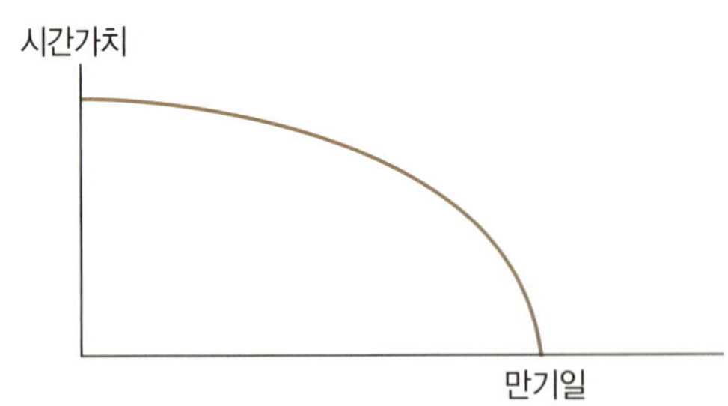

이상에서 볼 수 있듯이, 옵션을 매입한다고 하는 것은 핵심적으로 그 옵션의 시간가치를 매입하는 것이라고 할 수 있으며, 옵션을 매도한다는 것은 옵션의 시간가치를 매도하는 것이다. 따라서 옵션을 매입하는 사람은 만기까지 자신이 지불한 프리미엄 이상으로 주가지수가 변동해주기를 원하는 것이며, 옵션을 매

도한 사람은 만기까지 가능한 지수가 변동하지 않기를 원하는 것이다. 결국 옵션거래의 성패는 지불한 시간가치보다 실제변동성이 더 크냐 작으냐의 게임이므로 아러한 시간가치의 특성을 잘 이해하는 것이 매우 중요하다.

8.2 주가지수옵션가격의 결정요소

지금까지의 설명을 토대로 본다면, 특정한 행사가격을 가진 옵션가격은 ① 현재의 주가지수, ② 행사가격, ③ 잔존만기, ④ 장래 주가지수의 변동성, 그리고 ⑤ 이자율 및 배당금 등에 의해 영향을 받는다는 것을 알 수 있다.

1) 현재의 주가지수

주가지수옵션의 경우 기초자산은 KOSPI 200지수이다. 따라서 현물가격인 주가지수가 상승할수록 콜옵션의 가치는 상승하고 풋옵션의 가치는 하락한다. 콜옵션은 기초자산을 행사가격에 매입할 수 있는 권리를 나타내므로 이것의 가격이 상승할수록 그 상품을 싸게 매입하는 셈이므로, 옵션가격이 상승하는 것이 당연하다. 반면에 풋옵션은 행사가격에 기초자산을 매도할 수 있는 권리를 나타내므로 이것의 가격이 상승할수록 옵션을 행사할 필요가 없어지므로 풋옵션의 가치는 떨어질 수밖에 없다.

2) 행사가격

주어진 기초자산가격에 대해 행사가격이 높아지면 콜의 경우 외가격옵션이 되므로 내재가치가 하락하게 되어 옵션가격이 하락하고, 풋옵션의 경우는 내가격옵션이 되므로 내재가치가 증가해 옵션가격이 상승한다. 즉, 행사가격이 오르는 경우는 위의 기초자산가격이 하락하는 경우와 같은 효과를, 행사가격이 내리는 경우는 기초자산가격이 오르는 경우와 같은 효과를 만들어낸다.

3) 잔존만기

일반적으로 만기가 많이 남아 있는 옵션일수록 프리미엄이 높다. 왜냐하면 시간이 지날수록 기초자산가격이 자신에게 유리하게 변동할 가능성이 많이 남아 있기 때문이다. 극단적인 경우로, 만일 만기가 무한대로 남아 있다면 콜옵션의 가치는 기초자산가격에 접근하고 풋옵션의 가치는 행사가격에 접근하게 된다.

4) 장래주가지수의 변동성

기초자산가격의 변동성이 클수록, 즉 주가지수의 장래 변동가능성이 클수록 풋과 콜 모두 옵션프리미엄이 높아진다. 왜냐하면 주어진 행사가격에서 주가지수가 크게 움직인다면 옵션매입자의 입장에서 보다 유리한 가격에 옵션을 행사할 기회가 커지기 때문이다.

5) 이자율 및 배당률

콜옵션의 경우 금리가 높아질수록 옵션매입자가 옵션행사 시 지불해야 하는 행사가격의 현재가치가 하락하므로 옵션매입자에게 유리하다. 즉, 옵션의 프리미엄이 상승하는 것이다. 반대로 풋의 경우, 옵션매입자가 옵션행사 시 받을 행사가격의 현재가치가 감소하므로 옵션매입자에게 불리하며, 따라서 옵션의 프리미엄이 하락하게 된다.

배당률에 대해서는 금리와는 반대방향으로 효과가 나타난다. 즉, 배당이 많아지면 기초자산 또는 주가지수가 이에 따른 조정으로서 배당락이 일어나게 되므로 기초자산가격이 하락한 것과 동일한 효과가 나타나게 되는 것이다.

8.3 옵션의 이론가격 결정방법

옵션의 이론가격은 만기일에서의 기초자산가격의 확률분포에 의해 결정된다.

이러한 이론가격의 산출방법으로 가장 대표적인 것은 이항식 옵션가격모형(binomial model)과 Black-Scholes모형이다. 이 두 가지 방법은 옵션의 만기일에 기초자산의 가격확률분포에 대해 이항식모형에서는 이항분포(binomial distribution)를, Black-Scholes모형은 대수정규분포(lognormal distribution)를 이룬다는 가정에서 차이를 보인다고 할 수 있다.

Black-Scholes모형을 간단히 설명하면 다음과 같다. 콜옵션의 경우, 만기시 손익은 다음과 같을 것이다.

$$\text{만기시 손익} = \text{만기시 기초자산가격} - \text{행사가격} \qquad (1)$$

단, 이 같은 손익은 만기시 콜옵션이 내가격(ITM) 상태로 끝나야 성취될 수 있는 관계로 현재의 콜옵션가격은 다음과 같이 계산된다.

$$\begin{aligned}\text{콜가격} &= (\text{만기시 기초자산가격} - \text{행사가격}) \\ &\quad \times (\text{만기시 내가격으로 끝날 확률}) \qquad (2)\end{aligned}$$

Black-Scholes모형에 관한 자세한 설명은 본 장의 부록에서 다룬다. 그러나 이러한 과정을 통해 계산한 이론가격과 실제옵션가격과는 경우에 따라 상당한 차이를 보이는 경우가 많아 어디까지나 이론가격은 참고자료로서 활용하여야 한다.

먼동이 트기 직전이 가장 어둡다

주가가 장기적으로 하락하고 있으면 투자자들의 투자심리가 극도로 불안해져서 마침내는 투매양상으로 바뀐다. 모든 경제여건이나 시장의 수급상황 등이 어느 모로 보아도 주가가 회복될 가망이라고는 전혀 없으며 모든 것이 암담하기만 하기 때문이다. 이 때문에 웬만한 투자자들은 모든 주식을 팔고 싶고, 또 팔게 됨으로써 주가는 무섭게 하락한다.

그러나 먼동이 크기 직전이 가장 어둡다는 말이 있듯이, 하락시세도 막바지 국면에서 가장 암담하게 보이는 법이다. 일반상식으로는 도저히 주가가 회복될 가능성이 없는 상태이지만 최악의 하락장세가 지나고 나면 생각지도 않았던 희망적인 상황이 전개되어 그때부터 주가가 다시 상승하기 시작하는 것이 보통이다.

시장게임의 귀재 William O' Neal

(1) 투자경력 및 투자철학

1958년 헤이든 스톤사의 증권브로커로 입문하여 주식매매에서 탁월한 능력을 발휘한 William O' Neal은 1962~63년 사이 3차례의 공매로 누적수익률 400%를 기록했다. 1964년 증권연구소 겸 증권위탁매매회사인 '윌리엄 오닐사'를 설립하였다.

이 회사는 증시의 전산화를 꾀하는 등, 특히 정보분야에서 선두주자로 급부상, 미국 내 적중률 최고의 주식연구소가 되었다. 세계적 베스트셀러 『주식투자로 돈버는 법』을 발간하였고, 지난 10년간 연평균수익률 이 40%를 상회하였다.

그는 매수의 철칙으로 최저치에 접근하는 주식을 사는 것이 아니라 오랜 기간 평행추세대를 벗어나 전고점을 뚫고 올라가는 신고가 갱신종목을 매입했다. 그는 과거 5년간 크게 상승한 주식의 상승 전 공통된 분석에 치중하여 이미 알고 있는 PER와 같은 선입견을 버리고 신고가 종목 중에서 큰 시세 내는 종목 발굴에 총력을 기울인 결과 매수종목의 2/3 정도가 큰 수익을 내게 되었다.

(2) 투자원칙 및 투자기법

O' Neal은 "오르지 않는 주식은 모두 나쁜 주식이다"라는 생각을 가지고 매입가에서 7% 이상 떨어지면 더 이상 아무 미련도 없이 자동 매도하는 것을 가장 중요한 원칙으로 삼았다. 종목선정의 방법으로는 CANLIM이라는 원칙을 가지고 있었으며, 7% 손절매원칙을 준수했다. 그는 차트를 절대적으로 신용하여 다음과 같은 말을 했다.

"대다수 투자자들은 차트란 속임수에 불과하다고 생각합니다. 단지 5~10%의 투자자들만이 차트를 이해하고 심지어는 전문가들조차도 차트에 무지한 경우가 많습니다. 의사가 X-레이를 모르면 바보이듯이 투자자들도 차트를 모르면 바보인 셈이지요. 차트는 달리 용이하게 얻을 수 없는 귀중한 현재 정보를 제공해 줍니다. 차트는 정형화된 방식으로 수많은 다른 주식들을 검토해 볼 수 있게 해줍니다."

그는 월가의 일류분석가들도 수익률이 매우 저조한 것에 대해 성장하는 소수의 산업군을 찾아내지 못하고 잘못 선정된 산업 내의 종목을 매입하여 매도타이밍을 못찾기 때문이라고 한다.

부록 | Black-Scholes 옵션가격결정모형

[부록 1] 콜옵션

Black-Scholes 옵션가격결정모형에 따르면, 배당을 지급하지 않는 어느 주식에 대해 발행된 유럽형 콜옵션의 가치는 다음의 식에 의하여 나타낼 수 있다.

$$V_C = V_S \cdot N(d_1) - \frac{X}{e^{R_f \cdot t}} \cdot N(d_2) \qquad \text{(A-1)}$$

여기서 V_S는 현재의 주가, X는 옵션의 행사가격, R_f는 연속복리의 무위험이자율, 그리고 t는 만기일까지의 햇수를 가리킨다. 또한 e는 1.00의 자연대수 혹은 2.71828이다. 자연대수의 값에다 무위험이자율과 만기의 곱을 승수로 사용하면 연속할인으로 구한 옵션 행사가격의 현재가치가 된다. 따라서 $N(d_2)$에다 곱해주는 항은 행사가격의 현재가치인 셈이다.

한편 d_1과 d_2의 값은 다음의 식에 의해서 결정된다.

$$d_1 = \frac{ln(V_S / X) + \left(R_f + \frac{1}{2}\sigma_r^2\right)t}{\sigma_r\sqrt{t}} \qquad \text{(A-2)}$$

$$d_2 = d_1 - \sigma_r\sqrt{t} \qquad \text{(A-3)}$$

위의 공식에서 ln(·)은 괄호 안 숫자의 자연지수(natural logarithm)를 나타낸다. σ_r^2는 해당주식의 수익률분산이다. d_1과 d_2의 숫자들은 표준정규분포에서 기대값으로부터의 편차를 구하는 데 사용되고 있다. 여기서 표준정규분포

(standard normal distribution)란 정규분포의 특수한 경우로서 기대값이 0이고 표준편차가 1.0이다. 그러므로 d의 값이 −1.5라면 그것은 기대값으로부터 아래쪽으로 표준편차의 1.5배 떨어진 거리에 위치하고 있음을 나타낸다.

$N(d)$는 확률연산자(probability operator)로서 d값보다 작은 값을 취할 확률을 가리킨다. [그림 9A-1]에서는 d가 −1.00의 값을 취하고 있는데 그것은 기대값으로부터 아래쪽으로 표준편차의 1.00배에 해당하는 곳에 위치하고 있음을 의미하는 것이다. $N(d)$는 그림의 분포에서 진한 부분으로 나타난 확률인데 대략 16% 정도가 된다. [표 9A-1]에서는 여러 가지의 값과 그에 해당하는 $N(d)$의 값을 보여주고 있다. 가령 식 (A-2)으로 계산된 d_1이 0.00이라면 $N(d_1)$의 값은 0.50이 된다. 이것은 바로 표준정규분포에 있어서 기대값이므로, 여기에서 계산된 확률은 실제의 값이 기대값보다 작을 확률이 50%가 된다는 것을 나타내고 있다.

그림 9A-1 ▌ 표준정규확률분포

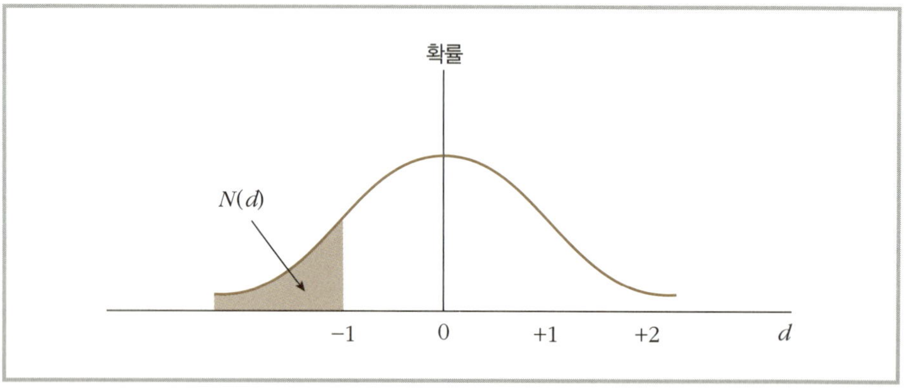

그러면 여기서 Black-Scholes모형을 사용하여 콜옵션의 가격을 산출하여 보자. 식 (A-2)와 (A-3)을 사용하여 먼저 d_1과 d_2를 구한다. 그 다음에는 [표 9A-1]에서 $N(d_1)$과 $N(d_2)$의 값을 찾아낸다. 마지막으로, 현재의 주가에다 $N(d_1)$을 곱하고 행사가격의 현재가치에다 $N(d_2)$를 곱하여 두 값의 차이를 구하면 된다.

표 9A-1 ▌ d값과 그에 해당하는 $N(d)$값

d	$N(d)$	d	$N(d)$	d	$N(d)$	d	$N(d)$	d	$N(d)$
−2.95	0.0016	−1.75	0.0401	−0.55	0.2912	0.65	0.7422	1.85	0.9678
−2.90	0.0019	−1.70	0.0446	−0.50	0.3085	0.70	0.7580	1.90	0.9713
−2.85	0.0022	−1.65	0.0495	−0.45	0.3264	0.75	0.7734	1.95	0.9744
−2.80	0.0026	−1.60	0.0548	−0.40	0.3446	0.80	0.7881	2.00	0.9773
−2.75	0.0030	−1.55	0.0606	−0.35	0.3632	0.85	0.8023	2.05	0.9798
−2.70	0.0035	−1.50	0.0668	−0.30	0.3821	0.90	0.8159	2.10	0.9821
−2.65	0.0040	−1.45	0.0735	−0.25	0.4013	0.95	0.8289	2.15	0.9842
−2.60	0.0047	−1.40	0.0808	−0.20	0.4207	1.00	0.8413	2.20	0.9861
−2.55	0.0054	−1.35	0.0885	−0.15	0.4404	1.05	0.8531	2.25	0.9878
−2.50	0.0062	−1.30	0.0968	−0.10	0.4602	1.10	0.8643	2.30	0.9893
−2.45	0.0071	−1.25	0.1057	−0.05	0.4801	1.15	0.8749	2.35	0.9906
−2.40	0.0082	−1.20	0.1151	0.00	0.5000	1.20	0.8849	2.40	0.9918
−2.35	0.0094	−1.15	0.1251	0.05	0.5199	1.25	0.8944	2.45	0.9929
−2.30	0.0107	−1.10	0.1357	0.10	0.5398	1.30	0.9032	2.50	0.9938
−2.25	0.0122	−1.05	0.1469	0.15	0.5596	1.35	0.9115	2.55	0.9946
−2.20	0.0139	−1.00	0.1587	0.20	0.5793	1.40	0.9192	2.60	0.9953
−2.15	0.0158	−0.95	0.1711	0.25	0.5987	1.45	0.9265	2.65	0.9960
−2.10	0.0179	−0.90	0.1841	0.30	0.6179	1.50	0.9332	2.70	0.9965
−2.05	0.0202	−0.85	0.1977	0.35	0.6368	1.55	0.9394	2.75	0.9970
−2.00	0.0228	−0.80	0.2119	0.40	0.6554	1.60	0.9452	2.80	0.9974
−1.95	0.0256	−0.75	0.2266	0.45	0.6736	1.65	0.9505	2.85	0.9978
−1.90	0.0287	−0.70	0.2420	0.50	0.6915	1.70	0.9554	2.90	0.9981
−1.85	0.0322	−0.65	0.2578	0.55	0.7088	1.75	0.9599	2.95	0.9984
−1.80	0.0359	−0.60	0.2743	0.60	0.7257	1.80	0.9641		

예를 들어, 만기까지 6개월(0.5년)인 콜옵션이 있는데 현재의 주가는 10,000원이고 행사가격은 10,000원이라고 한다. 연간으로 환산한 주식의 순간수익률 분산은 50%이고, 무위험이자율은 10%이다. 먼저 d_1을 구하면 다음과 같다.

$$d_1 = \frac{ln(10{,}000/10{,}000) + (0.10 + \frac{1}{2} \times 0.25)\,0.5}{0.5 \times 0.707} = 0.318$$

[표 9A-1]과 보간법(linear interpolation)을 사용하여 $N(0.318)$을 구하면 0.6236이 된다. 그리고 d_2의 값은 아래와 같이 계산된다.

$$d_2 - 0.318 - 0.50 \times 0.707 = -0.0355$$

위와 마찬가지 방법으로 $N(-0.0355)$를 구하면 0.4859이다. 그러므로 식(A-1)을 사용하여 이 예에 나타난 콜옵션의 가치를 구하면 다음과 같게 나타난다.

$$V_C = 10{,}000 \times 0.6236 - \frac{10{,}000}{2.71828^{0.10 \times 0.5}} \times 0.4859 = 1{,}614\,(\text{원})$$

[부록 2] 풋옵션

풋옵션의 가치를 산출하기 위한 Black-Scholes모형은 의외로 아주 단순하며 다음과 같다.

$$V_P = V_C + \frac{X}{e^{R_f \cdot t}} - V_S \qquad \text{(A-4)}$$

여기서 V_C는 동일한 주식에 대하여 발행되고 행사가격이 풋옵션과 동일한 콜옵션의 가치이다. 풋옵션의 가치는 그러한 콜옵션의 가치에다 행사가격의 현재가치를 더하고 그 다음 현재의 주가를 빼면 된다.

만일 해당주식에 대해서 옵션의 만기 이전에 배당이 지급되는 경우에는 만기 이전에 지급될 것으로 예상되는 배당금을 식 (A-1), (A-2), 그리고 (A-4)의 주가로부터 빼주어야 한다.

연습문제

01 선도계약(forward contract)과 선물계약(futures contract)의 주된 차이점은 무엇인가? 그러한 차이점이 두 계약의 가격을 결정하는 데 있어서 얼마만큼의 중요한 역할을 하고 있는가?

02 선물계약이 가지고 있는 유용한 기능에 대하여 설명하라.

03 선물계약은 어떤 경우에 종료되는가?

04 선물계약의 증거금 종류를 열거하고 각각의 내용을 설명하라.

05 선물시장에 참여하고 있는 거래자들의 종류를 열거하라.

06 선물시장에서 가격관계를 이용한 거래의 종류에 대하여 설명하라.

07 KOSPI 200지수선물과 KOSDAQ 50지수선물의 특성을 비교하라.

08 다음은 같은 해 8월에 인도될 어느 상품의 1단위당 선물가격의 시계열자료이다. 그 해 2월에 어느 투자자는 8월에 해당상품을 1,000단위를 인도하게 되는 계약을 매도하였다.

월	2월	3월	4월	5월	6월	7월	8월
선물가격	3,200원	3,250원	3,350원	3,250원	3,250원	3,300원	3,400원

(1) 이 계약을 처음 체결할 당시의 가치는 얼마인가?

(2) 만일 매월 말 정산(marking to market)된다고 가정하고, 매월 그 투자자에게 발생하는 현금흐름을 산출하라.

09 3년 후에 인도될 2년 만기 액면가 100만 원의 국채에 대한 선도계약을 생각해 보자. 이 국채의 3년 후 가격은 최저 800,000원이고 최고 1,400,000원의 균일확률분포(uniform distribution)를 이루고 있다고 한다. 1년 만기의 무위험자산

에 대한 수익률은 시점에 관계없이 언제나 5%라고 가정한다.

(1) 만일 투자자들이 위험중립적이라면, 현재의 선도가격은 얼마가 되겠는가?

(2) 이제는 투자자들이 위험기피적이며, 선도가격은 1,200,000원이라고 가정하자. 2년 만기 국채의 시장가격과 총소비의 관계에 대하여 논하라.

(3) 위의 문제에서와 같이 현재의 선도가격이 1,200,000원이라고 가정하자. 1년 후(t=1) 동일한 만기를 가진 해당국채의 선도가격은 1,000,000원이라고 한다. 현재의 시점에서(t=0) 매입한 선도계약의 1년 후 시점에서의 가치는 얼마가 되겠는가?

10 옵션계약, 선물계약, 그리고 현물계약의 특성을 각각 비교하라.

11 옵션의 주요 기능과 특성에 대하여 설명하라.

12 KOSPI 200지수옵션의 특성을 설명하라.

13 다음의 자료는 어느 주식과 그 주식에 대하여 발행된 콜옵션에 관한 것이다.

행사가격 : 40,000원　　현재의 주가 : 30,000원

σ_R^2 : 0.25　　만기(t) : 0.25년

무위험이자율 : 0.05

(1) Black-Scholes모형을 이용하여 콜옵션의 가격을 산출하라.

(2) 만기가 0.5년으로 바뀌었다고 가정하고 콜옵션의 가격을 다시 산출하라.

14 Black-Scholes모형을 사용하여 콜옵션의 가치를 결정함에 있어서, 다음과 같이 상황이 바뀔 때 콜옵션의 가치가 어떻게 영향을 받는가를 설명하라.

(1) 다른 모든 조건은 동일한데 다만 σ_R이 증가한다.

(2) 다른 모든 조건은 동일한데 다만 만기(t)가 짧아진다.

(3) 다른 모든 조건은 동일한데 다만 현재의 주가가 상승한다.

15 어느 주식에 대하여 발행된 콜옵션과 풋옵션은 행사가격이 75,000원으로 동일하고 만기도 동일하다. 현재의 주가는 68,000원이다. 풋옵션의 현재가격은 콜옵션의 가격보다 6,500원이 높다. 옵션 만기까지의 기간에 대한 무위험이자율은 3%이라고 한다.

(1) 이러한 자료를 근거로 무위험차익거래의 기회가 존재하고 있는가를 판단하라.

(2) 풋옵션과 콜옵션의 가격이 서로 균형관계에 있는가를 판단하라.

16 다음은 현재가격이 10,000원인 어느 주식에 대하여 발행된 옵션으로 다음의 투자전략을 수립하였다. 아래의 옵션들은 모두 만기가 동일하다.

- 행사가격이 9,500원인 콜옵션 1개를 매입
- 행사가격이 10,000원인 콜옵션 2개를 매도
- 행사가격이 10,500원인 콜옵션 1개를 매입

(1) 주가가 각각 9,000원, 9,500원, 10,000원, 10,200원, 10,500원, 그리고 11,000원일 때 위의 투자전략으로부터 발생하는 현금흐름을 산출하라.

(2) 위의 투자전략이 이익을 발생시킬 수 있는가를 판단하려면 어떠한 정보가 더 필요한가?

(3) 이러한 투자전략을 무엇이라고 부르는가?

CHAPTER 10

시장효율성

어느 기업에 대하여 새로운 정보가 생성된 경우, 시장참여자들이 얼마나 빨리 그러한 정보의 존재를 알아내고 그것을 근거로 증권을 사고 파는 것일까? 새로운 정보는 얼마나 빨리 증권가격에 반영되는 것일까? 관련되는 모든 새로운 정보에 증권가격이 신속하게 반응하는 경우 우리는 시장이 비교적 효율적이라고 말한다. 그렇지 않고 정보가 증권가격에 반영되는 속도가 느리고 투자자들도 상당한 시간을 들여서 정보를 분석하고 그 결과에 따라 반응하며 때로는 과잉반응까지 하는 경우, 증권가격은 모든 정보를 신중하게 분석한 결과에 기초한 가치와는 다르게 나타날 것이다. 그러한 증권시장을 우리는 비효율적이라고 한다.

시장이 과연 효율적인가는 아직 논란의 여지가 많다. 최근까지만 해도 증권가격을 결정함에 있어서 시장은 비교적 효율적이라는 실증결과가 비중이 더 컸었다. 그러나 최근 들어 수행된 몇몇 실증연구는 효율적시장가설(EMH)의 유효성에 의문을 던지고 있다. 본 장에서는 다음의 문제를 중점적으로 다룬다.

- 효율적시장가설의 세 가지 유형
- 효율적시장가설의 중요성
- 효율적 시장에서의 위험과 기대수익률

주가는 주가 자신밖에 모른다

이 격언은 증권투자가 얼마나 어려운가를 잘 말해주고 있다. 증권투자에 있어서 가장 중요한 일은 '자신을 지키는 일'이므로, 늘 겸허한 자세로 판단에 임하지 않으면 안 된다. 아무리 정확한 지식과 경험에 토대를 둔 일가견이 있는 증권투자자라도 단 한 회사의 주가도 정확하게 알아낼 수 없다는 이 평범한 진리를 깨닫고 증권투자에 임해야 한다.

증권투자를 하면서 너무 지나치게 자신감을 갖고 자신만만한 태도로 투자함은 금물이며, 나 자신이 정확히 언제 어떻게 될지는 신 이외에는 모르는 것처럼, 투자에 있어서도 늘 각종 투자지표를 바탕으로 배우며 노력하는 겸허한 자세로 주가예측을 해야 할 것이다.

만약 단 한 종목이라도 등락을 정확하게 안다면 그는 벼락부자가 되고 말 것이니 증권투자자는 늘 주변에 귀를 열어 놓고 있어야 한다. 그러나 그것들을 참고로 듣고 최종적으로는 자신이 결정하는 '자신을 지키는 겸허한 정신자세'가 증권투자에 임하는 첫마음이라 하겠다.

제1절 ■ 효율적시장가설의 유형

일반투자자들의 경우 모든 증권들은커녕 심지어는 단일종목에 대해서도 정확한 정보를 가지고 있지 않은 것이 현실인데, 도대체 시장에서 모든 증권가격이 관련정보를 어떻게 완전하게 반영할 수가 있을까 하고 의문이 생길 것이다. 그러나 증권가격은 모든 투자자들의 동의하에 결정되는 것은 아니다. 가격은 보통 해당종목을 활발하게 거래하는 소수의 한계투자자들에 의하여 정해지는 법이다. 이 사람들은 정보에 근거하여 매우 신속하게 투자활동을 하며, 혹시 가격책정이 잘못된 종목이 어느 것인가를 열심히 찾아다닌다. 그들이 그러한 활동을 하는 결과로 모든 투자정보들이 모든 종목들에 빠르게 반영되는 것이다.

시장의 효율성에 대한 논의는 흑백논리처럼 분명하게 가려지는 것이 아니다. 왜냐하면 사실 시장은 아주 효율적이지도 않고 아주 비효율적이지도 아니기 때문이다. 따라서 논의의 초점은 증권시장이 과연 어느 정도로 효율적인가에 모아

그림 10-1 ▌ 특정 증권과 관련되는 모든 정보의 유형

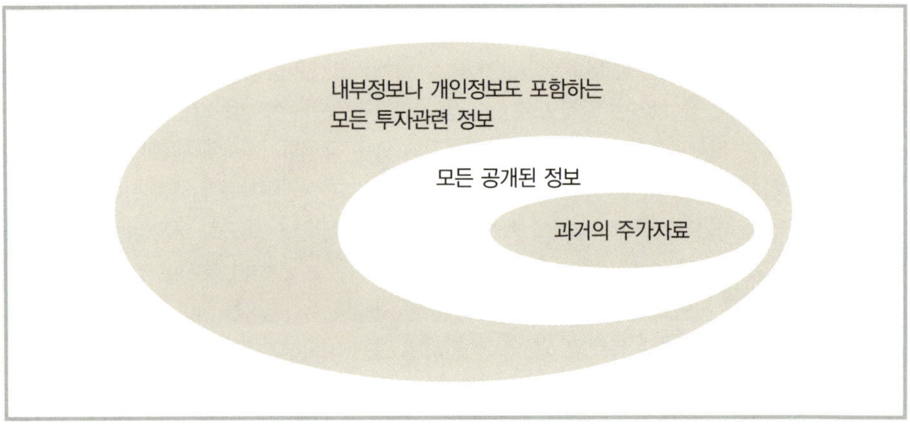

진다.

시장효율성을 측정하는 한 가지 방법은 모든 종류의 정보 중에서 어떤 종류의 정보가 증권가격에 반영되는가를 알아보는 것으로부터 시작된다. [그림 10-1]에서 가장 바깥쪽에 위치한 원에 포함된 정보세트는 특정 종목의 가격형성에 영향을 주는 현재까지 생성된 모든 정보를 나타낸다. 여기에는 일부 개인들이 가지고 있는 개인정보도 포함된다. 가운데 위치한 원에 포함되는 정보세트는 이미 공시되어 일반인들이 모두 알고 있는 정보를 포함하고 있다. 그러므로 이 원의 바깥쪽에 있는 정보세트는 내부정보 혹은 개인정보라고 할 수 있다. 제일 안쪽에 위치한 원에는 공적 정보의 부분집합이 있는데, 여기에는 과거의 주가를 분석함으로써 주식가치의 결정메커니즘을 이해하는 데 도움이 되는 정보가 포함되고 있다. 예컨대, 그동안 주가가 오르고 있었는가 아니면 내리고 있었는가, 그리고 이러한 주가자료가 앞으로의 주가향방에 어떤 시사점을 던져주고 있는가 하는 것 등이다.

1.1 효율적시장가설의 유형

효율적시장가설(Efficient Market Hypothesis : EMH)에는 세 가지 유형이 있

다. 각 유형에는 주가에 반영되는 것으로 가정되는 정보의 형태가 서로 다르다.[01]

1) 약형 효율적시장가설

약형 효율적시장가설(weak form of EMH)에서는 주가에 그 주식에 관한 과거자료(past data)가 완벽하게 반영되어 있다고 가정한다. 가령 어떤 주식의 경우 연말 마지막 거래일에 주가는 하락하고, 연초 첫 거래일에는 상승하는 패턴을 보이고 있다고 가정해보자. 약형 효율적시장가설에 의하면, 시장에서는 이러한 사실을 알아차리게 될 것이고 투자자들이 이러한 현상을 자신들의 투자전략에 이용하려 함에 따라 결과적으로 이 패턴은 사라진다. 연초의 첫 거래일에는 의례 주가가 오를 것이라는 예상을 하는 투자자들은 첫 거래일에 장이 열리자마자 매수를 시도하려고 할 것이다. 투자자들의 이러한 행동은 장의 초반 몇 분 동안 주가를 상승시키는 작용을 할 것이다. 현명한 투자자들은 일반투자자들을 능가하기 위해서는 주가가 현저하게 하락하는 연말 마지막 거래일의 장이 거의 끝나갈 무렵에 매수하는 것이 가장 유리하다는 사실을 알게 된다.

이러한 투자자들이 연말 마지막 거래일의 마지막 순간에 매수하려는 시도는 주가를 상승시키는 작용을 하게 될 것이므로 주가하락 정도를 감소시키게 된다. 따라서 마지막 순간보다 약간 일찍 또는 그보다 더 일찍 매수하려고 할 것이고, 이러한 일련의 과정이 계속되면서 본래 보였던 연말과 연초 주가패턴이 완전히 사라지게 된다. 비록 주가패턴이 이보다 훨씬 더 복잡하더라도 시장에서는 그 존재를 알게 됨에 따라 그 존재는 결국 소멸한다는 것이다. 그러므로 과거자료에 의존하여 주가를 예측한다는 것은 불가능하게 된다. 이러한 상태까지 이르면 바로 약형 효율적시장가설의 요건이 모두 충족되는 것이다.

---

01 효율적시장가설(EMH)의 세 가지 유형은 Fama(1970)에 의해서 처음 제기되었다. Eugene Fama, "Efficient Capital Markets: A Review of Theory and Empirical Work," *Journal of Finance*, May 1970 참조.

2) 준강형 효율적시장가설

준강형 효율적시장가설(semistrong form of EMH)에서는 공개된 모든 정보(all publicly available information)가 주가에 완전하게 반영되어 있다고 한다. 여기서 모든 공개정보에는 주가의 과거자료뿐만 아니라 이익공시, 경쟁기업의 공시, 경제전반에 관한 공개정보 및 그 외에 기업가치에 영향을 줄 수 있는 여타의 공개정보가 포함되고 있다.

3) 강형 효율적시장가설

강형 효율적시장가설(strong form of EMH)에서는 가장 극단적인 형태의 시장효율성을 뜻하고 있다. 이 가설에 따르면 모든 정보(all information)가 주가에 반영되어 있다. 물론 여기에서 말하는 모든 정보에는 공개정보 외에 개인정보나 내부정보도 포함되고 있다. 이 가설에서는 내부정보를 가지고 있는 사람들이 그 정보에 따라 주식을 매수 혹은 매도하려고 할 것이고, 그들의 그러한 행동에 주가는 즉각적으로 반응하여 곧 조정된다고 주장한다.

약형에서 강형 효율적시장가설로 옮아감에 따라 다양한 형태의 투자분석이 투자이익을 크게 하는 데 있어서 아무런 소용이 없게 되고 만다. 만일 약형 효율적시장가설이 성립한다면, 기술적 분석이나 차트분석은 별 효과가 없을 것이다. 차트분석가들은 주가동향을 도표로 기록하여 분석한다. 주가움직임에 어떤 패턴이 있으면 차트분석가들은 장래에도 주가가 이러한 패턴을 따라서 정해진 방향으로 움직인다고 믿는다. 사실 그들은 주가를 예측하기 위해서 여러 가지 기법으로 과거의 주가자료를 분석하고 있다.

그러나 시장이 약형으로 효율적이라면 미래주가를 예측하기 위한 유용한 정보가 과거의 주가자료에는 전혀 들어 있지 않다는 뜻이 된다. 수많은 차트분석가들이 같은 자료를 분석하여 같은 정보를 추출하고, 그 정보를 근거로 같이 행동함으로써 주가에는 과거의 정보가 모두 반영되어 있다는 것이다. 따라서 과소평가되거나 과대평가된 주식을 찾아내기 위해서는 과거의 주가자료 이외의 정보에 근거하는 다른 분석기법에 의존하여야 할 것이다.

만일 준강형 효율적시장가설이 지지된다면, 투자분석이 공개정보를 바탕으로 시행되는 한 그 분석결과를 가지고는 높은 초과수익률을 올릴 수 없을 것이다. 예컨대, 기업의 회계자료를 분석하더라도 큰 투자이익은 기대할 수 없다는 의미가 된다. 기술적 분석과 마찬가지로 전통적인 증권분석기법으로는 시장평균수익률을 능가할 수 없게 된다는 것이다.

시장이 강형으로 효율적일 경우에는 높은 투자수익률을 올리기 위한 어떠한 노력도 아무런 소용이 없게 되고 만다. 강형 효율적시장가설하에서는 내부정보를 가진 사람들의 투자행동에 의하여 주가는 그 정보를 재빨리 알아차리고 가격에 그것을 반영시키게 된다는 것이다. 이러한 종류의 정보를 최초로 취득하는 것은 그야말로 우연일 것이고, 주가가 그러한 정보까지도 이미 반영하고 있다면 사실 내부정보를 취득하려는 노력은 헛된 것이라고 할 수 있다. 이러한 형태의 효율적 시장에서는 어떠한 종류의 분석기법도 꾸준하게 높은 수익률을 올릴 수 있는 정보를 생산하지 못할 것이므로 투자전문가들의 조언은 그 시장가치가 0이 되고 말 것이다.

높은 곳에서 바라보자

서울에서 부산으로 향하는 기차를 타고 있다고 가정해보자. 기차 안에 앉아있으면 기차가 똑바로 남쪽으로만 가고 있는 것으로 생각하게 된다. 그러나 높은 봉우리에 올라가 보자. 기차가 항상 똑바로 가고 있을 리 없다. 때로는 동쪽으로, 때로는 서쪽으로 방향을 바꾸면서 움직이고 있음을 알 수 있다.

주식시장에서도 마찬가지다. 개별종목의 시세변화에만 관심을 쓰다보면 방향감각을 잃기 쉽다. 현명한 투자를 위해서는 높은 곳에 올라 전체적인 흐름을 조망해볼 필요가 있다. 장기나 바둑의 훈수꾼처럼 오히려 관전자가 더 현명한 때가 많은 법이다.

제2절 ■ 효율적 시장의 일반적 특성

2.1 정보에 대한 신속하고 정확한 반응

증권시장에는 매일 엄청난 양의 정보가 흘러들고 있다. 그 정보에는 경제 전반에 관한 상황, 날씨, 파업, 원자재의 고갈, 국가 간의 긴장, 그리고 제품에 대한 수요 등이 포함되어 있으며, 이들은 모두 증권가격의 결정에 영향을 미친다. 시장이 효율적이면 정보가 도착하자마자 증권가격은 반응하게 된다. 물론 증권가격의 반응은 즉각적이지는 않지만, 정보의 도달과 가격반응 간의 시간차는 정보를 접수하여 그것을 처리하는 과정과 기능이 가장 효율적으로 이루어지는 정도를 반영하는 것이라야 할 것이다.

또한 시장가격의 결정에 어떠한 편의(bias)가 포함되어서는 안될 것이다. 가격의 첫 반응은 유가증권의 가치에 대한 정보의 실제적 의미를 정확하게 나타내어야 할 것이다. 가격의 첫 반응이 있은 다음, 과잉반응과 같이 동일한 정보에 대한 수정이 뒤따르는 식의 후속적인 조정이 있어서는 곤란할 것이다.

[그림 10-2]에서는 특정 정보에 대한 주가의 반응을 세 가지 시나리오에 따라 보여주고 있다. 이 그림에서는 해당주식이 상당한 기간 동안 단 한 가지의 정보에 대해서만 반응하고 있다고 가정한다는 점에서 다소 비현실적인 감이 있기는 하다. 정보는 오늘 ($t=0$) 시장에 도착한다고 가정한다. 그 정보는 호재(good news)에 속하며, 주식의 가치를 30,000원에서 33,000원으로 상승시킬 것으로 추정되고 있다.

먼저, 곡선 ①은 효율적 시장에서의 주가반응을 나타내고 있다. 즉 이 경우에는 정보가 시장에 도착하는 즉시 해당주식의 가격은 33,000으로 상승하고 있다. 그 후에는 새로운 정보가 시장에 도착하지 않는다고 가정하였으므로 주가변동은 더 이상 일어나지 않는다.

이제 곡선 ②의 경우를 살펴보자. 이것은 비효율적 시장에서의 주가반응을 보여주고 있는데, 그 상황은 다음과 같이 설명될 수 있을 것이다. 정보가 공시되면 증권분석가들은 정보가 영향을 미치는 종목을 분석하게 된다. 최종적인 결론을 도출하기 전에 그들은 주요 고객들에게 정보의 존재에 대하여 알려줄 수도 있다. 소수의 투자자들이 정보에 따라 거래를 하게 되고, 그 결과 첫날은 가격이 약간 상승하는 것으로 끝나게 된다. 하루 내지 이틀이 지나고 투자기관들이 고용한 분석가들이 그 정보를 분석한 결과 해당주식의 내재가치가 상당한 폭으로 증가할 것으로 결론을 내린다. 브로커들은 그들의 고객들에게 해당주식이 현재 가격에서 과소평가되어 있다고 알려준다. 그 결과 투자자들은 해당주식을 매수할 것인지 그리고 매수한다면 얼마나 매수할 것인지를 결정할 것이다. 그 뒤 며칠 동안 매수주문이 시장으로 쏟아져 들어오게 되고, 매수주문량이 늘어남에 따라 주가는 새로운 내재가치의 수준인 33,000원을 향하여 서서히 상승하게 되는 것이다.

그림 10-2 ▌ 효율적 시장 그리고 비효율적 시장에서 새로운 정보의 도착에 대한 주가의 반응

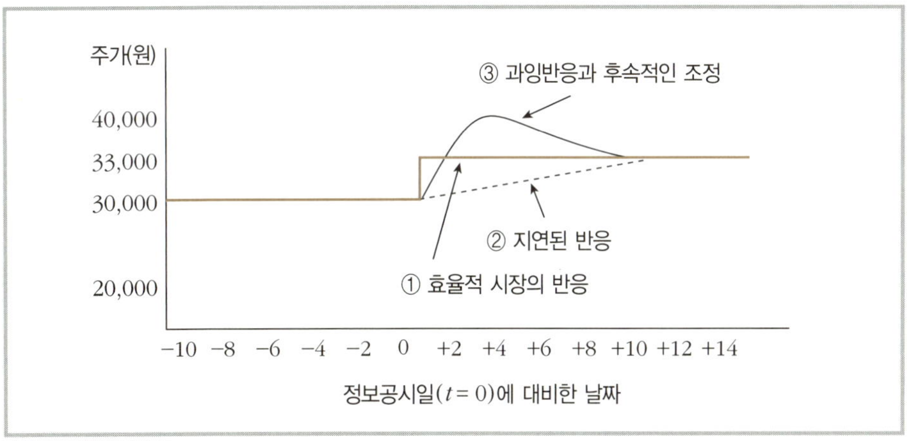

그림에서 곡선 ③은 또 하나의 비효율적 시장에 관한 시나리오에 해당한다. 이 경우 해당주식의 가격에 대한 정보의 의미에 대해 매우 낙관적인 견해를 가진 투자자들은 먼저 그 정보를 근거로 거래를 하려고 할 것이다. 그들은 해당주식의 새로운 내재가치가 33,000원을 초과하는 것으로 판단하고 활발하게 매수

함에 따라 주가는 33,000원을 넘어서게 된다. 물론 가장 정확한 주가추정치는 33,000원이고, 결국 이러한 추정이 우세하게 될 것이다. 노련한 투자자들은 주식을 매도할 것이고, 그들의 이러한 매도행위가 주가를 33,000원으로 되돌아가게 한다.

시장이 진정으로 효율적이라면, 앞에 나온 두 비효율적 시장에서의 시나리오는 결코 발생하지 않을 것이다. 예컨대, 분기별 보고서의 공시에 대한 주가반응을 관찰할 때 효율적시장에서는 주가가 처음에 과잉반응하였다가 나중에 조정되는 식의 시차는 존재하지 않을 것이다.

2.2 주가의 무작위행보적 변화

효율적 시장이 되려면 오늘 발생하는 주가의 변화는 어제 혹은 과거 어느 때에 일어난 주가변동과는 하등 관계가 없어야 한다.[02] 즉 어느 날의 예상된 주가변화는 이미 벌어진 과거의 주가변화와는 아무런 관련이 없어야 한다는 것이 필요조건인 것이다.

예컨대, 모멘텀(momentum)은 효율적 시장과는 전혀 걸맞지 않는 특성이다. 가격이 하락하는 상황에서 계속적으로 하락추세를 지속하는 경우, 사실 오늘의 예상주가변동은 과거의 주가변동과 관련이 있을 것이다. (−)의 주가변화가 연속적으로 발생하고 있는 시점에서 오늘의 주가변화도 (−)라고 예상하는 것은 어쩌면 당연한 일일지도 모른다.

그렇다면 왜 효율적 시장에서는 주가가 일정한 패턴이 없이 무작위행보처럼

---

02 주가의 무작위적 변동은 Samuelson(1965)이 보여준 효율적 시장과 합치된다. 기대수익률의 시계열 상관(serial correlation)이 없을 경우 주가는 반드시 무작위적 행보를 보인다. 부채를 사용하는 기업의 가치상승은 부채비율을 하락시킬 것이다. 이것은 요구수익률 또는 기대수익률이 낮아지므로 초래되는 현상이다. 그러므로 시장이 효율적이라고 하더라도 주식수익률에는 약간 (−)의 상관관계가 존재하는 경우가 있다. 특히 다기간균형모형(multiperiod equilibrium model)에서는 균형가격과 기대수익률 간에 시계열상관이 존재하는 경우가 있다. 기술적으로 말하자면, 시장효율성은 과거의 균형수익률로부터의 편차를 바탕으로 장래의 균형수익률로부터의 편차를 예측하는 것은 불가능하다는 것을 의미한다. P. A. Samuelson, "Proof That Properly Anticipated Prices Fluctuate Randomly," *Industrial Management Review*, Spring 1965 참조.

변화하는 것인가? 시장이 효율적이라면 주식의 가치와 관련이 있는 모든 알만한 정보는 주가에 이미 다 반영되어 있을 것이다. '알만한' 정보라면 이미 공시되었거나 과거의 공시정보에 근거하여 예측할 수 있는 정보를 모두 포함한다. 주가에 미처 반영되지 못한 정보가 있다면 그것은 아직 시장에 도착하지 않았거나 도착할 것으로 예측되지 못한 경우에 해당될 것이다. 이러한 경우는 정보의 특성상 전혀 예측하지 못할 만큼 무작위적인 패턴으로 시장에 도착한다. 시장가격이 정보의 도착에 즉각적으로 정확하게 반응하면 주가변화는 전혀 예측할 수 없는 무작위행보를 보이게 되는 것이다.

중요한 경제변수의 시계열은 계절성이나 순환적인 패턴을 보일 것으로 사람들은 생각한다. 국민총생산(GNP)이 좋은 예이다. 만일 GNP가 순환적인 패턴을 보이고 주가가 GNP가 변했다는 발표에 즉각적으로 반응한다면, 왜 주가는 GNP와 같이 순환적인 패턴을 보이지 않는 것일까? 그것은 주가가 GNP의 변화 그 자체에 대하여 반응을 보이는 것이 아니라, 바로 시장에서 예상했던 GNP변화에 오차가 발생한 사실에 대하여 반응을 보이기 때문이다.

어떤 변수에 순환적 패턴이 있는 경우 효율적 시장에서는 그것이 쉽게 감지되어 모형화된다. 주가는 바로 다음 기간의 GNP에 대한 예상치에 기초하여 결정되는 것이다. 가령 다음 기간의 GNP변화가 +100억 달러라고 하자. 그후 실제의 GNP가 예상 GNP변화인 +100억 달러와 크게 다르지 않는 한, 주가는 예상변화를 이미 반영하고 있으므로 GNP변화 그 자체에는 아무런 반응을 보이지 않을 것이다. 왜냐하면 시장은 오로지 예측치의 오차에 대해서만 반응을 하기 때문이다. 여기서 예측치의 오차는 무작위로 발생하여야 한다. 만일 예측치의 오차가 무작위 행보를 보이지 않을 경우, 그러한 패턴은 통계적 분석을 통하여 모형화되어 예측치를 형성할 때 이미 반영될 것이다. 시장에서 주가가 형성될 때는 예측치가 반영될 것이고 오차는 무작위행보로 발생하게 되며, 결과적으로 오차에 대한 주가의 반응 역시 무작위 행보로 나타나게 되는 것이다.

[그림 10-2]의 세 가지 시나리오를 살펴보자. 곡선②의 경우 +2일의 주가변화는 바로 전날의 주가변화와 함수적으로 관련이 있을 것이다. +2일에도 주가가 오르는 것은 +1일에 주가가 미처 다 반응하지 못한 탓이다. 따라서 이틀간의

주가변화는 서로 관련이 있게 된다. 만일 시장이 새로운 정보를 완전하게 반영시키는데 며칠이 걸린다면, 오늘의 가격상승은 내일 예상되는 가격변화를 (+)로 더욱 상승시킬 것이다. 즉 내일은 오늘 우리가 관찰했던 (+)의 주가반응이 계속될 것으로 기대하는 것이다.

마찬가지로, 곡선 ③의 경우 주가는 +3일, +4일, +5일에 연이어 하락하고 있는데 그 이유는 +1일과 +2일에 과잉반응을 하였기 때문이다. 이러한 주가변화는 사실 서로 독립적(independent)이 아니라 관련이 깊다. 그와 같은 주가반전(reversal) 패턴은 주가가 지나치게 많이 오른 경우 투자자들은 다음 날 일어날 주가변화의 크기를 하향으로 조정하게 되는 것이다.

이제 효율적 시장과 합치되는 곡선 ①의 경우를 보자. 정보가 도착하자마자 주가는 단 한 차례 즉각적으로 반응하고 있다. 다시 새로운 정보가 갑자기 시장에 도착하기 전에는 더 이상의 변화가 없다. 새로운 주가변화는 오늘 일어난 주가변화와는 전혀 관련이 없다. 따라서 주가는 전혀 예측하지 못하는 계단형태로 변화하게 되는 것이다.

2.3 투자전략의 실패

시장이 효율적이면 현재 취득한 정보를 근거로 투자이익이 클 것으로 예상되는 종목과 그렇지 않은 종목을 구분해 내기란 불가능하다. 투자이익이 클 것으로 예상되는 종목이란 적당한 준거치(benchmark)와 비교하여 일반적인 예상보다 훨씬 더 높은 수익률을 가져다주는 주식을 말한다.

시장효율성을 검증하기 위해서 우리는 보통 특정 투자원칙(trading rule) 혹은 투자전략(trading strategy)에 따른 투자가 높은 투자수익률을 가져다주었는가를 확인하게 된다. 예컨대, 이익공시와 같은 새로운 정보에 대하여 주가가 느리게 반응한다고 생각하는 어느 투자자가 있다고 하자. 이 경우 그는 언제나 당 회계연도 동안 주당이익의 성장이 가장 큰 10종목을 선정하여 투자할 수도 있다. 그의 가설이 실제로 유효한가를 검증하기 위해서는 과거의 자료를 사용하여 이러한 투자원칙이 어떠한 투자성과를 가져다주었는가를 살펴보아야 한다. 진정으로 효율적인 시장에서는 어떠한 투자전략도 아무런 소용이 없어야 할 것이다.

이러한 투자전략의 유효성 여부를 검증하는 데 있어서 직면하게 되는 문제점의 하나는 '높은 수익률'의 정확한 정의이다. '높은 수익률'은 일반적으로 주어진 준거치와 비교할 때 정상적인 수익률보다 훨씬 더 높은 기대수익률 혹은 실현수익률을 가리킨다. 만일 준거치로서 CAPM을 선택하였다면, 기대수익률은 해당종목의 베타계수와 증권시장선(SML)에 따른 수익률이 될 것이다. 만일 APT를 준거치로 선택하였다면, 기대수익률은 무위험이자율 이외에 요인베타와 요인가격들을 곱한 값들의 합으로 결정될 것이다. 위의 투자전략을 검증하는 것은 이러한 의미에서 다음과 같은 두 가지 가설을 한꺼번에 검증해야 하는 합동검증(joint test)으로 볼 수 있다.

① 투자수익성을 측정하기 위한 준거치의 선택이 옳았는가의 여부
② 투자전략의 수립에 사용하는 정보를 근거로 볼 때 시장이 효율적인가의 여부

이러한 검증에서는 또한 특정 투자전략으로 얻어진 초과수익률이 우연에 의한 것인지 아니면 시장의 가격결정 메커니즘에 체계적인 비효율성이 존재하여 그것을 이용한 결과인지를 밝혀내야 할 것이다. 이것을 확인하기 위해서는 그 초과수익률이 통계적으로 유의한가를 반드시 살펴야 한다.

더욱이 초과수익률이 단순히 초과위험을 부담하는 데 따르는 보상인가를 검토하여야 한다. 이 문제는 바로 적절한 준거치(benchmark)를 선택하는 문제로 귀결된다. 투자결정을 할 때 실제로 취득한 정보를 활용하고 또한 거래수수료와 세금까지 고려하며, 투자전략과 관련한 초과수익률이 통계적으로 유의적이라고 할지라도, "초과"라는 용어가 정확하게 무엇을 의미하는가를 생각해 보아야 한다. 이 과정에서 가격결정모형을 제대로 선택하였는가? 시장지수를 올바르게 골랐는가? 위험측정은 정확하게 되었는가?

이러한 항목들을 모두 세밀하게 고려한 연후에도 투자자가 사용한 투자전략으로 높은 수익률을 올릴 수 있었다면, 그 것은 그 투자전략에서 활용한 정보에

비추어 볼 때 시장은 비효율적이라는 증거로 사용될 수 있을 것이다.

2.4 정보를 가진 투자자들의 빈약한 투자성과

시장의 효율성을 검증하려면 먼저 다른 투자자들에 비해 더 많은 정보를 가진 투자자들을 구별해내고, 그 다음에 그들의 투자성과를 측정하여야 한다. 만일 그들의 투자성과가 다른 투자자들에 비해 우수하다면 그들은 분명히 주가와 깊은 관련이 있지만 아직 주가에 미처 반영되지 않은 정보에 기초하여 투자를 하고 있음에 틀림없다고 할 수 있다.

전문투자자들은 보통 일반투자자들에 비하여 정보를 더 많이 가지고 있다. 그들은 증권분석기법과 포트폴리오이론을 잘 알고 있으며, 대부분의 시간을 정보의 수집과 분석에 소비하고 있다. 따라서 시장효율성 여부를 확인하려면 무엇보다도 전문투자자들이 우수한 투자성과를 달성하고 있는가를 살펴보아야 한다.

수많은 사람들이 주식시장에서 증권에 투자하고 있다. 그런데 투자자 모두를 엄청나게 큰 운동장에 불러모아 놓고 그들로 하여금 동전던지기를 시킨다고 하자. 게임법칙으로서 동전의 윗면이 나오면 이기고, 아랫면이 나오면 진다고 하자. 모든 동전이 다 공정하다고 하더라도, 어떤 사람들은 믿지 못할 정도의 승패기록을 보이게 된다. 심지어 어떤 사람의 경우는 20번을 연이어 윗면이 나온다. 이 사람들은 자신들의 뛰어난 동전던지기실력에 매우 의기양양하고, TV출연을 통하여 자신들의 성공담을 이야기할 것이다. 20번을 연이어 아랫면이 나온 사람들은 창피해서 숨어버릴 것이다. 동전던지기에서 윗면이 많이 나온 사람들은 자랑스럽게 떠들어대기 때문에 그들의 성공은 마치 우연이 아닌 것처럼 들릴 것이다. 여기서 그들의 성공이 우연에 의한 것인지 아닌지를 확인하려면 신중한 통계적 분석을 하여야 한다. 바로 이것이 우리가 전문투자자들의 투자성과를 평가하려는 목적이라고 할 수 있다.

만유인력의 법칙

주가의 움직임을 설명하려는 법칙에는 여러 가지가 있다. 수많은 요인들이 복합적으로 작용해서 주가를 변동시키기 때문에 여러 법칙이 항상 맞아떨어지지 않는다. 근본적으로 실적이 좋은 회사의 주가는 시장에서 반영된다. 물론 일시적인 수급상황이나 관심사의 변동에 따라 소외될 수도 있다. 그러나 내재가치가 우량한 기업은 결국 주가로 평가받게 된다. 만유인력의 법칙이 주가에도 작용하는 것이다. 따라서 실적은 좋은데도 아직까지 시장에서 소외되고 있는 종목을 발굴하는 지혜가 필요하다.

제3절 ■ 효율적시장가설의 중요성

시장효율성에 우리들은 왜 그렇게 큰 관심을 쏟고 있는가? 여러분 중에서 증권산업에 뛰어들어 일하고 있는 사람이 있다면 이 문제는 더없이 중요할 것이다. 만일 아주 유능한 어떤 증권분석가가 모든 수단을 다 강구해서 연구한 결과 가격이 잘못 책정된 증권은 없다고 결론 내렸다고 가정해보자. 그의 결론이 사실일 경우 여러분이 증권회사에 취직하여 증권분석가로서 할 일이 과연 있겠는가? 원래 증권분석가로서 여러분은 운용하는 포트폴리오에 추가수익률을 올릴 수 있도록 가격이 잘못 책정된 증권을 찾아내는 임무를 부여받았을 것이다. 그런데 증권시장이 진정으로 효율적이라면, 사실 시장을 그와 같이 효율적으로 만드는 데 전문적인 투자자들이 자신들의 기능을 너무나 훌륭하게 수행하였기 때문이라고 말할 수 있다.

기업의 재무담당자가 수행하는 실물투자결정은 상당부분 자본시장으로부터 받는 신호에 의존하고 있다. 자본시장이 효율적이면, 자본비용은 각 기업의 장래 전망을 정확하게 반영할 것이다. 이것은 곧 아주 유리한 투자기회를 가진 기업은 그들이 가지고 있는 잠재력을 잘 반영하는 공정한 가격으로 자본을 조달할 수 있게 된다는 것을 의미한다. 따라서 기업들은 투자에 관하여 올바른 결정을 내리게 될 것이고, 그 결과 사회는 더 발전할 것이다. 이러한 일련의 과정에서 전문증권분석가들은 큰 역할을 수행하였고, 그것은 사회에 대한 큰 공헌이며 그들의 노력에 따르는 결실은 매우 크다고 할 수 있다.

그러나 어느 특정 분석가에 의한 공헌은 또 다른 차원의 이야기라고 할 수 있다. 시장이 효율적으로 움직인다면, 금융기관들이 고용하고 있는 모든 증권분석가들을 일시에 해고한다고 해서 그들의 기대투자성과가 크게 영향을 받지는 않을 것이다. 그러한 상황에서 각 종목들은 다른 분석가들에 의해 정확하게 가격이 결정될 것이기 때문에 금융기관들은 구태여 증권분석을 할 필요가 없이 그저 아무 종목이나 고르면 되는 것이다.

효율적 시장에서는 전문투자자들의 초과투자수익률이 (+)일 수도 있겠으나 개별적으로 살펴볼 때 어떠한 전문투자자들도 한계초과수익률이 0보다 큰 경우는 별로 없을 것이다. 불행히도 금융기관에서 증권분석가에게 지불하는 보상수준은 그들의 한계투자수익률에 기초하게 된다. 그러므로 사람들에게 시장이 비효율적이라는 사실을 인식시키지 못하는 한, 증권분석가로서 돈을 벌기란 그리 쉽지 않을 것이다. 시장이 진정으로 효율적인 상황에서 증권분석가로서 성공하기란 정말로 운에 달려 있다고 할 수 있다. 이 경우 특정 기간 동안 시장평균수익률을 능가할 확률은 기껏 50%밖에 되지 않으며, 이 확률을 상승시킬 방법은 사실 전혀 없다.

자 그러면 여러분이 증권분석가가 아니고 어느 기업의 재무담당자로 취업이 되었다고 하자. 시장이 효율적이라는 사실이 재무담당자라는 기능에 어떠한 영향을 주는 것일까? 기업들은 자체발행주식이 저평가되어 있다고 판단되면 때때로 그것들을 되사들이기도 한다. 시장이 만일 강형으로 효율적이라면, 이러한 행위는 도저히 성립될 수 없을 것이다. 더욱이 시장에서 주식이 저평가되는 일은 결코 없게 된다. 만일 재무담당자로서 시장에서 평가되는 여러분 회사의 주가가 마음에 들지 않는다면, 그것은 여러분이 지나치게 낙관적인 견해를 가졌기 때문일 것이다. 혹은 앞으로의 이자율 동향이나 기업의 전망 및 가치평가와 같은 요인들을 충분하게 고려하지 않았을 수도 있는 것으로 판단된다.

주식시장이 침체에 빠져 있을 때 기업에서는 수행하려던 투자안을 연기하거나 주식보다는 부채로 필요한 자금을 조달하게 된다. 이때 시장이 침체되어 있다는 것이 단지 해당주식의 가격이 공개된 정보에 기반을 둔 내재가치(intrinsic value)보다 낮을 경우를 의미한다면, 시장이 준강형으로 효율적인 경우 그러한 논리는 성립하지 않게 된다. 준강형으로 효율적인 시장에서는 현재 알려져 있는 공개정보에 근거한 미래 배당흐름의 현재가치보다 주가가 낮아지는 것과 같은 침체는 있을 수가 없는 것이다. 효율적 시장에서 자기자본비용은 시장이 활황장세이든 침체장세이든 관계없이 적절하게 결정될 것이다. 물론 침체정세에서는 기업의 장래전망이 그다지 좋아 보이지 않을 것이지만, 효율적 시장에서는 주가의 근거가 되는 장래전망이 모든 공개정보에 기초한 합리적 분석에 근거할 것이기 때문에 그다지 걱정할 필요가 없는 것이다.

시장이 효율적이라면 채권약관에 수의상환권과 같이 복잡한 규정을 포함시킬 이유가 전혀 없게 된다. 수의상환권은 발행주체인 기업에게 채권자로부터 미리 정한 가격에 채권을 되사들일 수 있는 콜옵션을 주는 것이다. 기업이 보유하고 있는 이 콜옵션은 암묵적 시장가치를 가지고 있다. 수의상환사채(callable bond)의 시장가치는 이와 같은 콜옵션의 시장가치로 인하여 동일한 여타의 조건을 갖추고 있는 일반사채에 비하여 시장가치가 낮게 결정된다.

기업이 수의상환사채를 발행하는 이유가 오로지 장래 이자율이 하락할 때 낮은 이자율로 새로이 채권을 발행하여 사채차환(bond refinancing)을 하기 위한 것이라면, 시장이 효율적인 경우 그와 같은 이유는 존립기반을 잃게 될 것이다. 효율적 시장에서는 동일한 조건을 갖추고 있는 일반사채의 시장가격과 주주들이 보유하고 있는 콜옵션 시장가치의 차이로 수의상환사채의 가격이 결정될 것이다. 이러한 시장가치들은 모두 앞으로의 이자율 동향에 대한 예측에 기반을 두고 있다고 말할 수 있다. 기업에 의한 이자율예측이 시장에서 형성된 가장 나은 예측보다 더 좋을 수 없다고 한다면, 단순히 일반사채로 자금을 조달하지 않고 채권에 수의상환권을 포함시킨다고 해서 기업이 이득을 보는 일은 결코 없게 될 것이다. 즉 콜옵션이 시장에서 정확하게 가격이 결정된다면 콜옵션을 매입하는 것(채권약관에 수의상환권을 삽입하는 것)과 매입하지 않는 것과는 기업의 입장에서 전혀 차이가 없게 되기 때문이다.

한편 우리들은 매스컴에서 기업들이 최근 들어 눈부신 성장률을 기록하였다고 선전하는 광고를 종종 접한다. 만일 해당기업이 발행한 주식의 시장가격을 지지하기 위해서 그러한 광고를 게재하였다면, 자본시장이 준강형으로 효율적일 경우 결코 현명하지 못한 처사라고 할 수 있다. 왜냐하면 그러한 광고에 포함된 정보는 이미 공시에 의하여 일반인들에게 알려져 있고, 또한 전문분석가들에 의하여 충분히 검토되어 주가에 벌써 반영되어 있기 때문이다. 즉 효율적 시장에서는 그와 같은 광고가 주가에 미치는 영향은 전혀 기대할 수가 없는 것이다.

기업경영자들은 때때로 회계원칙의 변경이 주당이익(EPS)에 주는 영향에 대하여 많은 관심을 나타낸다. 물론 이러한 경우도 시장이 준강형으로 효율적인 경우 전혀 관심을 쏟지 않아도 될 것이다. 정보를 가지고 합리적으로 판단하는 분석가들은 여러 기업들이 각기 채택하고 있는 서로 다른 회계원칙들을 충분히 고려하고 그것을 표준화시킨 수치들을 산출하여 장래의 전망을 판단하는 것이다. 따라서 회계원칙을 변경시키는 일은 분석가들의 판단이나 해당기업의 주가에 아무런 영향을 주지 않을 것이다.

여러분이 설사 시장이 효율성을 가지도록 영향을 주는 전문분석가그룹에 속하지 않는다고 하더라도 시장효율성은 여러분들에게 매우 중요한 시사점을 던져주고 있다. 기업경영에 관한 수많은 의사결정은 묵시적으로 시장이 비효율적이라는 가정하에 내려지고 있다는 사실이다.

증시는 물레방아 … 자금력이 원천

물레방아의 에너지원은 물이다. 물의 낙차를 이용해 방아를 찧기 때문에 수량이 풍부해지면 힘차게 돌아간다. 이때는 조그만 호재도 크게 부풀려지고 왠만한 악재는 무시된다. 반면에 시중유동성이 부족해지면 상승은 일시적이고 제한적일 수밖에 없다. 증시의 자금동향을 알려면 증시뿐만 아니라 금융산업 등 전체적인 흐름을 주시해야 한다.

제4절 ■ 새로운 정보에 대한 주가의 반응

4.1 주식분할공시에 대한 주가반응연구

Fama, Fisher, Jensen, and Roll(1969: 이하 FFJR)은 월별자료를 사용하여 주식분할(stock splits)공시에 대한 주가반응을 연구하였다.[03] 그들은 1929년부터 1959년까지 뉴욕증권거래소(NYSE)에 상장된 종목 간에 발생한 대부분의 주식분할사례를 대상으로 연구하였다.

그렇다면 주식분할이란 기업가치라는 크기가 정해져 있는 파이를 좀 더 작은 조각들로 나누는 아주 단순한 작업인데도 왜 주가는 이에 반응하여야 하는가? 만일 구주 1주가 신주 2주로 분할된다면, 주가는 그냥 반으로 하락해야 되지 않을까? 왜 주식수익률이 주식분할의 영향을 받아야 하는가?

그러나 주식분할은 보통 해당주식에 대한 배당금이 상승할 것이라는 사실의 선행지표의 역할을 하고 있다. 대략 표본의 80%가량이 주식분할을 단행한 다음 배당금을 증가시켰다. 배당금의 증액은 주주들에게 다음과 같은 이유에서 매우 중요하다. 경영진들은 일반적으로 배당금을 삭감하기를 꺼려 한다. 그러므로 기업은 일반적으로 수익성이 항구적으로 제고되어 배당증가를 계속적으로 유지시킬 수 있다는 확신이 있기 전에는 좀처럼 배당을 증가시키려고 하지 않는다. 그 결과 배당증가는 기업의 수익성 제고가 단순히 일시적 현상이 아니라는 사실을 주장하는 경영진의 신호로 받아들여지고 있다. 주식분할이 80%의 확률로 배당증가로 이어질 것이라는 신호라는 점에서 볼 때 주가는 이러한 확률을 반영하여야 할 것이다.

FFJR의 연구결과에 의하면 주식분할에 대한 주가반응은 실제로 분할되는 달에 완전히 끝난다. 분할이 되고 난 다음 달의 주가는 전체적으로 볼 때 오르거나 내린다는 증거가 전혀 없는 것으로 나타났다. 그리고 주가반응에 있어서 분할공

03 E. F. Fama, L. Fisher, M. C. Jensen, and R. Roll, "The Adjustment of Stock Prices to New Information," *International Economic Review*(February 1969).

시가 불완전하게 반영된다든지 혹은 과잉반응을 보이는 경우는 별로 없는 것으로 나타났다.

결론적으로, FFJR의 실증연구결과에서 주식분할공시에 대하여 주가가 신속하게 그리고 정확하게 반응하는 것으로 보아 그들의 연구는 시장이 합리적이고 효율적이라는 가설을 뒷받침한다고 볼 수 있다. 그러나 이 연구는 월별자료를 사용하고 있을 뿐만 아니라 주식분할공시일이 아니고 실제로 주식분할이 되는 날짜를 기준으로 실증분석을 하고 있기 때문에 주가의 반응이 얼마나 신속하게 이루어지고 있는가를 측정하는 데 어려움이 있다고 말할 수 있을 것이다.

4.2 이익공시에 대한 주가반응

이익공시에 대한 주가반응을 연구한 논문은 많은데, 그 중 대표적인 것이 Rendleman, Jones, and Latan?(1982: 이하 RJL)이다.[04] RJL은 표본을 특정 사분기의 공시된 이익의 특성에 따라 10그룹으로 구분하였다. 표본기업들을 구분하기 위하여 그들은 먼저 과거의 사분기 이익자료를 기반으로 통계적 분석을 통하여 예상이익을 추정하였다. 그들은 그 다음 추정된 예상이익과 실제이익을 비교하였다. 만일 어느 기업의 실제이익이 예상이익으로부터 표준편차의 2배 이상 클 경우, 그 기업은 그룹 10으로 구분된다. 실제이익이 예상이익을 초과하되 표준편차의 1.5배와 2배 사이에 놓이는 경우, 해당기업은 그룹 9로 구분된다. 이러한 과정은 기업의 실제이익이 예상이익보다 표준편차의 2배 이상 작은 경우 그룹 1로 구분될 때까지 계속된다.

이익공시를 전후한 각 그룹의 누적평균초과수익률을 살펴보면 이익공시의 20일 전부터 주가는 반응을 보이기 시작하는데, 그것은 아마 내부정보의 누출로 인한 것으로 추정된다. 그리고 이익공시 직전에는 매우 급격한 주가반응이 관찰

04 R. J. Rendleman, C. P. Jones, and H. A. Latan?, "Empirical Anomalies Based on Unexpected Earnings and the Importance of Risk Adjustments," *Journal of Financial Economics*(November 1982).

되었다. 이러한 현상들은 모두 효율적시장가설과 합치된다고 할 수 있다. 그러나 이익이 아주 높거나 아주 낮은 경우에는 이익공시 후 90일까지도 계속적으로 주가가 상승 혹은 하락하는 지연반응이 관찰되었다. 이러한 결과에 따르면, 이익공시일에 그룹 10에 속하는 종목들을 매입하면 최고 8%까지의 초과수익률을 벌 수 있는 것으로 나타났다. 그룹 1에 속한 종목들로부터는 이와는 정반대의 결과가 도출되었다. 이러한 결과는 주가에 내부정보가 반영되고 있는 것을 암시하고 있으나, 이익공시일 후 90일이 될 때까지도 이익공시정보가 완전히 반영되지 않고 있는 사실로 미루어 RJL은 준강형 효율적시장가설을 부정하고 있다.

대량거래가 지속되면 천장의 징조다

주식시세는 큰손이나 전문투자가들에 의해서 주도되는 것이 보통이다. 이들 시장전문가들은 바닥권이나 시세의 초기단계에서 매입했다가 시장현황을 보고 몰려드는 일반투자자나 대중투자자들이 매입에 열중할 때 보유주식을 사정없이 내다 판다. 전문가와 아마추어 간에 손이 바뀌는 과정에서 대량거래가 수반되고 주가도 등락이 교차되는 혼조장세가 연출된다. 전문가들이 시장을 빠져나가면 시세는 대개 천장을 친다.

제5절 ■ 주가변화의 무작위행보성에 대한 의구심

주식시장이 효율적이면 현재의 주가는 모든 정보를 반영하고 있으며, 발생사실을 미리 예측할 수 없는 전혀 새로운 정보에 의해서만 주가가 변화할 것이다. 이러한 정보는 그 특성상 전혀 예측할 수 없도록 무작위행보(random walk)적인 행태를 보이며 시장에 도착한다. 정보가 시장에 도착하자마자 주가는 즉각적으로 그리고 정확하게 반응하므로 주가의 변화도 무작위행보의 행태를 보이게 된다.

5.1 시계열상관분석

여기서 무작위행보란 무엇을 의미하는가? 기술적으로 말해서, 주가가 완전히 무작위행보를 따른다면 주가변화의 확률분포는 시간이 흘러도 변하지 않고 일정할 것이다. 시장의 효율성이 입증되려면 기본적으로 미래주가의 변화에 대한 추정이 과거의 주가변화와는 전혀 관련이 없어야 한다. 즉 효율적 시장에서는 주가변화의 시계열 상관계수(serial correlation)가 0이어야 한다. 물론 이러한 조건은 바로 인접한 주가수익률의 백분율변화 사이에서는 물론이지만 어떠한 시차에 대해서도 적용될 수 있어야 하는 것이다. 다시 말하면, 오늘의 주가변화는 어제의 주가변화, 그저께의 주가변화는 물론 과거 어느 날의 주가변화와도 아무런 관계가 없어야 한다.

시계열상관을 분석한 연구들은 많은데 사용한 자료를 보면 연구에 따라 월별, 주별, 일별, 심지어 일중 자료까지 매우 다양하다.[05] 연구결과를 보면 대체로 거래간격이 짧아질수록 상관계수는 유의적으로 0과 다르게 나타나고 있다. 특히 일별수익률의 변화에서는 통계적으로 유의한 시계열 상관이 관찰되었다. 그러나 통계적으로 유의적인 시계열상관관계가 발견되었다고 하더라도 경제적인 의미마저 유의하다는 의미는 아니다. 즉 이러한 사실을 알고 그것을 투자전략에 이용한다고 하더라도 중개수수료를 제하고 나면 기대수익률은 신통치 않을 수도 있는 것이다.

5.2 요일효과

French(1980)와 Gibbons and Hess(1981)는 거래일이 무슨 요일인가에 따라 주가의 백분율변화에 현저한 차이가 있다고 주장하였다.[06] 이것을 요일효과(day

05 그 중에서 대표적인 연구로는 M. C. Jensen and G. A. Bennington, "Random Walks and Technical Theories: Some Additional Evidence," *Journal of Business*(April 1969)를 꼽을 수 있다.

06 K. French, "Stock Returns and Weekend Effect," Journal of Financial Economics (March 1980) 그리고 M. R. Gibbons and P. Hess, "Day of the Week Effects and Asset Returns," *Journal of*

of the week effect)라고 부른다. 특히 Gibbons and Hess는 S&P 500지수수익률의 요일별자료를 사용하여 분석한 결과, 월요일의 예상백분율변화는 (-)인 반면 수요일과 금요일의 예상백분율변화는 화요일과 목요일에 비해서 훨씬 큰 것으로 나타났다.

그러나 비록 요일별로 평균수익률 사이에 통계적으로 유의한 차이가 있다고 하더라도, 중개수수료를 지불할 경우 그것이 반드시 경제적으로도 유의하다고 말할 수는 없다. 즉 월요일의 장이 마감될 무렵에 주식을 사서 금요일의 장이 마감될 무렵에 판다고 해서 큰 돈을 벌 수 있는 것은 아니고, 돈을 버는 사람은 오로지 증권회사뿐일 수 있다. 그렇다고 해도 주식의 매매시점을 결정할 때 요일효과를 고려해 볼 수 있을 것이다. 만일 주초에 주식을 사려고 한다면 화요일의 개장 때까지 기다려 월요일에 예상된 주가하락을 이용할 수 있는 것이다.

5.3 1월효과

주식시장에는 1월초 거래일의 첫 며칠 동안 비정상적인 현상이 일어나고 있다. Rozeff and Kinney(1976)는 주식투자에 있어서 1월의 평균수익률이 다른 달보다 훨씬 더 높다는 소위 1월효과(January effect)를 처음으로 발견하였다.[07] 그들의 연구결과에 따르면 1904년부터 1974년까지의 기간에 대해 월요일의 주가지수 평균수익률은 3.48%이었던 반면, 모든 달의 평균수익률은 불과 0.68%이었다. 특히 1929년부터 1940년까지의 기간 동안에는 1월 평균수익률은 6.63%이었는데, 모든 달의 평균수익률은 0.19%에 그쳐 극히 대조를 보였다.

이러한 분석결과는 Keim(1983)에 의해서도 확인되었다.[08] Keim은 1월효과의 대부분이 1월의 첫 닷새 동안에 발생하고 있으며, 소기업들에게 더욱 현격하게

Business(October 1981).

07 M. S. Rozeff and W. R. Kinney, "Capital Market Seasonality: The Case of Stock Returns," *Journal of Financial Economics*(November 1976).

08 D. B. Keim, "Size-Related Anomalies and Stock Return Seasonality: Further Empirical Evidence," *Journal of Financial Economics*(June 1983).

나타난다는 사실을 보여주었다. 사실 소규모 기업들의 경우 주식수익률이 대기업들에 비해 훨씬 더 높은 경향이 있는데, 그러한 경향은 1월에 더욱 현저하게 나타나고 있다. 이러한 연구결과는 무슨 이유인지는 분명하지는 않지만 1월초에 주식시장으로 많은 자금이 흘러 들어온다는 가설과 일치하고 있다. 이러한 자금은 거래가 매우 활발한 대기업의 주식들에 대부분 흡수된다. 그러나 거래가 뜸한 소기업들의 주식은 더욱 극적으로 영향을 받게 된다.

Tinic and West(1984)는 1월효과에 대하여 더욱 놀라운 분석결과를 보여주고 있다.[09] 그들은 주식들의 월별수익률과 베타계수 간의 관계를 조사하여 1월의 위험과 수익률 관계가 다른 달과 특별히 다른가를 알아보고자 하였다. 그들의 분석결과는 놀랍게도 오로지 1월만이 위험과 수익률간에 (+)의 관계가 성립하고 있다는 사실을 보여주고 있다. 즉 1월에는 베타계수가 높을수록 실제수익률도 더 높게 나타났다. 그러나 다른 달에는 베타계수와 실제수익률간에 (+)의 관계가 성립하고 있다는 증거를 찾아볼 수가 없었다.

평균수익률과 베타계수 간에 성립하는 관계식의 기울기는 시장지수에 대한 위험프리미엄을 나타내고 있다. Tinic and West는 1935년부터 1982년까지의 기간 동안 시장지수에 대한 1월의 월평균 위험프리미엄은 3.02%이었음을 보여주고 있다. 그러나 다른 달의 위험프리미엄은 단지 0.36%이었고, 이 수치는 통계적으로 볼 때 0과 크게 다르지 않았다.

이러한 1월효과는 일부지역에만 국한된 것이 아니고 전 세계적으로 관찰되는 현상인데,[10] 그렇다면 어떤 요인 때문에 전 세계적으로 1월에 자금이 주식시장으로 한꺼번에 몰려 주식수익률이 높게 나타나는 것일까? 그러나 불행히도 그러한 의문에 대하여 아직 결정적인 해답이 제시되지는 않고 있으며, 다만 다음과 같은 세 가지 설명은 가능할 것이다. 첫째, 세금효과(tax effect)의 가능성을 든다. 주식평가손실을 가지고 있는 투자자들은 연말에 보유하고 있는 주식을 처

09 S. M. Tinic and R. West, "Risk and Return: January vs. the Rest of the Year," *Journal of Financial Economics*(December 1984).

10 1월효과가 전세계적인 현상이라는 실증연구결과는 M. N. Gultekin and B. N. Gultekin, "Stock Market Seasonality: International Evidence," *Journal of Financial Economics*(December 1983)을 참조.

분함으로써 평가손실을 실현시킴으로써 절세를 하려고 하는데, 이듬해 초가 되면 다시 주식시장으로 자금을 유입시키게 되는 것이다.

그러나 이러한 설명에는 몇 가지 문제점들이 있다. 첫째, 평가손실을 실현시키되 주식을 다시 매입하는 행위를 이듬해 초까지 지연시키는 이유는 도대체 무엇일까? 사실 단순히 평가손실을 실현시키는 것이 목적이라면 같은 날에 매도자금을 즉시 다른 종목으로 옮겨 투자할 수도 있는 일이다. 왜냐하면 주식매입을 다음해 초까지 지연시킴으로써 얻게 되는 세금혜택은 사실상 전혀 없기 때문이다. 둘째, 1월효과가 나타나는 대부분의 국가들에서는 자본이득에 대해서 과세하지 않거나 세금납부를 위한 회계연도가 1월에 끝나지도 않는다. 보다 엄밀하게 말하자면, 그러한 국가들에서의 1월효과는 사실 연말시점에서 실현된 자본소득에 대해 과세하는 국가들의 투자자들에 의해 발생한다고 보는 시각도 있는 실정이다. 그러나 De Bondt and Thaler(1985)는 1월효과가 평가손실을 실현시킴으로써 세금상의 혜택을 보고자 하는 동기에서 비롯된다는 주장을 뒷받침하고 있다.[11]

1월효과를 발생시키는 두 번째의 가능성은 증권산업에 있는 성과급제도의 특성에서 찾을 수 있다. 펀드매니저들은 보통 연말보너스를 받는데, 그 크기는 해당연도 동안 자신들이 성취한 투자수익률에 의하여 결정된다. 그러므로 펀드매니저들은 투자에 있어서 일반적으로 다음과 같은 행태를 보인다고 한다. 펀드매니저들은 연초에 투자자금을 위험자산에 투입하여 그들의 포트폴리오가 연중 어느 시점에서라도 목표수익률을 달성하게 되면 보유하고 있던 주식들을 모두 처분하고 채권과 같이 위험이 낮은 투자자산으로 포트폴리오를 구성함으로써 수익률을 그 수준에서 고정시키고 연말보너스를 미리 확보해 둔다. 물론 목표수익률을 달성하는 시점이 펀드매니저 간에 서로 다르기 때문에 1월효과와 대응하여 연말에 주가가 현저하게 하락한다는 확정적인 증거가 없는 것이다. 1월초가 되면 투자게임은 다시 시작되고, 펀드매니저들은 주식시장으로 돌아온다는 것이다.

---

11 W. De Bondt and R. Thaler, "Does the Stock Market Overreact?," *Journal of Finance*(1985).

한편 포트폴리오 분식(portfolio window dressing)이 1월효과를 일으키는 세 번째 가능성으로 제시되고 있다. 펀드매니저들은 보통 연말이 되면 검사를 받게 되는데, 그 시점에서는 그들이 보유하고 있던 포트폴리오의 구성정보가 알려진다. 1년에 한 번씩 포트폴리오에 대한 구성정보가 알려진다는 사실 때문에, 그 시점이 다가오면 펀드매니저들은 미리 보수적인 투자자산들로서 포트폴리오를 치장시키려고 하는 경향이 있다. 포트폴리오에 대한 검사가 끝나면 펀드매니저들은 다시 위험도가 높은 투자자산들로 포트폴리오를 재구성하게 되고, 그들의 이러한 행동이 1월초에 주가를 상승시키는 원동력으로 작용을 하게 된다는 것이다.

그러나 어찌되었든 간에 1월효과의 원인은 그저 추정일 뿐이고 어떠한 것도 확정적인 단서를 제공해주고 있지 않다. 이 시점에서 우리들이 단정적으로 말할 수 있는 것은 오로지 1월효과는 효율적시장가설과는 서로 양립할 수 없다는 사실이다. 원인이야 무엇이든지 간에, 효율적 시장에서는 계절적인 자금흐름이 일어나더라도 주가수준이 큰 영향을 받지 않은 채 시장에 흡수되어야 하는 것이다. 1월효과가 존재하면 주가의 예상백분율변화는 과거자료로부터 독립적이라고 말할 수 없게 된다. 즉 1월효과는 약형 효율적시장가설과는 상충된다고 할 수 있다.

꼬이기 시작하면 쉬어라

리듬이 잘 맞을 때는 투자하는 족족 크게 성공하지만, 한번 꼬이기 시작하면 계속 리듬을 거꾸로 타게 되어 실패를 거듭하는 것이 주식투자이다. 이럴 때에는 모든 것을 정리하고 몇 개월을 쉬고 나서 다시 새로운 마음으로 시작해야 주가의 리듬을 제대로 탈 수 있다.

제6절 ■ 거래전략의 무효성에 대한 의구심

효율적 시장에서 각 유가증권은 해당기업이 장래에 얻게 되는 현금흐름의 확률분포와 위험수준을 바탕으로 적정가격과 기대수익률이 결정된다. 만일 어떤 유가증권의 기대수익률이 적절하지 않다고 생각되는 경우가 있다면, 그것은 분석할 때 합당하지 않은 준거치를 사용하였거나 혹은 불충분한 정보를 바탕으로 분석을 하여 기대수익률을 도출하였기 때문일 것이다. 이러한 시장에서는 수익성이 높을 것으로 생각되는 투자자산과 수익성이 낮을 것으로 생각되는 투자자산을 구분해 내려는 어떠한 투자전략(trading rules)도 모두 소용이 없게 되는데, 그 이유는 진정한 확률분포에 기초하여 분석해 볼 때 그러한 투자자산들은 사실상 존재하지 않기 때문이다.

그렇다면 시장수익률을 꾸준히 능가하는 것으로 보이는 거래전략이 과연 있었을까? 사실 여기서 우리는 세심한 주의를 해야 하는데, 그러한 투자전략을 개발하여 실제로 적용하고 있는 투자자들은 그것을 널리 알리기보다는 차라리 감추고 싶어할 것이기 때문이다. 이러한 문제점은 접어두고라도, 성공적인 투자전략이라고 알려진 대부분의 투자전략의 경우 그 유효성은 검증에 채택한 방법의 문제점으로 인하여 해당투자전략이 우수하다는 쪽으로 검증편의를 가지고 있기 때문에 같은 투자전략을 다른 기간에 적용하면 그 우수성이 전혀 나타나지 않는 경향을 가지고 있다.

6.1 PER효과

주가이익비율(PER)에 기초한 거래전략은 거래수수료와 세금을 다 고려한 후에도 통계적으로 유의할 정도로 높은 투자수익률을 가져다주는 것으로 알려져 있다. 이 투자전략에서는 PER가 높은 종목들은 피하고 PER가 낮은 종목들을 매입해야 한다고 한다. 이러한 전략은 본래 주당이익이 무작위행보를 따른다는 실증연구의 결과에 바탕을 두고 있다. 즉 아무리 훌륭한 통계적 기법을 사용하여 주당이익의 시계열자료를 모형화하더라도 그 모형은 단 몇 사분기 이후의 주당이익을 예측하는 데 있어서 별 소용이 없다.

그럼에도 불구하고 시장에서는 장래 주당이익의 기대성장률에 따라 주가가 결정되는 것으로 보인다. 어떤 주식은 주당이익의 100배 이상으로 거래되는가 하면, 어떤 것은 주당이익의 2배 이하의 수준에서 가격이 결정되고 있다. 이것은 주당이익의 성장률에 대한 예측의 차이에서 비롯된 것이다. 그런데 그러한 예측에 따라 주가가 결정된다고 주장하는 것은 잘못된 일이다.

시장에서 주가가 결정될 때 그와 같은 경향이 있을 경우 그것을 투자전략에 이용할 수도 있는데, 전망이 불투명하거나 비관적인 종목들은 매수하고 반대로 전망이 밝은 종목들은 가급적 피하면 되는 것이다. 이러한 반대투자전략(contrarian strategy)은 그동안 많은 사람들의 지지를 받아왔는데, 이 전략은 Dreman(1982)에 의해 더욱 널리 알려지게 되었다.[12] 그러면 PER가 낮은 종목들이 과거에 실제로 더 높은 투자수익률을 가져다주었는가? 이러한 의문을 풀기 위해서 수많은 실증연구가 행해졌지만 대부분이 치명적인 잘못을 범하고 있기 때문에 실증결과에 대한 신뢰성이 크게 떨어지고 있는 형편이다.

반대투자전략을 검증하는 데 있어서 대부분의 실증연구가 범하고 있는 가장 큰 잘못은 무엇보다도 의태분석(simulation)을 위한 표본기업을 선정하는 방법에 있다고 할 수 있다. 특히 연구자들은 그들의 연구기간 동안 꾸준하게 생존기업들 중에서만 표본을 추출하고 있다. 여러분은 이러한 표본추출방법의 문제점이 무엇인가 이해할 수 있는가? 만일 여러분이 실제로 PER가 아주 낮은 종목들을 선정하여 포트폴리오를 구성하였다고 하자. 여러분의 가장 큰 관심사는 이 경우 무엇이 되겠는가? 시장에서는 분명히 그러한 종목들에 대하여 매우 비관적인 견해를 가지고 있기 때문에 여러분으로서도 그러한 견해가 혹시나 맞아떨어져 해당기업들이 파산해버리지 않을까 불안해 할 것이다. 그러나 검증을 위한 표본선정을 할 때 검증기간 동안 오로지 생존해 있는 기업들만을 대상으로 하면

12 D. Dreman, *The New Contrarian Investment Strategy*, New York: Random House, 1982.

표본선정방법을 통하여 그러한 투자자들의 우려를 아예 없애버림으로써 검증하고자 하는 투자전략을 더욱 유리하게 하는 편의를 낳게 하는 것이다. 이러한 방법으로 검증하면 보나마나 해당 투자전략이 우수하다는 결론에 도달할 것이다.

이러한 문제점을 극복한 실증연구 중의 하나가 Basu(1977)이다.[13] 그는 1957년 4월부터 1971년 3월에 이르는 기간에 대하여 PER를 기초로 구성한 포트폴리오의 투자성과를 분석하였다. 그는 1957년 3월 현재 생존해 있는 기업들로부터 표본을 추출하였다. 그러나 전 연구기간 동안 표본기업들이 모두 생존해야 한다는 제약은 전혀 두지 않았다. 매월 초 그는 PER를 기준으로 모든 종목들에 대해 서열을 매겼다. 전 종목들 중에서 최상위 20%에 속하는 종목들은 A그룹으로 정하고, 그 다음 20%에 속하는 종목들로 B그룹을 구성하고, 마찬가지 방법을 계속하여 적용함으로써 E그룹에는 PER가 최하위 20%에 속하는 종목들이 포함되었다. 이러한 방식을 사용하여 매년 초 포트폴리오는 재구성되고, 전 기간에 대하여 포트폴리오의 투자성과는 평가되었다.

Basu의 연구결과에 따르면, PER가 높은 포트폴리오에서 PER가 낮은 포트폴리오로 옮겨갈수록 투자수익률은 기하급수적으로 높아지고 있다. 그는 나아가 포트폴리오를 재구성할 때 거래수수료와 자본이득세를 조정하여 그 결과를 분석하기도 하였다. 이러한 조정을 거치고서도 PER가 낮은 포트폴리오를 보유하는 투자자의 투자성과와 전 기간 동안 단순한 매입보유전략(buy-and-hold strategy)을 구사하는 투자자의 투자성과 간에는 통계적으로 유의한 차이가 있음이 관찰되었다. 이러한 Basu의 연구결과는 사실 준강형 효율적시장가설과는 상충되는 것이다.

그러나 Basu의 연구는 그 후 Banz(1981)와 Reinganum(1981)에 의해서 반박되었는데, 이들은 Basu에 의해서 분석된 실증결과는 시장효율성과 서로 상충되지 않는 규모효과(size effect)의 발견에 불과하다고 주장하였다.[14] 그들은 Basu

13 S. Basu, "The Investment Performance of Common Stocks in Relation to Their Price-Earnings Ratios," *Journal of Finance*(June 1977).

14 R. W. Banz, "The Relationship between Return and Market Value of Common Stocks," *Journal of Financial Economics*(March 1981), 그리고 M. R. Reinganum, "Misspecification of Capital Asset Pricing: Empirical Anomalies Based on Earnings Yields and Market Values," *Journal of Financial Economics*(March 1981).

의 위험조정수익률에 사용된 위험측정치는 소기업들의 위험을 정확하게 측정하지 못한다고 하면서, 소기업들에 관한 정보는 충분하지 않기 때문에 투자자들은 위험과 기대수익률의 추정치에 대하여 그다지 높은 신뢰를 주지 않는다고 한다. 따라서 대기업과 소기업의 추정된 베타계수가 동일한 경우 대기업에 대한 정보가 훨씬 더 많기 때문에 대기업의 추정베타에 더 큰 신뢰를 주게 된다. 추정치에 대하여 신뢰를 높게 두지 않는 소기업들에 대해서 투자자들은 더 높은 요구수익률을 적용하게 되는 것이다.

6.2 과잉반응가설

앞에서 본 바와 같이, De Bondt and Thaler(1985)는 실제로 주식시장이 정보에 과잉반응하고 있다는 가설을 검증하였다. 이러한 가설이 맞는다면 과거에 높은 투자수익률을 보여준 종목들은 그러한 과잉반응을 수정하는 과정에서 평균 이하의 투자성과를 보이게 될 것이다. 물론 그 반대상황에 대한 논리도 가능하다. 즉 과거에 아주 낮은 투자수익률을 기록한 종목들이 장래에 평균보다 훨씬 더 높은 투자성과를 기록한다는 것이다.

De Bondt and Thaler의 연구결과는 첫 기간의 수익률이 가장 낮은 종목들이 그 다음 기간 동안 시장평균수익률보다 훨씬 더 높고, 반대로 첫 기간의 수익률이 가장 높은 종목들이 그 다음 기간 동안 시장평균수익률보다 훨씬 더 낮아진다는 가설을 지지하고 있다. 그러나 이러한 분석결과를 해석하는 데 있어서는 다음과 같은 몇 가지 사실을 염두에 두어야 할 것이다.

① 수익률이 낮은 종목들과 높은 종목들의 초과수익률 혹은 과소수익률은 대부분 1월에 발생하고 있다.

② Tinic and West(1984)의 연구결과에 비추어 보면, 주식의 위험프리미엄은 1월에 모두 실현되고 있다.

③ 첫 기간의 투자성과를 바탕으로 보면, 투자수익률이 아주 낮은 종목들은 기말시점에서 평균 이상의 위험을, 그리고 투자수익률이 아주 높은 종목들

은 기말시점에서 평균 이하의 위험을 가지고 있다고 할 수 있을 것이다.

④ 위의 ②번과 ③번에 비추어 볼 때, 이러한 현상은 시장이 비효율적이라서 그렇다기보다는 해당종목들의 상대적 위험의 크기에서 비롯된다고 할 수 있다.

항상 시장에 있을 필요는 없다

주식시세에 중독이 되면 매분 매시간 주가변화를 알고싶어 못 견디지만, 시시각각의 주가변화를 안다는 것은 투자에 전혀 도움이 되지 않는다. 늘 객장에 나가 있으면 장세 분위기에 휩쓸려 본의 아니게 뇌동매매를 하게 되므로 증권사 객장에는 되도록 나가지 않는 것이 좋다.

성장주 발굴의 명인 Thomas Rowe Price, Jr.

(1) 투자경력과 인물

Thomas Rowe Price, Jr.는 기본적 분석 분야에서 월가의 투자자들에게 Benjamin Graham 다음으로 유명한 인물로 그의 성장주투자이론은 모르는 사람이 없을 정도로 월가의 상식이 되고 있다. Price, Jr.가 운영하는 펀드는 T Rowe Price Associates로서 운용자산규모가 60억 달러에 달하고 있다. 성장기업을 발굴해 장기보유하고 성장이 멈추는 시점에서 매도하는 것이 그의 투자스타일의 핵심을 이루고 있다.

즉 그는 산업이나 기업의 라이프사이클의 성장초기단계에서 매입, 성숙기에 매도하는 성장주투자이론을 제시하고 있다(미국에서는 주식매매에서 발생하는 차익에 대해 과세하기 때문에 단기투자자에게는 극히 불리하다). '투자는 나의 인생' 이라고 할 정도로 일에 몰두하였고, 일시적 성공에는 전혀 관심이 없었다. 80세가 넘은 지금도 매일 5시에 기상하여 계획적이고 정해진 시간대로 행동하고 결코 예정에 없는 행동을 하지 않는 정확성을 가진 사람이며, 목표가격을 정하면 그 가격에서 정확히 매도했다.

1965년까지 30년간 Price, Jr.는 성장주투자기법으로 일관했는데, 미국에서는 이때까지 프라이스 외에는 경기순환에 따라 이익이 신장해가는 기업에 투자하는 성장주투자기법을 적용하는 회사 또는 개인이 없었다.

1965년 이후 그의 투자기법은 'T Rowe Price식 투자방법'으로 그의 선호종목은 'T Rowe Price 종목'이라고 부를 만큼 유명해졌다. 『투자자의 신시대』라는 책 출판 이후 1970년대부터 Price, Jr.는 투자방침의 전환을 선언하고 대부분 종목의 PER가 40~50으로 올라간 미국증시 내에는 투자할만한 종목이 없다고 선언하는 동시에 성장이 멈추거나 악재 노출 시의 주가폭락을 경고했다. 1960년대 말 성장주강세가 끝났다고 보고, 펀드를 동료에게 매각했는데 1974년 주가가 50% 가까이 폭락했다.

그 후 신시대의 테크닉투자기법을 창안하여 성장주투자를 줄이고 인플레이션에 강한 자산, 즉 부동산, 천연자원, 금, 은 등의 자산주에 투자(1970년대 약 10년 동안 금을 생산하는 기업을 특히 선호)했다. 1974년에 성장주의 주가폭락 방침을 변경했는데, 라이프사이클의 초기단계에 있는 미래성장주, 설립된 지 오래된 원숙기업이나 실제가치보다 훨씬 낮은 가격종목, 금, 은 등의 자원관련주, 주가가 1주당 순자산가치 이하의 종목 등을 종목선정의 기준으로 정했다. 그는 선견지명과 유연성이 투자자에게 요구되는 최고의 자질이라고 보았다.

(2) 매수전략

매수목표치를 설정하고 분할매수하는데, 매수목표치의 설정방법은 다음과 같다.

① 과거의 이익신장 조사
② 안정성장주의 최적매수시점(시장인기 냉각시점)의 선정
③ 안정성장주에 순환성장주보다 더 큰 가치의 부여
④ 시중 사채수익률이 높을 때 성장주의 매수목표가격을 낮게 책정
⑤ 시장이 약세기조에 있어 시장수익률이 낮을 때에는 PER가 낮을 때 성장주 매수
⑥ 과거 2~3회 주가순환에서 정점과 저점을 비교하여 저점 시의 가격보다 1/3 정도 높은 가격에서 매수(즉, 바닥시세 이전부터 분할매수 시작)

연습문제

01 기업에서 수의상환사채를 발행하는 이유로 장래 이자율이 하락하였을 경우 금융비용을 절약할 수 있다는 논리를 든다. 회사채에 수의상환권을 붙이면 발행기업에서는 시장이자율이 실제로 하락하였을 경우 낮은 이자율로 새로운 회사채를 발행할 수 있는 것이다. 시장이 효율적이라고 가정하고, 이러한 주장에 있어서의 허구성을 설명하라.

02 여러분은 주식의 주가이익비율(PER)과 투자수익률 간에 어떤 체계적인 관계가 성립하고 있다는 사실을 알아냈다고 가정하자. 즉, 어느 기업의 PER를 알면 그 기업이 발행한 주식의 수익률을 예측할 수 있다는 것이다. 이러한 사실은 세 가지의 효율적시장가설과 서로 양립할 수 있는 것일까?

03 시장이 강형으로 효율적이라고 하자. 이 경우 기업들에 관한 정보를 수집하고 분석하는 일이 소용이 있을까? 어떤 종류의 논리적 궤변이 이러한 상황에 잘 들어맞는다고 생각하는가?

04 세 가지의 정보세트 중에서 한 가지에 관하여 시장은 효율적이라고 하자. 이러한 사실로 미루어 시장은 다른 정보세트에 관해서는 비효율적이라고 주장하는 것을 과연 옳은 일일까?

05 다음은 주가에 영향을 주는 여러 가지의 정보를 나타낸다. 각 정보가 어떤 종류의 시장효율성과 관련이 있는가를 설명하라. 물론 각 정보가 주가에 반영된다는 사실을 전제로 한다.

(1) 통화량에 관한 자료
(2) 기업의 분기별 이익공시
(3) 내부자거래에 관한 금융감독원의 공시
(4) 어느 기업의 이사회에서 비밀리에 행한 배당정책에 관한 토의내용
(5) 과거의 회사채 가격자료

06 주가의 변동에 계절적 패턴이 있다고 가정하자. 이러한 사실은 효율적시장가설

과 어떠한 이유에서 양립할 수 없는 것일까?

07 "시장이 효율적이라면 오늘의 주가는 내일의 주가와 아무런 체계적 관계가 없다." 이러한 주장에 대하여 논평하라.

08 주식거래전략(trading strategy)의 유효성을 검증하기 위하여 자본자산가격결정모형(CAPM)을 사용한다면, 이것은 무엇을 의미하는 것인가?

09 지난 수년 동안 두 가지의 거래전략을 사용해보고 그 결과를 서로 비교하였다. 그 중 한 거래전략은 엄청나게 높은 평균수익률을 가져다주었다. 이와 같이 높은 수익률을 가져다주는 투자전략은 보다 훌륭한 거래전략이라고 말하는 것이 언제나 옳은 것일까?

10 시장효율성의 검증은 흔히 두 가지 가설의 합동검증(joint tests)이라고 한다. 이러한 사실의 의미를 설명하라. 이러한 점 때문에 시장효율성에 대한 검증이 매우 어렵다는 주장에 대하여 논평하라.

11 어느 투자자는 공적 정보를 사용하여 투자수익률을 높이는 거래전략을 개발하였다고 한다. 그는 지수수익률보다 훨씬 높은 자신의 투자수익률을 보여주면서 자랑을 하였다. 이러한 사실은 시장효율성에 의구심을 던지는 데 충분하다고 할 수 있을까?

12 Fama, Fisher, Jensen, and Roll(FFJR)은 주식분할에 대한 주식시장의 반응에 초점을 맞추고 있다. 주식분할은 주주들의 지분을 변동시키지 않기 때문에 투자자들은 주식분할에 대하여 크게 신경쓸 필요가 없다는 주장을 할 수 있을 것이다. 그렇다면 주식분할은 왜 투자자들에게 중대한 사건으로 간주되는 것일까?

13 Rendleman, Jones, and Latan?(RJL)은 이익자료에 대한 주식시장의 반응을 분석하였다. 그들이 분석한 특정 사건은 무엇인가? 그들의 연구결과는 어떠한 형태의 효율적시장가설에 대한 증거를 지시하고 있는 것인가?

14 1월효과에 대한 여러 가지 설명 중에서 세금보고와 관련된 매도 및 매입전략의 가능성이 있다.
(1) 이러한 세금효과가설(tax effect hypothesis)을 설명하라.

(2) 1월효과는 국제적인 현상으로 보고되고 있는데, 특히 회계연도가 1월에 시작되지 않는 국가에서도 관찰되고 있다. 이러한 현상이 발생되는 원인에 대하여 추정하라.

15 낮은 주가이익비율(PER)과 주식수익률의 관계를 검증하려고 한다.

(1) 낮은 PER를 가지고 있는 주식들에 대하여 단순히 일정한 기간 동안의 수익률을 관찰하는 방법에 어떠한 문제점이 있을까?

(2) 위의 문제점을 Basu(1977)는 어떠한 방법으로 극복하였는가? 그의 연구결과는 어떠하였는가?

16 주식수익률에서 규모효과(size effect)란 무엇이며, 왜 어떤 학자들은 이 효과가 바로 Basu의 "저PER효과"의 실체적 원인이라고 주장하는 것일까? 규모효과는 계절성연구에서 어떠한 식으로 나타나는 것인가?

CHAPTER **11**

투자성과 평가

유능한 펀드매니저들은 일반투자자들이 가지고 있지 않은 정보를 가지고 있는 것으로 추정된다. 그들은 우수한 모형과 기능을 가지고 공적 정보를 기초로 분석함으로써 개인정보를 만들어내고 있다. 어느 경우라도 그들은 일반투자자에 비하여 투자에 관련하여 훨씬 더 많이 알고 있다고 할 수 있으며, 그들의 지식을 바탕으로 더 높은 수익률을 가져다주는 투자자산을 찾아낼 수 있을 것이다.

능력이 있는 펀드매니저들은 비교적 높은 투자수익률을 얻을 수 있을 것으로 판단된다. 그러나 진실로 유능한 펀드매니저들과 운이 좋아 높은 투자수익률을 얻은 투자자들을 어떻게 구분할 것인가? 단지 위험도가 높은 투자자산에 투자하여 기대위험프리미엄을 얻게 되는 투자자들로부터 유능한 펀드매니저들을 어떠한 방법으로 가려낼 수 있을 것인가?

본 장에서 논의하게 되는 투자성과측정치들은 유능한 투자자, 단순히 운이 좋은 투자자, 그리고 단지 위험을 부담하기 때문에 높은 수익률을 얻는 투자자들을 각각 가려내도록 해 줄 것이다. 이러한 투자성과측정치들은 이제는 널리 사용되고 있으며, 이러한 측정치를 기준으로 더 높은 점수를 얻었다고 하여 엄청난 규모의 자금이 투자회사들을 전전하고 다닌다.

본 장에서는 다음의 문제를 중점적으로 다루고자 한다.

- 투자수익률의 정의 및 산출
- 위험조정투자성과의 측정
- Jensen지수, Treynor지수, Sharpe지수
- 투자성과측정에서의 문제점

행복은 대중의 호주머니에 떨어지지 않는다

주식시세는 끊임없이 오르고 내린다. 한동안 침체되었던 증권시장이 어느 순간 호황으로 바뀌어 주가가 크게 오르기도 한다. 그런데 흔히 장세가 호황으로 치닫게 되면 많은 대중이 증권시장에 관심을 갖게 되고 시중자금이 증시로 빠르게 몰려든다. 주가도 꾸준히 오르면서 호황이 가속화된다.

반면에 장세가 위축될 때 대중들은 증권시장을 외면해버리기 쉽고 투자자들은 빠져나갈 길만 찾게 된다. 그러나 호황장세에서 대중이 몰려올 때 이미 차익을 남긴 많은 기존 투자자들은 서서히 빠져나간다. 한편 대중이 외면하는 침체장세가 오래 지속되면 매수세가 등장한다. 따라서 행복이 대중의 호주머니에 떨어지지 않는다는 말은 결국 대중이 몰려드는 호황장세에서 주식을 팔고 침체장세에서는 사는 것이 좋다는 말이다.

제1절 ■ 위험조정투자성과의 측정

포트폴리오가 얻은 수익률 그 자체를 그대로 투자성과로 간주하면 왜 안 되는가? 여러분들은 매스컴을 통해서 수익증권이나 뮤추얼펀드의 순위를 본 적이 있을 것이다. 이러한 순위는 대개 특정한 기간 동안 각 펀드들이 얻은 투자수익률을 근거로 한 것이다. 투자자들은 수익률을 근거로 한 순위를 살펴볼 때 그것이 지난해의 실제수익률인지 혹은 과거 수년 동안의 평균수익률인지를 세심하게 살펴야 한다. 이와 같이 투자수익률의 크기에 따라 펀드들의 순위를 매기는 경우는 흔하지만, 그러한 순위가 그대로 펀드매니저들의 능력의 차이를 나타내는 것으로는 볼 수 없다. 사실 수익률을 기초로 한 순위는 펀드매니저들의 능력에 기인한 것이라고 하기보다는 ① 포트폴리오의 목표위험수준과 ② 시장의 전반적인 장세에 달려 있다고 할 수 있다.

표 11-1 ‖ 투자수익률을 기초로 한 두 뮤추얼펀드의 순위

수익증권 \ 연도	2005	2004	2003	2002	2001	2000	1999	1998	1997	1996	1995
로하이 뮤추얼펀드	1	2	1	1	2	2	1	1	2	1	2
신난다 뮤추얼펀드	2	1	2	2	1	1	2	2	1	2	1

이것을 보다 잘 이해하기 위해서 [표 11-1]에 있는 두 개의 뮤추얼펀드를 살펴보도록 하자. 과거 11년 동안 두 뮤추얼펀드는 연간수익률을 근거로 순위가 정해졌는데, 이 표를 보면 거의 매년 그 순위가 엎치락뒤치락 하고 있다. 동일한 기간 동안 두 펀드매니저들의 능력수준은 분명히 크게 바뀌지 않았을 것이다. 두 뮤추얼펀드의 순위가 이렇게 불안정하게 뒤바뀌는 이유는 두 뮤추얼펀드의 베타계수가 판이하게 다르고, 시장의 전반적인 장세가 해마다 엄청나게 변하여 시장포트폴리오 수익률의 변화에 각각 다르게 반응을 보였기 때문인 것으로 풀이된다. 만일 한 뮤추얼펀드의 베타계수가 평균 이상으로 높고 다른 하나는 평균보다 낮은 베타계수를 가지고 있다면, 그들의 특성선은 [그림 11-1]과 같이 나타날 것이다.

설명을 단순하게 하기 위해서, 투자자들은 위험중립적이고 두 특성선이 그림에서와 같이 바로 시장지수수익률에서 교차한다고 가정하자. 이 경우 두 수익증권의 기대수익률은 $E(R_p)$로서 동일할 것이다. 그러나 그들의 기대수익률이 같다고 할지라도 실제수익률은 서로 크게 다르게 나타나게 된다. 시장지수수익률이 기대수익률보다 훨씬 낮은 R'_m인 약세시장일 때는, 베타계수가 낮은 펀드가 높은 수익률을 발생시킬 것이고, 그 결과 순위가 상대적으로 높아질 것이다. 한편 시장지수수익률이 기대수익률보다 높은 R^*_m인 강세시장일 경우, 베타계수가 높은 펀드의 수익률이 더 높게 나타날 것이고 순위도 더 높게 나타날 것이다. 펀드의 투자수익률과 그에 따른 순위는 시장장세와 베타계수에 따라 크게 달라지는 법이어서, 각 펀드매니저의 능력과는 하등 상관이 없다고 할 정도이다.

그러나 우리에게 정작 필요한 것은 포트폴리오의 위험계수와 전반적인 시장

장세와는 무관한 투자성과측정치이다. 그러한 측정치는 투자성과가 평가되는 기간의 장세에다가 포트폴리오의 상대적 위험을 충분히 감안하여 수익률을 재조정할 것이다. 위험을 조정한 투자성과측정치는 포트폴리오의 위험수준과는 무관하게 된다. 즉 그러한 투자성과측정치를 사용하면 위험수준이 비정상적으로 높거나 낮은 포트폴리오가 시장장세와는 무관하게 비정상적으로 높거나 낮은 순위를 차지할 가능성은 거의 없을 것이다.

그림 11-1 ▌ 베타계수가 높거나 낮은 펀드의 특성선

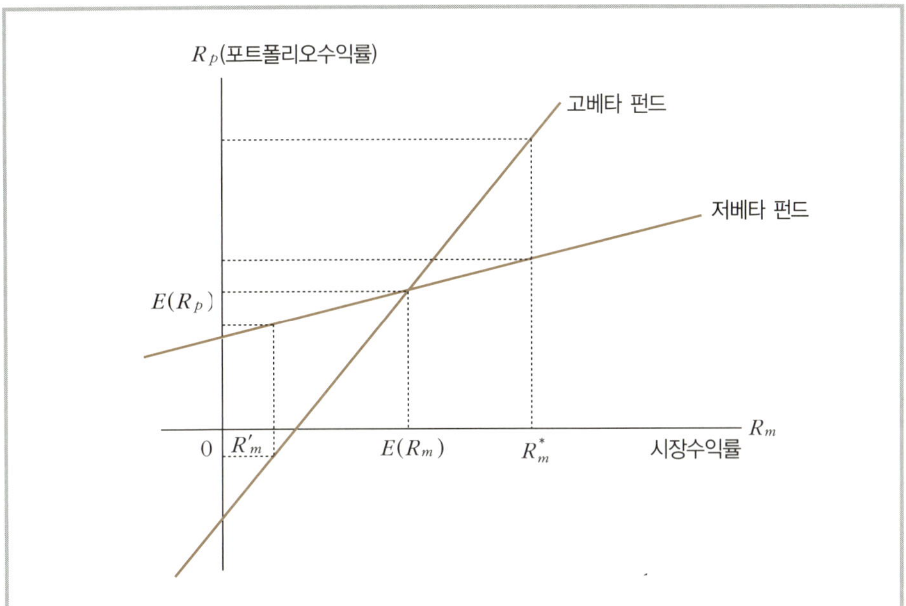

위험조정 투자성과측정치를 구성하려면 먼저 위험의 특성, 그리고 위험과 수익률 간의 관계에 대한 가정을 세워야 한다. 또한 주식의 가격은 CAPM과 같은 모형에 따라 결정된다고 하는 가정도 함께 세워야 한다.

매매는 취소하지 마라

> 매도주문을 냈는데 시황이 변하여 주가가 오를 기미를 보이면 주문을 취소하거나 매도가격을 올리는 사람이 많다. 주식을 살 때도 마찬가지다. 그러나 주식의 매매주문은 도중에 변경하지 말고 당초 계획대로 밀고 나가는 것이 좋다. 매매주문의 변경은 주로 장세분위기에 영향을 받는 까닭에 대개 좋은 결과가 오지 않는다.

제2절 ■ 투자수익률의 산출

투자수익률 계산의 기본적인 목적은 자산가치의 변화, 배당 및 이자소득, 그리고 실현된 자본소득 또는 손실을 감안하기 위해서이다. 이러한 변동은 추가현금유입이나 현금인출이 조정된 최초자본가치의 백분율로서 표현된다. 특히 유념해 두어야 할 것은 투자수익률의 산출에 있어서 펀드매니저가 통제권한이 없는 외부현금흐름(external cash flows)의 영향을 배제해야 하기 때문에 투자성과의 측정에 있어서는 시간가중수익률이 적용되어야 한다는 사실이다.

2.1 내부수익률

[표 11-2]에서는 내부수익률의 개념을 이용한 투자수익률 산출의 예를 보여주고 있다. 내부수익률(internal rate of return)이나 가치가중수익률(value-weighted rate of return)에 영향을 주는 두 가지 요인들로 ① 기초와 기말의 시장가치, 그리고 ② 추가현금유입의 시점 등을 들 수 있다. 즉, 이러한 수익률 산출은 각 세부기간에 대한 포트폴리오 자산의 규모에 따라 크게 달라진다. 이 예에서는 두 포트폴리오가 동일한 자산들에 투자하였다고 가정하고 있다.

투자기간 X에 대해 가상적 포트폴리오인 A와 B의 내부수익률을 계산하고 있다. 투자기간 X 동안 포트폴리오 A의 내부수익률은 5.16%인 한편, 포트폴리오 B의 내부수익률은 2.72%이었다. 두 포트폴리오는 동일한 유가증권에 투자하였으므로, 두 포트폴리오 간에 내부수익률이 차이를 보이는 것은 다음 두 가지 사실에 근거하고 있다. 첫째, 두 포트폴리오의 첫 번째 기간 동안 투자수익률이 30%로서 매우 높았는데, 특히 포트폴리오 A의 자산가치가 포트폴리오 B의 그것보다 약 6배 정도 높았기 때문에 훨씬 더 큰 이득을 보았다. 둘째, 그 후의 기간 동안에는 수익률이 낮아졌는데 포트폴리오 A의 자산가치가 B에 비해 단지 3 내지 4배 정도로 작아졌기 때문에 그 또한 포트폴리오 A에 상대적으로 이득을 가져다주었다.

표 11-2 ▌ 투자기간 X 동안에 대한 포트폴리오 A와 B

투자의 세부기간	포트폴리오 A		투자수익률	포트폴리오 B	
	현금유입	시장가치		현금유입	시장가치
기간초		100,000,000원			10,000,000원
1	10,000,000원	141,500,000원	+30%	10,000,000원	24,500,000원
2	10,000,000원	166,150,000원	+10%	10,000,000원	37,450,000원
3	10,000,000원	141,920,000원	−20%	10,000,000원	38,960,000원
4	10,000,000원	166,612,000원	+10%	10,000,000원	53,356,000원

내부수익률법에서는 그 다음 각 세부기간의 수익률을 그 기간의 자산가치를 가중치로 사용하여 가중평균수익률을 구한다. 그 결과 포트폴리오의 규모와 자산가치 성장률이 최종수익률에 지대한 영향을 미치게 된다. 이 예에서는 비록 포트폴리오 A와 B가 모두 동일한 유가증권들에 동일한 비율로 투자하였지만 결과는 아주 부적절하게 나타나고 있으며, 따라서 내부수익률이 투자자금에 대하여 정확한 수익률을 계산하여 주지만 두 포트폴리오 매니저들의 투자성과를 비교할 목적이라면 부적당하다는 사실을 보여주고 있다.

2.2 시간가중수익률

시간가중접근법(time-weighted approach)에서는 각 세부기간에 대한 수익률을 산출하고 있다. [표 11-2]에 나타난 바와 같이, 두 포트폴리오는 같은 종목들에게 같은 비율로 투자하였기 때문에 각 세부기간의 수익률은 동일하게 나타나 있다. 이러한 각 세부기간의 투자수익률은 복리로 계산되어 해당하는 전체기간 X의 투자수익률을 산출하게 된다. 투자기간 X의 초에 포트폴리오 A 또는 B에 투자한 돈 100원이 기말에는 126원(=100원×(1+0.3)×(1+0.1)×(1−0.2)×(1+0.1))으로 불어나고 있는 것이다. 따라서 세부기간의 평균수익률은 5.95%($=(1.26)^{1/4}-1$)가 되는 셈이다.

여기서 사용하고 있는 수익률계산방법은 Dietz 방식과 BAI 방식에 근거를 두고 있다.[01] 두 방식은 모두 기본적으로 포트폴리오에 대한 순현금유입은 해당기간의 중간점에서 일어난다고 가정하고 있다. 그러나 실제로 이러한 가정을 처리하는 방법에는 약간의 차이를 보이는데, Dietz 방식에서는 순현금유입의 절반은 기간의 초에 일어나고 나머지 반은 기간의 말에 일어나는 것으로 가정하고 처리하고 있다. 즉 순현금유입의 절반을 해당기간 초의 포트폴리오 가치에 더하고, 기말가치로부터는 순현금유입의 절반을 빼줌으로써 마치 순현금유입이 해당기간의 중간점에서 발생한 것과 마찬가지로 취급하고 있는 것이다. 한편 BAI 방식에서는 실제로 해당기간의 중간점에서 순현금유입이 발생한다고 가정하여 복리로 계산하며 반복계산에 의하여 수익률을 산출하는 것이다.

예컨대, 다음의 경우를 살펴보자.

01 Dietz방식은 $R_i=\left(\frac{P_i-0.5C_i}{P_0+0.5C_i}-1\right)\times 100$으로 나타낼 수 있다. 여기서 P_0는 기간 i의 초에 관찰된 포트폴리오의 가치, P_i는 기간 i의 말에 관찰된 포트폴리오의 가치, C_i는 기간 i동안 포트폴리오에 대하여 이루어진 순현금유입, 그리고 R_i는 기간 I동안의 포트폴리오 수익률을 각각 가리킨다. 한편 BAI 방식은 $P_0(1+r_i)+C_i(1+r_i)^{1/2}-P_i=0$으로 표현된다. 이 식에서 반복계산에 의하여 r_i를 구하고, 그 다음 $R_i=r_i\times 100$에 따라 R_i를 산출한다. P. O. Dietz, "Pension Fund Investment Performance—What Method to Use When," *Financial Analysts Journal*, January/February 1966, 그리고 Bank Administration Institute, *Measuring the Investment Performance of Pension Funds*, Park Ridge, Illinois: Bank Administration Institute, 1968 참조.

어느 기간의 초에 관찰한 포트폴리오의 가치	10,000,000원
해당 기간의 말에 관찰한 포트폴리오의 가치	12,050,000원
해당기간 동안의 순현금유입	1,000,000원

Dietz 방식에 의하여 해당기간에 대한 포트폴리오의 수익률을 구하면 다음과 같이 10%가 된다.

$$R_i = \left(\frac{12,050,000 - 0.5(1,000,000)}{10,000,000 + 0.5(1,000,000)} - 1 \right) \times 100 = 10.00\%$$

그런데 BAI 방식에 의하여 같은 기간 동안에 대한 포트폴리오의 수익률을 계산하면 다음과 같이 10.01%가 될 것이다.

$$10,000,000(1 + r_i) + 1,000,000(1 + r_i)^{1/2} - 12,050,000 = 0$$

$$R_i = r_i \times 100 = 10.01\%$$

2.3 수익률측정기간의 길이

일반적으로 수익률을 더 자주 측정할수록(즉, 수익률측정기간이 짧을수록) 수익률의 산출은 더 정확해진다. 가장 이상적인 것은 순현금유입이나 순현금유출이 발생할 때마다 수익률을 산출하는 것이다. 이렇게 하면 현금흐름에 대한 가정이 필요 없게 되고 그 결과 수익률의 계산이 매우 단순해진다. 그러나 실제에 있어서는 투자신탁회사이나 투자운용회사에서는 월 2회 이상 가치를 산정하는 시스템이 없을 뿐만 아니라 기관투자자들로부터도 그와 같은 서비스에 대한 수요가 없는 것이 보통이다. 종업원복지기금, 기타 기관투자자들 및 개인투자자들은 보통 1일 기준으로 포트폴리오에 현금을 유입시키거나 유출시키는 경우는 별로 없다. 따라서 월 1회 수익률을 산출하는 것으로 충분할 것이다.

다른 한편으로, 뮤추얼펀드와 같은 투자운용회사는 일반적으로 1일 기준으로 순자산가치(net asset value)를 산출하여 바로 그날 매입이나 환매하였을 경우 펀드지분의 가치를 도출하는 데 사용한다. 그러므로 뮤추얼펀드의 경우 실제의 사장가격을 아주 잘 반영하고 있다는 점에서 그 수익률도 비교적 정확하다고 할 수 있다.

사실 자산가치산정기간의 길이와 포트폴리오의 투자기간 사이에는 직접적인 관련이 없다. 투자기간은 포트폴리오에 따라 서로 다르겠지만 1년, 3년, 5년 혹은 그보다 훨씬 더 길 수도 있다. 가령 투자기간이 20년인 경우 해당포트폴리오의 투자목적이 제대로 달성되었는지를 알아보기 위해서 20년을 기다리는 투자자는 드물 것이다. 그러므로 보다 짧은 수익률산출기간을 설정하고 각각 가중치를 줌으로써 가중평균수익률을 산출하여 해당포트폴리오의 투자목적과 다른 포트폴리오의 그것과 서로 비교하게 되는 것이다.

2.4 기타 방법들

1) 일별가중

현금흐름이 투자기간의 중간점에서 한꺼번에 발생하지 않는다는 사실을 놓고 볼 때 그러한 가정은 오히려 현상을 더욱 왜곡시킬 우려도 있으므로 현상왜곡을 최소화시키려는 목적으로 어떤 성과측정치에서는 일별가중 현금흐름(day-weight cash flows)을 사용하기도 한다. 예컨대, 현금유입이 어느 달의 10일에 발생하였을 경우 그 달의 중간점에서 현금유입이 일어난 것으로 취급하지 않고 실제로 현금유입이 일어난 그 시점을 고려하여 유입된 현금유입이 포트폴리오에 20일 동안 잔존한 것으로 처리하는 것이다.

앞서의 예를 사용하여 Dietz 방식에 따라 수익률을 다시 계산하면 다음과 같다.

$$R_i = \left[\frac{12,050,000 - \left(\frac{30-20}{30} \times 1,000,000 \right)}{10,000,000 + \left(\frac{30-10}{30} \times 1,000,000 \right)} - 1 \right] \times 100 = 9.84\%$$

2) 베타계수의 조정

증권시장이 서서히 오르내리지 않고 일일변동폭이 매우 큰 경우 그러한 상황을 고려하기 위해서 어떤 수익률산출방식에서는 베타계수를 활용하고 있다. 시장수익률과 기초의 포트폴리오 가치에다 포트폴리오의 베타계수를 적용하면서 포트폴리오의 가치를 현금흐름이 실제로 발생한 날짜를 기준으로 계산한다. 이와 같이 산출된 포트폴리오의 가치는 다음 기간의 수익률을 계산할 때 분모가 되는 것이다.

예를 들어, 어떤 포트폴리오의 베타계수는 1.05이고 그 달의 초부터 10일까지 시장은 5%가 상승하였다고 한다. 따라서 현금유입이 일어난 시점의 포트폴리오 가치는 10,525,000원(=[(1.05×0.05)+1]×10,000,000원)이 된다. 다시 말하면, 월초부터 현금유입이 일어난 10일까지 시장이 5% 상승하였다는 것은 같은 기간 동안 해당포트폴리오가 베타를 조정한 것을 기준으로 5.25%(=1.05×5)가 상승했다고 볼 수 있으며, 그 결과 현금유입이 일어난 시점에서의 포트폴리오 가치는 10,525,000원이 되는 것이다.

이 포트폴리오 가치를 사용하여 그 달의 나중 20일간의 수익률을 다음과 같이 산출한다. 물론 이 과정에서 그 달 10일에 발생한 현금유입을 고려하며, 월말 시점의 실제 포트폴리오 가치는 12,050,000원이 된다.

$$R_i = \left(\frac{12,050,000}{10,525,000 + 1,000,000} - 1 \right) \times 100 = 4.56\%$$

그 달의 첫 10일 동안의 수익률은 5.25%이었고, 나중 20일 동안의 수익률은 4.56%이었으므로, 기간을 가중하여 산출한 그 달의 투자수익률은 다음과 같이 10.05%가 될 것이다.

$$R_j = [(1.0525 \times 1.0456) - 1] \times 100 = 10.05\%$$

1+첫10일 동안의 수익률	1+나중20일 동안의 수익률	그 달의 수익률

3) 연간투자수익률

어느 특정 기간에 대해 수익률이 산출되었으면 그 다음 기간에 대한 수익률의 계산은 같은 과정을 연속적으로 적용하기만 하면 된다. 만일 투자기간이 1년을 초과하는 경우, 연간수익률을 산출하려면 제곱근을 구하면 될 것이다. 예컨대, 총투자기간이 3년이라면 수익률의 3제곱근을 구하면 연간수익률이 얻어지게 된다.

3개월간의 월별수익률로부터 해당 사분기수익률을 얻기 위해서는 각 수익률에다 1.0을 더하여 각각 서로 곱하면 해당 사분기수익률이 산출된다.

월별 구분	1	2	3
월간수익률	+3.06%	−1.95%	+5.01%

그러므로, 해당분기의 수익률은 $R_i = (1.0306 \times 0.9805 \times 1.0501) - 1 = 0.0611$또는 6.11%가 된다.

연간수익률은 12개월간의 월별수익률 또는 4개의 분기별수익률을 연속적으로 사용하면 구할 수 있다. 예를 들면, 다음과 같은 4개의 분기별수익률이 있다고 하자.

분기별구분	1	2	3	4
분기별수익률	+6.11%	+4.06%	−3.54%	+2.95%

따라서 연간수익률은 다음과 같이 9.65%로 나타날 것이다.

$$R_i = (1.0611 \times 1.0406 \times 0.9646 \times 1.0295) - 1 = 0.0965$$

연간수익률은 월별수익률, 분기별수익률, 또는 연도별수익률을 연속적으로 곱하고 그 결과에 대하여 해당하는 제곱근을 취하면 쉽게 구해진다. 즉 3년간의 연별수익률을 사용하는 경우에는 3제곱근, 그리고 4년 반의 연별수익률을 사용할 때에는 4.5제곱근을 취하면 되는 것이다. 다음의 예를 살펴보도록 하자.

분기별구분	1	2	3	4	5	6	7	8
분기별수익률	+6.11%	+4.06%	−3.54%	+2.95%	+8.34%	+5.20%	−1.95%	+4.86%

해당하는 기간 동안의 연간수익률 13.35%는 다음과 같은 식에 의해서 구해진다.

$$R_i = \sqrt{1.0611 \times 1.0406 \times 0.9646 \times 1.0295 \times 1.0834 \times 1.0520 \times 0.9805 \times 1.0486} - 1 = 0.1335$$

그런데 월별수익률과 분기별수익률은 시장변동에 따라 변동성이 매우 크므로 연간수익률을 구할 때는 4개의 분기별수익률보다 많은 자료를 가지고 구하여야 한다. 그렇지 않으면 다음의 경우와 같이 매우 비현실적인 수익률이 산출되어 나온다. 가령 단 1개의 분기별수익률 20%를 가지고 연간수익률을 계산한다고 하자. 이 경우 연간수익률은 $[(1.20)^7 - 1] \times 100 = 107.36\%$가 될 것이다. 또는 1개의 분기별수익률이 −20%라고 하면, 연간수익률은 $[(0.80)^4 - 1] \times 100 = -59.04\%$가 된다.

4) 자산종류별 수익률의 측정

앞에서는 포트폴리오의 수익률을 측정하는 여러 가지 방법에 대해 살펴보았다. 그런데 현금유출입이 있는 경우 각 현금유입 또는 유출이 발생하는 시점을 정확하게 고려하여 가치를 산출하지 않으면 오차가 생기게 마련이다. 더욱이 주식, 채권, 전환증권 등 여러 자산종류들을 각각 매입하고 매도하는 시점을 정확하게 고려하여 성과를 측정하지 않으면 그 오차는 더욱 커지게 될 것이다.

자산종류별로 수익률을 측정하면 포트폴리오의 전체수익률이 어떻게 성취되었는가를 보다 자세하게 알 수 있다. 예를 들어, 주식시장 전체의 분기별수익률이 10%일 때 전체포트폴리오에 포함된 주식포트폴리오의 수익률이 12%였다면, 그 포트폴리오의 매니저는 종목선별(stock selection)을 제대로 했다고 할 수 있다. 그러나 만일 같은 기간 동안 그 포트폴리오 매니저는 전체 포트폴리오 가치의 70%를 현금의 형태로 보유하고 있었다면 그는 투자시점선택(market timing)에서는 엄청난 실수를 저질렀다고 보아야 한다.

전체 포트폴리오 중에서 각 자산종류별로 수익률을 측정할 때, 새로이 유입된 현금이 주식과 채권에 어떻게 할당되어 투자되었는가를 알아보는 것은 매우 어려운 일이다. 즉 순현금유입 중에서 얼마가 주식에 투자되고 얼마가 채권에 투자되었는가를 알 방법은 사실상 없다고 보아야 한다. 그러나 증권의 순매수(=총매수−매도액)는 순현금유입과 펀드의 현금투자소득의 합계와 같으므로, 전체 포트폴리오의 수익률을 구할 때 순현금유입 대신에 증권의 순매수액에서 소득을 차감한 금액으로 대체시키면 될 것이다.

새술은 새부대에 담아라

주식투자를 하다보면 크고 작은 실수와 실패의 경험이 따르게 마련이다. 그런데 한번 실패한 경험이 있는 투자자는 심리가 위축되어 계속적인 실패를 초래하는 예가 많다. 한번 실패하면 투자심리가 위축되어 시세흐름에 둔해지고 더 조급해지기 때문이다. 주식투자에서는 시세의 흐름을 정확히 판단하는 일이 중요하다.

과거 자기의 시세판단이 잘못되어 손해를 보았다면, 그에 집착하지 말고 새로운 기분으로 다시 시작하는 자세가 옳다. 새술은 새부대에 담으라는 말이 있다. 과거에 연연하여 판단을 흐리게 하지 말고 새롭게 발전하는 자세를 가져야 성공할 확률이 높다.

제3절 ■ CAPM에 기초한 위험조정 투자성과측정

주식의 가치에 영향을 줄 수 있는 정보세트가 다음의 두 가지로 구분될 수 있다고 하자. 하나는 공짜로 얻을 수 있는 공개정보(public information)이고, 다른 하나는 단지 일부의 사람들에게만, 그것도 비용을 지불해야 제공되는 개인정보(private information)이다. 또한 주가는 오로지 공개정보에 의해서만 결정되고, 무위험이자율로 얼마든지 빌리거나 빌려준다는 조건아래 도출된 표준 CAPM이 주가를 결정하는 메커니즘이라고 가정하자. 즉 이것은 공개정보에 대한 분석을 통하여 기대수익률, 분산 및 공분산을 추정하다면, 모든 종목이나 포트폴리오는 [그림 11-3]과 같이 바로 SML상에 정확하게 놓이고, 시장포트폴리오는 [그림 11-2]와 같이 자본시장선(CML)상에 놓이게 된다는 것을 의미한다.

그림 11-2 ▌ 자본시장선(CML)에 대비한 로하이펀드(L)와 신난다펀드(S)의 포지션

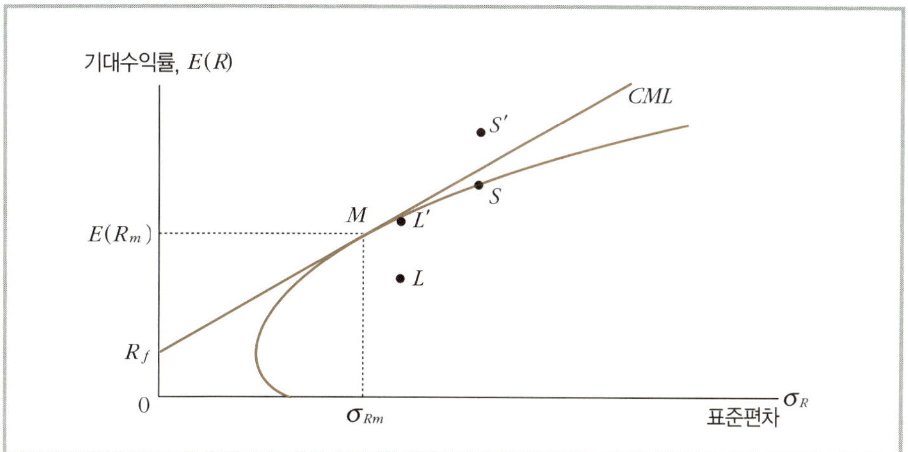

그림 11-3 ▌ 증권시장선(SML)에 대비한 로하이펀드(L)와 신난다펀드(S)의 포지션

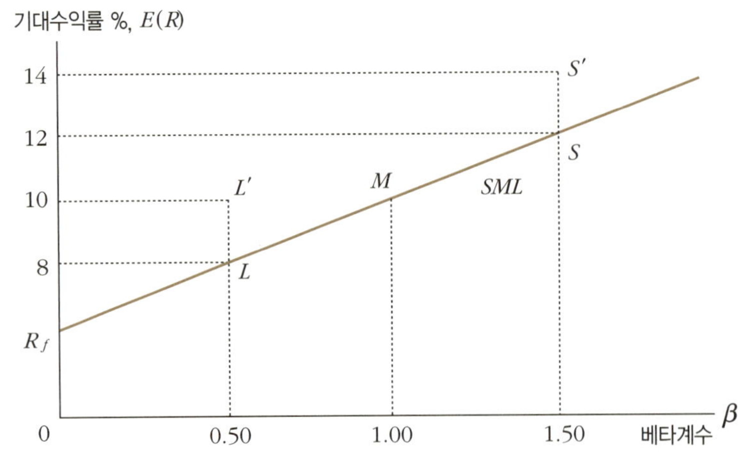

그러면 두 뮤추얼펀드인 로하이펀드(L)와 신난다펀드(S)를 고려해보자. 로하이펀드와 신난다펀드의 매니저들은 각기 단일종목에 대한 개인정보를 획득하였다. 그 정보는 호재(good news)로서 해당주식의 기대수익률이 공개정보만을 바탕으로 하는 것보다 더 높아지게 된다. 로하이펀드의 매니저는 그 주식의 기대수익률이 10%임을 알고 있으나, 공개정보를 가지고 분석한 결과는 기대수익률이 단지 8%로 나왔다. 그 개인정보는 해당주식의 위험에 대한 시사점은 전혀 없다고 가정하자. 그 주식의 베타계수는 0.50이고, 잔차분산은 (+)이다.

로하이펀드의 매니저는 투자자금의 모두를 바로 그 주식에 투자하였다. 만일 공개정보만을 근거로 하여 로하이펀드의 포지션을 그림에서 나타내면, [그림 11-2]와 [그림 11-3]의 점 L이 될 것이다. 여기서 포트폴리오 L은 다른 모든 종목이나 포트폴리오와 마찬가지로 비록 SML상에 놓여있지만, 분산이 덜된 포트폴리오라서 잔차분산이 아직 크기 때문에 효율적세트의 안쪽에 위치하고 있음을 주목하여야 한다. 공개정보와 개인정보 모두를 사용하면 로하이펀드는 두 그림에서 다 L'으로 나타나게 되며, SML보다 위쪽에 위치하고 있다. 그러나 기대수익률이 2%가량 추가적으로 상승한다고 해도 여전히 효율적세트의 안쪽에 위치하게 된다.

신난다펀드의 매니저는 능력이 훨씬 더 출중해서 많은 종목들에 대하여 개인정보를 획득할 수 있었을 것이다. 여기서도 역시 개인정보는 기대수익률 추정치에만 영향을 미치고 위험추정치에는 전혀 영향을 주지 않는다는 가정을 하고 있다. 어느 경우라도 신난다펀드의 매니저는 여러 종목에 적절한 포지션을 취함으로써 잘 분산된 포트폴리오를 구성하였다. 공개정보는 물론 개인정보까지도 포함하여 추정된 포트폴리오의 기대수익률은 그림에도 나타나 있듯이 14%이다.

그러나 공개정보만을 가지고 있는 일반투자자들은 포트폴리오의 기대수익률이 불과 12%라고 믿고 있다. 신난다펀드의 베타계수는 1.50이며, 그 포트폴리오는 잘 분산되어 있기 때문에 잔차분산은 무시해도 좋을 정도로 작다고 가정하자. 위의 그림에서 신난다펀드의 포지션은 공개정보만을 사용하는가 아니면 개인정보도 함께 사용하는가에 따라 점 S와 S'에 놓이게 된다.

신난다펀드는 SML의 위쪽에 위치하고 있을 뿐만 아니라, 잔차분산이 아주 작기 때문에 2%의 초과기대수익률이 부가되어서 효율적세트의 바깥쪽에 놓여 있다. 그러나 이러한 신난다펀드의 위치는 오로지 개인정보를 가지고 있는 투자자들만 관찰할 수 있다는 사실을 알아야 한다. 공개정보만을 가지고 기대수익률을 추정하는 일반투자자들에게는 신난다펀드가 전혀 특별하게 보이지 않고 그저 평범하게 보일 따름일 것이다.

우리는 여기서 펀드매니저들이 가지고 있는 능력을 기초로 하는 투자성과의 평가방법을 모색하고 있는 것이다. 우리는 신난다펀드의 매니저가 로하이펀드의 매니저보다 더 능력이 우수하다는 사실을 알고 있다. 우리는 다만 찾고 있는 평가방법이 이러한 사실을 정확하게 알려주기를 바랄 뿐이다. 다음 절에서는 지금까지 널리 사용되고 있는 세 가지 위험조정 투자성과측정치들을 살펴본다. 이 측정치들은 모두 CAPM에 기초하고 있는 것이 특징이며, 모형개발자의 이름을 따서 각각 Jensen지수, Treynor지수, 그리고 Sharpe지수라고 불린다.

기업분석에 너무 치중하지 마라

기업내용이 좋은 주식은 언젠가는 오르고, 기업내용이 나쁜 주식은 언젠가는 떨어진다. 그러나 주가가 기업내용과 일치하는 기간은 짧고, 대부분 기업내용과 동떨어진 수준에서 형성된다. 지나치게 기업내용에만 치중하면 시장의 흐름을 따라가지 못해서 투자에 크게 성공하지 못한다.

제4절 ■ Jensen지수

Jensen지수(Jensen Index : α, 1969)는 SML을 준거치로 사용하고 있다.[02] 이 지수는 사실 포트폴리오의 기대수익률과 포트폴리오의 위험수준에 상응한 증권시장선상의 기대수익률 간의 차이라고 할 수 있다. 공개정보와 개인정보 모두에 기초하여 앞에 설명한 펀드매니저들의 능력을 분석한다면, Jensen지수가 둘 다 2%이므로 로하이펀드와 신난다펀드의 매니저들은 동일한 수준의 능력을 보유하고 있다고 결론을 내릴 것이다.

*Jenesen*지수 = 펀드의 실제기대수익률 − *SML*의 기대수익률 (1)

*SML*의 기대수익률 = 무위험이자율 + *CAPM*의 기대수익률

로하이펀드의 *Jenesen*지수 $= \alpha_L = 0.10 - [0.06 + (0.10 - 0.06) \times 0.50] = 0.02$

신난다펀드의 *Jenesen*지수 $= \alpha_S = 0.14 - [0.06 + (0.10 - 0.06) \times 1.50] = 0.02$

[그림 11-3]에서 보면, Jensen지수는 각 펀드의 포지션에서 SML까지 내린 수직선의 길이로 표현된다. 펀드의 Jensen지수가 (+)값이면, 그 펀드는 SML보다

02 M. C. Jensen, "Problems in Selection of Security Portfolios: The Performance of Mutual Funds in the Period 1945–1964," *Journal of Business*(May 1968).

위쪽에 위치하고 있음을 나타내면 우수한 투자성과를 가지고 있다고 말한다. Jensen지수가 (−)값이면 투자성과가 나쁜 것이며 SML의 아래쪽에 위치하고 있는 경우이다.

물론 실제에 있어서는 펀드의 베타계수나 기대수익률을 알지 못한다. 그러므로 과거 포트폴리오의 수익률과 시장포트폴리오의 대용치(proxy)를 사용하여 펀드의 베타계수나 기대수익률을 추정하여야 한다. 포트폴리오에 포함된 주식들의 시장가치와 그들의 미래수익률에 영향을 주는 모든 정보를 기초로 한 로하이펀드와 신난다펀드의 진정한 기대수익률은 각각 10%와 14%이므로, 표본을 이용한 추정치들은 이러한 진정한 기대수익률의 불편추정치라야 한다. 시장포트폴리오의 대용치에 대한 기대수익률과 무위험이자율도 역시 유사한 방법으로 추정하여야 한다. 만일 추정과정에서 전년도의 포트폴리오 월별수익률을 사용하는 경우에는, 시장지수의 월평균수익률과 1개월 만기 CD의 평균수익률을 이용할 수 있다.

투자성과를 측정할 때 단순히 포트폴리오의 실제수익률을 사용하는 것은 잘못인데, 그러한 투자성과평가는 펀드매니저의 능력보다는 펀드의 위험수준과

그림 11-4 ▌ 강세시장의 SML 추정

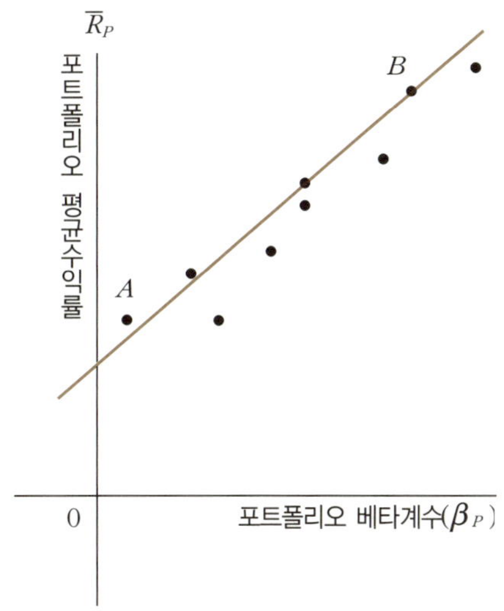

그림 11-5 ▎ 약세시장의 SML 추정

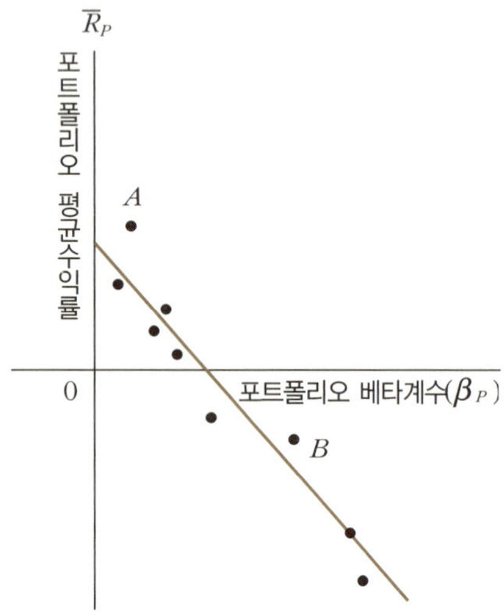

시장의 장세에 더 의존하기 때문이다. 이론적으로 Jensen지수는 포트폴리오의 위험수준과 시장수익률에는 무관한 것으로 되어 있다. 이러한 사실을 실제로 확인하기 위해서, 수익률이 예상치 못하게 높은 강세시장을 고려해보자. 이 경우 베타계수가 높은 펀드는 베타계수가 낮은 펀드에 비해 훨씬 더 높은 수익률이 얻어질 것이다. 결국 베타계수는 시장의 선도에 대한 펀드의 추종 정도를 나타낸다고 볼 수 있으며, 강세시장에서는 시장이 강력한 힘으로 선도하고 있기 때문에 베타계수가 높은 펀드가 높은 수익률을 내게 되는 것이다. 그러나 비록 베타계수가 높은 펀드의 수익률이 베타계수가 낮은 펀드의 수익률보다 높다고 할지라도, 그것이 초과수익률이라고 믿을 만한 근거는 전혀 없는 것이다.

[그림 11-4]는 강세시장에 대한 SML의 표본추정치이다. 이 기간 동안의 시장지수수익률은 매우 높아서 SML의 기울기가 매우 크다. 그러나 베타계수가 낮은 펀드 A의 수익률은 베타계수가 높은 펀드 B의 수익률보다 낮지만, Jensen지수를 보면 펀드 B보다 펀드 A가 더 크다. [그림 11-5]에 나타나 있는 약세시장의 경우에도 두 펀드의 순위는 변하지 않는다. 약세시장에서는 시장지수수익률이 낮게 나타나고, 시장은 주가를 끌어내리며, 추정된 증권시장선의 기울기는 (−)

값을 갖는다. 그러나 펀드 *A*가 여전히 더 높은 Jensen지수를 가지고 있다.

비록 Jensen지수가 위험과 시장상황과는 무관하고 또한 모수에 대한 표본추정치가 아주 정확하다고 하더라도, "도대체 어느 펀드매니저가 더 유능한가?"라는 물음에 Jensen지수는 그릇된 답을 주고 있다. Jensen지수는 펀드 *A*와 펀드 *B*의 매니저들이 모두 동등하게 유능하다고 결론을 내릴텐데, 사실은 그렇지 않은 것이다.

포트폴리오 매니저의 진정한 투자성과는 포트폴리오 포지션의 깊이(depth)와 넓이(breadth)에 의하여 평가되어야 한다. 깊이(depth)는 펀드매니저가 얻은 초과수익률의 크기와 관련이 있다. 넓이(breadth)는 펀드매니저가 초과수익률을 얻은 종목의 숫자와 관련이 있다. Jensen지수는 오로지 포트폴리오 포지션의 깊이에는 민감하지만 넓이에는 민감하지 않다. 로하이펀드의 매니저는 신난다펀드의 매니저에 비해 넓이는 작지만, 둘 다 동일한 깊이를 가지고 있기 때문에 Jensen지수에 의하면 두 펀드매니저는 같은 투자성과를 가지고 있다고 결론을 내리고 있는 것이다.[03]

그러나 관심사사 만일 "어느 펀드에 투자하는 것이 가장 좋은가?"라면 넓이는 무시하고 오로지 깊이만을 보는 편이 나을 것이다. 왜냐하면 펀드에 행한 투자는 여러 가지 대안 중의 하나에 불과하기 때문이다. 투자자로서 자신이 개별적으로 분산투자를 행하고 있는 것을 전제로 할 때, 사람들은 펀드의 넓이와는 관계없이 깊이가 있는 펀드에 더 호감을 느낄 것이다. 그러나 펀드매니저의 능력을 기준으로 순위를 평가한다면, 반드시 넓이와 깊이를 모두 고려해야 할 것이다.

03 Jensen지수도 펀드의 개별자산에 대하여 일일이 Jensen지수를 산출한다면 투자성과의 넓이를 검색해내는데 사용될 수 있다. 개별자산들에 대한 Jensen지수를 산출한 후 그 수치와 통계적으로 유의한 (+)값을 가진 자산의 비율을 살펴보는 것이다.

배당보고 투자하지 마라

주식투자의 주목적은 시세차익에 있으며 배당은 부수적인 목표라고 할 수 있다. 그런데 우리나라에서의 배당수익률은 평균 1%를 넘지 못하고 있다. 배당을 위주로 투자하면 자연히 기업내용이 좋고 주가가 낮은 종목을 찾게 되어 시장의 인기흐름이나 성장주 투자를 하지 못하게 된다.

제5절 ■ Treynor지수

Treynor지수(Treynor Index, 1965)도 투자성과를 측정할 때 포트폴리오의 넓이에는 별로 관심을 두지 않는다.[04] 그러나 이 측정치는 Jensen지수에 비해 장점을 가지고 있다. [그림 11-6]에서는 로하이펀드와 신난다펀드가 각각 SML과 함께 비교되어 있다. 두 펀드 모두 같은 초과수익률(2%)을 가지고 있지만, 로하이펀드가 위험노출 1단위당 투자수익률이 더 크다. 무위험이자율 R_f로 필요한 만큼 빌릴 수 있다고 가정하면, 차입을 통한 레버리지효과를 극대화하면서 점 L^*과 같은 포지션을 구성할 수 있다. 포지션 L^*은 신난다펀드와 베타계수가 같지만 훨씬 높은 기대수익률을 가지고 있다. 그러므로 로하이펀드에서 레버리지효과를 이용하면 투자성과 면에서 신난다펀드를 압도할 수 있게 된다. 이러한 의미에서 로하이펀드가 신난다펀드에 비해 더 바람직한 투자를 하고 있다고 할 수 있다.

흔히 투자보수 대 체계적위험비율(reward-to-volatility ratio)이라고 불리우는 Treynor지수는 다음과 같이 산출된다.

04 J. L. Treynor, "How to Rate Management Investment Funds," *Harvard Business Review*(January-February 1965).

$$\text{Treynor지수}(T) = \frac{R_p - R_F}{\beta_p} \tag{2}$$

Treynor지수는 순위를 매기는 데 있어서 레버리지효과를 이용한 초과수익률을 올릴 수 있는 기회를 고려하고 있다. 사실 Treynor지수는 포트폴리오의 위험 1단위당 얻게 되는 위험프리미엄을 가리킨다. 여기서 위험은 포트폴리오의 베타로 측정된다. [그림 11-6]에서 Treynor지수는 무위험이자율 R_f에서 펀드의 포지션을 잇는 직선의 기울기와 같다. 로하이펀드와 신난다펀드는 동일한 Jensen지수를 가지고 있지만, 로하이펀드가 더 높은 Treynor지수를 가지고 있다. 로하이펀드는 투자자들이 무위험이자율로 차입을 하여 자신의 투자포지션에 레버리지효과를 올릴 수 있는 기회를 가지고 있기 때문에 더 나은 포지션을 가지고 있다고 할 수 있다.

그림 11-6 ▌ 신난다펀드(S)와 레버리지효과를 이용한 로하이펀드(L)

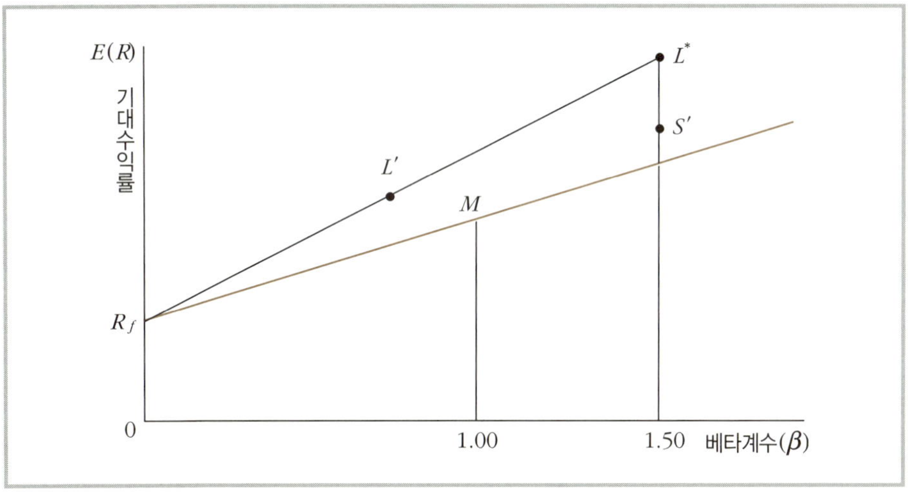

그러나 여기서도 어느 펀드매니저가 더 유능한가라는 질문에는 여전히 옳지 않은 대답을 줄 수밖에 없다. Treynor지수도 역시 베타계수로 위험을 측정하고 있기 때문에 펀드매니저의 능력에 관해서 그릇된 평가를 주고 있는 것이다. 포트폴리오 베타계수는 포트폴리오에 포함된 종목들 베타계수의 단순가중평균이다. 포트폴리오에 포함된 종목의 수가 늘어난다고 해도 베타계수는 줄어드는 경향을 보이지 않는다. 그러므로 초과수익률이 일정하다고 가정하고 포트폴리오에 포함된 종목의 수가 늘어난다고 해도 Treynor지수는 별로 커지려는 기미가 전혀 보이지 않는다. 그러므로 Treynor지수 또한 포트폴리오 투자성과에 있어서 넓이에 둔감하다고 할 수 있다. 투자포지션의 넓이에 민감한 위험조정 투자성과측정치를 얻기 위해서는 무엇보다도 넓이에 민감한 위험측정치를 사용하여야 한다. 다음 절에서는 이러한 욕구를 채워주는 Sharpe지수에 대해서 알아보도록 하자.

손해보고 있는 종목부터 팔아라

경험이 없는 투자자들은 이익이 나는 종목은 얼른 매도하여 이익을 실현하고 손해가 난 종목만 장기간 가지고 있는데 돈을 벌려면 그 반대로 해야 한다.

제6절 ■ Sharpe지수

Sharpe지수(Sharpe Index, 1966)는 준거치로서 자본시장선(CML)을 사용하고 있다.[05] 이 지수는 포트폴리오의 위험프리미엄(즉, 포트폴리오의 기대수익률과 무위험이자율의 차이)을 포트폴리오의 표준편차로 나누어 산출되며, 1단위의 위험노출에 대한 위험프리미엄을 측정하고 있다.

흔히 투자보수 대 변동성비율(reward-to-variability ratio)이라고 불리우는 Sharpe지수는 다음과 같이 산출된다.

$$\text{Sharpe지수}(S) = \frac{R_p - R_F}{\sigma_p} \tag{3}$$

05 W. F. Sharpe, "Mutual fund Performance," *Journal of Business*(January 1966).

[그림 11-7]에서는 CML과 비교된 로하이펀드(L)와 신난다펀드(S)가 표시되어 있다. Sharpe지수는 무위험이자율과 펀드의 포지션을 연결하는 직선의 기울기와 같다. 투자성과를 평가하기 위해서는 펀드매니저 포트폴리오에 대한 Sharpe지수와 시장포트폴리오의 Sharpe지수를 서로 비교한다. 펀드의 Sharpe지수가 더 높으면 펀드매니저가 시장평균수익률을 능가했다는 것을 나타낸다. 반대로 펀드의 Sharpe지수가 더 낮으면 펀드매니저의 투자성과가 매우 저조하다는 것을 의미한다.

CML상에 놓이는 포트폴리오는 모두 시장지수와 같은 Sharpe지수를 갖게 되므로, 그 투자성과도 시장지수보다 낫거나 못하지 않고 그저 중립적(neutral)이라고 할 수 있다. 이것은 CAPM이 성립한다는 조건 아래 유효한데, 왜냐하면 공개정보만을 바탕으로 할 때 투자자들은 CML상에 위치하는 포트폴리오를 쉽게 구성할 수 있기 때문이다.

그림 11-7 ▌ Sharpe지수에 따른 로하이펀드(L)와 신난다펀드(S)의 투자성과

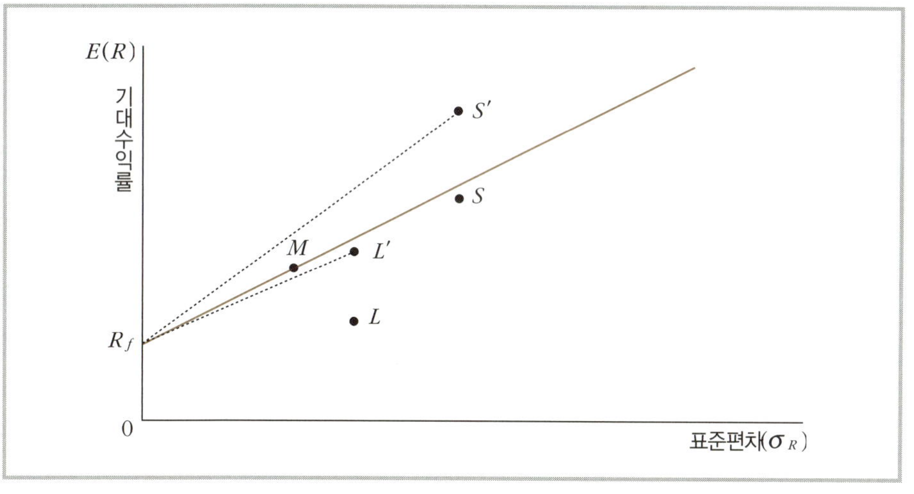

Sharpe지수에 따르면 신난다펀드의 투자성과순위가 로하이펀드의 그것보다 높게 나타나는데, 이러한 평가는 두 펀드매니저들의 펀드운용능력에 비추어 볼 때 올바른 평가가 된다. 한편, 로하이펀드의 Sharpe지수가 시장지수에 비해 더 낮다고 해서 이 펀드매니저는 투자능력이 전혀 없다거나 무언가 체계적으로 잘

못하고 있다고 결론을 내리는 것도 잘못이다. 로하이펀드의 매니저도 제한적이나마 어느 정도의 투자능력이 있다고 보아야 한다. Sharpe지수는 포트폴리오의 넓이뿐만 아니라 깊이에 대해서도 아주 민감하게 반응한다. 이 경우 로하이펀드의 넓이가 좁다는 판단을 하는 Sharpe지수는 로하이펀드가 그래도 제한적이나마 초과수익률을 획득하는 능력을 가지고 있다고 판단하고 있다.

Sharpe지수가 포트폴리오의 넓이에 민감하다는 사실은 로하이펀드의 매니저가 더 많은 종목에 대하여 개인정보를 취득할 경우 로하이펀드의 Sharpe지수가 어떻게 변할 것인가를 살펴보면 금방 드러나게 된다. 가령 추가적으로 포트폴리오에 포함되는 각 종목의 초과수익률이 각각 2%라고 하고, 각 종목의 베타계수가 모두 본래부터 펀드에 포함되어 있던 종목의 그것과 동일하다고 하자. 이 경우 포트폴리오의 기대수익률은 그대로 10%에 머물 것이지만, 포트폴리오의 표준편차는 줄어든다. 왜냐하면 포트폴리오의 분산과 함께 포트폴리오의 잔차분산이 작아지기 때문이다. 그 결과 포트폴리오의 포지션은 왼편으로 이동하게 되고 Sharpe지수는 상승한다.

주식과 결혼하지 마라

자기가 가진 주식에 지나친 애정을 가지고 장기간 보유하면 주식을 팔 기회를 잃어버린다. 또한 손해를 본 주식을 장기간 버티기작전을 하면 손실만 깊어질 따름이다.

제7절 ■ 투자성과측정의 문제점

7.1 가격결정구조의 오류

앞에서 설명한 세 가지 위험조정 투자성과측정치는 모두 무위험자산이 존재하고 투자자가 필요한 만큼 얼마든지 그 자산을 사거나 공매할 수 있다는 가정하에 도출된 표준 CAPM에 기초하고 있다. 따라서 이 측정치들을 사용할 때는 주가가 CAPM에 의하여 결정된다는 가정을 하고 있는 것이다. 만일 이 가정이 틀리다면 그러한 투자성과측정치에 의하여 결정된 순위는 편의를 갖게 될 것이다.

그림 11-8 ▌ 가격결정구조의 오류에 따른 Jensen지수의 편의

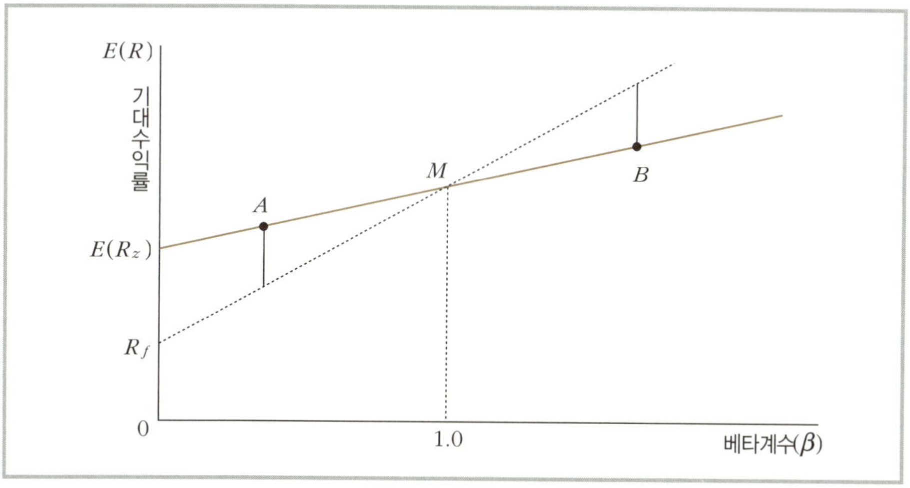

예컨대, 투자자들이 무위험이자율로 필요한 만큼 자금을 빌리거나 빌려줄 수 없는 상황에서 주가가 실제로 CAPM에 따라 결정된다고 하자. 이러한 상황에서 SML은 [그림 11-8]에서와 같이 나타날 것이다. 여기서 SML은 무위험이자율보다 높은 제로베타포트폴리오(zero beta portfolio)의 기대수익률 $E(R_z)$에서 수

직축을 만나게 될 것이다. 만일 여기서 Jensen지수로 투자성과를 평가한다면, 투자성과는 무위험이자율과 포트폴리오 포지션을 잇는 점선으로 나타난 SML로부터 떨어져 있는 거리로 측정될 것이다. 이때 A와 같은 펀드는 진정한 SML상에 바로 놓여 있음에도 불구하고 (+)값의 Jensen지수를 갖게 된다. 이러한 펀드 매니저는 특별한 투자능력이 사실상 없다. 그러나 그들은 단지 낮은 위험을 택하고 있기 때문에 Jensen지수에 의하여 높은 점수를 받게 되는 것이다. 마찬가지로, B와 같은 고위험 펀드는 단지 위험수준이 높다는 이유로 낮은 점수를 받게 된다. 이러한 상황에서는 Jensen지수이든 Treynor지수이든 진정으로 위험을 조정하고 있다고 볼 수 없게 되는 것이다.

이러한 문제점은 준거치로서 무위험이자율이 아닌 제로베타 포트폴리오의 기대수익률에 기초한 SML을 사용하는 경우 해결된다. 따라서 문제는 제로베타 포트폴리오의 기대수익률을 어떻게 추정하는가로 모아진다. 많이 사용되는 추정방법의 하나는 Black, Jensen, and Scholes(1972)의 연구에서 사용된 것과 유사하다.[06] 먼저 투자성과를 측정하는 대상기간에 대하여 여러 가지 베타계수의 값을 가지는 관리되지 않는 포트폴리오를 구성한다. 그 다음으로, [그림 11-9]에서와 같이 여기저기 흩어져 있는 포트폴리오 포지션에 대하여 최량적합선(a line of best fit)을 추정함으로써 베타계수를 평균포트폴리오수익률과 연계시킨다. 여기서 최량적합선의 수직축절편(vertical intercept)이 바로 제로베타 포트폴리오의 평균수익률에 대한 추정치가 된다. 사실 Jensen지수의 경우, 최량적합선은 투자성과를 평가할 때의 준거치로 사용될 수 있다.

Sharpe지수를 사용할 경우에도 또한 가격결정구조를 잘못 선택하면 투자성과측정에 편의가 생기게 된다. Sharpe지수에서는 표준 CAPM이 성립한다는 전제하에 CML이 직선이라고 가정하고 있다. 그러나 무위험자산이 존재하되 투자자들이 그러한 자산을 사는 데(즉, 자금을 빌려주는 데)는 아무런 제약이 없으나 추가로 자금을 조달하기 위하여 그 자산을 파는 데(즉, 자금을 빌리는 데)는 어려움이 있다고 하자. 이러한 경우 자본시장선은 [그림 11-10]에서와 같이 무위

06 F. Black, M. C. Jensen, and M. Scholes, "The Capital Asset Pricing Model: Some Empirical Tests," *Studies in Theory of Capital Markets*, New York: Praeger, 1972.

험이자율에서 효율적세트에 접하는 직선으로 나아가다가 최소분산세트(minimum variance set)를 따라 굽어지는 곡선으로 된다.

Sharpe지수는 무위험이자율로부터 펀드의 포지션으로 그은 직선의 기울기라는 사실을 상기하면서 CML상에 놓인 여러 포트폴리오를 생각해보자. 사실 누구라도 CML상에 놓인 포트폴리오의 포지션은 달성할 수 있기 때문에, 그 어느 포트폴리오도 진정한 투자능력을 가지고 있는 것으로 볼 수 없다. 그럼에도 불구하고, [그림 11-10]에서 무위험이자율과 포트폴리오 P' 사이에 놓인 모든 펀드는 동일한 Sharpe지수를 갖는데, 이것은 시장지수에 대한 Sharpe지수보다 높다. 그림에서 P'로부터 M으로 옮겨감에 따라 Sharpe지수는 점차 작아지고, 결국 시장지수의 그것에 접근하게 될 것이다. 그리고 M을 지나 계속 자본시장선을 따라 움직이면 Sharpe지수는 더욱 작아지고, 이러한 포트폴리오들의 Sharpe지수는 시장지수의 그것보다 작아진다. 이러한 상황에서 Sharpe지수는 저위험포트폴리오들의 투자성과에 대해 상향편의를 가질 것이고, 고위험포트폴리오들에 대해서는 하향으로 편의를 가지게 된다.

그림 11-9 ▌ 제로베타 포트폴리오의 평균수익률의 추정

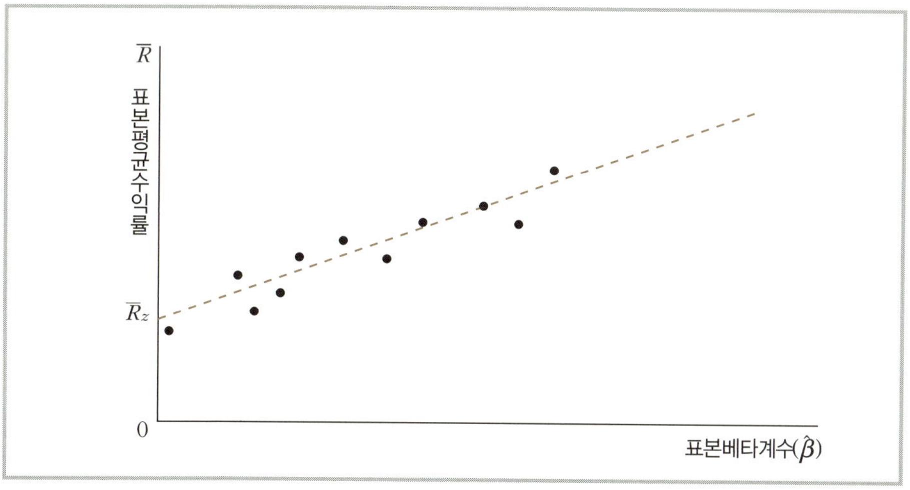

그림 11-10 ▌ 가격결정구조 선택의 오류로 인한 Sharpe지수의 편의

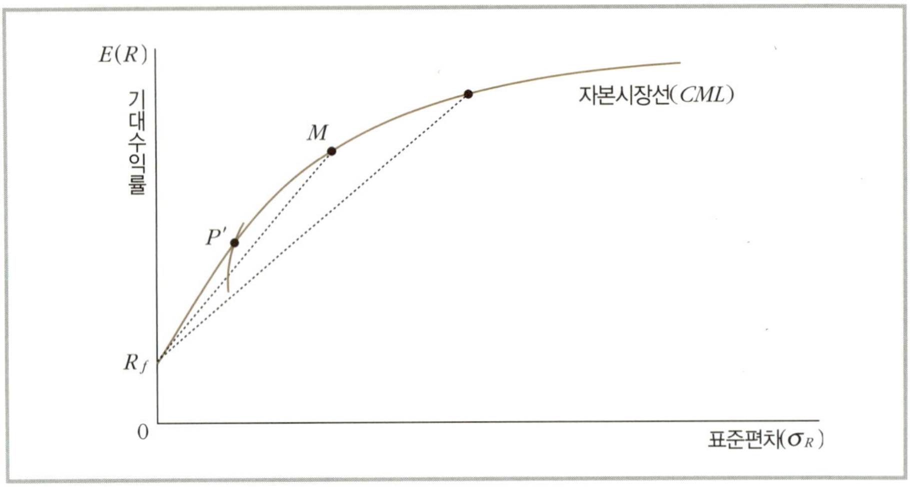

이러한 문제점을 극복할 수 있도록 Jensen지수와 Treynor지수는 물론 Sharpe지수를 수정하는 일은 그다지 쉽지 않다. 단순한 투자성과측정치는 사실 선형인 준거치를 전제로 하고 있다. 표준 CAPM 아래에서는 CML이 유일한 선형모형이다. 다른 모형들에서는 기대수익률이 아주 복잡하게 나타나는 표준편차의 함수로서 간단한 지수로의 도출은 불가능하다.

7.2. 시장지수선택의 오류

CAPM의 실증적 검증에 대한 비판 이외에도, Roll(1978)은 투자성과평가에 있어서 Jensen지수(그리고 묵시적으로는 Treynor지수)를 비판하였다. Jensen지수는 투자성과를 평가함에 있어서 포트폴리오를 운용하는 펀드매니저들의 능력보다는 시장지수의 특성이나 효율적세트와 비교되는 포트폴리오의 포지션에 더욱 깊은 관련을 가지고 있다고 할 수 있다.

이것을 보다 명확하게 이해하기 위해서 [그림 11-11]과 [그림 11-12]를 보자. [그림 11-11]에서는 모든 자산에 대해서 최소분산세트를 보여주고 있다. 점 A와 B는 표준편차는 다르지만 같은 수준의 기대수익률을 가지고 있는 두 뮤추얼

펀드의 포지션을 나타낸다. M은 투자성과평가를 위해 선택된 시장지수이다. 이 시장지수는 효율적세트에 속하고 있기 때문에, 모든 포트폴리오와 개별종목들은 [그림 11-12]에서와 같이 SML상에 놓이게 될 것이다. 두 펀드 A와 B 모두 시장포트폴리오와 같은 기대수익률을 가지고 있기 때문에, 둘 다 베타계수가 1.0이 될 것이고 점 AMB에 놓이게 될 것이다. 물론 두 펀드의 Jensen지수는 0이 된다.

그러나 [그림 11-11]에서와 같이 시장지수 M 대신 포트폴리오 M'를 선택하였다고 하자. 이 포트폴리오는 효율적세트의 안쪽에 위치하고 있으며, 결과적으로 개별종목들과 포트폴리오들은 [그림 11-12]에서와 같이 증권시장선 밖에 놓이게 될 것이다. 그림에서와 같이 펀드의 포지션은 변하는데 그것은 기대수익률이 변하기 때문이 아니고(기대수익률은 시장지수가 바뀐다고 해서 반드시 변하지 않는다), 펀드의 베타계수가 변하기 때문이다. 사실상 선택된 시장지수의 종목구성이 약간만 바뀌어도 베타계수는 엄청나게 변할 수 있기 때문이다. 그 결과 시장지수가 M에서 M'로 바뀌면 펀드 A의 베타계수는 크게 하락하여 점 A로 이동하고, 동시에 펀드 B의 베타계수는 증가하므로 점 B로 이동할 것이다.

시장지수로 M을 선택하면, 두 펀드 모두 시장지수를 압도할만한 투자성과를

그림 11-11 ▌ 두 가지의 시장지수의 포지션　　그림 11-12 ▌ 시장지수의 변경이 베타계수에 미치는 영향

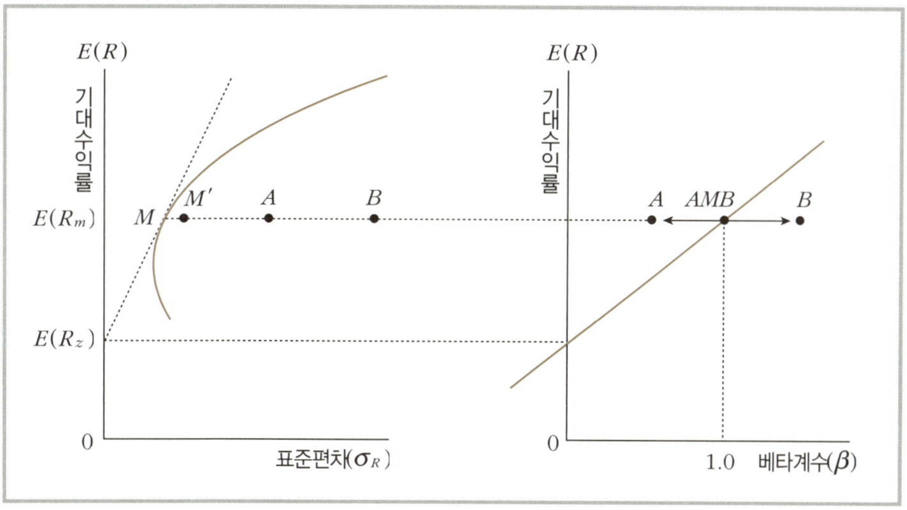

보이지 않고 있다. 그러나 M 대신 M'를 시장지수로 선택하면, 펀드 B보다 펀드 A가 더 높은 점수를 받는다. 다른 지수를 선택함으로써 투자성과순위를 얼마든지 뒤집을 수 있는 것이다. 따라서 투자성과의 평가는 어떠한 시장지수를 선택하는가에 따라 크게 달라진다고 할 수 있다. 그러면 어떠한 시장지수가 적당한가는 어떻게 판단해야 하는가?

시장지수의 선택에 따라 투자성과순위가 애매해지는 현상은 CAPM을 검증할 때 우리가 직면하는 문제점과 기본적으로 동일하다. Jensen지수에서는 주가가 CAPM에 따라 결정된다고 가정하고 있다. CAPM에서는 베타계수를 추정할 때 진정한 시장포트폴리오를 가지고 추정해야 한다고 한다. 투자성과를 측정할 때에도 선택해야 하는 시장지수는 분명히 진정한 시장포트폴리오에 가장 가까운 것이라야 한다. 그러나 진정한 시장포트폴리오에 가까운 시장지수는 사실상 구하기 어렵다는 데 문제가 있는 것이다. 따라서 투자성과에 대한 평가결과가 펀드매니저의 능력에 기인된 것인지 아니면 적용하는 시장지수가 진정한 시장포트폴리오에 전혀 가깝지 않다는 사실에 기인된 것인지 우리는 결코 알 수가 없다. 끝으로, 이러한 문제점은 베타계수가 시장지수의 선택에 따라 달라지기 때문에 발생하므로, 베타계수 대신에 표준편차를 사용하는 Sharpe지수에는 그런 문제점이 없다는 사실에 주목하여야 한다. 그러나 투자성과를 서로 비교할 목적으로 시장지수를 선택하는 한 유사한 문제점이 발생할 기능성이 항상 있게 되는 것이다.

연 날릴 때는 줄을 모두 풀지 않는다

"적의 진지를 공격할 때 아군의 진지를 비워두어서는 안 된다"는 말은 증권시장에서도 통한다. 증권투자 초보자들은 기회가 왔다고 생각할 때 모든 자금을 총동원해 주식을 산다. 그러나 오랫동안 주식투자를 해본 사람들은 '주식투자의 기본은 나누어 사고 나누어 파는 기술'이라는 것을 알고 있다. 오를 때는 계속 나누어 팔면서 따라가고, 내릴 때는 조금씩 나누어 사면서 따라간다는 것이다. 외국속담에 "유혹은 자주 오고 기회는 적게 온다"는 말이 있다. 어떤 것이 유혹이고 어떤 것이 기회인지는 때가 지나봐야 알겠지만 "지금이야말로 정말 기회다"라고 생각되어도 절반만 투자하라. 그러면 실패할 확률은 4분의 1로 줄어들 것이다.

장기 집중투자의 명수 Warren Buffett

(1) 펀드운용실적 및 평가

근대적 펀드매니저의 시조인 Benjamin Graham의 제자로서 Buffett Partners의 투자펀드를 운용하다가 펀드의 해산 이후 개인투자자로서 활약했다. 그는 월가의 전문투자자들 사이에서 최고의 실력자로 평가받고 있는데, 그의 버펫파트너십 펀드운용실적을 보면 1956~1969년까지 10년 동안 30배의 투자수익률을 올렸으며, 한번도 손해를 본 해가 없었고 주가폭락기인 1957년, 1962년, 1966년, 1969년에도 소규모 이익을 확보하는 놀라운 투자실력을 보여주었다.

(2) 투자방식

① 10종목 집중투자방식

Buffett은 투자자가 노아방주식 분산투자방식으로 눈에 보이는 대로 마구 매수한다면 그것은 자산구성이 아니라 잡동사니의 집합이라고 격렬히 비난했다. 그는 또 증권시장에는 투자할만한 극히 소수의 일류기업과 장기적으로 볼 때 투자매력이 전혀 없는 대부분의 기업으로 구성되어 있다고 보고 있다. 따라서 알짜인 소수주식에만 투자해야 한다고 판단했다.

② 철저한 기업분석

Buffett은 대외적으로 공표된 결산자료에 대한 치밀한 분석을 통해 매수한 종목의 사업내용을 철저히 파악한 후 매수했다. 그는 영업보고서만 보아도 과잉재고를 보유하고 있는 이유와 기계설비의 수익성이 낮은 이유를 설명할 정도이었으며, 매출이익률과 재고회전율 등의 숫자가 의미하는 바를 철저하고 치밀하게 분석했다.

(3) 투자전술의 핵심

① 우량성장종목의 철저한 분석을 통해 기업내용을 완벽하게 파악한다. 월가의 기업분석자료 중에서 피고용자가 주인에게 보고하듯이 제대로 작성된 보고서가 하나도 없이 직접 철저히 검토한 후 투자한다.

② 주가가 바닥시점에 올 때까지 끈질기게 기다린다. 주가가 바닥권에 들어오면 매수하고, 실제가치 이상으로 올라가면 매도한다.

③ 사자처럼 오랫동안 인내심을 가지고 기다리다 기회가 오면 혼신의 힘을 다해 먹이를 잡아 먹고 다음 식사 때까지 느긋하게 기다린다. 유감스럽게도 많은 펀드매니저들은 매우 빈번히 매매하는 것이 자기의 임무라고 생각하여 자신이 없는 공이 날아와도 공마다 손을 대어 매매손실을 늘리고 있다.

④ 펀드관리는 완벽한 재량권을 가지고 연말에 한 번 결산하든지 아니면 관리를 하지 말아야 한다. 펀드출자자에게 일일이 주식매매동향을 보고한다면 출자자들은 각종 질문과 걱정을 하게 되고 시간낭비는 고사하고 펀드성과에 악영향을 주게 된다. 이는 결국 외과의사가 수술하면서 수술환자하고 상의하는 것과 같다.

연습문제

01 펀드매니저의 투자성과방법을 선택할 때, 투자위험에 무관한 측정치를 사용하는 이유는 무엇인가?

02 어느 투자자는 지난 5년 동안 오로지 ABC 뮤추얼펀드에만 투자하였다. ABC 뮤추얼펀드의 매니저는 평균 이상의 상장을 목표를 가지고 기본적으로 100% 모두를 주식에 투자하려고 했다고 말했다. 여기서 ABC펀드의 역사적 투자성과와 그 투자자의 뮤추얼펀드에 대한 투자를 분석해보기로 하자.

(1) 2012년 11월 30일 현재, 그 투자자는 순자산가치(Net Asset Value : NAV)가 1주당 6,000원인 ABC펀드의 주식 1,000주를 가지고 있다. 12월 15일, 그는 NAV가 6,200원일 때 120주를 추가로 매입하였다. 12월 31일, 그 뮤추얼펀드의 NAV는 1주당 5,850원이었다. 이 투자자의 12월 가치가중수익률과 시간가중수익률을 각각 산출하라.

(2) 두 투자수익률이 왜 서로 다르게 나타나는가?

(3) 2012년 10월과 11월, ABC펀드의 시간가중수익률은 각각 10.0%와 0.50%이었다. 2012년 12월 31일에 끝나는 4사분기 투자수익률은 얼마인가?

03 다음은 어느 투자자가 지난 4년간 그의 포트폴리오에 대하여 얻은 수익률의 자료이다. 이것을 바탕으로 지난 4년간의 연평균수익률을 구하라.

연도	1	2	3	4
수익률	20%	−12%	15%	3%

04 어느 투자자는 2년 전 신난다 뮤추얼펀드에 1억 원을 투자하였다. 그 후 그는 매 사분기 말마다 1,000만 원씩을 추가로 투자하였다. 바로 오늘 8번째로 1,000만 원을 추가로 투자하였고, 그의 포트폴리오는 현재 2억 5천만 원의 자산가치를 가지고 있다고 한다. 그 투자자의 연간수익률은 얼마인가? 그 뮤추얼펀드는 지난 2년 동안의 기간에 대해 연평균수익률이 20%라고 선전하고 있다. 왜 수익률에 차이가 발생하고 있는가?

05 어느 투자자는 그의 여유자금을 오로지 하이테크펀드라고 불리는 뮤추얼펀드에 투자하고 있다. 지난 6월의 그의 투자내역을 살펴보면 다음의 표와 같다.

날 짜	거래내역	순자산가치	보유 주식수	포트폴리오 가치
5월 30일	월초의 잔고	10,000원	15,000	1억5천만원
6월 15일	추가자금 1억원을 투자	6,667원	30,000	2억원
6월 30일	배당금 360만원을 수령하여 즉시 재투자	12,000원	30,300	3억6,360만원

(1) 6월의 시간가중수익률을 구하라.

(2) 가치가중수익률이 시간가중수익률보다 더 높을까 아니면 더 낮을까? 왜 그런가?

06 두 종목 A와 B에 대한 수익률과 베타계수는 다음의 그림에 나타난 바와 같다.

(1) 두 종목 A와 B에 대한 Treynor지수를 산출하고, 그 결과를 설명하라.

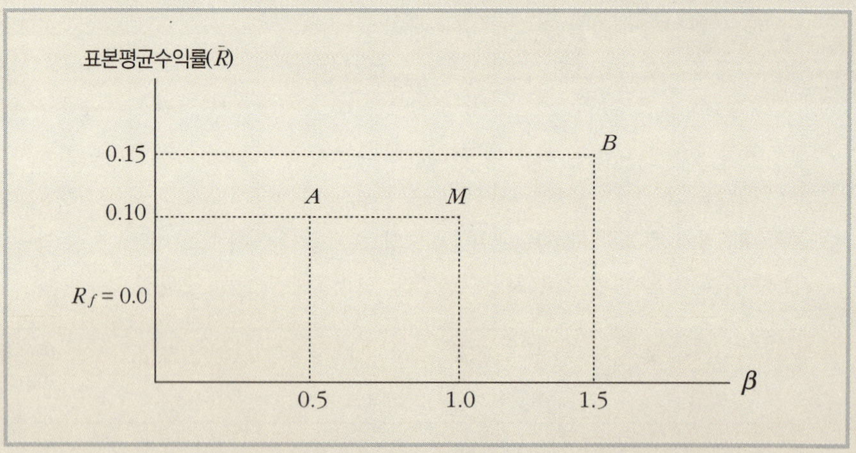

(2) 두 종목 A와 B에 대한 Jensen지수를 산출하고, 그 결과를 설명하라.

(3) 어느 펀드매니저는 포트폴리오 A를 선택하였고, 다른 펀드매니저는 포트폴리오 B를 선택하였다. 두 펀드매니저의 투자성과를 평가할 때 Treynor지수나 Jensen지수를 사용하는 것에 대하여 어떻게 생각하는가?

07 다음의 그림을 보고 물음에 답하라.

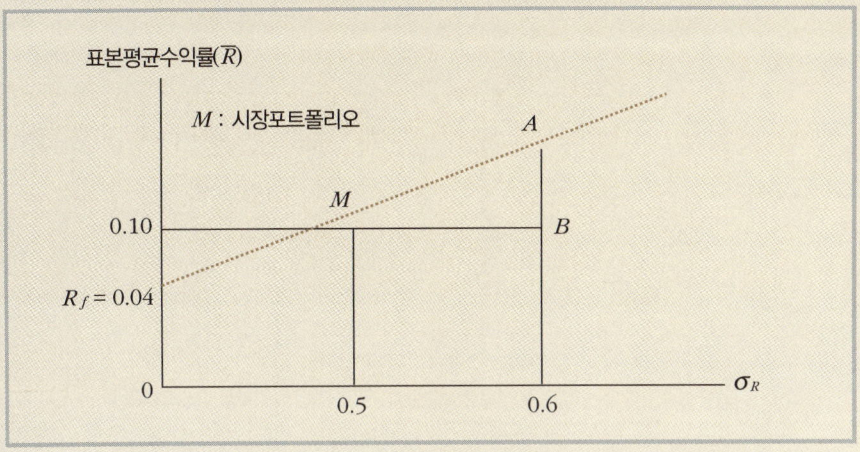

(1) 포트폴리오 A에 대하여 Sharpe지수를 산출하고, 그 결과를 해석하라.

(2) 포트폴리오 B에 대하여 Sharpe지수를 산출하고, 그 결과를 해석하라.

(3) 무위험이자율로 자유로이 차입할 수 없는 경우의 CAPM이 오히려 더 적당한 모형이라고 가정하자. 이러한 가정이 포트폴리오 A의 투자성과에 대한 설명에 어떤 영향을 미치는가?

(4) 어느 자산의 베타계수가 0.5이고 기대수익률이 7.5%이다. 이 자산에 대한 Jensen지수를 어떻게 해석할 것인가?

08 다음의 자료를 보고 물음에 답하라.

구분	수익률($\overline{R}$)	베타계수	잔차분산	기 타
포트폴리오 1 포트폴리오 2	0.15 0.09	1.3 0.9	0.00 0.04	$R_f = 0.05$ $R_m = 0.10$ $\sigma_m = 0.30$

(1) 포트폴리오 1과 2에 대하여 Jensen지수를 산출하고, 그 결과를 해석하라.

(2) 포트폴리오 1과 2에 대하여 Treynor지수를 산출하고, 그 결과를 해석하라.

(3) 시장포트폴리오에 대하여 Sharpe지수를 산출하라.

(4) 포트폴리오 1과 2에 대하여 Sharpe지수를 산출하고, 그 결과를 해석하라.

INDEX

[국문]

ㅅ

ㅇ

ㅈ

ㅍ

ㅎ

[영문]

A

B

| 저자소개 |

황선웅(黃善雄)

서울대학교 외교학과 졸업(정치학사)
동아일보 기자 역임
미국 Indiana University 경영대학원 졸업(M.B.A.)
미국 New York University, Stern School(Ph.D.)
미국 Boston College 재무학과 조교수
Fulbright Senior Research Fellow(New York University)
공인회계사시험 제1차 및 제2차 출제위원 · 선정위원 역임
한국증권학회 회장 역임
한국금융학회 부회장 역임
재정경제부 금융발전심의회 증권분과위원장 역임
재정경제부 금융허브추진위원회 선도금융부문혁신분과위원회 위원장 역임
기획재정부 공기업 및 준정부기관 경영평가위원 역임
현, 중앙대학교 경영경제대학 경영학부 교수
한국거래소(KRX) 유가증권시장 상장공시위원장
ISO/TC68/SC4(증권전문위원회) 위원장
ISO/TC68/SC7(은행전문위원회) 위원장
산업자원부 기술표준원 산업표준심의회 위원
산업자원부 기술표준원 E-비지니스부회 위원장

[저서 및 논문]
금융기관론(공저, 문영사, 1999, 2002, 2005)
금융기관의 이해(공저, 문영사, 2011)
증권투자론(문영사, 1999, 2002, 2006)
기업이 실패하는 5가지 이유(편역, 시그마인사이트컴, 2002)
21세기 경영관리총서(공저, 중앙대 산업경영연구소, 2003)
경영학의 이해(공저, 삼영사, 2004)
그 외 저서 및 논문 다수

신우용(申宇容)

중앙대학교 경영학과 졸업(경영학사)
중앙대학교 대학원 경영학 석사
중앙대학교 대학원 경영학 박사(Ph.D.)
사단법인 한국증권학회 연구원 역임
한국금융연수원 FP(금융상품)과정 훈련교사
현, 중앙대학교 경영경제대학 경영학부 강사
Enk 교육컨설팅(주) 평가위원
비에듀 사이버 평생교육원 교수
메가넥스트(주) 운영위원

[저서 및 논문]
EVA와 주가변동성간의 실증분석을 통한 한국에서의 주주자본주의에 관한 연구
중소기업의 자금경색문제 해결방안에 관한 연구: Primary CBO를 중심으로
우리나라에서 주식분할에 따른 시장반응과 유동성 효과
The Relationship between firm performance and executive pay: Dynamics, Asymmetries, and Alternative Performance Measures
산업내 소득양극화 및 불균형에 대한 재무적 특성에 관한 연구
우리나라 제조산업내 기업규모에 따른 소득양극화 및 불균형에 관한 연구
P-CBO를 활용한 중소기업 자금경색 문제 해결방안에 대한 실증연구

투자론

2012년 8월 30일 1판 1쇄 발행
2015년 2월 10일 1판 2쇄 발행

저 자 | 황선웅 · 신우용
발행인 | 이수영
발행처 | 도서출판 청람
서울시 마포구 독막로 288(대흥동, 세양상가 109호)
전 화 | 02)3272-2601~2
팩 스 | 02)3272-2603
이메일 | crbooks@hanmail.net
홈페이지 | www.crbooks.co.kr
등 록 | 2000년 8월 26일 제6-0509호

ISBN 978-89-5972-282-2 93320 [정가 28,000원]